현대인을 위한
창세기 강해

강성열 지음

1998

한국장로교출판사

An Expositional Commentary on Gnesis

by

Kang Sung Yul

1998

Publishing House
The Presbyterian Church of Korea
Seoul, Korea

머 리 말

구약성경에서 아마도 창세기만큼 많이 연구된 책도 없을 것이다. 그것은 창세기가 구약을 포함한 성경 전체의 첫 책이어서 그러기도 하지만, 그 가장 중요한 이유는 아마도 창세기가 모든 것들의 시작에 관해 밝히는 책으로서 성경 전체를 열 수 있는 열쇠와도 같은 역할을 수행하고 있기 때문일 것이다. 실제로 우리는 창세기 공부를 통해서 구약 전체의 신학적인 흐름을 조망할 수 있으며, 그에 기초하여 신약의 세계를 향해 나아갈 수 있다.

그러나 창세기는 많이 연구된 것만큼이나 논쟁도 많고, 해석도 다양하다. 어떤 본문은 별다른 설명 없이도 쉽게 이해가 되지만, 또 어떤 본문은 오늘날의 독자들이 금방 이해할 수 없는 난해한 내용을 담고 있는 경우가 많다. 때로는 창세기 본문과 오늘날의 독자 사이에 있는 커다란 시간적인 간격이 창세기 본문들에 대한 명확한 이해를 가로막는 장애물로 작용하기도 한다. 또 어떤 경우에는 본문 자체가 오랜 전승과정을 거친 것이어서 단일한 의미를 찾아내기 어려울 때가 있다.

이 책은 비록 완전하지는 않지만, 그러한 문제점들을 극복하기 위한 목적을 가지고 있다. 물론 이 책은 처음부터 한 권의 책으로 내려고 집

필한 것이 아니다. 직접적인 동기는 도서출판 두란노에서 발행하는 월간지 「그말씀」에 "설교자를 위한 창세기 강해"라는 제목의 글을 연재하면서(93년 5월부터 94년 12월까지) 비롯되었다. 그러다가 그 연재된 글들을 한데 모아 책으로 펴낼 생각을 가지고 있었는데, 한국장로교출판사의 특별한 배려에 힘입어 그것이 가능하게 되었다.

월간지에 연재한 것이어서 많은 한계를 가지고 있고 또 부족한 점도 많이 있지만, 이 책이 오늘의 모든 교회 독자들에게 창세기를 보다 쉽게 이해하게 하는 데 유용한 도구로 쓰이기를 바라는 마음 간절하다. 아울러 이 책이 창세기를 공부하는 신학도들이나 창세기를 설교하는 일선 목회자들에게 창세기를 현대적인 시각에서 이해하게 함과 동시에, 창세기를 가르치고 설교하는 데 필요한 많은 도움을 주었으면 하는 기대를 가져 본다.

마지막으로 이 책이 나올 수 있게 배려해 주신 한국장로교출판사의 박노원 목사님께 깊은 감사를 드린다. 그리고 필자의 강의를 경청하면서 이 책을 편집하여 출판할 수 있도록 격려해 준 호남신학대학교의 신학생들과 이 지역 목회자들에게도 동일한 감사를 드린다. 그 동안 부족한 종의 신학연구를 위해 희생을 아끼지 않은 사랑하는 아내에게 이 책을 바친다.

1998년 2월

글쓴 이 **강성열**

차 례

제 2 부 아브라함과 이삭(12-26장) / 127

제 4 부 요셉 이야기(37-50장) / 283

서 론

1. 오경과 창세기

창세기를 바로 이해하기 위해서는 무엇보다도 먼저 창세기가 구약성경 전체에서 어떤 위치에 놓여 있느냐를 알 필요가 있다. 창세기는 우리가 잘 아는 바와 같이 구약성경의 첫 책이면서 동시에 오경(五經, Pentateuch)의 첫 책이기도 하다. 그리고 창세기가 속해 있는 오경은 창세기에서 신명기까지 이어지는 구약의 첫 다섯 권을 일컫는다.

오경이라는 표현은 본래 오리겐(Origen)이라는 초기 교회 교부가 처음으로 사용한 헬라어 '펜타튜코스'(Pentateuchos)에서 비롯된 것이다. 이 단어는 '다섯'을 뜻하는 '펜타'(Penta)와 '두루마리를 보관하는 상자'를 뜻하는 '튜코스'(Teuchos)가 합쳐져서 이루어진 합성어인데, 나중에는 이 말이 다섯 개의 두루마리 자체(scroll)를 뜻하는 표현으로 바뀌어 지금에 이르고 있다. 이러한 풀이에 의한다면 창세기에서 신명기까지의 다섯 권은 맨 처음에 다섯 묶음의 두루마리로 나누어 보관되었다고 할 수 있겠다.

그런데 이 다섯 권의 오경은 맨 처음에 히브리 성경에서 '토라'

(Torah)라는 이름을 가지고 있었다. 여기서 '토라'는 '야라'(yarah)라는 동사에서 파생한 명사로서 '가르침, 교훈, 지시, 방향제시'(instruction, direction, guidance) 등으로 이해되었다. 따라서 적어도 이스라엘 사람들의 생각에 의하면 창세기에서 신명기까지의 토라는 그들에게 주어진 하나님의 계시의 가르침 내지는 그들의 나아갈 길에 대한 하나님의 방향제시를 포함하는 책들이라고 할 수 있다.

그러다가 주전 3세기 경에 히브리어에서 헬라어로 번역된 70인역 구약성경(LXX)이 '토라'를 '노모스'(Nomos, '법' 또는 '율법'이라는 뜻)라는 헬라어로 옮기면서 토라는 서서히 율법 또는 율법서로 불리기 시작했다. 70인역의 이러한 번역은 아마도 오경에서 가장 많은 부분을 차지하고 있는 법률적인 요소들을 강조하려는 목적을 가지고 있는 듯하다. 아니면 오경의 중심 내용이 하나님께서 이스라엘 백성에게 주신 각종 언약법들로 이루어져 있기 때문에 그러한 것인지도 모르겠다.

사실 오경에서 창세기를 제외한 나머지 네 권의 책들은 거의 다 시내산에서 주어진 하나님의 언약법과 관련되어 있는 까닭에 (율)법이 오경 안에서 차지하는 위치는 아무리 강조해도 지나치지 않을 것이다. 그러나 그러한 율법조차도 여러 군데에 이스라엘 백성의 역사와 관련된 다양한 이야기들을 담고 있기 때문에 오경을 '율법(서)'라고 부르는 것은 만족스럽지 못하다. 이는 특히 창세기의 경우에 그러하다. 왜냐하면 창세기는 사실 율법(서)이라는 개념과 거의 무관한 내용들로 이루어져 있기 때문이다.

2. 명칭에 대한 해설

히브리 성경은 각 책을 흔히 그 책의 가장 첫 단어를 따서 부르는 경향을 가지고 있는데 창세기의 경우도 예외는 아니었다. 유대인들은 오경의 첫 번째 책을 이 책 1 : 1에 있는 첫 단어를 취하여 '브레쉬트'라고 불렀다. 이 명칭은 '태초에'(in the beginning)라는 뜻을 가지고 있다. 그런데 70인역은 이 책을 번역하면서 그 명칭을 '게네시스'(Genesis)로 바꾸었다.

70인역이 이처럼 명칭을 바꾼 것은 이 책의 기본 구조가 2 : 4과 5 : 1, 6 : 9, 10 : 1, 11 : 10, 27, 25 : 12, 19, 36 : 1, 9, 37 : 2 등에 있는 히브리어 '톨레도트'('족보')를 중심으로 하고 있기 때문이었다. 그리하여 70인역은 이 단어를 '게네세오스'(Geneseos)로 옮기고서, 이 책의 명칭을 '게네시스'로 정한 것이다. 사실 '게네세오스'나 '게네시스'는 발생, 기원, 근원, 원천, 출생, 혈통 등의 뜻을 가지고 있는 것으로, 70인역이 이 책을 어떠한 책으로 이해하고 있는가를 잘 반영해 주고 있다고 하겠다.

그런데 70인역이 정한 이 명칭은 나중에 라틴어 성경과 영어권을 비롯한 각종 현대어 번역성경에 그대로 이어졌다. 우리말 성경 역시 예외가 아니었다. 한글판 개역성경은 처음에 번역되어 나올 때부터 이 책의 이름을 '창세기'(創世記)라고 부른 것이다. 이 명칭은 오경의 첫 번째 책이 문자 그대로 세상의 창조에 관해서 기록하고 있는 책이라는 뜻을 가지고 있다. 어떻게 보면 이 명칭은 70인역의 명칭보다는 더 범위가 좁은 것이라고 할 수 있을 것이다. 왜냐하면 70인역은 이 책이 모든 것의 시작에 관한 책이라는 사실을 굳이 세상, 곧 우주만물에 국한시키지 않고 있지만 한글판 개역성경은 이 책이 세상의 창조에 관한 책이라는 관점을 매우 분명하게 밝히고 있기 때문이다.

이처럼 '창세기'라는 명칭이 다소간의 한계를 가지고 있음을 부정할 수는 없겠지만 그럼에도 불구하고 개역성경 이외의 다른 모든 한글판 번역 성경들-이를테면 공동번역, 현대어성경, 현대인의 성경, 표준새번역성경 등-이 한결같이 오경의 첫 번째 책을 창세기라고 부르고 있는 까닭에, 그리고 그 이상의 좋은 표현이 아직은 없다고 여겨지기에 이 글에서도 '창세기'라는 명칭을 그대로 사용하기로 한다.

3. 창세기의 구조

창세기는 구조상의 특징으로 보아 족보 또는 계보를 뜻하는 '톨레도트'를 중심으로 구성되어 있다. 이 단어는 모두 11군데에 나타나는데, 그 중에 2 : 4과 6 : 9, 25 : 19, 37 : 2 등의 네 군데는 어떤 특정한 이야기를 설명하는 데 사용되고 있다. 반면에 5 : 1, 10 : 1, 11 : 10, 27, 25 : 12, 36 : 1, 9 등의 일곱 군데는 족보를 소개하는 데 사용되고 있다. 이들을 보다 구체적으로 정리하면 다음과 같다(괄호는 개역에 번역된 낱말임.).

〈이야기 소개의 경우〉

2 : 4	창조의 과정(천지의 창조된 '대략', 大略)
6 : 9	노아 시대의 상황(노아의 '사적', 事蹟)
25 : 19	이삭의 자녀 출산 과정(이삭의 '후예', 後裔)
37 : 2	야곱의 아들들의 이야기(야곱의 '약전', 略傳)

〈족보 소개의 경우〉

5 : 1	아담의 자손들(아담 자손의 '계보', 系譜)
10 : 1	셈과 함과 야벳의 자손들(셈과 함과 야벳의 '후예')
11 : 10	셈의 자손들(셈의 '후예')
11 : 27	데라의 자손들(데라의 '후예')
25 : 12	이스마엘의 자손들(이스마엘의 '후예')
36 : 1	에돔의 자손들(에돔의 '대략')
36 : 9	에서의 자손들(에서의 '대략')

4. 창세기의 주요 내용

창세기는 내용상으로 보아 크게 두 부분으로 나누어진다. 그 하나는 1장에서 11장까지 이어지는 원역사(原歷史, Primeval History)이고, 다른 하나는 12장에서 50장까지 이어지는 족장사(族長史, Patriarchal History)이다. 여기서는 원역사와 족장사의 주요 내용을 차례대로 살펴보기로 한다.

1) 원역사(1-11장)

원역사는 하나님께서 우주만물을 창조하신 일로부터 시작해서 인간창조, 아담과 하와의 이야기, 그들의 범죄, 에덴에서의 추방, 가인과 아벨의 이야기, 최초의 살인, 노아 홍수에 얽힌 이야기, 민족의 번성과 분열, 바벨탑 사건 이야기 등을 담고 있는 부분으로, 과학적으로나 역사적으로 증명할 수 없는 시대를 일컫는다. 이 부분을 표준새번역성경에 있는 세부목차들을 중심으로 다시 정리하면 다음과 같다.

1 : 1- 2 : 3	천지창조
2 : 4-25	에덴동산
3 : 1-24	사람의 불순종과 하나님의 심판
4 : 1-26	가인과 아벨
5 : 1-32	아담의 자손
6 : 1- 8 : 22	노아 홍수 이야기
9 : 1-17	노아와 맺은 무지개 언약
9 : 18-10 : 32	노아의 자손
11 : 1- 9	바벨탑 사건
11 : 10-32	셈의 자손과 데라의 자손

이상의 내용을 보다 구체적으로 살펴보면 1장에서 3장은 우주만물과 인간이 맨 처음에 어떻게 창조되었는지를 서술함과 아울러, 인간의 제반 실존양상, 곧 삶과 죽음, 노동, 출산의 고통 등이 어떻게 시작되었는가를 밝히고 있다. 그리고 후반부인 4장부터 11장까지는 아담과 하와의 타락에서 비롯된 인간의 죄악성이 가인과 아벨을 거쳐 홍수 심판 및 바벨탑 사건에 이르기까지 어떻게 확대 재생산되고 있는가를 끊임없이 추적하고 있다.

또한 원역사는 하나님께서 아담과 하와로부터 비롯된 인간의 각종 범죄행위를 어떻게 처벌(심판)하고 있으며, 범죄에 대한 심판이 끝난 후에는 어떠한 방법으로 그들에게 새로운 구원은총을 주시는가를 네 개의 연결된 이야기 구조 속에서 설명하고 있다. 이를테면 아담과 하와, 가인과 아벨, 노아 홍수, 바벨탑 사건 등이 그러하다. 이 이야기들은 한결같이 인간의 범죄, 그에 대한 하나님의 심판, 심판 후에 주어지는 새로운 구원은총 등을 차례대로 밝히고 있는 것이다(이에 대해서는 「그말씀」 1993년 1월호의 p. 71-72를 참조).

그렇다면 원역사가 이처럼 인간의 범죄 역사를 상세하게 추적해 가는 이유는 도대체 어디에 있는 것일까? 그것은 바로 인간이 본질적으로 어떠한 존재이며, 하나님을 떠난 인간의 역사는 어떤 길을 걷게 되는가 하는 것을 밝혀내고자 함에 있다. 위에서 말한 네 가지의 주요 사건들은 한결같이 인간이 피조물이기를 거부하고 하나님으로부터 독립하려는 욕망에 사로잡혀 있음을 보여 준다. 이 무절제한 욕망은 인간으로 하여금 하나님의 명령을 거역하게 하고 마침내는 인류를 파멸에 빠뜨리게 한다. 홍수 심판과 언어 혼잡(바벨탑 사건)이 이를 단적으로 보여 주고 있다. 이는 결국 인간의 역사가 근본적으로 하나님을 떠날 수밖에 없으며 철저하게 하나님의 구원으로부터 멀어질 수밖에 없음을 말한다.

원역사는 이처럼 인간이 근본적으로 어떠한 존재인가를 밝힘으로써 인간에게 하나님의 구원이 절대적으로 필요하다는 점을 부각시키고 있다. 적어도 구원에 관해서라면 인간은 아무것도 할 수 없으며, 인간은 누구나 그의 구원을 받아야 한다는 말이다. 하나님께서 아브라함을 부르시는 것은 바로 이러한 이유에서이다. 하나님으로부터 완전히 멀어져 버린 인간, 스스로의 힘으로는 도저히 하나님의 구원에 도달할 수 없는 인간을 위해서 하나님은 새로운 구원역사를 시작하시는 것이다.

이를 가장 잘 보여 주는 것이 12 : 1~3에 있는 하나님의 명령이다. 이 본문에 의하면 아브라함은 파멸에 빠진 세상 모든 족속에게 하나님의 '복'(또는 구원)을 전하도록 부름을 받은 자이다. 그리고 아브라함으로부터 비롯된 이스라엘 역시 이와 동일한 부름을 받아 생겨난 것이다. 이 때문에 우리는 원역사를 일컬어 족장사의 배경 내지는 전주곡이라 부르는 것이며, 아울러 족장사를 일컬어 하나님의 구원역사(또는 구속사, Salvation History)의 시작 내지는 이스라엘 역사의 시작이라고 부르는 것이다.

2) 족장사(12-50장)

원역사와는 달리 어느 정도 역사적으로 증명이 가능한 시대와 관련되어 있는 족장사는 본래 메소포타미아의 하란 땅에 거주하던 아브라함이 하나님의 명령에 순종하여 '본토 친척 아비집'을 떠나 약속의 땅 가나안을 향해 떠나는 것으로 시작한다. 아브라함의 이야기는 이어 이삭과 야곱 및 요셉의 이야기들로 연결된다. 따라서 족장사는 문자 그대로 족장(族長, patriarch)들의 역사인 것이다. 족장사의 내용을 인물과 사건을 중심으로 다시 정리하면 다음과 같다.

12 : 1-20	가나안에서 이집트로
13 : 1-14 : 24	아브라함과 롯
15 : 1-21	아브라함에게 주어진 언약
16 : 1-16	하갈과 이스마엘

17 : 1-27	언약의 표인 할례
18 : 1-15	아브라함에게 주어진 아들 약속
18 : 16-19 : 38	소돔과 고모라의 멸망
20 : 1-18, 21 : 22-34	아브라함과 아비멜렉
21 : 1-21	이삭과 이스마엘
22 : 1-24	제물로 바쳐진 이삭
23 : 1-20	아브라함의 묘지 매입
24 : 1-67	이삭의 아내 리브가
25 : 1-18	아브라함과 이스마엘의 자손들
25 : 19-34	에서와 야곱
26 : 1-35	이삭과 아비멜렉
27 : 1-28 : 22	이삭의 축복과 야곱의 피신
29-31장	야곱과 라반
32-33장	야곱과 에서의 만남
34-35장	야곱의 귀향과 자손들
36 : 1-43	에서의 자손들과 에돔의 역사
37 : 1-36	이집트로 팔려간 요셉
38 : 1-30	유다와 다말
39-41장	죄수에서 총리로
42-46장	요셉과 야곱 가족의 만남
47-50장	야곱 가족의 이집트 정착

이상의 내용을 인물 중심으로 압축시킨다면 12장에서 25 : 18까지는 아브라함의 이야기를 담고 있고, 이삭의 이야기는 대부분이 아브라함의 이야기(21장, 24장)와 야곱의 이야기(26장)에 흡수되어 있다. 그리고 25 : 19~36장까지는 야곱의 이야기들로 이루어져 있는데, 야곱의 이야기는 다시 에서와의 관계, 외삼촌 라반과의 관계, 그의 아들들과의

관계 등의 세 부분으로 나누인다. 마지막으로 37장에서 50장은 요셉의 이야기를 취급하고 있다.

그런데 이들 족장들을 중심으로 하는 이야기들은 하나님께서 아브라함에게 주신 두 가지의 약속을 기본 줄기로 하고 있다. 하나님께서 그에게 새로운 땅을 주실 것이라는 약속과 그로부터 큰 민족이 이루어지게 하실 것이라는 약속이 바로 그것이다. 이 두 약속은 나중에 가나안 정착과 이스라엘 민족의 형성을 통해서 그대로 이루어지지만, 적어도 족장들이 살아 있는 동안에는 좀처럼 성취되지 않는다.

아브라함을 비롯한 이스라엘의 조상들이 여러 곳을 옮겨 다니면서도 정착할 땅을 쉽게 구하지 못한다는 이야기나 족장들의 아내가 한결같이 약속의 자손을 쉽게 얻지 못하고서 오랜 세월을 기다려야 한다는 이야기가 이 점을 잘 보여 준다.

그렇다면 족장들이 직면한 이러한 현실, 곧 금방이라도 이루어질 것만 같은 하나님의 약속에 비해 너무도 초라한 그들의 현실은 어떤 목적을 가지고 있는 것일까? 그것은 다른 것이 아니다. 그것은 하나님께서 주신 약속이 반드시 성취되지만 그 약속이 꼭 빠른 시일내에 이루어지는 것만은 아님을 강조한다. 아울러 그것은 족장들로 하여금 조급한 마음을 버리고 인내심을 가지고서 하나님의 시간을 잠잠히 바랄 것을 요구하고 있는 것이다.

또한 그것은 약속의 성취가 전적으로 하나님의 손에 달려 있다는 점을 보여 주기도 한다. 사람의 힘으로는 약속 성취가 불가능하다는 것을 보여 준다는 말이다. 그러기에 사람이 자신의 노력으로 무엇인가를 이루고야 말겠다고 생각하는 것은 약속 성취에 아무런 도움을 주지 못할 수도 있다. 오히려 하나님의 약속을 믿으면서 그의 뜻이 이루어지기를 기다리는 것이 최상의 신앙일 수도 있지 않겠는가!

제 1 부

원역사 (1-11장)

Ⅰ. 우주만물을 창조하신 하나님(1 : 1-2 : 4a)

Ⅱ. 남자와 여자를 창조하신 하나님(2 : 4b-25)

Ⅲ. 처음 인간의 범죄와 하나님의 심판(3장)

Ⅳ. 처음 살인과 아담의 후손(4-5장)

Ⅴ. 하나님의 홍수 심판과 무지개 언약(6-9장)

Ⅵ. 민족분산에 대한 두 가지 설명(10-11장)

제 1 부

원역사(1-11장)

I. 우주만물을 창조하신 하나님(1 : 1-2 : 4a)

기독교의 경전인 성경은 창세기로부터 시작하고 창세기는 하나님께서 우주만물을 창조하셨다는 내용으로 시작한다. 성경의 이러한 시작은 이 세상에 있는 모든 것들이 하나님께로부터 비롯되었다는 것을 널리 선언하는 효과를 갖는다. 물론 창세기의 창조기사가 단순히 맨 처음에 우주만물이 어떻게 생겨났느냐를 알려 주려는 목적만을 가지고 있는 것은 결코 아니다. 달리 말해서 창세기의 첫 부분은 단순히 세상의 시작과 기원에 대한 사람들의 호기심을 만족시키기 위해서 기록된 것이 결코 아니라는 얘기다.

오히려 창세기의 이러한 시삭 부분은 여호와 하나님이야말로 우주만물을 창조하신 유일한 참 신임을 알리는 신앙고백의 성격을 강하게 가지고 있다. 이 신앙고백은 하나님을 먼저 믿기 시작한 이스라엘 자손에게만 중요한 것이 아니다. 그것은 여호와를 유일한 하나님으로 믿는 모든 사람들, 그리고 인류를 구원하시려는 하나님의 구원계획이 그리스도를 통해 이루어졌다고 믿는 모든 그리스도인들에게도 똑같이 중요한 신앙고백이다. 그러기에 하나님을 믿는 사람들은 옛날이나 지금이나 할 것 없이 성경을 펼치는 순간 하나님께서 우주만물을 창조하셨다는 놀라운 신앙고백을 늘 새롭게 되풀이하고 있는 셈이다.

이제 기독교 신앙의 출발점이라고 할 수 있는 이 신앙고백, 곧 여호와 하나님이야말로 우주만물의 창조주가 되신다는 신앙고백을 창세기 1 : 1~2 : 4 상반절까지를 중심으로 살펴보기로 하자. 이 단락을 2 : 4 상반절까지로 나누는 이유는 2 : 4 하반절 이후로는 앞서의 내용과는 다른 관점에서 하나님의 창조를 보충 설명해 주고 있기 때문이다. 물론 2 : 4 상반절까지의 내용과 2 : 4 하반절 이하의 내용은 상호보완적인 관계에서 이해되어야 한다. 하나님의 창조에 대한 이러한 이중적인 묘사는 이를테면 예수의 생애와 교훈을 기록함에 있어 네 개의 상이한 복음서가 있는 것과 마찬가지이다. 이 네 복음서는 예수 그리스도에 대해서 서로 다른 관점을 취함으로써 그의 구원사역을 다양한 각도에서 종합적으로 이해할 수 있게 하고 있기 때문이다.

먼저 창조기사의 첫 번째 단락인 1 : 1~2 : 4 상반절까지의 주요 내용을 보면 서두에서 하나님께서 우주만물을 창조하셨다는 사실을 온 천하에 널리 알린 다음에(1 : 1) 바로 이어 그러한 창조사역이 시작될 무렵의 혼돈 상황에 대해서 묘사한다(1 : 2). 그리고 나서 엿새 동안에 이루어진 창조의 과정을 날짜별로 개관한다(1 : 3-31). 이 부분은 특히 하나님의 형상을 따라 만들어진 인간의 창조에 대해서 비교적 상세하게 서술하면서 인간에게 주어진 하나님의 복이 어떠한가를 알림으로써 인간창조가 창조사역의 클라이맥스임을 부각시킨다(1 : 26-28). 한편 2장 서두(1-4상)는 하나님께서 창조가 끝난 후인 일곱째 날에 안식하셨음을 밝힘과 아울러 이제까지의 창조사역을 '족보'(히브리어로 '톨레도트')라는 단어를 사용하여 매듭짓는다.

1. 창조의 시작(1 : 1-2)

1) 창조신앙의 대헌장

창세기 1 : 1은 2절 이하의 내용으로 바로 이어지는 본문이 아니라 하나님의 창조사역 전반을 압축하는 성격의 본문이다. 바꾸어 말해서 이 본문은 2절의 혼돈 묘사나 3절 이하의 구체적인 창조과정과 논리적인 연관성을 가지고 있지 않다는 말이다. 어떤 이는 1장 1절을 2절 이하의 종속절(從屬節)로 보아 '태초에 하나님께서 하늘과 땅을 창조하셨을 때' 라고 번역하기도 하나, 1절의 '하늘과 땅'(天地, 히브리어로는 '하샤마임 우어 하아레츠')이 문자 그대로 하늘과 땅만을 지칭하는 낱말이 아니라 피조물 전체를 뜻하는 관용어임을 고려한다면 1절이 2절 이하의 종속절일 수가 없음이 분명해진다. '천지' 가 우주 전체를 가리키는 관용어임은 창세기 2 : 4, 14 : 19, 시편 115 : 15, 121 : 2, 124 : 8, 134 : 3, 146 : 6, 예레미야 10 : 11 등에 잘 나타나 있다. 따라서 1장 1절은 하나님께서 우주만물을 창조하셨음을 이스라엘과 이방 나라들에 널리 알리는 창조신앙의 대헌장(大憲章)이요, 창조기사 전체를 이끄는 독립절(獨立節)인 것이다.

그리고 1절의 '태초' 는 히브리어로 '브레쉬트' 로서 '한 시작에' 또는 '한 처음에' 라고 번역될 수 있는 낱말이다. 이 낱말은 하나님의 창조가 이루어지기 직전 또는 하나님의 창조가 이루어질 무렵의 시기를 뜻하는 것이다. 이에 대해 어떤 이들은 때때로 다음과 같은 질문을 던진다 : 그렇다면 하나님은 태초 이전에는 무슨 일을 하고 계셨을까? 그러나 우리가 가지고 있는 성경에는 이러한 질문을 던지는 자들을 만족시킬 만한 답이 어디에도 없다. 그것은 우리의 합리적인 이성의 한계를 벗어나는 것이기도 하다. 그러기에 종교개혁자 루터는 "하나님은 그토록 쓸데없는 질문을 던지는 사람을 위해 회초리를 자르고 계시다."고 말하지 않았던가!

1절에서 또 한 가지 주목할 낱말은 '바라' 라는 동사이다. 이 동사는 오직 하나님께만 적용되는 낱말로서 일반적으로 '무(無)로부터의 창조'

(creatio ex nihilo)를 뜻하는 것으로 이해된다. 물론 '무로부터의 창조' 라는 개념은 외경(外經) 제 2마카비서 7 : 28에 가서야 처음으로 나타난다 : "얘야, 내 부탁을 들어다오. 하늘과 땅을 바라보아라. 그리고 그 안에 있는 모든 것을 살펴라. 하느님께서 무엇인가를 가지고 이 모든 것을 만들었다고 생각하지 말아라"(공동번역). 그리고 신약에 와서는 로마서 4 : 17과 히브리서 11 : 3이 이 개념을 그대로 사용하였다. 이처럼 '무로부터의 창조' 라는 개념이 명시적으로 나타나는 것은 후대이지만 거슬러 올라가서 창세기 1장에 나타나는 '바라' 동사 역시 이 개념을 함축하고 있다고 볼 수 있다.

2) 처음의 혼돈 상황

1 : 2은 하나님의 창조가 본격화될 무렵의 상황에 대해서 묘사하는 구절이다. 이 구절에 의하면 창조가 이루어질 무렵에 땅은 혼돈하고 공허했으며 어두움이 깊음 위에 있었다. 이것은 하나님의 구체적인 창조사역이 혼돈과 무질서(chaos)에서 비롯되고 있음을 밝히는 내용이다. 다시 말해서 하나님은 혼돈과 무질서로부터 질서 있고, 조화롭고, 아름다운 세계(cosmos)를 만드셨다는 것이다. 그렇다면 그 무질서와 혼돈은 어디서 생겨난 것인가? 성경은 이에 대해서 아무런 해답도 주고 있지 않다. 2절이 말하는 혼돈, 공허, 어두움, 깊음 등은 어쩌면 악(惡)의 기원과 깊은 관련을 가지고 있을런지도 모른다.

그러나 분명한 것은 1 : 2의 주요 관심사가 혼돈과 무질서의 기원을 밝히는 데에 있는 것이 아니라, 맨 처음에 생겨났던 그것이 하나님의 창조 권능에 의하여 하나님 보시기에 좋은 것으로 바뀌었음을 밝히는 데에 있다는 점이다. 바꾸어 말하자면 창세기 1장은 하나님의 창조를 묘사함에 있어서 혼돈이 질서로 바꾸어진 것에 초점을 맞추고 있다는 말이다. 이처럼 하나님의 창조가 질서와 조화를 만들어내는 것이라는 사실은 오늘의 우리에게 귀중한 교훈을 준다. 그것은 곧 인간의 삶과 역사

안에 있는 온갖 혼돈과 무질서를 질서 있고 조화로운 것으로 바꾸는 것 역시 넓게는 하나님의 창조사역에 동참하는 것을 뜻한다는 점이다.

이와 관련하여 주목할 것은 2절 하반절의 "하나님의 신('루아흐 엘로힘')은 수면(水面)에 운행하시니라."는 표현 역시 혼돈 상황을 묘사하는 것이라고 보는 사람들이 적지 않다는 사실이다(New English Bible, Anchor Bible, G. von Rad, C. Westermann 등). 이들의 주장은 두 가지의 사실에 근거하고 있다. 그 하나는 문법적으로 볼 때 '엘로힘'이라는 보통명사가 형용사의 최상급으로 사용되는 경우(창 23 : 6, 30 : 8, 시 36 : 6, 68 : 15, 80 : 10 등)가 자주 있다는 것이요, 다른 하나는 '루아흐'가 헬라어 '프뉴마'와 마찬가지로 '바람'을 뜻하는 경우가 매우 많다는 것이다. 이러한 해석은 공동번역에 간접적으로 암시되어 있고 새번역성경에 구체적으로 소개되어 있다. 새번역성경의 창세기 1 : 2 각주에 의하면 이들은 '루아흐 엘로힘'을 '하나님의 바람' 또는 '강한 바람'으로 번역하여 1 : 2 전체가 혼돈 상황을 묘사하는 것으로 이해한다. 그러나 한국교회 전체를 두고 볼 때 아직까지는 이러한 해석보다는 전통적인 해석이 지배적이다. 즉 '루아흐 엘로힘'을 '하나님의 신'으로 이해함으로써 1 : 2 하반절부터 혼돈 상황을 정복하시는 하나님의 창조활동이 시작하고 있다고 보는 것이다.

2. 창조의 과정(1 : 3-25)

1) 창조과정에 나타난 특징들

하나님의 신이 수면에 운행하기 시작한 일을 계기로 하나님의 세계 창조가 본격화하는데, 창조의 과정은 다음과 같은 몇 가지의 특징을 가지고 있다. 첫째로, 무엇보다도 중요한 것은 하나님의 창조가 말씀을 통해 이루어지고 있다는 사실이다. 하나님은 인간을 제외한 모든 피조물들을 그의 능력의 말씀으로 창조하시는 바, 그 말씀은 한결같이 3인칭 명령형(히브리 문법으로는 Jussive)으로 이루어져 있으며, 앞서 말한 '바라' 동사와 깊은 관계를 가지고 있다. 그리고 하나님의 말씀 창조는 부수적으로 '만들다'는 뜻을 가진 '아사' 동사와 관련하여 나타난다(1 : 7, 16, 25, 26, 2 : 2, 3). 말씀을 통한 창조는 하나님에게 있어서 말씀이 곧 사건(Event)이요, 행동(Action)임을 뜻한다. 즉, 하나님께는 말(imperative)과 행위(indicative)가 별개의 것이 아니라 같은 차원에 속한 것이라는 말이다. 이집트나 바벨론 지역의 창조신화에도 말(word)에 의한 창조가 없는 것은 아니지만 거기에는 창세기에 있는 이러한 신학적인 차원이 결여되어 있다.

둘째로, 하나님의 창조는 엿새 동안 질서정연하게 이루어지고 있다. 첫째 날에는 빛('오르')이 창조되면서 낮과 밤이 만들어지고(3-5절), 둘째 날에는 궁창(하늘)이 만들어지면서 궁창을 중심으로 하여 궁창 위의 물과 궁창 아래의 물이 나누인다(6-8절). 그리고 셋째 날에는 마른 땅(뭍)과 바다가 만들어졌으며, 땅 위에서는 풀과 씨 맺는 채소와 씨 가진 열매 맺는 과목(果木) 등의 각종 식물이 창조되었다(9-13절). 이어 넷째 날에는 해('큰 광명')와 달('작은 광명')과 별 등의 발광체(光明, '마오르') 들이 창조되었으며(14-19절), 다섯째 날에는 바다에 사는 각종 물고기들과 하늘을 나는 각종 새들이 창조되었다(20-23절). 그리고 마지막 여섯째 날에는 땅 위에 사는 각종 짐승들을 창조하시고(24-25절), 이어 사람을 창조하셨다(26-31절).

셋째로, 하나님의 창조는 엿새 동안 질서정연하게 이루어지고 있을 뿐만 아니라 대칭 구조를 가지고 있다. 이 점은 엿새 동안의 창조과정을 주의 깊게 들여다 보면 알 수 있는 바, 첫째 날에서 셋째 날까지와 넷째 날에서 여섯째 날까지가 대칭 관계에 있음이 금방 드러난다. 이를테면 첫째 날에서 셋째 날까지 만들어진 것들은 주로 어떤 본질 내지는 생활공간과 관련된 것들이고, 넷째 날에서 여섯째 날까지 만들어진 것들은 주로 그러한 본질로부터 파생한 것들이거나 또는 특정 공간에 거주하는 생물들을 지칭한다는 점이 그러하다. 이를 보다 구체적으로 살핀다면 첫째 날과 넷째 날이 대칭관계에 있고 둘째 날과 다섯째 날, 그리고 셋째 날과 여섯째 날이 대칭관계를 이루고 있다고 할 수 있다. 이를 도표로 정리하면 다음과 같다.

첫째 날 : 빛(낮과 밤)	넷째 날 : 해와 달과 별
둘째 날 : 궁창(하늘) 궁창 위의 물 궁창 아래의 물	다섯째 날 : 각종 새들 각종 물고기들
셋째 날 : 마른 땅과 바다 각종 식물	여섯째 날 : 각종 짐승들 각종 식물

넷째로, 하나님의 창조는 일정한 양식을 따라 기록되어 있고 이에는 적어도 다섯 가지 정도의 구성 요소들이 있다. '하나님이 가라사대'(새번역에는 '하나님이 말씀하시기를')로 시작하는 도입부, 3인칭 명령형으로 나타나는 하나님의 말씀, 명령대로 이루어짐, 창조의 결과에 대한 평가, 날의 반복 등이 이에 속한다. 이 다섯 가지 요소는 하나님께서 우주만물을 창조하시는 각 날에 공통적으로 나타나는 것들로서 이들 역시 하나님의 창조가 조화롭고 아름다운 것임을 증거하는 효과를 갖는다. 이외에도 첫째 날과 둘째 날에 있는 이름 지음과 넷째 날에 있는 역할 분담, 다섯째 날과 여섯째 날에 있는 복을 베푸심 등의 요소가 있다.

그런데 이들 중에 한 가지 흥미로운 것은 창조의 결과를 평가하는 표현('보시기에 좋았더라')이 첫째 날에서 여섯째 날까지 모두 일곱 번 사용되고 있으나(4, 10, 12, 18, 21, 25, 31절), 묘하게도 둘째 날에는 전혀 없고, 그 대신에 셋째 날에 두 번씩이나 나타나고, 또 여섯째 날에도 두 번 나타난다는 사실이다. 왜 둘째 날에는 창조의 결과에 대한 평가가 없고 셋째 날에 두 번의 평가가 나타나는지에 대해서는 사람에 따라 그 견해가 다르다. 그러나 일반적으로는 둘째 날의 사역이 셋째 날 전반부에 가서야 완료되는 까닭에 그러하다는 해석이 가장 그럴 듯한 것으로 받아들여지고 있다. 그리고 여섯째 날에 두 번의 평가가 있는 것은 두 번째의 평가('보시기에 심히 좋았더라')가 하나님의 창조 전체에 대한 총괄평가이기 때문에 별다른 문제가 안 된다. 그리고 한 가지 더 주목할 것은 날의 반복을 설명함에 있어서 저녁을 아침보다 앞세우는('저녁이 되고 아침이 되니') 이유는 히브리인들이 오늘날의 우리들과는 달리 해가 질 무렵의 저녁시간을 하루의 시작으로 보기 때문이다.

2) 자연종교의 배경

위에서 말한 여러 가지 특징들을 가지고 있는 창세기 1장의 창조기사는 우주와 세계 안에 있는 질서와 조화가 창조주이신 하나님에 의해 만들어진 것임을 강조하는 한편, 물, 공기, 하늘, 해와 달과 별들 및 각종 동식물들 역시 하나님의 피조물에 지나지 않는다는 점을 강조한다. 특히 해와 달과 별들은 시간과 계절의 변화를 주관하는 피조물에 지나지 않음이 강조되고 있다(14절). 창세기 1장의 이러한 강조점은 이스라엘의 창조신앙에서 매우 중요한 의미를 갖는다. 왜냐하면 이스라엘의 주변 나라들에서는 자연 세계에 있는 각종 피조물들을 신적인 존재로 보거나 숭배의 대상으로 여기는 이른바 자연종교(Nature Religion)의 다신교(多神敎, polytheism) 사상이 사람들의 생각 속에 깊이 뿌리박고 있었기 때문이다.

이 점은 무엇보다도 이스라엘 주변 나라들의 창조신화에 두드러지게 나타나는 바, 그 대표적인 것이 바로 바벨론의 창조신화인 '에누마 엘리쉬'(Enuma Elish)이다. 이 신화에 의하면 맨 처음에 담수(淡水, sweet water)와 염수(鹽水, salt water)를 상징하는 압수(Apsu) 신과 티아맛(Tiamat) 여신 사이에서 수증기(또는 안개), 하늘, 공기, 폭풍 등을 상징하는 여러 신들이 출생한다. 그리고 이들 신들 사이에 벌어지는 왕권 다툼의 과정에서 압수와 티아맛은 죽고 마르둑(Marduk)이 승리를 거둔 후 최고신의 자리를 차지한다. 최고신이 된 마르둑은 죽은 티아맛의 몸을 두 쪽으로 나누어 그것으로 하늘과 땅을 만들고 티아맛의 두 번째 배우자인 킹구(Kingu)의 몸에서 흘러나온 피를 가지고서 사람을 만든다(장일선, 「구약 세계의 문학」, pp. 303-347을 참조). 이러한 창조신화는 결국 자연을 숭배의 대상으로 하는 이른바 자연종교의 성격을 강하게 가지고 있는 셈이다. 가나안 지역의 경우 우가릿(Ugarit)에서 발견된 바알 신화집을 보면 가나안 사람들의 종교가 폭풍우의 신(storm-god)인 바알(Baal)을 정점으로 하는 농경사회의 다산(多産)의 종교요, 자연을 숭배의 대상으로 하는 자연종교의 다신교주의를 그 밑바닥에 깔고 있음을 금방 알 수 있다.

이러한 상황을 염두에 둘 때 적어도 이스라엘에게는 이방종교에서 신적인 숭배의 대상으로 여겨지는 것들이 사실은 여호와 하나님의 피조물에 지나지 않는다는 점을 널리 알림과 아울러 그러한 자연종교가 갖는 위험성을 충분히 경계할 필요가 있었다. 실제로 이스라엘은 가나안 땅에 살면서 가나안의 바알종교를 비롯한 각종 자연종교의 위협에 직면했었고(출 20 : 3-5, 신 4 : 16-18, 5 : 7-9 등) 그러한 자연종교의 영향을 받아 천체(天體) 숭배에 빠진 적도 적지 않게 있었다(레 26 : 30, 신 4 : 19, 왕하 23 : 5, 11, 사 17 : 8, 27 : 9, 겔 6 : 4, 6, 8 : 16, 대하 14 : 5, 33 : 3, 34 : 4, 7).

따라서 창세기 1장의 창조기사는 주변 나라들의 자연종교 내지는 천체 숭배가 다 허황된 것이요, 우상숭배에 지나지 않음을 널리 드러내고 있는 것이나 다름이 없다. 이 점은 주변 나라들의 종교나 신화집에서 혼돈의 괴물(chaos monster)로서 숭배의 대상으로 여겨지던 '트홈'(1 : 2의 '어두움', 바벨론 창조신화의 '티아맛'과 어근이 같음.)이나 '탄닌'(1 : 21, 개역은 '큰 물고기'로 번역했으나 새번역은 '커다란 바다 짐승들'로 번역함.) 역시 하나님의 피조물에 지나지 않는다는 점을 지적하는 데서 분명하게 드러난다(이른바 비신격화 내지는 비신화화). 여기서 '탄닌'이라는 낱말은 시편 74 : 13, 91 : 13, 148 : 7, 욥기 7 : 12, 이사야 27 : 1, 51 : 9, 예레미야 51 : 34, 에스겔 29 : 3, 32 : 2 등에도 나타나는데 개역은 이 단어를 창세기 1 : 21에서와는 달리 '용' 또는 '악어' 로 번역하고 있다. 어쨌든 이상에서 보듯이 여호와 하나님만이 창조주요, 절대자로서 유일한 경배와 신앙의 대상이 된다는 사실은 하나님 아닌 것들을 하나님보다 앞세우기 쉬운 오늘의 우리에게도 동일하게 적용되어야 할 중요한 신앙 조항이 아닐 수 없다.

3. 창조의 절정인 인간(1 : 26-31)

창세기 1장은 하나님의 우주창조에 관해서 이야기하면서 인간창조에 대해 가장 많은 설명을 곁들인다. 이는 인간창조가 하나님의 창조사역에서 클라이막스에 해당하기 때문이다. 인간창조가 창조의 절정에 속한다는 것은 오직 인간만이 하나님의 형상을 따라 만들어졌다는 사실과, 인간이 다른 피조물과는 구별되는 복을 받았다는 사실에 의해 확인되고 있다(1 : 26-28). 또한 인간은 다른 피조물들이 하나님의 말씀과 명령에 의해서 창조되는 것과는 달리 하나님 자신의 직접적인 공작(工作)에 의해 창조된다(2 : 7, 22)는 점에서 창조의 정점에 속하는 존재이다. 여기서는 먼저 인간이 하나님의 형상을 따라 만들어졌다는 것의 의미를 주어진 본문을 중심으로 보다 상세하게 살펴보기로 한다.

1) 하나님의 형상으로 창조된 인간

전통적으로 교의학에서는 인간이 하나님의 형상을 따라 만들어졌다는 것은 곧 인간이 하나님의 본질이나 속성을 닮은 존재로 만들어졌음을 뜻한다고 이해해왔다. 그런가 하면 창세기 1 : 26에 나오는 '형상' ('첼렘')이나 '모양' ('드무트')이라는 히브리어 단어가 어떤 다른 것을 본떠서 만든 모상(模像)을 뜻한다고 보아, 인간이 하나님의 형상을 따라 만들어졌다는 것은 결국 인간이 하나님의 외형적이고 육체적인 모습을 닮게끔 만들어진 것을 뜻한다고 보았다. 그러나 이러한 견해들은 인간을 몸과 정신 또는 영혼으로 구분하지 않고 오히려 전인(全人)으로 보는 구약성경의 기본 개념에 적합하지 않다.

하나님의 형상이 구체적으로 어떠한 의미를 갖는지를 바로 알기 위해서는 먼저 창세기의 본문이 우리에게 무엇을 말하고 있는지를 살필 필요가 있다. 완벽한 번역이라고 할 수는 없지만 창세기 1 : 26~28을 개역 본문으로 살펴보면 다음과 같다 :

> 하나님이 가라사대, "우리의 형상을 따라 우리의 모양대로 우리가 사람을 만들고, 그로 바다의 고기와 공중의 새와 육축과 온 땅과 땅에 기는 모든 것을 다스리게 하자." 하시고, 하나님이 자기 형상, 곧 하나님의 형상대로 사람을 창조하시되 남자와 여자를 창조하시고 하나님이 그들에게 복을 주시며 그들에게 이르시되, "생육하고 번성하여 땅에 충만하라. 땅을 정복하라. 바다의 고기와 공중의 새와 땅에 움직이는 모든 생물을 다스리라." 하시니라.

이 본문은 하나님의 형상이 무엇인지를 분명하게 밝히고 있지 않다. 그러나 한 가지 확실한 것은 하나님의 형상이 다른 피조물을 다스리고 지배하는 것과 밀접한 관련을 가지고 나타난다는 사실이다. 이 점은 26절과 28절에 반복되어 나타나기 때문에 양자간의 관련성은 부인하기가 어렵다. 요컨대 인간은 모두가 다 예외 없이 하나님의 형상을 가지고 있는데, 이는 인간이 다른 피조물을 다스리고 지배할 수 있는 권한을 가지고 있음을 뜻한다는 것이다. 이러한 해석은 고대 근동에서 발견되는 유사 본문들, 특히 왕과 관련되어 나타나는 본문들을 배경으로 하여 볼 때 더욱 명확해진다. 이집트나 바벨론 지역에서는 왕을 일컬어 '신의 형상' 이라고 부르면서 그것을 왕권과 관련시키고 있는 것이다.

그러나 구약성경은 어디에서도 하나님의 형상이라는 칭호를 왕에게 사용하지 않고 있다는 점에서 고대 근동의 평행 문헌들과 큰 대조를 이룬다. 하나님의 형상이라는 칭호는 오히려 모든 인간을 포함하는 '아담' 에게만 사용되고 있는 것이다. 이는 결국 창세기 본문이 한때는 왕에게만 돌려졌던 사실, 즉 지상의 왕들이 '신의 형상' 으로서 왕적인 통치권을 행사할 것이라는 사실을 남자와 여자를 포함한 모든 인간에게 일반화시키고 있는 것이나 다름없다. 따라서 인간이 하나님의 형상을 닮았다는 것은 고대 근동의 왕이 신의 형상으로서 지상에서 그 신을 표상한 것과 마찬가지로, 하나님의 형상으로서의 인간이 지상에서 하나님의 왕적인 통치권을 증거함과 아울러 하나님을 대표하여 다른 피조물들을 지배함을 뜻하는 것이다. 하나님의 형상으로서의 인간이 이처럼 왕적인 존재로 만들어졌다는 사실은 시편 8 : 5～8(표준새번역)에 매우 잘 반영되어 있다 :

> 주께서는 사람을
> 하나님보다 조금 못하게 지으시고
> 그에게 영광과 존귀의 왕관을
> 씌워 주셨습니다.
> 주께서 손수 지으신 만물을
> 사람이 다스리게 하시고
> 모든 것을 사람의 발 아래 두셨습니다.
> 크고 작은 온갖 집짐승과 들짐승까지도,
> 하늘에서 나는 새들과
> 바다에서 노니는 물고기와
> 물길 따라 움직이는 모든 것을
> 사람이 다스리게 하셨습니다.

2) 하나님께서 주신 복

하나님의 형상이 갖는 이러한 의미는 인간이 다른 피조물들과는 구별되는 특별한 존재임을 강조하는 효과를 갖는다. 아울러 인간이 다른 모든 피조물에 대하여 왕적인 통치권을 갖게끔 만들어졌다는 것이 하나님께서 인간에게 주신 '복'(福)과 동일시되고 있다는 점 역시 인간이 특별한 존재임을 뒷받침해 주는 역할을 수행한다. 물론 인간이 아닌 다른 피조물들에게 하나님의 복이 전혀 주어지지 않은 것은 아니다. 1 : 22에 보면 하나님은 다섯째 날에 하늘의 새들과 바다의 고기들을 만드신 후에 그들에게 "생육하고 번성하여 여러 바다 물에 충만하라. 새들도 땅에 번성하라."는 복을 주셨다.

그러나 인간에게 주어진 복은 생육하고 충만하고 번성하라는 복에 더하여 땅을 정복하고 바다의 고기와 공중의 새와 땅에 움직이는 모든 생물을 다스리는 권한을 포함하고 있다. 즉, 다른 피조물에 대한 다스림의 복을 추가로 받고 있다는 말이다. 인간의 창조에 대한 이러한 특별한 강조는 창조의 날들을 셈함에 있어서 첫째 날에서 다섯째 날까지는 정관사가 없이 '욤 에하드'(첫째 날), '욤 셰니'(둘째 날), '욤 셜리쉬'(셋째 날), '욤 르비이'(넷째 날), '욤 하미쉬'(다섯째 날)라는 표현을 계속 쓰고 있으나 하나님께서 사람을 창조하신 여섯째 날만큼은 정관사(히브리어로 '하')를 붙여 '욤 하쉬쉬'(그 여섯째 날, 개역이나 새번역에는 반영이 안 됨.)라 칭하고 있다는 사실을 통해서도 확인된다.

그리고 마지막으로 하나님은 온 지면의 씨 맺는 모든 채소와 씨 가진 열매 맺는 모든 나무를 사람에게 식물로 주셨다(29절). 그리고 땅의 모든 짐승과 공중의 새들과 땅에 기는 모든 것들에게는 모든 푸른 풀을 식물로 주셨다(30절). 이것은 하나님의 창조가 단순히 사람을 비롯한 온갖 생명체를 만든 것으로 끝나지 않고 하나님께서 직접 그들에게 식물을 마련해 주심으로써 그들로 하여금 하나님께서 주신 생명을 계속 지탱해 갈 수 있게 해 주셨음을 뜻한다. 하나님은 우주만물을 창조하신 분일 뿐만 아니라 모든 피조물의 생명까지도 책임지시는 분임이 이 본문을 통해 보다 분명하게 드러난다(마 6 : 25-28).

3) 자연을 잘 관리해야 할 인간

하나님께서 엿새 동안 만드신 모든 것들은 하나님께서 보시기에 매우 좋았다(31절). 이 좋은 것들을 하나님은 인간의 손에 맡기시고 사람으로 하여금 그것들을 잘 다스리고 지배하게 만드셨다(1 : 26 - 28). 이러한 사실은 자연이 결코 그 자체로서 만들어진 것이 아니라 인간을 위해서 만들어졌다는 놀라운 사실을 보여 주기도 한다. 달리 표현한다면 자연은 인간이 그 안에서 쉴 수 있는 안식처 내지는 삶의 터전으로 만들어졌다는 말이다. 이 점은 맨 처음의 인간이 창조 직후에 창조세계의 축소판이나 다름이 없는 에덴동산에 거주하게 되었다는 사실로부터 분명해진다.

그러기에 하나님께서 사람에게 주신 다스림과 지배의 복은 사실 하나님께서 창조하신 선하고 아름다운 자연세계를 잘 관리하고 가꾸라는 명령이나 다름없다. 그것은 결코 인간이 하나님의 창조세계에 대해서 무제한의 지배권을 가지고 있음을 뜻하지는 않는다. 하나님께서 인간에게 주신 왕권은 파괴와 수탈을 정당화시켜 주는 통치가 아니라는 말이다. 만일 그럴 경우 그것은 자기가 만든 피조물들을 보기에 '좋은'(히브리어로는 '토브') 것으로 여기시던 하나님의 평가를 완전히 뒤집어 엎는 것이 될 뿐만 아니라, 자연을 정복하고 다스리라는 명령이 복(福)의 형태로 주어지고 있음을 정면에서 부정하는 것이 되기 때문이다. 창조세계의 보기 좋음과 하나님의 복은 당연히 자연의 파괴와 착취를 뜻하는 것이 아니라 인간과 자연의 평화로운 공존을 뜻하는 것이 아니겠는가!

그런데 불행하게도 인류역사는 자연을 마음대로 착취하고 파괴하는 잘못을 저질러왔다. 그 결과 인간의 삶을 생기 있게 해 주어야 할 하나님의 아름답고 조화로운 창조세계가 이제는 인간의 생존 자체를 무너뜨릴 수도 있는 가장 큰 위협으로 바뀌어 버린 것이다. 이는 어떤 사람들이 주장하듯이 기독교의 잘못된 창조신앙에 그 원인이 있는 것이 결코 아니다. 오히려 그것은 성경본문에 대한 그릇된 해석 때문에 생겨난 결과이다. 더 나아가서 오늘날 우리가 겪고 있는 생태계의 위기는 주체와 객체를 구분하는 서구의 이원론적이고 분석적인 사고, 자연을 주인 없는 재화로 보게 하는 무관계성의 사유 내지는 기계론적인 지배의 인식, 힘의 획득과 확장을 끝없이 추구하는 강대국들의 경제적, 군사적, 정치적인 확장욕, 그리고 성장과 소비를 지향하는 현대 사회의 그릇된 가치관 등이 한데 어울려 나타나는 현상이라고 할 수 있다.

지금이라도 늦지 않았다. 하나님께로부터 다른 피조물을 다스릴 권한을 위임받은 인간은 위임자이신 하나님의 선하신 뜻을 따라 자연질서를 유지하고 보존하는 데 최선을 다해야 한다. 그리고 자연에 대한 통치는 피조물들에 대한 하나님의 사랑을 드러내는 통치가 되게 해야 하며, 창조주 하나님 앞에서 책임을 질 수 있는 책임적인 통치가 되게 해야 한다. 이 점에서 볼 때 오늘날 인간이 자연에 대해 저질러 놓은 환경오염의 죄는 하나님께서 인간에게 위임해 주신 책임을 저버린 것이며 하나님께 대한 배임행위가 되는 것이다.

더 나아가서 인간이 하나님의 아름다운 창조세계를 잘 관리해야 한다는 것은 인간이 자연에 대하여 청지기의 직분을 가지고 있음을 암시한다. 이것은 눈에 보이는 모든 것이 결코 인간의 것일 수가 없다는 것을 뜻한다. 왜냐하면 우주만물은 하나님의 창조주권으로부터 생겨난 것이고, 그러기에 그것들은 필연적으로 하나님의 것일 수밖에 없기 때문이다. 달리 말해서 인간은 어디까지나 하나님의 것을 맡은 청지기로서 하나님의 소유물을 잘 관리하는 자가 되어야 한다는 말이다. 따라서 자연을 파괴하고 착취하는 것은 단순히 하나님께서 세우신 창조질서를 교란시킨다는 소극적인 의미만을 가지고 있는 것이 아니라 하나님의 소유권을 침해하는 중대한 범죄행위가 된다는 적극적인 의미도 포함한다.

4. 일곱째 날의 안식(2 : 1-4a)

1) 안식일의 의미

하나님은 엿새 동안의 일을 다 마치시고 일곱째 날에 안식을 취하셨다. 여기서 하나님이 쉬셨다는 것은 결코 하나님이 지치고 피곤해서가 아니다. 오히려 그것은 하나님의 창조가 완성되었음을 뜻하며, 또한 하나님께서 인간을 위해 쉼의 날, 곧 안식일을 정해 주셨음을 뜻하기도 한다(막 2 : 27－28). 사실 인간의 삶에 있어서 엿새 동안 일하고 이어서 하루 정도 쉼을 얻는다는 것은 매우 중요한 것이다. 쉼은 없고 일함만 있는 삶이 얼마나 비참한 것이겠는가를 상상해 보라. 그러기에 창조가 끝난 일곱째 날에 하나님께서 쉬셨다는 것은 인간의 삶에 없어서는 안 될 쉼의 중요성을 강조하는 효과를 갖는다.

하나님의 창조를 마감하는 일곱째 날이 사람의 안식을 위한 날로서 갖는 이러한 중요성은 히브리 본문이 일곱째 날을 여섯째 날의 경우와 마찬가지로 정관사를 붙여 '욤 하셔비이'로 칭하고 있다는 데에서 잘 드러난다. 이는 하나님께서 정하신 쉼의 날이 거룩하게 구별된 날이요, 인간을 위한 날임을 강조하는 것이나 다름이 없다. 이 점은 십계명의 제 4계명에 매우 잘 반영되어 있다. 출애굽기 20 : 8~11에 기록된 안식일 계명은 안식일에 쉬어야 하는 이유를 창조 후에 있었던 하나님의 안식에서 찾으면서 다음과 같이 모든 사람의 쉼을 강조한다 : "너나 네 아들이나 네 딸이나 네 남종이나 네 여종이나 네 육축이나 네 문 안에 유하는 객이라도 아무 일도 하지 말라."

그런데 신명기 5 : 12~15은 출애굽기에 있는 안식일 계명과 마찬가지의 쉼에 대해서 규정하면서 안식일을 지켜야 할 이유를 창조와 관련된 안식에서 찾지 않고 출애굽 구원사건에서 찾는다 : "너는 기억하라. 네가 애굽 땅에서 종이 되었더니 너의 하나님 여호와가 강한 손과 편 팔로 너를 거기서 인도하여 내었나니, 그러므로 너의 하나님 여호와가 너를 명하여 안식일을 지키라 하느니라." 신명기의 이러한 새로운 안식일 개념은 안식일을 출애굽 사건에서 나타난 하나님의 구원행동과 관련시킨 것이다. 이로써 안식일 계명은 창조와 구원이라는 두 개의 수레바퀴를 갖게 된 셈이다. 따라서 안식일은 단순히 하나님의 창조사역을 기억하면서 쉬는 날이 아니라 계약 백성을 속박과 억압으로부터 건져 주신 하나님의 구원행동을 기념하면서 쉬는 날이기도 한 것이다.

2) 창조사역의 종결

2장 1절에서 4절 상반절까지의 단락은 안식일을 포함한 7일 동안에 이루어진 일들을 전부 개관한 다음에 마침내 종결부분인 4절 상반절에서 하나님의 창조사역이 완전히 끝났음을 밝히고 있다. 그런데 개역은 히브리 본문(4절)의 상반절과 하반절을 뒤바꾸어 번역하는 오류를 범하고 있다. 히브리 본문 상반절은 그 앞의 내용을 요약하는 것으로 '하늘과 땅' 이라는 표현과 '창조하다' 는 동사를 사용하지만, 하반절은 그 다음에 이어지는 단락의 서문으로서 '땅과 하늘' 이라는 표현 및 '만들다' 는 동사를 사용함으로써 그 관심사가 땅에 거주하고 있는 인간, 특히 인간창조에 있음을 명백히 하고 있다.

> 엘레 톨레도트 하샤마임 우어 하아레츠 브히빠르암
> 브욤 아소트 야웨 엘로힘 에레츠 우어 샤마임
>
> (창 2 : 4의 히브리어 음역)

> 이상은 하늘과 땅이 창조되던 때의 족보('톨레도트')이다.
> 야웨 하나님께서 땅과 하늘을 만드시던 때에…….
>
> (필자의 사역)

그리고 4절 상반절의 히브리 본문은 우주만물이 창조되기까지의 모든 과정과 그 결과를 '톨레도트'(='족보')로 표현함으로써 우주창조가 단순히 먼 옛날에 있었던 일이 아니라 인간역사의 한 시작에 속한 것임을 분명하게 밝히고 있다. 다시 말해서 하나님의 창조는 역사의 한 시작이요, 하나님의 구원역사와 밀접한 관련을 가지고 있다는 말이다.

Ⅱ. 남자와 여자를 지으신 하나님(2 : 4b－25)

하나님의 창조활동에 대해서 기록하고 있는 두 번째 단락, 곧 2 : 4 하반절로부터 25절까지는 여러 가지 면에서 그 앞의 첫 번째 단락과 구별되는 내용들을 가지고 있다. 그 중에서 가장 중요한 것은 이 두 번째 단락이 창조주 하나님을 '야웨 하나님'으로 부름으로써 보통 명사인 '엘로힘'만을 사용하는 첫 번째 단락과 대조를 이룬다는 점이다. 이것은 첫 번째 단락이 하나님(엘로힘)의 일반적이고 보편적인 창조사역, 곧 인간창조를 정점(頂点)으로 하는 우주창조를 다루고 있다면 두 번째 단락은 그 반대로 하나님(야웨)의 특수하고도 구체적인 창조사역, 곧 인간창조를 중점적으로 다루고 있음을 뜻한다.

그리고 첫 번째 단락이 초월적이고 절대적인 하나님에 관해서 말하고 있다면, 두 번째 단락은 창조주 하나님을 인간과 비슷한 모습을 가진 분으로 묘사하고 있다. 달리 말해서 첫 번째 단락은 인간이 도저히 가까이 할 수 없는 전능하신 분, 곧 멀리 계신 하나님에 대해서 묘사하고 있고, 이와는 달리 두 번째 단락은 그의 손길을 가까이서 느낄 수 있는 하나님, 이른바 가까이 계신 하나님에 대해서 묘사하고 있다는 말이다. 두 번째 단락의 이러한 묘사는 하나님이 직접 손으로 사람을 만드신다던가 그 코에 생명의 기운(生氣)을 불어 넣으신다던가 에덴동산을 직접 만드시는 이야기, 또는 흙으로 각종 들짐승과 공중의 새를 만드신다던가 남자의 갈빗대를 취하여 그것으로 여자를 만드시는 이야기 등에서 두드러지게 나타난다. 이처럼 하나님을 마치 그가 사람들과 같이 손이나 입을 가지신 것처럼 의인화(擬人化)시켜서 묘사하는 것을 우리는 신인동형론적(神人同形論的, anthropomorphism)인 표현이라고 부르는데, 구약성경은 이곳 이외의 다른 많은 곳에서도 신인동형론적인 표현을 즐겨 사용하고 있다.

결과적으로 두 단락 사이에 있는 이러한 차이는 첫 번째 단락에서 자주 사용되는 '바라'(창조하다, 1 : 1, 21, 27, 2 : 3-4 상반절) 동사가 두 번째 단락에서는 한 번도 사용되지 않고, 그 대신에 '아사'(만들다, 4절 하반절과 18절) 동사나 '야차르'(빚다, 7-8절, 19절) 동사, 또는 '나타'(일구다, 심다, 8절) 동사 등이 자주 사용되고 있다는 사실을 통해서도 확인된다. 그리고 첫 번째 단락이 하나님의 형상을 따라서 사람이 창조되었다고 설명하는 것과는 달리 두 번째 단락의 경우에는 하나님께서 직접 흙을 빚어 남자와 여자를 만드셨다고 설명함으로써 인간창조의 보다 구체적인 내용을 소개하고 있다는 것도 두 단락 사이에서 발견되는 차이라고 볼 수 있을 것이다.

이상을 종합해 볼 때 흥미로운 것은 하나님의 창조에 관한 설명이 획일적으로 어느 한 면만을 다루고 있지는 않다는 사실이다. 적어도 현재의 문맥을 본다면 이 두 단락은 하나님의 창조를 두 가지의 상이한 관점에서 종합적으로 이해할 수 있게 해 준다. 어떻게 보면 두 번째 단락은 첫 번째 단락에서 설명하고 있는 하나님의 우주창조와 인간창조 가운데 후자를 부연 설명하는 것으로서, 인간의 형성과 인류역사의 최초상태를 묘사함으로써 인간의 타락을 예비하고 있는 이야기인 셈이다. 달리 말해서 두 번째 단락은 첫 번째 단락에 있는 일반적인 설명, 곧 창조에 대한 우주론적이고 포괄적인 설명을 보충하는 역할을 수행하고 있다는 말이다. 이 점에서 볼 때 첫 번째 단락을 대체적으로 창조의 파노라마라고 부를 수 있다면, 후자는 창조의 절정인 인간에 대한 자세한 관찰이라 할 수 있을 것이다.

이제 두 번째 단락의 주요 내용을 살피기로 하자. 이 단락은 먼저 하나님께서 사람을 지으시기 전의 상황이 어떠한가를 설명하는 것으로 시작한다(2 : 4하-5). 그리고 나서 하나님께서 흙을 빚어 사람을 만드시고 그 코에 생기를 불어넣으심으로써 사람을 살아 있는 존재로 만드셨음을 밝힌다(2 : 7). 하나님은 사람을 만드신 다음에 그를 위하여 에덴동산을 일구시고, 그로 하여금 거기서 살게 하셨다(2 : 8-14). 그러나 하나님께서는 아무런 조건 없이 그를 거기에 두신 것이 아니었다. 하나님은 그에게 에덴동산을 경작하고 지키게 하셨으며, 동산에 있는 모든 나무의 열매를 마음대로 먹을 수 있으나 선악을 알게 하는 나무의 열매만큼은 절대로 먹어서는 안 된다는 명령을 주셨다. 여기에는 만약에 그것을 먹는 날에는 반드시 죽을 것이라는 단서가 붙었다(2 : 15-17). 이 후에 하나님은 그 사람, 곧 남자를 돕는 배필(配匹)을 만들어 주기로 하시고 먼저 들짐승과 공중의 새들을 지으신 다음에 그의 갈빗대를 취하여 그에게 알맞는 짝을 만드셨다(2 : 18-22). 여자를 본 남자는 그녀에게 자신의 사랑을 고백하고 그녀와 한 몸이 된다(2 : 23-25).

1. 사람을 지으심(2 : 4b-7)

1) 사람을 지으시기 전의 상황(4b-5절)

창조기사의 두 번째 단락은 맨 먼저 하나님께서 사람을 만드시기 전의 상황에 대해서 묘사한다. 그 서두는 "야웨 하나님께서 땅과 하늘을 만드시던 때에"(4절 하반절)라는 말로 시작한다. 앞서도 밝힌 바와 같이 개역성경은 4절 상반절과 하반절을 바꾸어 번역하고 있는 데다가 히브리어 원문의 하반절을 '여호와 하나님이 천지를 창조하신 때에' 라고 옮김으로써 히브리어 원문과는 달리 '땅과 하늘' (히브리어로 '에레츠 우어 샤마임')을 '천지' , 곧 '하늘과 땅' 으로 순서를 바꾸어 번역함과 아울러 '만드시던' (히브리어로 '아사')이라는 동사를 '창조하신' (히브리어로 '바라')으로 번역하는 잘못을 범하고 있다. 그러나 새번역은 원문에 충실하게 "주 하나님이 땅과 하늘을 만드실 때에"라고 번역하고 있으며 이 점은 공동번역도 마찬가지이다.

2 : 4 하반절의 이러한 시작은 이 단락의 주요 관심사가 하늘보다는

땅에, 그리고 무(無)로부터의 창조보다는 이미 있는 어떤 것으로 다른 것을 만드는 일에 있음을 보여 주고 있다. 실제로 5절은 땅의 상황에 대해서 묘사하고 있으며, 바로 이어 하나님께서 흙으로부터 사람을 만드신 것에 대해서 상세한 설명을 보태고 있다. 5절의 상황 묘사에 의하면 맨 처음의 땅('에레츠')에는 물이 충분하지 못했다. 하나님께서 비를 내리지 않으셨기 때문이다. 아직 사람을 만드시기 전이므로 땅('아다마')을 갈 사람이 없었던 것은 당연한 일이었고, 초목(나무)이나 채소(풀) 역시 전혀 나지 않은 상태에 있었다.

2) 살아 있는 존재가 된 인간(6-7절)

그러다가 땅('에레츠')에서 물이 솟아 올라와서 풀 한 포기 나지 않는 메마른 땅(荒無地, '아다마')의 표면을 적심으로써(6절) 사람을 만드시려는 하나님의 계획이 구체화되기 시작하였다. 하나님은 물에 적셔진 땅('아다마')의 흙('아파르')을 가지고서 마치 토기장이가 진흙으로 그릇을 빚어 만드는 것과도 같이 사람 모양을 빚어 만드셨다(욥 33 : 6, 사 29 : 16, 45 : 9-10, 64 : 8, 렘 18 : 1-11). 그리고서는 그 빚어진 것의 코에 생명의 기운(生氣, '니슈마트 하임')을 불어넣음으로써 그 흙덩이로 하여금 살아 있는 존재('네페쉬 하야')가 되게 하셨다.

이처럼 사람이 하나님께서 빚어 놓은 진흙덩이로부터 살아 있는 존재, 곧 생명을 가진 존재로 바뀌었다는 것은 우리에게 매우 귀중한 교훈들을 준다. 첫째로, 사람이 흙으로 만들어졌다는 것은 결국 사람이 땅과 깊은 관계를 가진 존재요, 땅에 의존해서 살아야 하는 존재임을 암시함과 아울러 사람은 누구나 그 본 재료인 흙으로 돌아갈 수밖에 없는 연약하고 유한한 존재라는 것을 암시한다(창 3 : 19, 18 : 27, 욥 10 : 9, 30 : 19, 34 : 15, 시 103 : 14, 146 : 4, 전 3 : 20, 12 : 7, 고전 15 : 47 등). 이 점은 '사람'을 뜻하는 '아담'이 '땅'이라는 뜻의 '아다마'에서 비롯되었다는 사실에서 더욱 분명해진다. 즉, '아담'은 '아다마'를 취해서 만든 존재라는 것이다. 사람이 땅의 깊은 곳으로부터 나왔다고 보는 시편 139 : 15도 이 점을 잘 보여 주고 있다. 한 마디로 말해서 인간이 흙에서 비롯되었다는 것은 결국 인간존재의 취약성(脆弱性)과 사멸성(死滅性)을 암시하는 것이나 다름없다.

둘째로, 하나님의 생명의 기운이 사람에게 주어졌다는 것은 사람의 생명이 하나님께로부터 비롯되었음을 밝히는 매우 중요한 것이다. 다시 말해서 생명은 하나님께서 인간에게 주신 선물이요, 그러기에 본질적으로 인간의 생명은 하나님의 소유권에 속한다는 것이다. 가인이 동생 아벨을 죽인 것은 사실 하나님의 소유권을 침해한 인간의 교만함을 고발하는 것이나 다름없다. "살인하지 말라."는 십계명의 제 6계명과 이에 수반되는 다른 많은 규정들(출 21 : 14, 레 24 : 17, 민 35 : 16－21, 신 19 : 11－12)도 생명이 하나님께 속한 것이기 때문에 인간이 마음대로 하지 못한다는 것을 엄하게 규정한 것이다. 따라서 피를 흘림으로써 다른 사람의 생명을 빼앗는 것은 하나님의 소유권을 침해하는 중대한 범죄가 아닐 수 없다. 그것은 하나님의 형상을 따라 지음받은 인간의 존귀함을 말살하는 행동이요(창 9 : 6), 하나님의 창조질서를 거스르는 인간의 월권(越權)행위인 것이다. 더 나아가서 인간의 생명에 손상을 주는 것은 그 어떤 것도 용납되어서는 안 된다. 인간의 생명에 해를 주는 온갖 폭력, 가난과 굶주림, 공해, 전쟁, 낙태 등은 가능한 한 배격되어야 하는 것이다.

셋째로, 사람이 살아 있는 존재, 곧 '네페쉬 하야' (a living being)가 되었다는 것은 인간이 하나님의 생명을 가진 전인적인 존재임을 가르쳐 준다. 여기서 '네페쉬' 는 육체와 대비되는 영(靈)을 지칭하는 것이 아니라 육체와 영을 포함한 인간존재 전체를 가리킨다. 따라서 하나님께서 만드신 사람은 육체와 영이 분리된 존재가 아니라 이 둘이 한데 묶인 존재, 곧 전인(全人, a whole being)인 것이다. 그런데 개역성경은 1611년판 영어성경(King James Version)을 따라 '네페쉬 하야' 를 '생령' (生靈, a living soul)이라고 번역하고 있다. 이는 인간을 육체와 영혼으로 나누고 육체를 영혼의 장애물로 생각하는 희랍의 이분법적인 사고방식에 기인한 것이다. 우리가 잘 알다시피 히브리 사상은 사람을 이처럼 육체와 영혼으로 구분하는 데 익숙하지 않다. 이 점에서 볼 때 이를 '생명체(生命體)가 되었다' 고 번역한 새번역성경이나 '사람이 되어 숨을 쉬었다' 고 번역한 공동번역은 히브리어 원문을 비교적 충실하게 반영한 것이라고 할 수 있다. 사람에 대한 성경의 이러한 이해는 사람이 흙으로 만들어졌다는 사실과 더불어 사람의 삶에 있어서 영혼의 문제나 영적인 문제 못지 않게 육체의 문제, 또는 물질의 문제 역시 중요하다는 교훈을 준다.

2. 처음 사람의 생존환경(2 : 8-17)

1) 에덴동산(8-14절)

하나님은 사람을 만드신 후에 그가 머물며 살 수 있는 곳을 만들어 주기로 작정하시고 동쪽에 있는 에덴에 아름다운 동산을 일구셨다. 그 동산에 자기가 지은 사람을 두신 하나님은 그 땅('아다마')에서 보기에 아름답고, 먹기에도 좋은, 열매 맺는 각종 나무들이 자라게 하셨다. 그런데 에덴동산에서 자라던 그 많은 나무들 중에는 생명나무와 선악(善惡)을 알게 하는 나무도 있었다. 이 두 나무는 에덴동산의 한가운데에 있었다(8-9절).

그리고 이 에덴동산에는 동산 자체를 적심과 동시에 동산에서 흘러나와 사방으로 흐르는 네 개의 강물이 있었다(10-14절). 비손 강과 기혼 강, 힛데겔 강, 유프라테스 강 등이 이에 속했다. 첫 번째 강인 비손(Pishon)은 금(金)의 생산지인 하윌라(Havilah) 지역을 휘감아 흐르고 있었으며, 두 번째 강인 기혼(Gihon)은 구스(Cush) 땅을 휘감아 흐르고 있었다. 그런데 이 두 강은 그 정확한 위치나 이름이 잘 알려져 있지 않다. 반면에 세 번째 강과 네 번째 강은 그 이름이 널리 알려져 있다. 세 번째 강인 힛데겔(Hiddekel)은 앗수르 동쪽으로 흐르고 있는 것으로 지금의 티그리스 강(Tigris)임이 분명하다. 그리고 네 번째 강인 유브라데(히브리어로는 '프라트')는 티그리스 강보다는 약간 밑쪽에서 메소포타미아 지역을 관통하여 흐르는 유프라테스 강(Euphrates)을 말한다.

이러한 강들의 이름에 의한다면 에덴동산은 메소포타미아 지역의 북쪽 어느 지역에 있는 것으로 여겨진다. 그러나 여기서 중요한 것은 에덴동산의 실제 위치가 어디인가를 찾아내는 데에 있지 않다. 그러한 노력은 사실상 성공을 거두기 어렵고 또 부질없는 일이다. 오히려 우리가 여기서 분명하게 알아야 하는 것은 에덴동산에서 흘러나온 강들이 당시 세계에서 가장 비옥하다고 알려진 땅, 곧 메소포타미아 지역을 적시고 있다는 사실이다. 이는 에덴동산이 그야말로 사람이 살 수 있는 최상의 조건을 갖춘 지상의 낙원임을 암시하는 것이나 다름없다.

이러한 지상의 낙원이 처음 사람의 삶의 터전으로 주어졌다는 것은 하나님께서 사람을 지으시기 전의 땅이 본래는 물도 없고 땅을 경작할 사람도 없고 나무나 풀도 없는 곳이었다는 사실(5절)과 큰 대조를 이룬다. 이것은 사실 하나님께서 풀 한 포기 나지 않는 메마른 땅('아다마')을 나무와 물이 풍부한 땅('아다마', 9절), 곧 일종의 오아시스로 만드셨음을 뜻한다. 달리 말해서 이것은 하나님께서 황무지와도 같이 메마른 삶의 터전을 보호해 주시고 인간의 삶을 풍요롭게 해 주는 분이심을 보여 주는 것이다. 히브리어로 '에덴'이라는 말 자체가 '기쁨' 또는 '즐거움'을 뜻하는 낱말임이 이를 뒷받침하고 있다. 주전 3세기 경에 구약 히브리어 성경을 헬라어로 번역한 70인역은 이 낱말을 '파라데이소스'로 옮겼는데, 이 표현은 오늘날까지도 낙원(Paradise)을 뜻하는 말로 널리 쓰이고 있다. 성경 자체도 에덴을 낙원과 동일시하고 있다(사 51 : 3, 겔 28 : 13, 31 : 9).

2) 일하도록 지음받은 인간(15절)

처음 사람에게 이처럼 비옥한 땅 에덴을 선물로 주신 하나님은 그가 아무 할 일도 없이 무위도식(無爲徒食)하게 하지 않으셨다. 하나님은 그에게 새로운 일거리를 주셨는데 그것은 바로 자신에게 선물로 주어진 땅을 잘 관리하는 일이었다. 15절이 이 점을 잘 보여 준다. 이 본문을 새번역으로 읽으면 다음과 같다 : "여호와 하나님이 그 사람을 이끌어 에덴동산에 두사 그것을 다스리며('르오브다흐') 지키게('르쇼므라흐') 하시고." 여기서 중요한 것은 15절의 후반부이다. 개역성경은 히브리어 본문을 '다스리며 지키게' 라고 번역하고 있으나 이는 잘못된 번역이다. 첫 낱말의 동사 어근인 '아바드' 는 '경작하다, 일구다' 의 뜻을 가지고 있고, 두 번째 낱말의 동사 어근인 '샤마르' 는 '지키다, 파수하다' 의 뜻을 가지고 있기 때문이다. 따라서 히브리어 원문에 충실한 번역은 '그것을 경작하며 지키게 하시고' 여야 한다. 그런데 개역성경은 물론이고 새번역성경과 공동번역도 이를 제대로 번역하지 않고 있는 것으로 보인다. 새번역성경은 '그 곳을 맡아서 돌보게 하셨다' 로, 그리고 공동번역은 '이 동산을 돌보게 하시며' 로 번역하고 있기 때문이다.

이상의 본문이해에서 분명해지는 것은 하나님께서 지으신 사람은 처음부터 일하도록 만들어졌다는 사실이다. 물론 여기서 말하는 일(노동)은 하나님께서 주신 선한 것이요, 하나님의 일에 참여하게 하는 한없이 즐거운 것이다(사 65 : 21-23). 그것은 땅('아다마')으로부터 만들어진 인간의 본질에 적합한 것이요, 따라서 지극히 자연스러운 것이다. 그 일에는 어떠한 제약도, 강제도 따르지 않는다. 그저 마음에서 우러나는 대로 기쁨으로 행할 수 있는 것이 낙원에서의 노동인 것이다. 이 점에서 본다면 낙원은 아무런 일도 하지 않고 그저 먹고 마시면서 놀기만 하는 유흥장이 아니라 함께 가꾸며 지키며 관리해야 할 삶의 일터임이 분명해진다.

이처럼 긍정적인 의미에서의 노동이 부정적이고 피동적인 것으로 바뀌는 것은 인간의 범죄와 긴밀한 관계가 있다. 인간이 선악과를 따먹는 잘못을 범한 후 하나님께서 그들을 저주하셨는데, 그것은 바로 하나님의 창조질서에 속한 노동의 개념을 송두리째 뒤집어 엎는 것이었다. 이제 인간은 자발적으로, 기쁨으로 노동하는 것이 아니라 먹고살기 위해서, 어쩔 수 없이 땀을 흘리고 수고를 거듭해야 한다는 것이다. 세상을 가꾸고 지켜야 할 신성한 노동이 이제는 생존을 위한 세속적인 투쟁으로 바뀌어버린 셈이다(3 : 17-19).

그러나 하나님의 창조질서를 되찾아야 하는 우리로서는 그 중의 하나인 일(노동)의 본래적인 의미를 되찾는 데에도 많은 노력을 기울여야 한다. 그리스도인들은 어디서 무슨 일을 하든지 간에 그것이 하나님께서 자신에게 주신 거룩한 과업임을 알고 항상 기쁨과 즐거움으로 그 일에 종사해야 한다. 단순히 벌어먹고 살기 위해서 일하는 것이 아니라 무엇보다도 하나님의 일에 동참한다는 차원에서 자신의 일에 종사해야 한다는 말이다(마 6 : 33-34). 또한 그리스도 안에 있는 자들은 자신의 노동을 소중히 여겨야 할 뿐만 아니라 다른 사람들의 노동이 소중함도 알아야 한다. 다시 말해서 내가 하는 일과 똑같이 다른 사람들의 노동 역시 하나님께서 그들에게 주신 신성한 것(선물)임을 알아야 한다는 말이다. 이 점에 비추어 본다면 인간의 노동을 많이 배우고 덜 배우고의 차이에 따라, 또는 남자와 여자의 차이에 따라 차별하는 것은 바람직하지 못하다.

또한 노동은 비천한 사람이나 하는 것이라는 식으로 사람들을 호도하여 노동의 신성함을 저버리도록 요구하는 잘못된 생각은 고쳐져야 마땅하다. "도적질하지 말라."는 십계명의 제 8계명은 사실 노동의 신성함을 일깨우는 매우 중요한 계명이다. 이 계명은 자기 손으로 땀 흘려 수고한 것으로 살라는 것이나 다름없다. 다른 사람들은 피땀 흘려 수고하는데 자신은 땀 한 방울 흘리지 않고서도 많은 수입을 올린다거나, 한

숟 더 떠서 다른 사람이 피땀 흘려 수고한 것을 고스란히 자기 것으로 만들려고 하는 태도야말로 하나님께 가증스러운 것이 아니겠는가! 따라서 일하지 않는 인간은 하나님의 창조 목적에 부합하지 못한 자요, 인간으로서의 자격을 제대로 누리지 못할 자임을 바로 알아야 할 것이다. 땀흘림이 없는 인간실존은 참으로 무의미한 것이다(살후 3 : 10).

3) 선악과를 금하신 하나님(16-17절)

하나님은 처음 인간에게 에덴동산을 선물로 주시고 그에게 그 동산의 땅을 일구고 지키는 일을 맡기신 다음에 그에게 먹을 양식을 주셨다. 그는 에덴동산에 있는 모든 나무의 열매를 마음대로 먹을 수 있었던 것이다(창 1 : 29-30 참조). 그러나 거기에는 조건이 하나 있었다. 그것은 바로 동산 한가운데에 있는 나무, 곧 선악을 알게 하는 나무의 열매를 먹어서는 안 된다는 것이었다. 여기서 중요한 것은 선악을 알게 하는 나무가 도대체 무슨 나무일까를 아는 데에 있지 않다. 참으로 중요한 것은 하나님께서 선악을 알게 하는 나무의 열매를 먹지 못하게 하신 이유가 무엇인가를 아는 데에 있다. 그리고 그것이 금지명령의 형태를 가지고서 나타난다는 것도 중요한 의미를 갖는다.

하나님은 사람을 자신의 형상을 따라 만드시고, 그에게 다른 피조물들을 다스릴 수 있는 권한을 주셨다(창 1 : 26-28). 이른바 왕적인 통치권을 주신 것이다. 그러나 하나님은 결코 사람을 무제한의 존재로 만들지 않으셨다. 사람은 비록 다른 피조물들에 대해 왕적인 통치권을 가지고 있음에도 불구하고, 그 역시 어디까지나 하나님의 피조물에 지나지 않았다. 사람은 하나님의 피조물이었기에 도무지 창조주이신 하나님과 맞먹을 수 없는 존재였던 것이다. 이 점을 가장 잘 보여 주는 것이 바로 선악을 알게 하는 나무의 열매만큼은 먹지 못한다는 하나님의 명령이다.

따라서 선악을 알게 하는 나무는 사람에게 무제한의 자유가 있는 것이 아님을 보여 주는 것이요, 하나님의 피조물인 사람이 넘어가서는 안 될 한계를 상징하는 것이다. 다시 말해서 선악을 알게 하는 나무는 사람이 창조주이신 하나님의 명령에 복종해야 하는 피조물임을 암시하는 것이다. 하나님께서 선악을 알게 하는 나무의 열매를 따먹으면 안 된다고 명령하신 것은 바로 이러한 의미를 갖는다. 즉, 명령하고 복종하는 관계, 이것이야말로 창조주이신 하나님과 피조물인 사람 사이에 있어야 할 바람직한 관계라는 말이다. 이것은 결국 창조주이신 하나님은 명령하는 분이시요, 피조물인 사람은 그 명령에 복종하는 존재임을 뜻한다.

이 점에서 본다면 선악을 알게 하는 나무는 결코 사람의 자유를 속박하기 위한 것이 아니라 하나님과 사람 사이에 있어야 할 질서와 관련된 것임을 알 수 있다. 즉, 선악을 알게 하는 나무는 피조물인 사람이 지켜야 할 삶의 질서인 동시에 참된 행복의 길이 어디에 있는가를 알리는 표지판과도 같은 것이다. 따라서 만일에 사람이 선악을 알게 하는 나무의 열매를 먹지 않음으로써 하나님께서 세우신 질서를 잘 지킨다면 그에게는 영원한 생명이 약속될 것이다. 그러나 사람이 자신의 자유를 고집하면서 하나님의 명령에 불복종할 경우에는 정반대의 결과가 생겨날 수밖에 없다. 왜냐하면 그러한 행동은 결국 창조주이신 하나님에게 맞서는 것일 수가 있고, 더 나아가서는 피조물이기를 중단하는 중대한 범죄행위가 될 수 있기 때문이다. 선악을 알게 하는 나무의 열매를 먹으면 하나님과 같이 될 것이라는 뱀의 유혹(3 : 4-5)이 이 점을 잘 보여 주고 있다.

선악을 알게 하는 나무의 열매를 따먹는 것이 이처럼 중요한 의미를 가지고 있을진대, 하나님의 명령을 어기고 선악을 알게 하는 나무의 열매를 따먹으면 어떤 결과가 올 것인가는 너무도 당연한 것이다. 그것은 바로 죽음인 것이다. 창조주 하나님의 명령을 무시하고 스스로가 주인 노릇을 하려는 자에게 주어질 형벌은 본래 그에게 선물로 주었던 생명을 다시 회수하는 것일 수밖에 없는 것이다. 그래서 하나님은 선악을 알게 하는 나무의 열매를 먹지 말라는 명령을 주신 직후에 그것을 먹는 날에는 '정녕 죽으리라' 는 경고를 주셨다(17절). 이 경고는 히브리어로 '모트 타무트' 인데 이는 '반드시 죽을 것이다' (You shall surely die)라는 뜻이다. 누구든지 하나님의 명령에 불순종하는 자는 이러한 죽음의 형벌을 면치 못할 것이다.

3. 여자를 만드심(2 : 18-25)

1) 여자의 지위와 역할(18절)

하나님은 남자를 먼저 만드신 다음에 남자가 홀로 거하는 것이 좋지 않아 보이는 것을 아시고 그의 상대자를 지어 주기로 작정하셨다. 그런데 하나님이 남자를 위해 지어 줄 상대자는 다름 아닌 '돕는 배필'(配匹)이었다. 히브리어 원문('에제르 크네그또')을 보면 그 의미가 보다 분명하게 드러난다. 히브리어 원문의 '에제르' 는 일반적으로 사람을 도우시는 하나님의 구원을 지칭하는 것으로 하나님께 대하여 자신의 신앙을 고백할 때 주로 사용된다. 시편에 자주 나타나는 '도움' 이라는 낱말은 바로 이 '에제르' 를 가리킨다. 그러니까 여기서 '도움' 이라는 것은 단순히 남의 일을 돕고 거들어주는, 다분히 종속적인 행동을 지칭하지 않는다. 그것은 오히려 사람에게 반드시 필요한 하나님의 도우심과 마찬가지로 남자에게 없어서는 안 될 필수적이고 절대적인 '도움' 을 뜻한다.

다음에 '크네그또' 는 '짝' (partner) 또는 '상대자' (counterpart)를 뜻하는 '네게드' 라는 낱말이 변형된 것이다. 여기서 짝이나 상대자는 결코 종속적인 지위에서의 짝이나 상대자가 아니라 동등한 지위에서의 짝이나 상대자를 가리키며, 남자와 여자가 상호 의존관계에 있음을 보여 준다. 따라서 전체로서 볼 때 이 구절은 '그의 짝(또는 상대자)으로서의 도움' 으로 직역할 수 있다. 새번역은 이를 비교적 정확하게 '그를 돕는 사람, 곧 그에게 알맞는 짝'으로 번역하고 있으며 공동번역은 다소 불충분하다는 인상을 주기는 하지만 '그의 일을 거들 짝'으로 번역하고 있다. 이러한 원래적인 의미에 비추어 볼 때 하나님의 창조질서 안에서 여자는 남자에게 없어서는 안 될 절대적인 도움의 존재로, 그리고 남자와 대등한 그의 짝으로 지어졌음이 분명해진다. 남자나 여자나 똑같이 하나님의 형상을 따라 만들어졌다는 것도 이 점을 뒷받침하고 있다(창 1 : 27). 따라서 적어도 하나님의 창조질서를 소중히 여기는 그리스도인이라면 여자를 남자의 부속품처럼 생각하는 잘못된 태도를 버려야 한다. 여자를 차별하면 안 된다는 말이다.

물론 하나님이 사람을 남자와 여자로 만드셨다는 것은 비록 이들이 동등하기는 하지만 그 하는 일이나 역할은 같을 수 없다는 것을 암시한다. 따라서 남자와 여자가 동등하다는 것을 이유로 남자와 여자 사이에 있는 본래적인 구별을 무시하려는 태도 역시 경계해야 마땅하다. 달리 말해서 여자는 차별의 대상이 되어서는 안 되지만, 그렇다고 해서 남자와의 사이에 있는 기본적인 구별마저도 없애려고 하는 것은 도리어 하나님의 창조질서를 거스르는 것이 될 수 있다는 말이다. 한 마디로 말해서 '차별'과 '구별'은 같은 개념이 아님을 알아야 할 것이다.

2) 여자를 지으신 하나님(19－22절)

남자에게 알맞는 짝을 만드시기로 작정하신 하나님은 맨 먼저 흙('아다마')으로 모든 들의 짐승과 공중의 모든 새를 빚어 만드셨다. 그리고서 그것들을 남자에게로 이끌고 가셔서 그가 그것들을 무엇이라고 부르는지를 보셨다. 그런데 그 남자는 자기에게 주어진 들짐승과 새들을 보고서 그것들이 자기에게 알맞는 짝('에제르 크네그또', 20절 하반절)이 될 수 없음을 발견하였다. 새번역이나 공동번역은 이를 다음과 같이 실감나게 표현함으로써 히브리어 원문을 충실하게 반영하고 있다 : "그러나 그 남자를 돕는 사람, 곧 그의 짝이 없었다"(새번역), "그 가운데는 그의 일을 거들 짝이 보이지 않았다"(공동번역). 그래서 그는 그들을 자신의 '에제르' 라 부르지 않고, 도리어 그들에게 알맞는 이름을 따로 지어 주었다. 그가 지어 준 이름들은 그대로 그것들의 이름이 되었다(19-20절 상반절).

하나님은 남자가 들짐승과 새들 가운데에서 자신에게 알맞는 짝을 발견하지 못하자 그를 깊은 잠에 빠지게 하시고, 그의 갈빗대 하나를 취한 후 그 빈 곳을 살로 채우셨다(21절). 그 다음에 그 갈빗대를 가지고서 남자의 짝이 될 여자를 만드셨다. 여기서 중요한 것은 하나님이 갈빗대를 어느 쪽에서 뺐느냐 하는 것이 아니라, 하나님이 갈빗대로 여자를 만드셨다는 것이 도대체 무슨 의미를 갖느냐 하는 것이다. 사실 해부학상으로 볼 때 남자나 여자의 갈빗대는 왼쪽에 12개가 있고 오른쪽에 12개가 있다. 그러니까 사람의 갈빗대는 남녀를 불문하고 전부 24개인 셈이다. 따라서 숫자를 가지고서 얘기를 하자면 이 문제가 그렇게 쉽지 않음을 알 수 있다.

참으로 중요한 것은 갈빗대가 인체의 가장 중요한 부분들을 보호하는 역할을 수행한다는 점이다. 그리고 갈빗대를 뜻하는 히브리어 '첼라' 는 사실 '생명' 이라는 뜻을 포함하고 있다. 따라서 여자는 남자를 지탱해 주는 존재요, 남자의 생명으로부터 비롯된 존재, 또는 남자와 생명을 같이 하는 존재임이 분명해진다. 이것은 남자가 나중에 자신에게 주어진 여자의 이름을 '생명' 이라는 뜻의 '하와' 라고 짓는 것(3 : 20)이나 여자가 남자를 돕는 자요, 그에게 알맞는 짝이라는 개념과 거의 일치한다. 더 나아가서 여자가 남자의 하체나 상체의 일부에 의해서 만들어지지 않고 중심부에 있는 갈빗대에 의해서 만들어졌다는 것 역시 여자가 본질적으로 남자와 동등한 존재임을 암시한다고 볼 수 있을 것이다. 마지막으로 한 가지 더 추가한다면 남자가 깊은 잠에 빠졌을 때 여자가 만들어졌다는 것은 하나님께서 여자를 만드시는 일에 남자의 역할이 전적으로 배제되어 있다는 것을 뜻한다는 점이다. 이것 역시 여자가 남자와 동등한 독립적인 인격임을 보여 주는 것이라 하겠다.

3) 한 몸이 된 남자와 여자(23-25절)

하나님께서 만드신 여자를 보는 순간 남자는 기쁨에 가득 찬 채로 "이는 내 뼈 중의 뼈요, 살 중의 살이라."는 위대한 사랑을 고백한다. 그리고서는 그 여자를 '이쉬'(남자, man)에게서 비롯되었다 하여 '잇샤'(여자, woman)로 칭한다(23절). 이는 여자가 남자와 결합하여야 비로소 완전한 하나가 된다는 것을 뜻한다. 실제로 24절은 남자가 부모를 떠나 여자와 연합함으로써 둘이 한 몸을 이룬다는 사실을 있는 그대로 소개하고 있다. 물론 여기서 남자가 부모를 떠나 여자와 결합한다는 것은 히브리 사회에서 발견되는 독특한 모계(母系) 혈통을 반영하는 것이다. 어쨌든 중요한 것은 하나님께서 여자와 남자를 동등한 존재로 만드시고, 이들을 연합하게 하심으로써 인간창조를 훌륭하게 마무리짓고 계시다는 점이다. 이 점에서 볼 때 하나님께서는 결코 뒷궁리로 여자를 만드신 것이 아니라 남자와의 완전한 결합을 위해 여자를 만드셨음이 드러난다.

따라서 하나님께서 여자를 만드신 것은 하나님의 사람창조의 절정(絕頂)에 속하는 것이라 할 수 있다. 사실 하나님의 사람창조는 남자보다는 여자에 더 많은 내용을 할애하고 있다. 이는 1장에서 하나님의 우주창조를 차례대로 설명하면서 마지막에 상세하게 인간창조에 대해서 묘사하는 것과 유사한 방법이다. 그리고 2장에서 보듯이 남자만의 창조는 하나님의 사람창조를 마무리짓는 것이 아님이 분명하다. 즉, 남자만의 창조는 미완(未完)의 창조나 다름이 없는 것이다. 하나님께서 남자의 갈빗대로 여자를 만드시고 난 후에야 비로소 하나님의 사람창조가 마무리되고 하나님의 창조사역이 완성되기 때문이다.

그리고 이러한 창조의 완성은 사실 하나님께서 부부공동체 내지는 가정(家庭)공동체를 만드셨다는 중요한 결론에 도달한다. 달리 말해서 하나님은 개별적인 인간을 만드신 것이 아니라 공동체성(community)과 사회성(sociality)을 가진 인간을 만드신 것이다. 그리고 인간이 만드는 공동체나 사회의 가장 기초적인 단위인 부부공동체 또는 가정공동체를 만드셨다는 것이다. 이는 하나님께서 만든 사람이 결코 홀로 있어서는 안 된다는 것을 보여 준다. 하나님이 여자를 만들게 된 동기도 사실은 남자가 홀로 있는 것이 좋지 않게 보였기 때문이다(전 4 : 9-12 참조).

물론 남자와 여자가 결합했다고 해서 무조건 다 좋은 것만은 아니다. 그 결합은 문자 그대로 사랑과 절대신뢰에 기초한 한 몸이지 않으면 안 된다. 두 사람이 벌거벗었으나 부끄러움을 느끼지 않았다는 사실이 이를 보여 준다(25절). 이러한 원리는 보다 큰 공동체에도 적용된다. 사람이 모여 공동체를 이루고 산다고 해서 그것이 반드시 좋은 것만은 아니다. 남자와 여자가 벌거벗었으나 부끄러움을 느끼지 못한 것과 마찬가지의 순전함과 절대적인 신뢰의 정신이 그 안에 가득 차지 않으면 하나님 보시기에 좋은 공동체라 할 수 없다. 무릇 사람이 모여 만드는 공동체는 그것이 어떤 것이든 간에 서로간을 하나로 묶어 주는 사랑과 의와 평화가 살아 숨쉬는 것이라야 한다. 계급이나 불평등, 차별 등이 있어서는 안 된다. 그 안에서 자신의 모든 것을 있는 그대로 부끄러움 없이 드러낼 수 있는 공동체, 더불어 사는 조화로운 삶이 이루어지는 공동체야말로 하나님의 창조질서에 부합하는 것이 아니겠는가!

마지막으로 남자와 여자가 결합하여 한 몸을 이룬다는 것은 결국 하나님이 성(性)을 사람에게 선물로 주셨음을 보여 줌과 아울러 인류의 복지와 행복을 위해 결혼제도를 신성한 것으로 인치셨음을 보여 준다(마 19 : 4-6, 엡 5 : 31). 물론 하나님께서 정한 결혼제도는 일부일처제(一夫一妻制, monogamy)이다. 비록 모세는 인간의 죄가 이혼을 불가피하게 만들었다고 보아 이혼을 허용했지만(신 24 : 1-4) 예수 그리스도에 의해 시작된 새 시대는 이혼을 엄격하게 금지하며(마 19 : 3-9), 남자와 여자의 결합을 그리스도와 그의 교회 사이에 있는 이상적인 관계로 이해한다(엡 5 : 31-32).

Ⅲ. 처음 인간의 범죄와 하나님의 심판(3장)

하나님께서 만드신 우주만물은 참으로 보시기에 좋은 것이었다. 모든 것이 아름다웠고 질서정연했다. 어느 것 하나 비뚤어진 것이 없었다. 문자 그대로 모든 것이 만족스러웠다. 거기에는 쉽게 깨뜨려질 수 없는 질서와 조화가 있었다. 그것 뿐만이 아니었다. 하나님께서 만드신 피조물들 사이에는 생명을 주고받는 긴밀한 사귐의 관계가 있었다. 남자와 여자 사이가 그러했고, 사람과 자연 사이의 관계가 그러했다. 모든 피조물이 서로에게 의지하고 있었던 까닭에 그 어느 것도 다른 피조물과 아무런 관계가 없이 존재하지는 않았다. 하나님과의 관계 역시 마찬가지였다. 모든 피조물들이 창조주이신 하나님께 의지하고 있었고, 그를 통해 호흡하고 있었다. 그들의 생명은 전적으로 하나님의 손안에 있었다.

그런데 이처럼 아름답고 조화로운 세계에 악(惡)의 요소가 침투해 들어오기 시작했다. 그 악은 간교한 뱀에게서 비롯된 것이었고, 맨 처음의 인간이 선악과를 따먹는 것으로 구체화되었다. 우리는 그것을 죄(罪)라고 부른다. 이 죄는 맨 먼저 하나님과 사람 사이에 있었던 생명의 사귐을 무효화시켰다. 더 나아가서 그 죄는 아름답고 조화로운 우주만물의 질서에 큰 상처를 주었다. 그 결과 사람과 사람 사이의 교제와 연합(공동체)이 깨져 버렸고, 사람과 다른 피조물 사이의 상호 의존관계가 깨져 버렸다. 뿐만 아니라 피조물들 사이에 마땅히 있어야 할 사귐의 관계가 크게 손상을 입었다. 인간의 죄로부터 비롯된 이러한 모든 부정적인 결과들을 우리는 하나님의 심판(審判)이라 부른다. 그러나 하나님은 매정하게 그들을 심판하는 것으로 모든 일을 끝내지는 않으신다. 그 심판을 넘어서는 새로운 구원의 은총을 그들에게 베푸심으로써 그들이 부족하나마 새로운 미래를 향해 나아갈 수 있게 해 주시는 것이다.

창세기 3장은 이처럼 악의 시작과 인간의 범죄 및 그에 대한 하나님의 심판, 심판 후에 있을 새로운 구원은총 등에 대해서 소개하고 있는 단락이다. 아울러 창세기 3장은 아름다운 하나님의 창조질서가 어떻게 해서 훼손되었는가, 죄의 본질은 무엇인가, 남자와 여자 사이에 있는 불평등의 관계는 어떻게 해서 생겨난 것인가, 인간 세상에 왜 고통과 수고가 계속되는가, 모든 인간이 피할 수 없는 죽음은 왜 생겨난 것인가 등등의 문제에 해답을 주고 있는 단락이기도 하다.

창세기 3장이 가지고 있는 이러한 의도를 염두에 두면서 이 단락의 주요 내용을 살펴보면 다음과 같다. 맨 먼저 간교한 뱀이 여자에게 나타나 여자를 유혹한다. 뱀이 여자를 유혹하는 과정에서 이들 둘 사이에 말이 오고 가는데, 이들 사이의 대화는 5절까지 이어진다. 마침내 뱀의 유혹에 넘어간 여자는 선악과를 따먹고 그것을 자기 남편에게도 준다. 선악과를 따먹은 직후에 그들은 자기들의 벌거벗음을 깨닫고 무화과 나뭇잎을 엮어 자기들의 벗은 몸을 가리운다(6-7절).

이들이 선악과를 따먹은 사실을 안 하나님은 남자와 여자를 차례대로 심문하신 후에 뱀, 남자, 여자의 순서로 벌을 내리신다(8-19절). 여자의 이름이 남자에 의해 하와라고 칭하여진 후에(19절) 하나님은 그들을 긍휼히 보시고 그들에게 가죽옷을 지어 입혀 주신다(20절). 아울러 하나님은 죽음의 벌을 받게 된 그들이 생명나무를 먹을 수 없게끔 그들을 에덴동산으로부터 추방한다(22-24절).

1. 선악과를 따먹은 인간(3 : 1-8)

1) 여자를 유혹하는 뱀(1a절)

신 · 구약 중간사 시대의 유대인들(외경 지혜서 2 : 24)과 신약 시대의 그리스도인들은 여자를 유혹하여 선악과를 따먹게 한 뱀을 마귀 또는 사단과 동일시함으로써 이 뱀을 신적인 힘을 가진 존재로 이해하였다(요 8 : 44, 요일 3 : 8, 계 12 : 9, 20 : 2). 그러나 뱀에 대한 이러한 이해는 사단이 어떤 존재인가를 정리해 가는 과정에서 이루어진 신학적인 해석의 산물이다. 그러니까 뱀은 처음부터 마귀나 사단 같은 권세 있는 존재가 아니었다는 말이다. 창세기 3 : 1을 보면 이 점이 분명하게 드러난다. 이 본문에 의하면 뱀은 그냥 뱀(히브리어로 '나하쉬')일 뿐이다. 의인화(擬人化)의 결과로 말을 할 줄 안다는 점을 제외하면 우리가 흔히 목격하는 뱀과 별다른 차이가 없는 것이다. 결코 신적인 존재가 아닌 것이다. 어디까지나 그 뱀은 하나님께서 만드신 그 많은 피조물들 가운데 하나에 지나지 않았다. 그러기에 3 : 1 본문은 뱀을 일컬어 '하나님이 지으신 들짐승 중에'라고 표현하고 있는 것이다.

그렇다면 여기서 한 가지 의문이 생긴다. 뱀이 하나님의 피조물이라는 점은 너무도 당연한 것인데, 왜 굳이 뱀을 하나님이 '지으신 들짐승' 중의 하나라고 표현하였을까 하는 점이 그것이다. 이러한 의문은 당시에 이스라엘의 주변 나라에서 뱀을 어떠한 존재로 여기고 있었는가를 보면 금방 풀린다. 고고학자들이 발굴한 여러 자료들에 의하면 이른바 고대 근동(Ancient Near East) 지방의 여러 나라들은 뱀을 신적인 숭배의 대상으로 삼고 있었음이 드러난다. 이집트 사람들은 뱀이 신과 동일시되던 왕의 권세(王權)를 상징한다고 보았으며, 가나안 사람들은 남근(男根)과 유사하게 생긴 뱀(phallic symbol)을 풍요와 다산(多産, fertility)의 신으로 이해하였다. 실제로 가나안 지방에서는 뱀이 그릇이나 도장에 사람과 같이 서 있는 형태로 새겨져 있음을 볼 수 있다.

뱀에 대한 이러한 신앙(왕하 18 : 4 참조)은 야웨 하나님을 유일한 참 신으로 믿는 이스라엘의 신앙에 정면 배치되는 것이었다. 이 점을 누구보다도 잘 알고 있는 창세기 본문의 기록자는 뱀이 결코 신적인 존재가 아니라는 점을 사람들에게 가르쳐야 할 필요를 절실하게 느꼈을 것이다. 그 결과 그는 뱀을 묘사함에 있어서 그 뱀이 하나님이 창조하신 피조물에 지나지 않는다는 점을 부각시킨 것이다. 다시 말해서 뱀은 하나님께서 흙으로 만드신 각종 들짐승들(창 2 : 19) 중의 하나라는 것이다.

따라서 뱀이 하나님이 지으신 들짐승 중에 하나라고 묘사하는 창세기 3 : 1의 표현은 다분히 뱀을 신으로 섬기는 이방 나라들의 종교를 공격하는 성격의 본문이라고 할 수 있다. 이러한 시각에서 본다면 창세기 3 : 1은 고대 근동지방의 자연종교들을 배격하는 성격의 본문인 창세기 1장과 그 맥을 같이 한다고 할 수 있겠다. 적어도 하나님의 창조주권을 강조하는 본문들에 있어서 하나님께서 만드신 피조물들이 숭배의 대상이라는 것은 있을 수 없는 일이었기 때문이다.

그렇다면 그 뱀이 간교하다는 것은 무엇을 뜻하는 것일까? 여기서 '간교한' 으로 번역된 히브리어는 '아룸' 으로서 구약성경에서 모두 11회 사용되며 창세기 3 : 1을 제외하면 전부 다 지혜문학(욥기와 잠언)에서만 사용된다. 이는 창세기 3 : 1의 '아룸' 이 지혜문학의 범주에 속한 낱말임을 보여 준다고 할 수 있다. 그런데 이 낱말은 '슬기로운' 이라는 긍정적인 의미와 '간사한' 이라는 부정적인 의미를 다 포함하고 있다. 긍정적인 의미는 잠언에서만 나타나며(12 : 16, 23, 13 : 16, 14 : 8, 15, 18, 22 : 2, 27 : 12, 마 10 : 16 참조) 부정적인 의미는 욥기에서만 나타난다(5 : 12, 15 : 5). 창세기 3 : 1의 의미는 욥기에서 보는 것과도 같은 부정적인 의미이다.

이처럼 부정적인 의미에서의 간교함은 하나님께서 만드신 조화로운 세계에 전혀 어울리지 않는 것인데, 도대체 이 간교함이 어디서 왔느냐에 대해서 3 : 1 본문은 침묵을 지키고 있다. 사실 뱀에게 있다고 알려진 간교함은 보시기에 좋은 하나님의 창조 세계에 느닷없이 나타나는 것으로 이른바 악의 기원(the origin of evil)과도 관련된 성격의 것이다. 그러나 3 : 1 본문은 악의 기원에 대해서 별다른 설명을 보태지 않고 있다. 이것은 뱀에게서 발견되는 간교함이나 악의 근원이 하나님의 신비(mystery)에 속함을 보여 주는 것이나 다름없다. 따라서 이 본문에서 악의 기원에 대한 해답을 찾으려는 것은 본문의 의도에 배치되는 것이라 할 수 있겠다. 오히려 여기서 중요한 것은 간교한 뱀이 여자를 유혹하여 선악과를 따먹게 함으로써 하나님의 창조세계에 죄와 악의 요소를 불러들임과 아울러 하나님께서 세우신 우주만물의 조화와 질서에 일대 혼란을 야기시키고 있다는 점이다(고후 11 : 3 참조).

2) 유혹에 넘어가 선악과를 따먹는 인간(1b-6절)

뱀이 여자를 유혹하는 방법은 문자 그대로 간교하기 이를 데 없는 것이었다. 뱀은 먼저 "하나님이 참으로 너희더러 동산 모든 나무의 실과를 먹지 말라 하시더냐?"는 질문을 던짐으로써 하나님께서 그들에게 주신 경고를 의심하게 하는 방법을 택하였다. 공동번역은 이를 다음과 같이 한층 실감나게 번역하고 있다 : "하나님이 너희더러 이 동산에 있는 나무 열매는 하나도 따먹지 말라고 하셨다는데 그것이 정말이냐?" 뱀의 이 질문을 곰곰히 들여다보면 뱀이 의도적으로 하나님께서 금하신 선악과 나무를 빠뜨리고 있음을 알 수 있다. 여자를 유혹하던 뱀은 선악을 알게 하는 나무를 '모든 나무' 라는 표현 안에 슬쩍 감추어 버린 것이다.

그런데 뱀에게 대답하는 여자의 답변은 더욱 걸작이다. 다행스러운 것은 그녀가 의문문의 형태를 가지고서 유도심문하는 뱀의 간계에 걸려들지 않았다는 점이다. 답변하는 중에 그녀가 동산 중앙에 있는 선악과 나무에 대해서 언급하고 있음이 이를 보여 준다. 그러나 불행하게도 그녀는 선악을 알게 하는 나무와 관련된 하나님의 경고를 자기 나름의 방식으로 이해하고 있었다. 그 결과 그녀는 하나님의 경고를 왜곡하는 잘못을 범하기에 이르렀던 것이다. 언뜻 보기에 그녀의 답변은 하나님의 경고를 강조하고 있는 것으로 보인다. 왜냐하면 그녀는 하나님께서 동산 중앙에 있는 나무의 실과는 "먹지도 말고 만지지도 말라."고 말씀하셨다고 주장하고 있기 때문이다. 그러나 그녀가 뱀에게 주는 답변의 결론 부분은 본래 하나님께서 주신 말씀으로부터 적지 않게 벗어난 것이었다. "그렇지 않으면 너희가 죽게 될 것이다."(히브리어로 '펜-트무툰' =lest you die ; 개역은 "너희가 죽을까 하노라.")는 여자의 답변이 이를 보여 준다. 처음에 하나님께서 그들에게 주신 경고는 "너희가 반드시 죽을 것이다."(2 : 17)였던 까닭이다.

여자의 허술한 답변을 들은 뱀은 즉시 이를 받아 "너희가 결코 죽지 않는다. 너희가 그것을 먹는 날에는 너희 눈이 밝아 하나님과 같이 될 것이다."(4-5절)는 거짓말로 여자를 유혹하였다(요 8 : 44 참조). 여기서 중요한 것은 '너희가 결코 죽지 않는다'는 말과 '너희가 하나님과 같이 될 것이다'는 말이다. 뱀이 한 말의 전반부는 사실 '반드시 죽을 것이다'는 하나님의 말을 완전히 뒤집은 것이다. 왜냐하면 뱀의 말은 '로 모트 트무툰'으로 문법상으로는 하나님의 경고와 완전히 똑같으나 앞에 부정사 '로'(not)가 들어감으로써 하나님의 경고를 정반대의 것으로 바꾸어 놓았기 때문이다.

뿐만 아니라 뱀은 선악과 나무의 열매를 먹으면 하나님과 같이 된다는 매우 그럴싸한 함정을 만들어 여자를 유혹하였다. 여기서 선과 악을 알게 된다는 것은 인간이 도덕적인 자율성을 행사함으로써 하나님처럼 자신의 독자적인 삶을 누릴 수 있게 됨을 뜻한다. 그러나 피조물인 인간이 선악을 알게 하는 나무의 열매를 먹음으로써 창조주이신 하나님과 같이 된다는 것은 절대적으로 불가능한 일이다. 이처럼 불가능한 일을 뱀은 가능하다고 위장하여 여자를 유혹한 것이다.

그런데도 여자는 그만 이 두 가지의 결정적인 유혹에 넘어가고 말았다. 하나님께서 금하신 선악과 나무의 열매를 먹으면 죽기는커녕 하나님과 같이 된다고 하니 슬그머니 욕심이 생겨난 것이다. 욕심이 생겨나니까 전에는 가까이 가는 것조차도 부담스럽게 느껴지던 그 나무가 친근하게 여겨졌다. 그 나무의 열매를 먹는다는 것은 생각할 수도 없는 일이었는데 이제는 그 나무의 열매가 먹음직도 하고, 보암직도 하고,

또 사람을 영리하게 해 줄 것 같은(공동번역 참조) 느낌이 든 것이다. 여자는 이에 하나님의 금지명령에 아랑곳하지 않고 용기를 내어 그 나무의 열매를 따먹었다(6절). 이에 그치지 않고 여자는 그 열매를 자기와 함께 있는(히브리어로 '임마흐') 남자에게도 주어 먹게 하였다. 이로써 처음 인간은 남자나 여자 할 것 없이 모두 다 선악과 나무의 열매를 따먹고 말았다. 하나님의 명령을 어긴 것이다.

그렇다면 이들이 하나님의 명령을 어기고 선악을 알게 하는 나무의 열매를 먹었다는 것은 무엇을 뜻하는가? 그것은 앞서도 밝힌 바와 같이 피조물인 사람이 그들에게 명령을 내리시는 하나님을 무시하고서 스스로가 하나님처럼 되고자 하는 욕구에 사로잡혔음을 보여 준 것이다. 다시 말해서 처음 인간은 창조주이신 하나님과 피조물인 그들 사이에 마땅히 있어야 할 관계, 곧 명령과 복종의 관계를 깨뜨림으로써 스스로가 모든 일의 주인이 되고자 한 것이다. 우리는 이것을 일컬어 '죄'(罪) 또는 '휘브리스'(hybris, 교만)라고 부른다.

사실 모든 인간 – 이 부분의 히브리어 본문에 의하면 '아담'이라는 단어에는 정관사가 있어서 보통명사(남자 또는 인류)로 번역해야 되는 바 새번역은 이를 충실하게 반영하고 있다 – 은 누구나 하나님으로부터 독립하고자 하는 욕구를 가지고 있다. 사람에게 명령을 내리시는 창조주 하나님으로부터 독립하여 그의 존재를 무력화(無力化)시킴과 아울러 인간 자신이 자기에게 신이 되고자 하는 이러한 자기 극대화의 욕구(거대주의, titanismus)야말로 죄의 본질인 것이다. 이 점에서 볼 때 선악을 알게 하는 나무의 열매는 인간인 이상 누구나 똑같이 따먹는 것이라 할 수 있다. 예외가 있을 수 없는 것이다. 모든 인간은 본질상 죄인이기 때문이다. 여기에는 남자나 여자의 구별도 있을 수 없다. 비록 시간상의 차이가 있기는 하지만(딤전 2 : 11 – 14 참조) 여자가 선악과 나무의 열매를 따먹을 때 여자와 함께 있던 남자가 그것을 전혀 막지 않았을 뿐만 아니라 여자가 준 그 열매를 주저하지 않고 받아 먹은 까닭이다. 그리고 남자와 여자는 처음부터 한 몸이 되게끔 만들어짐으로써 모든 일에 공동책임을 져야 하기 때문이다.

3) 범죄의 즉각적인 결과(7－8절)

뱀의 유혹에 빠져 선악을 알게 하는 나무의 열매를 따먹은 두 사람은 이제 그들이 정말로 하나님과 같이 될 것이라는 착각에 사로잡혀 있었다. 그러나 금단(禁斷)의 열매를 따먹고 난 후의 결과는 기대하던 것과는 전혀 딴판이었다. 하나님과 같이 될 줄로 알았더니 그렇게 되기는커녕 그들은 눈이 밝아져서 자기들이 몸에 아무것도 걸치지 않은 채로 벌거벗고 있다는 사실을 발견했던 것이다. 이전에는 벌거벗은 몸으로 지내는 것이 아무렇지도 않은 것이었고 조금도 부끄러워할 필요가 없는 것이었는데(2 : 25) 이제는 상황이 완전히 바뀌어 버린 것이다. 부끄러워할 것이 없는 한 몸으로 만들어졌던 그들이 이제는 서로간에 거리감을 느끼기 시작한 것이다. “우리가 뱀의 간계에 속아 넘어갔구나.” 하고 후회하기는 했으나 이미 엎지러진 물이었다. 그들은 이제 자기들이 벌거벗었다는 사실로 인하여 서로에게 큰 부끄러움을 느끼지 않을 수 없었다. 그들은 당장 그들의 벌거벗은 몸을 가리울 것이 필요했다. 그리하여 그들은 어쩔 수 없이 손에 닿는 무화과 나뭇잎을 엮어 그들의 벗은 몸을 가렸다(7절).

그러나 이러한 부끄러움으로 모든 것이 끝난 것이 아니었다. 그들에게 닥친 더욱 괴로운 문제는 이제 무슨 낯으로 하나님을 대할 것이냐였다. 한 마디로 말해서 하나님 만나기가 두려워진 것이다. 아니나 다를까 두 사람은 날이 저물고 서늘한 바람이 불 때 동산을 거니시는 하나님의 소리를 들었다. 이에 그들은 황급히 하나님의 낯을 피하기 위하여 동산에 있는 나무들 사이에 몸을 숨겼다(8절). 그들이 이처럼 몸을 숨긴 것은 그들이 하나님으로부터 피신할 수 있다는 생각에서가 아니라 순전히 하나님께 대한 두려움 때문이었다(10절). 하나님의 명령을 어기고서 먹지 말라고 한 나무의 열매를 따먹었으니 이제 죽는 일밖에 더 남았겠는가? 하나님처럼 되면 하나님 없이도 살 수 있겠다는 건방진 생각을 가졌다가 전혀 뜻밖의 상황에 부닥치고 보니 쥐구멍이라도 찾고 싶은 것이 그들의 솔직한 심정이었던 것이다.

여기서 우리는 하나님 앞에서의 범죄가 죄를 저지른 인간의 심리에 두 가지의 큰 변화를 가져온다는 사실을 발견한다. 그 하나는 다른 사람에게 대하여 느끼는 것이요, 다른 하나는 하나님께 대하여 느끼는 것이다. 전자는 바로 다른 사람 앞에서 느끼는 수치심과 부끄러움을 뜻하며 이는 사람과 사람 사이에 마땅히 있어야 할 신뢰의 관계가 깨졌음을 암시한다. 그리고 후자는 거룩하신 하나님 앞에서의 두려움을 뜻하는 것으로서 하나님과의 친밀한 관계가 깨졌음을 암시한다. 사실 자신의 범죄함을 바로 깨닫는 사람이라면 사람 앞에서의 부끄러움과 하나님 앞에서의 두려움을 느낄 수 있어야 한다. 이러한 내적인 변화가 없다면 그것처럼 비참한 일도 없을 것이다. 죄에 대한 깨달음이 없는 사람은 더 이상 사람이 아니라 짐승이라고 할 수 있겠기 때문이다(시 49 : 20 참조).

2. 하나님의 심판과 구원은총(3 : 9 – 21)

1) 심문하시는 하나님(9 – 13절)

하나님은 범죄의 결과를 견디지 못하여 나무 사이에 숨어버린 사람들을 그냥 버려두지 않으셨다. 어찌 보면 하나님은 그들이 자신의 잘못을 뉘우치고 하나님께로 다시 돌아오기를 바라고 계셨는지도 모른다. 이는 하나님께서 남자에게 "네가 어디에 있느냐?"고 묻는 데서 분명하게 드러난다(9절). 이 물음에 남자는 비교적 솔직하게 대답을 하였다. 그는 자기들의 벌거벗음을 보고 계시는 하나님이 두려워서 숨었노라고 대답한 것이다(10절).

이에 하나님은 "누가 너에게 네가 벌거벗었음을 가르쳐 주더냐? 내가 너에게 먹지 말라고 한 그 나무의 열매를 네가 정말로 먹었느냐?"고 그에게 물으셨다(11절). 이 물음은 남자의 책임을 묻는 것이었고, 그의 솔직한 잘못 인정을 기대하는 물음이었다. 그런데 하나님의 이 두 번째 물음에 대한 남자의 대답은 대단히 실망스러운 것이었다. 그는 참회하는 마음으로 솔직하게 자기 잘못을 시인하기보다는 그 책임을 여자에게, 그리고 간접적으로는 여자를 만드신 하나님께 돌림으로써 자신의 잘못을 정당화하려고 했던 것이다. "하나님께서 저와 함께 살라고 짝지어 주신 여자, 그 여자가 그 나무의 열매를 저에게 주기에 제가 그것을 먹었습니다."(12절, 새번역)는 대답이 이를 보여 준다.

남자의 구차한 변명을 들으신 하나님은 이제 방향을 돌려 여자에게 질문을 던지셨다. 이 질문 역시 여자의 책임을 추궁하는 물음이었다. 그런데 여자의 답변 역시 실망스러운 것이었다. 그녀 역시 남자와 마찬가지로 자신의 잘못을 인정하기보다는 그 책임을 뱀에게 떠넘겼기 때문이다. 그녀의 답변은 사실 뱀이 먹으라고 꾀어서 먹은 것이지 결코 자기가 잘못해서 먹은 것은 아니라는 투의 변명에 지나지 않았던 것이다(13절).

이로써 분명해지는 것은 남자나 여자나 할 것 없이 자신의 책임을 솔직하게 시인하지 않고 있다는 점이다. 이들은 한결같이 책임을 타인에게 미루었고, 그로 인하여 충분히 취소될 수도 있었을 재난을 피할 수 없게 되었다. 이제 남은 것은 하나님께서 예정하신 벌을 받는 일 뿐이었다. 그들이 받을 벌은 불행하게도 하나님과 사람, 그리고 사람과 사람 사이에 마땅히 있어야 할 깊은 사귐의 관계가 더 이상 가능하지 않다는 것을 보여 주는 것이었다.

그런데 여기서 흥미로운 것은 하나님께서 여자의 답변을 들으시고 난 후에 남자나 여자에게 하는 것과 똑같은 식의 질문을 뱀에게는 던지지 않으신다는 점이다. 달리 말해서 하나님께서 남자나 여자에게는 대화를 통해서 심문을 하시지만 뱀에게는 대화도 심문도 생략하고 계시다는 점이다. 이것은 뱀이 사람보다 열등한 피조물로서 하나님의 대화 상대가 될 수 없음을 암시하는 것이나 다름없다. 아울러 이는 뱀이 결코 신적인 숭배의 대상이 될 수 없음을 암시하는 것이기도 하다. 뱀은 처음부터 하나님의 벌을 받을 뿐인 것이다.

2) 벌을 내리시는 하나님(14-20절)

여자의 답변을 들으신 하나님은 바로 이어 뱀에게 심판을 내리신다. 그런데 심문과 심판선고의 과정을 주의 깊게 살펴보면 심판선고의 순서가 심문순서를 되밟아 올라간다는 점을 발견할 수 있다. 즉, 심문과 심판선고가 전체적으로 볼 때 대칭구조를 가지고 있다는 말이다. 이를 도표로 정리하면 다음과 같다.

심문(대화) : 남자
여자
뱀(생략)

심판선고 : 뱀
여자
남자

맨 먼저 뱀에게 내린 심판(14-15절)을 보도록 하자. 이 심판은 두 가지의 것으로 이루어져 있다. 그 하나는 뱀이 온갖 집짐승과 들짐승 가운데서 저주를 받아(개역은 비교급을 사용하여 '모든 육축과 들의 모든 짐승보다 더욱 저주를 받아' 라고 번역하나 잘못된 것임.) 죽을 때까지 계속해서 배로 다녀야 할 뿐만 아니라, 또 평생토록 흙을 먹으면서 살아야 한다는 것이다. 여기서 흙을 먹는다는 것은 벌을 받아 가장 비천한 자리에까지 낮추어지는 것을 뜻하기도 한다(시 72 : 9, 사 49 : 23, 65 : 25, 애 3 : 29, 미 7 : 17 등을 참조). 결과적으로 뱀에게 내린 이러한 저주의 말씀은 지금의 뱀이 어떠한가를 밝히는 원인론적(原因論的, aetiological)인 성격의 것임과 아울러 뱀을 신적인 존재로 떠받드는 뱀 숭배사상을 철저하게 배격하는 것이라 할 수 있다.

그리고 뱀에게 내린 두 번째의 심판은 뱀이 여자와 원수가 되고 뱀의 후손은 여자의 후손과 원수가 될 것인 바, 여자의 후손은 뱀의 머리를 상하게 할 것이요, 뱀의 후손은 여자의 후손의 발꿈치를 상하게 하리라는 것이다. 이 말씀은 문자적으로 볼 때 인간과 뱀 사이의 관계, 즉 뱀을 혐오하는 인간측의 태도를 반영하고 있다(사 11 : 8 참조). 여기서 말하는 '후손'은 히브리어로 '제라'라는 낱말로서 일반적인 의미에서의 자손을 뜻하기 때문이다. 그러나 이 말씀의 보다 깊은 의미는 악의 세계에 속한 사람들과 그렇지 않은 사람들 사이에 있을 영적인 싸움을 뜻하는 것으로 이해될 수 있다. 그리고 그러한 영적인 싸움은 사단에 대하여 승리를 거두시는 예수 그리스도에 이르러 절정에 이른다.

그런데 개신교는 처음부터 이 심판의 말씀이 그리스도가 사단에 대하여 거둘 승리를 가리킨다고 본 초대교회의 이레네우스(Irenaeus) 이래로 이른바 '원시복음'(proto-evangelium)으로 이해하여 왔다. 그러나 엄밀하게 말해서 이 말씀이 처음부터 예수 그리스도와 사단 사이에 있을 투쟁관계를 의도한 것은 아니다. 그것은 어디까지나 선과 악 사이의 오랜 싸움의 과정에서 가장 극적인 결말 부분에 해당할 뿐이다. 다시 말해서 예수 그리스도가 사단에게 대하여 거두시는 승리는 이 말씀이 함축하고 있는 오랜 싸움의 역사에 포함되는 것이지 예수 그리스도의 승리가 이 말씀의 유일하고도 절대적인 의미는 아니라는 말이다.

이처럼 뱀에게 두 가지의 벌을 내리신 하나님은 바로 이어 여자에게 벌을 내리신다(16절). 여자에게 주어진 벌은 여자가 어머니로서 받을 고통과 아내로서 받을 고통을 포함하고 있다. 여자는 어머니로서 임신과 해산의 고통을 면하지 못할 것이며 또한 남편을 지배하려고 하나 그렇게 되지 않고 도리어 남편의 다스림을 받으리라는 것이다(새번역 참조). 하나님께서 여자에게 내리신 이러한 형벌은 결국 여자가 자식을 낳기까지 겪는 고통, 자식을 낳아 길러야만 하는 고달픈 삶, 남자에게 지배를 받으면서 살아야 하는 서글픈 현실 등을 반영하는 것으로 이 모든 것이 범죄의 결과임을 밝히고 있는 셈이다. 이것은 결국 여자가 어머니나 아내로서 해야 할 역할이 본래는 선하고 아름다운 것인데, 범죄로 인하여 고통스럽고 괴로운 것으로 바뀌었음을 지적하는 것이나 다름없다.

더 나아가서 이것은 남자와 여자 사이에 마땅히 있어야 할 대등한 사귐의 관계(부부공동체) 내지는 사랑과 신뢰의 관계가 서로의 책임전가로 인해 깨뜨려진 후에(12절), 마침내는 양자 사이에 지배와 종속의 관계가 형성됨으로써 더욱 비극적인 결말에 도달하고 있음을 뜻한다. 남자와 여자 사이에 있는 이러한 불평등의 관계를 상징적으로 보여 주는 것이 바로 하나님의 심판선고 이후 남자가 여자의 이름을 '하와'('생명'이라는 뜻)라고 지어주는 일이다(20절). 구약성경에서 이름을 지어 주고 지음받는 관계가 지배와 복종의 관계를 나타내고 있음은 남자가 각종 들짐승과 각종 새들의 이름을 짓는 것이나(창 2 : 19), 아브라함을 비롯한 여러 신앙 위인들의 이름이 만들어진 경위들을 통해서 확인할 수 있다. 3 : 20에서 남자가 여자의 이름을 하와라고 지은 것 역시 이러한 관점에서 이해되어야 할 성격의 것이다.

마지막으로 남자에게 주어지는 하나님의 벌은 땅에 대한 저주와 남자에게 대한 처벌로 이루어져 있다(17 - 19절). 이 벌에 의하면 사람을 만들 때 재료로 사용되었을 뿐만 아니라 사람들에게 삶의 터전으로 주어지기도 한 땅(히브리어로 '아다마')은 인간의 범죄 때문에 저주를 받아 가시덤불과 엉겅퀴가 무성한 곳으로, 그리고 인간의 수고와 노동이 가해져야만 비로소 식물을 내는 곳으로 바뀌고 만다. 이것은 맨 처음에 보편적인 사귐의 관계 속에 있게끔 만들어졌던 사람과 자연이 사람쪽의 범죄로 인하여 더 이상 화평한 관계를 유지하지 못하게 되었음을 뜻한다. 또한 그것은 인간의 범죄가 자연에게까지 그 영향을 미치고 있음을 뜻한다. 왜냐하면 자연은 처음부터 인간과 공동운명체를 이루도록 만들어졌기 때문이다. 성경은 여러 군데에서 이러한 사실을 뒷받침하고 있다(창 6 : 7, 11-12, 9 : 9-10, 출 23 : 10-11, 레 25 : 11-12, 18-22, 사 11 : 6-9, 24 : 1-7, 렘 4 : 23-28, 23 : 10, 호 2 : 18, 롬 8 : 19-23 등).

한편 남자는 평생토록 수고와 고생의 땀을 흘려야 땅에서 난 것을 먹을 수 있는 벌을 받는다. 범죄하기 전 에덴동산에 있었을 때에는 아무런 조건 없이 땅을 일구고 동산을 지키는 일에 종사할 수 있었지만 이제는 상황이 완전히 바뀌어 버린 것이다. 본질로서의 노동, 기쁨과 즐거움의 노동이 이제는 수단으로서의 노동, 강제와 제약이 따르는 노동, 먹고 살기 위해 어찌할 수 없이 땀을 흘려야 하는 고통스러운 노동으로 바뀌어 버린 것이다. 하나님께서 맡겨주신 만물을 가꾸고 지켜야 할 신성한 노동이 이제는 스스로가 살아남기 위해서 치열하게 싸워야 하는 세속적인 노동으로 바뀌어 버린 것이다.

그 뿐만이 아니었다. 남자나 여자는 이제 똑같이 엄연한 죽음의 현실에 직면하지 않으면 안 되었다. 먹지 말라고 한 나무의 열매를 먹었으니 애초에 약속된 대로 죽음의 형벌을 감수해야만 했던 것이다(2 : 17). "너는 흙(히브리어로 '아다마')에서 나왔으니 흙('아다마')으로 돌아갈 것이다. …… 너는 흙('아파르')이니 흙('아파르')으로 돌아갈 것이다."(새번역)는 하나님의 말씀이 이를 잘 보여 준다(19절, 욥 10 : 9, 시 90 : 3, 103 : 14, 104 : 29, 146 : 4 등도 참조). 이것은 죄인된 인간이 죽을 수밖에 없는 연약한 피조물이요, 어느 누구도 죽음을 넘어서서 신(神)의 자리에 오를 수 없음을 분명하게 보여 주는 말씀인 셈이다(롬 5 : 12, 6 : 23).

3) 가죽옷을 지어 입히시는 하나님(21절)

그러나 하나님은 비록 아담과 하와가 하나님처럼 되고자 하는 욕망

속에서 죄를 범하기는 했지만, 그들을 바로 멸하지 않으시고 도리어 그들의 부끄러움과 두려움을 확실하게 덮어 줄 튼튼한 가죽옷—그들이 나뭇잎으로 만든 옷과는 질적으로 다른—을 지어 입혀 주셨다. 이것은 하나님께서 죽어 마땅한 그들의 생명을 연장시켜 주셨음을 뜻하는 것으로 '하와' 라는 여자의 이름이 '생명' 을 뜻한다거나, 그녀가 '모든 산 자의 어미' 로 불린다는 것과 무관하지 않다(20절). 결과적으로 하나님께서 그들을 살리시고 그들에게 가죽옷을 지어 입혀 주신 것은 순전히 하나님의 긍휼하심에 기초한 것이었다. 그들 자신으로서는 하나님께로부터 이러한 대우를 받을 만한 자격이 전혀 없었기 때문이다.

그런데 어떤 이는 그 가죽옷이 양의 가죽으로 만들어진 것이요, 양의 가죽으로 만들어졌다는 것은 곧 어린 양이신 예수 그리스도의 보혈을 뜻한다고 본다. 그러나 이러한 해석은 그릇된 것이다. 왜냐하면 그 가죽옷이 어느 짐승의 가죽으로 된 것인지는 전혀 알 길이 없는 데다가 하나님께서 그 짐승의 피를 흘리고서 가죽옷을 만드셨는지도 분명하기 않기 때문이다. 사실 21절 본문의 주요 관심사는 그 옷이 어느 짐승의 가죽에서 만들어진 것이냐 또는 그 옷을 만드는 데 있어서 과연 짐승의 피를 흘렸느냐 그렇지 않느냐 하는 데에 있지 않다. 가죽옷의 재료가 된 짐승의 이름이나 피에 대한 언급이 전혀 나타나지 않는다는 것이 그 점을 뒷받침한다.

오히려 중요한 것은 하나님께서 죄로 인하여 부끄러워하고 두려워 떠는 두 사람을 위하여 직접 가죽옷을 만드시고 그것을 그들에게 입혀 주셨다는 점이다. 즉, 여기서 중요한 것은 짐승이나 피가 아니라 가죽옷 자체라는 말이다. 그리고 그것은 하나님께서 두 사람의 범죄의 결과를 손수 해결해 주셨다는 것을 뜻한다. 따라서 가죽옷은 범죄한 인간을 향한 하나님의 구원은총이나 다름없다. 하나님은 죄에 대해서 심판만 하시는 분이 아니라 심판이 끝난 후에 반드시 그 심판을 뛰어넘는 새로운 구원의 은총을 베풀어 주시는 분인 것이다.

3. 에덴동산으로부터의 추방(3 : 22-24)

하나님은 범죄한 인간에게 가죽옷을 지어 입혀 주기는 했지만 애초에 그들에게 삶의 터전으로 주어졌던 에덴동산을 그들에게서 빼앗으셨다. 거기에는 생명나무가 있었고, 이로 인하여 죽음의 벌을 받은 그들이 영생할 수 있다는 판단에서였다. 그래서 하나님은 그들을 에덴동산에서 쫓아내시고, 그들로 하여금 본래 하나님께서 사람을 만들 때 재료로 쓴 '땅'(히브리어로 '아다마')을 갈게 하셨다. 이것은 그들이 범죄한 후에 하나님께로부터 받은 벌에 상응하는 것이었다(17-19절).

그리고서 하나님은 에덴동산의 동쪽에 천사들의 일종인 그룹들을 세우시고 그들에게 생명나무에 이르는 길을 지키게 하시고, 번갯불을 상징하는 불칼을 돌게 하여 그 길을 막으셨다. 여기서 '그룹들'은 히브리어로 '크루빔'이라고 불리는 것으로 법궤 위에 안치됨으로써 하나님의 성물(聖物)들을 지키거나(출 25 : 18-22) 펼쳐진 날개를 가지고서 하나님 보좌의 발등상(pedestal) 역할을 수행한다(삼상 4 : 4, 삼하 6 : 2, 왕하 19 : 15, 시 80 : 1, 99 : 1, 겔 9 : 3, 10장). 그룹들은 또한 하늘을 나시는 하나님의 수레로 묘사되기도 하는데, 이때 그룹들은 휘몰아치는 바람을 상징하는 것으로 나타난다(삼하 22 : 11, 시 18 : 10).

그리고 생명나무에 이르는 길을 지킨 화염검, 곧 불칼은 히브리어로 '라하트 하헤렙'으로서, 구약성경에 한 번밖에 나오지 않는 '라하트'(화염, flame)와 여러 차례 나오는 '하헤렙'('하'는 정관사임.)이 결합한 합성어이다. 그런데 '라하트'가 구약성경에 한 번밖에 나오지 않는 까닭에 이 합성어도 사실은 구약성경에서 한 번밖에 나오지 않는다. 이 '라하트 하헤렙'은 하나님의 무기로 자주 나타나는 번갯불(사 34 : 5, 렘 46 : 10, 습 2 : 12)을 상징하는 것이다.

그런데 여기서 문제가 되는 것은 22절에 나오는 '우리'라는 표현이다. 이 표현은 창세기 1 : 26과 11 : 7에도 나오는 것으로 전통적으로 삼위일체(trinity) 하나님을 지칭하는 것으로 이해되어 왔다. 특히 교의학의 가르침이 그러하였다. 그러나 근래에 와서는 구약성경이 결코 신약처럼 삼위일체 개념을 정형화하지 않고 있다는 유력한 사실에 근거하여 이 표현을 하나님께서 하늘의 모든 피조물들을 한 자리에 모아 놓으시고 회의를 하시는 장면, 곧 천상회의(天上會議, heavenly council)의 한 장면을 뜻하는 표현으로 보는 견해가 훨씬 지배적이다. 그러니까 '우리' 는 하나님의 삼위일체성을 가리키는 것이 아니라 천상회의에 참여한 모든 영적인 존재들을 포함하는 말이라는 것이다.

구약성경에는 이를 뒷받침하는 표현들이 자주 나타난다. 이를테면 예레미야 23 : 18에 나오는 '여호와의 회의' 나 22절에 나오는 '나의 회의' 가 그러하며 하나님께서 보좌에 앉으신 가운데 좌우에 도열한 하늘의 만군(萬軍)과 함께 회의를 이끌어가시는 모습(왕상 22 : 19 – 23)이 그러하다. 또한 욥기 1장과 2장에 나타나는 회의장면도 마찬가지이고 이사야가 소명을 받는 중에 보좌에 앉으신 하나님과 그 좌우 편에 선 스랍들의 모습을 보면서 하나님께로부터 "내가 누구를 보내며 누가 우리를 위하여 갈꼬?" 라는 말씀을 듣는 광경이 그러하다(사 6 : 8). 독일의 저명한 조직신학자인 위르겐 몰트만(Jürgen Moltmann)이 그의 책 「창조 안에 계신 하느님」(한국신학연구소, p. 260)에서 창세기에 자주 나타나는 이 '우리' 라는 표현을 심사숙고의 복수형(plural deliberationis)이라고 부르고 있음은 매우 의미심장한 일이라 하겠다.

Ⅳ. 처음 살인과 아담의 후손(4 – 5장)

처음 인간의 범죄는 하나님께서 지으신 아름다운 세상에 큰 변화를 가져왔다. 가장 먼저 하나님과 사람 사이의 관계가 깨져 버렸고, 그 다음에는 사람과 사람 사이의 관계가 깨져 버렸다. 그 뿐만이 아니었다. 사람과 자연 사이의 평화스런 관계도 온전하게 남아 있지를 못했다.

한 마디로 말해서 하나님께서 만드신 질서와 조화(cosmos)가 무질서와 혼란(chaos)으로 바뀌기 시작한 것이다. 하나님께서 보시기에 좋았던 모든 것들이 이제는 하나님의 벌을 받아 마땅한 것들로 바뀌어 버린 것이다.

이러한 상황 변화를 가장 잘 보여 주고 있는 것이 바로 창세기 4장에 있는 살인(殺人) 사건이다. 누구도 끊을 수 없는 사랑과 신뢰에 뿌리박고 있던 아담과 하와의 아름다운 부부공동체가 지배와 복종의 흉한 계급공동체로 일그러지더니, 이제는 두 사람 사이에 난 아들들 사이에 갈등이 생기고 마침내는 형이 동생을 죽이는 비극적인 결말에 도달한 것이다. 서로 사랑하고 우애하며 존경하기를 먼저 해야 할 형제(롬 12 : 10) 사이에 어느 한 쪽이 상대방의 일방적인 원한과 시기심에 희생되었으니 이보다 더 가증스러운 일이 어디 있겠는가!

사실 가인이 동생 아벨을 죽인 일은 하나님을 떠나 범죄한 인간이 하나님으로부터 어느 정도까지 멀어질 수 있는가를 표본적으로 보여 주는 사건이다. 또한 그것은 하나님을 떠난 인간이 어느 정도까지 서로를 미워하고 시기할 수 있는가를 매우 분명하게 보여 주는 사건이다. 그리고 그것은 하나님을 떠난 인간이 걷잡을 수 없이 빠른 속도로 죄악의 세계에 빠져 들어가고 있음을 그림처럼 보여 주는 사건이기도 하다. 다시 말해서 가인과 아벨 사이에 있었던 살인 사건은 하나님께서 만드신 인간이 일단 하나님의 손길을 떠나면 얼마나 무서운 속도로 죄(罪)의 '확대 재생산' 에 휘말려 드는가를 구체적으로 보여 주는 사건인 것이다.

물론 하나님께서는 그러한 죄의 확대 재생산을 결코 기뻐하지 않으신다. 기분 같아서는 죄를 범한 그들을 다 멸하고 싶을 정도로 진노하시는 분이 바로 하나님이시기 때문이다. 동생을 죽인 가인의 경우도 예외는 아니다. 그도 범죄한 그의 부모와 마찬가지로 진노하시는 하나님께로부터 벌을 받는다. 이른바 하나님의 심판을 받는 것이다. 그러나 그럼에도 불구하고 하나님은 벌받아 쫓겨나는 가인을 불쌍히 여기시고 그를 보호해 주시며, 그가 생육하고 번성할 수 있게 해 주신다. 아벨을 잃었던 아담과 하와 역시 하나님의 은총으로 말미암아 자손을 낳아 번성하는 복을 누린다.

이상의 내용은 창세기 4장과 5장에 다음과 같이 잘 정리되어 있다. 먼저 4 : 1~7은 가인이 동생 아벨을 죽이게 된 배경에 대해서 설명하고 있으며 8~16절은 가인의 살인과 그에 대한 하나님의 형벌 및 보호의 은총 등을 차례대로 서술하고 있다. 이어 17~24절까지는 가인의 후손에 대해서 소개한다. 그리고 25~26절은 아벨에 이어 출생한 셋에 대해서 설명하고 있으며, 5장은 아담에서 셋을 거쳐 노아에 이르는 긴 족보를 소개하고 있다.

1. 처음 살인과 하나님의 형벌(4 : 1-16)

1) 제사에서 비롯된 살인(1-7절)

에덴동산에서 쫓겨난 아담과 하와는 이제 생육하고 번성하여 땅에 충만하라는 하나님의 복(1 : 28)을 이루어야 할 과제를 안고 있었다. 두 사람은 가인과 아벨을 낳음으로써 이 과제를 해결해 가기 시작한다. 4 : 1 본문은 아담과 하와가 하나님의 복을 성취해 가는 과정을 두 사람이 '동침했다'는 말로 표현한다. 여기서 '동침하다'는 낱말은 히브리어로 '야다'이다. '야다'는 본래 '알다'(know)라는 뜻의 낱말이지만 우리말이나 영어의 '알다'보다는 그 뜻이 훨씬 넓다. 왜냐하면 히브리 성경에서 이 낱말의 용례를 살펴보면 '이해하다,' '깨닫다,' '발견하다,' '겪다,' '인식하다,' '주의를 기울이다,' '관심을 갖다,' '돌보다,' '성적(性的)인 관계를 갖다' 등의 많은 개념들이 이 낱말의 뜻으로 이해되고 있기 때문이다.

그러니까 히브리어 '야다'는 단순히 머리로 아는 지적(知的)인 활동만을 뜻하는 것이 아니다. 오히려 그것은 지성과 의지와 감정 모두가 관련된 전인적(全人的)인 앎을 뜻한다. 그러기에 4 : 1에서 아담이 하와를 '알았다' 는 표현은 아담이 하와와 전인적인 앎의 관계 속에 들어갔다는 것을 뜻한다. 그리고 이 표현이 전후 문맥으로 보아 하와의 임신 및 가인의 출생과 관련되는 까닭에 개역과 새번역은 이 구절을 아담이 하와와 '동침(同寢)했다' 는 뜻으로 번역하고 있다. 공동번역은 이를 더욱 알기 쉽게 아담이 아내 하와와 '한 자리에 들었다' 고 번역하고 있다. 4 : 17에서 가인이 그의 아내와 '동침했다' 는 표현이나 4 : 25에서 아담이 하와와 '동침했다' 고 한 표현 역시 마찬가지이다.

어쨌든 이렇게 자기 아내 하와와 동침한 아담은 마침내 아들을 낳고 그 이름을 '가인' 이라고 부른다. 바로 이어 이 두 사람은 '아벨' 이라는 또다른 아들을 낳는다. 가인은 나중에 커서 땅을 가는 자(히브리어로 '오베드 아다마')가 되었고, 동생 아벨은 양을 치는 자(히브리어로 '로에촌')가 되었다. 이 둘이 어느 날 똑같이 하나님께 제사를 드리게 되었는데 농사를 짓고 사는 가인은 당연히 그가 수확한 농산물, 곧 땅('아다마')의 열매로 제물을 삼아 하나님께 드렸고, 양을 치는 아벨은 당연히 그가 가지고 있는 양의 첫 새끼와 그 기름을 하나님께 드렸다. 그런데 묘하게도 하나님께서는 가인의 제사를 물리치시고 아벨의 제사만을 받으셨다.

4 : 1~5까지의 본문은 이상의 줄거리를 다음과 같은 흥미로운 이야기 구조를 통해 전개하고 있다.

출생(1-2절) : 가인 ⇨ 아벨
직업 (2절) : 아벨 ⇨ 가인
제사(3-4절) : 가인 ⇨ 아벨
응답(4-5절) : 아벨 ⇨ 가인

이 구조를 보면 출생에 관한 이야기는 나이 순서를 따르고 있으며 두 절에 걸쳐 소개되고 있다. 그러나 이들의 직업에 관한 이야기는 출생

이야기에 바로 이어지면서도 출생 이야기와는 달리 동생 아벨을 앞세우고 있다. 그러다가 이들이 하나님께 제사드리는 일에 대해서는 다시금 나이 순서를 따라 가인의 제사를 먼저 언급하며, 제사의 응답에 있어서는 또다시 동생 아벨의 이야기를 앞세운다. 이러한 이야기 구조는 가인과 아벨 사이에 눈에 보이지 않는 긴장관계가 있음을 보여 준다. 또한 이것은 동생 아벨이 형인 가인보다 뛰어남을 의도적으로 부각시키는 효과를 갖는다고 할 수 있을 것이다. 이는 마지막에 아벨의 제사가 하나님께 받아들여진 반면에 가인의 제사는 그렇지 못했다고 서술하는 데서 분명하게 드러난다.

그렇다면 왜 하나님께서는 아벨의 제사만 받으시고 가인의 제사는 받지 않으셨을까? 이 두 사람이 하나님께 드린 제사는 똑같이 히브리어 '미느하'로 표현되고 있다. '미느하'는 '선물'(膳物)이라는 뜻과 '소제'(素祭, cereal offering)라는 뜻을 가지고 있는 낱말이다. 여기서 중요한 것은 두 사람이 드린 제물이 무엇이었느냐에 있지 않다. 왜냐하면 레위기에 규정된 이스라엘의 제사법에 의하면 곡물로 드리는 제사가 엄연히 존재하고 있었기 때문이다. 레위기 2장에 있는 소제가 바로 그것이다. 그리고 사실 이스라엘에서는 양이나 염소가 아닌 송아지나 비둘기를 제물로 삼아 드리는 경우가 더 많았다. 레위기에 규정된 번제나 화목제, 속죄제, 속건제 등이 이를 보여 준다.

따라서 가인은 곡물을 드린 까닭에 그의 제사가 안 받아들여진 것이고, 아벨은 피를 흘리는 양의 제사를 드린 까닭에 그의 제사가 받아들여진 것이라는 판단은 잘못된 것이다. 솔직하게 말해서 이러한 판단은 예수 그리스도의 십자가 희생을 세상 죄를 지고 가는 어린 양의 속죄제물로 보는 신약의 관점에서 생겨난 것이다. 그러나 가인과 아벨의 제사는 이것과는 전혀 무관한 것이었다. 양자 사이에 있는 제물의 차이는 문화권의 차이에서 비롯된 것이었지 결코 제사의 정당성을 보증해 주는 어떤 것이 아니었다는 말이다. 생각해 보라. 농사 짓고 사는 가인에게서 어떻게 양의 제사를 바랄 수 있겠는가를! 하나님께서 어찌 땅을 갈고서 그 열매로 사는 가인에게서 무리하게 양이나 염소의 제사를 원하시겠는가 말이다. 하나님은 결코 사람의 직업이나 그 직업과 관련된 제물의 종류를 차별하는 분이 아닌 것이다.

그렇다면 진짜 원인은 어디에 있는 것일까? 이에 대한 해답은 창세기 4 : 4~5에서 그 단서를 찾을 수 있다. 이 본문을 새번역으로 읽으면 다음과 같다 : "주께서 아벨과 그가 바친 제물은 반기셨으나 가인과 그가 바친 제물은 반기지 않으셨다." 이 본문에 의하면 하나님께서 받으신 것은 아벨의 제물 뿐만이 아니었다. 하나님께서 제물보다 먼저 받으신 것은 아벨이라는 한 인격이었다. 그래서 본문은 '아벨과 그가 바친 제물' 이라는 표현을 쓰고 있는 것이다.

이러한 사실은 가인과 아벨의 제사에 대해서 설명하는 히브리서 11 : 4 본문에 의해서 뒷받침된다. 그러니까 아벨이 가인보다 더 나은 제사를 드린 것은 순전히 그가 가진 믿음에 의해서였다. 그는 하나님께 대한 온전한 믿음과 그를 경외하는 신앙을 가지고 있었던 까닭에 흠 없고 순전한 제사를 드릴 수 있었다. 다시 말해서 아벨의 제사는 그의 정결한 생활과 깊이 관련되어 있는 것이었다는 말이다. 따라서 그가 하나님께 드린 제사는 사실 그의 삶 전체를 드리는 제사였다. 즉, 아벨은 생활 속에서 의롭고 경건하게 살려고 애썼고, 그러한 삶의 연장선상에서 정성스러운 제사를 드린 것이다.

다소 역설적이기는 하지만 하나님께서 가인에게 하시는 다음의 말씀(4 : 7)이 이를 잘 보여 준다 : "네가 선을 행하면 어찌 낯을 들지 못하겠느냐? 선을 행치 아니하면 죄가 문에 엎드리느니라. 죄의 소원은 네게 있으나 너는 죄를 다스릴지니라." 이 말씀을 거꾸로 해석한다면 아벨은 평소에 하나님 보시기에 올바른 생활을 했기 때문에 그 제사도 바른 것이었다는 결론이 나온다. 이러한 결론은 제사가 공의롭고 바른 삶과 같은 차원에 속한 것임을 강조하는 예언자들의 메시지와 그 맥을 같이 하는 것이다(삼상 15 : 22, 사 1 : 10－17, 호 6 : 6, 암 5 : 21－24, 미 6 : 6－8 등). 제사는 곧 그것을 드리는 자의 삶이요, 인격이나 다름이 없는 것이다. 뒤집어서 얘기한다면 삶과 인격 자체가 곧 제사인 것이다.

그러나 가인은 그렇지 못했다. 그에게는 아벨 만큼의 성숙한 믿음이 없었던 까닭에 자연히 그의 제사는 흠 없고 순전한 것이 될 수 없었던 것이다. 그는 아마도 양의 첫 새끼와 그 기름을 바친 아벨처럼 정성을 기울여 제물을 준비하지 않았을 것이다. 한 마디로 말해서 하나님께 대한 믿음이 없는 제사였던 것이다. 하나님께 대한 믿음이 없으니 하나님을 두려워하는 마음도 별로 없었다. 이것은 그가 자기 제물이 받아들여지지 않자 당장에 성을 내면서 얼굴색을 바꾼 것에서 그대로 드러난다.

그리고 가인은 평소의 생활 속에서 올바른 행동으로 하나님의 영광을 드러내는 것에 관심이 없었다. 오히려 그는 죄의 유혹에 너무도 쉽게 자신을 내어주는 사람이었다. 죄의 지배를 받고서 사는 불경건한 사람이었던 것이다(창 4 : 7). 그의 이러한 성향은 마침내 동생 아벨을 시기한 나머지 그를 들에서 쳐서 죽이는 결과를 가져왔다(8절). 그는 동생을 죽이고서도 뻔뻔스럽게 하나님 앞에서 자기 죄를 숨기면서 하나님께 대드는 파렴치한 사람이었다(9절). 이러한 그가 하나님께 아무리 좋은 제사를 드린들 무슨 소용이 있겠는가! 그런 까닭에 하나님은 가인이라는 인격과 그의 삶을 받지 않으신 것이고, 당연히 그의 그릇된 인격과 삶으로부터 비롯된 그의 제물까지도 받지 않으신 것이다.

한편 어떤 이들은 제사 문제를 가지고서 대결하게 된 가인과 아벨의 이야기를 색다른 관점에서 이해하고자 한다. 이들에 의하면 아벨은 정착지에 발붙여 살지 못한 채로 목초지를 따라 여기 저기 옮겨 다니는 사회적인 약자(弱者)들을 대표한다. 반면에 이와는 대조적으로 가인은 농경 정착민으로서 약하고 힘없는 사람들을 학대하고 억압하고 죽이기까지 하는 사회적 강자(强者)들이다. 하나님은 이처럼 약한 자들을 괴롭히고 못살게 굴면서 다른 한편으로는 하나님께 제사를 드림으로 그의 은총을 구하는 파렴치한 자들의 제사를 결코 받지 않으신다. 오히려 하나님이 받으시는 제사는 억눌리고 빼앗기면서도 상한 마음으로 하나님의 도움을 바라는 약한 자들의 제사인 것이다.

2) 하나님의 심문과 형벌(8-16절)

가인이 동생 아벨을 죽이고 나자 하나님은 그를 부르시고 그에게 동생 아벨의 행방을 물으셨다. 그러나 가인은 아벨이 어디에 있는지를 모르겠다고 시치미를 떼면서 적반하장(賊反荷杖) 격으로 "제가 아우를 지키는 사람입니까?" 하고 하나님께 역정을 냈다. 그는 오만방자하게도 자신의 죄악을 숨김과 동시에 자신의 가장 가까운 이웃에 대한 사회적인 책임조차도 내팽개친 것이다. 그의 이러한 답변은 그가 자신의 사악한 살인 행위에 대해 도무지 뉘우칠 줄을 모르는 뻔뻔스러운 사람임을 여실히 보여 준다.

이에 하나님은 그가 죽인 동생 아벨의 핏소리가 땅('아다마')에서 하나님께 울부짖는다는 말씀으로 그의 죄상(罪狀)을 낱낱이 드러내셨다(10절). 바로 이어서 하나님은 가인이 변명할 여지를 두지 않은 채로 형벌을 선고하셨다. 그 형벌은 땅을 갈고 사는 그가 아벨의 피를 받아 마신 그 땅('아다마')에서 저주를 받으리라는 것이었다. 그 결과 그가 땅을 갈아도 그 땅이 다시는 효력을 내지 않을 것이며, 그는 땅('에레츠') 위에서 쉬지도 못하고서 떠돌아 다니게 되리라는 것이었다(11-12절).

하나님의 심판을 들은 가인은 자기가 받은 형벌이 너무 무거워서 견디기 어렵다고 하소연하였다. 아울러 그는 사람들이 자기를 죽이면 어떻게 하느냐고 호소하였다(13-14절). 이에 하나님은 어느 누구도 가인의 생명을 해하지 못하게끔 그에게 보호의 표를 주셨다(15절). 비록 가인이 하나님의 소유권에 속한 아벨의 생명을 취하긴 했지만 범죄한 그의 생명 역시 하나님의 것이기에 마땅히 하나님의 보호를 받아야 했기 때문이다. 하나님께로부터 보호의 표를 받은 가인은 곧바로 하나님 앞을 떠나 에덴의 동쪽인 놋 땅에서 살았다(16절). 4 : 8~16에 있는 이상의 줄거리는 흥미롭게도 다음과 같은 대칭구조를 가지고서 나타난다.

하나님의 심문(9절)
가인의 답변(9절)
하나님의 죄상 고발(10절)

하나님의 형벌 선고(11-12절)
가인의 호소(13-14절)
하나님의 보호(15절)

이 구조를 눈여겨보면 하나님의 형벌이 어떻게 해서 그의 긍휼하심과 구원 은총으로 발전하고 있는가를 금방 알 수 있다. 9절에 있는 하나님의 심문("네 아우 아벨이 어디 있느냐?")은 가인의 생명을 보호하시는 그의 긍휼하심으로 바뀌고 있으며, 역시 같은 9절에 있는 가인의 뻔뻔스럽고도 무책임한 답변은 이제 하나님의 도우심을 호소하는 가엾은 모습으로 바뀐다. 그리고 10절에 있는 죄상 고발은 하나님의 형벌을 초래하지만 하나님께서 그의 생명을 아끼신 나머지 그를 추방하는 것으로 마무리 지음으로써 가인을 구원하시는 하나님의 구원은총을 뚜렷하게 보여 주고 있다. 이것은 보복을 두려워하는 가인의 말에 "그렇지 않다!"(히브리어로 '로 켄' =Not so!)고 강하게 부정하시는 하나님의 말씀에 잘 반영되어 있다. 아울러 하나님은 가인에게 보복하는 자에게 벌을 일곱 배나 주겠다는 말씀으로 그를 향한 자신의 긍휼하심이 어떠한가를 분명하게 밝히신다.

그러나 이상의 이야기에서 우리는 몇 가지 의문을 가진다. 하나님께서 가인에게 주신 형벌은 도대체 무슨 의미를 갖는 것일까? 가인은 왜 이 형벌이 짊어지기에 너무 무겁다고 하소연하고 있는 것일까(13절)? 이러한 형벌을 받게 된 가인의 살인죄는 하나님 앞에서 어떠한 성격의 죄일까? 먼저 맨 마지막 의문에 대해서 생각해 보자. 본래 생명은 맨 처음에 하나님께서 사람을 만드실 때 사람에게 선물로 주신 것이다. 그러기에 생명은 사람의 것이 아니라 하나님의 소유물이다. 인간의 생명이 하나님의 것이라는 사실은 인간이 생명을 자기 마음대로 할 수 없다는 것을 뜻한다. 따라서 스스로 자기 목숨을 끊는 것은 물론이려니와 남의 생명을 해하는 것도 하나님 앞에서는 중대한 범죄행위가 된다. 생명의 주인이신 하나님께서 허락하시는 경우를 제외하고는 어떠한 생명 손상 행위도 용납되어서는 안 되는 것이 하나님의 창조질서인 것이다.

그런데 가인은 순전히 시기심으로 인하여 동생 아벨의 생명을 자기 마음대로 취하였다. 아벨의 생명이 마치 자기 것이라도 되는 양 아벨을 쳐서 죽인 것이다. 그러면서도 그는 전혀 양심의 가책을 느끼지 않았다. 가인의 이러한 살인행동은 결국 하나님의 것을 도적질한 중대한 범죄행위요, 하나님의 창조질서를 교란시키는 매우 악한 행동이라 할 수 있다. 그리고 그의 이러한 죄악은 사실 그가 형으로서 동생을 사랑하지 못한 데에 근본 원인이 있었다.

요한 일서 3 : 12과 15절은 바로 이 점을 강조하면서 가인의 행동을 그 원인이 되는 내적인 동기를 가지고서 해석한다. 아울러 이 본문은 형제를 마음으로부터 미워하는 자가 곧 살인하는 자라는 설명을 통하여 살인죄의 범위를 훨씬 넓히고 있다 : “가인같이 하지 말라. 저는 악한 자에게 속하여 그 아우를 죽였으니 어찐 연고로 죽였느뇨? 자기의 행위는 악하고 아우의 행위는 의로움이니라. …… 그 형제를 미워하는 자마다 살인하는 자니 살인하는 자마다 영생이 그 속에 거하지 아니하는 것을 너희가 아는 바라.”

가인은 동생 아벨을 죽인 죄로 인해 하나님께로부터 벌을 받지 않으면 안 되었다. 그 벌은 농부인 가인이 갈고 경작하는 땅으로부터 저주를 받는 것이었다. 다시 말해서 그의 삶의 물질적인 기초를 이루는 땅으로부터 버림받은 것이다. 동시에 그는 그의 삶의 터전인 땅에 정착하지 못하고 유리 방황하는 벌을 받아야만 했다. 그가 속한 공동체로부터 쫓겨난 것이다. 그러니까 가인이 받은 벌은 그가 평소에 갈아야 하는 땅으로부터, 그리고 더불어 살아야 할 가족으로부터 쫓겨난 셈이었다. 이것은 지연(地緣)공동체와 혈연(血緣)공동체를 생명처럼 소중히 여기는 고대 세계의 관습에 비추어 볼 때 참으로 무거운 형벌이었다. 그러기에 가인은 "주께서 오늘 이 지면에서 나를 쫓아내시온즉 내가 주의 낯을 뵈옵지 못하리니……."(14절)라고 말하고 있는 것이다. 하나님의 보호가 함께 하는 땅과 가정에서 쫓겨나는 것은 결국 생명의 원천이신 하나님의 낯을 뵐 수 없는 곳, 그러니까 하나님의 보호를 전혀 장담할 수 없는 곳으로 쫓겨남을 뜻하지 않겠는가!

2. 가인의 자손과 셋의 출생(4 : 17-26)

1) 가인의 자손(17-24절)

땅과 가족으로부터 쫓겨나 정처 없이 이리저리 헤매면서 살던 가인은 '방황함'이라는 뜻의 놋 땅에서 살면서부터 떠돌아다니는 삶을 중단할 수 있었다. 이제 새로운 삶의 터전을 찾은 것이다. 거기서 그는 자기 아내와 동침하여 에녹이라는 아들을 낳았다. 그리고 그곳에 도시를 건설하고, 그 이름을 자기 아들의 이름을 따서 에녹이라고 지었다. 가인의 아들 에녹은 계속해서 후손을 두게 되었는데, 18절 이후에 소개되어 있는 가인의 자손들을 정리하면 다음과 같다.

가인
|
에녹
|
이랏
|

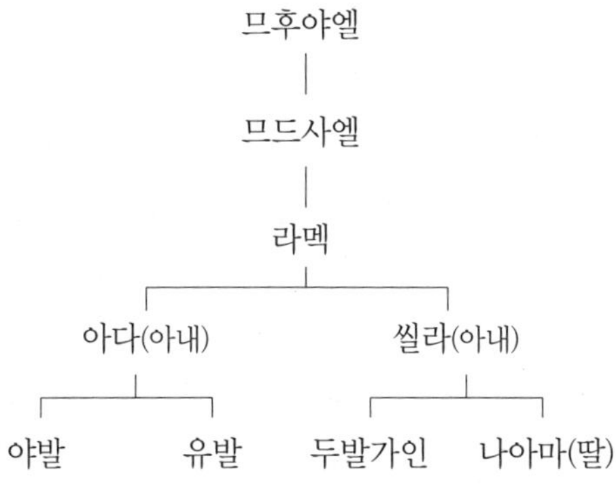

이 가계(家系)를 보면 가인의 족보가 가인을 포함하여 모두 7세대에 걸쳐 소개되고 있음을 알 수 있다. 그리고 가인의 이 족보는 여기에서 한 번 소개되는 것으로 끝이다. 그의 가계는 더 이상 하나님의 구원역사와 무관하기 때문이다. 그러나 그의 족보가 7세대에 걸쳐 그나마 소개된 것은 인류문화의 시작이 어떠한가를 가인의 가계를 통해서 보여 주려는 의도가 작용한 까닭이다. 사실 가인은 에녹이라는 성을 쌓음으로써 도시문화의 시초를 이루었으며, 라멕의 아들 야발은 장막을 치고 살면서 집짐승을 치는 사람의 조상이 됨으로써 유목문화의 시발점을 이루었다. 그리고 야발의 동생 유발은 수금을 타고 통소를 부는 모든 사람의 조상이 됨으로써 음악 예술의 시초를 이루었으며, 라멕이 씰라를 통해서 낳은 두발가인은 구리나 쇠를 가지고 온갖 기구를 만들어 냄으로써 농경문화의 시발점을 이루었다.

그러나 이러한 다양한 문화의 시작은 결코 긍정적인 시각에서 묘사되고 있지 않다. 이 점은 인류문화의 시작이 가인의 족보와 관련되어 있다는 사실에서 분명하게 드러난다. 특히 발달된 문화들이 가인 족보의 제 6세대인 라멕의 후손들에게서 비롯되고 있다는 점이 그러하다. 라멕은 범죄한 그의 조상 가인보다 더욱 악한 사람으로서 가인 족보에서 드러나는 죄악상의 절정을 보여 주고 있는 인물이었다. 그가 자기 아내들 앞에서 부른 노래를 주목하여 보라. 그는 자기에게 상처를 입힌 남자를 죽였으며, 자기를 상하게 한 젊은 남자를 죽인 극악무도한 보복과 살육의 사람이었다. 뿐만 아니라 그는 자기를 해치는 자는 77배(마 18 : 21-22, 5 : 38-42 참조)나 무거운 벌을 받아야 한다는 터무니없는 말로 자신의 죄악을 정당화하고자 했다. 범죄한 가인의 경우에는 그 복수를 하나님께서 책임져 주셨는데, 라멕은 이제 하나님께서 약속하신 7배 복수의 7배를 갚겠다고 공언한 것이다. 그것도 복수의 주인이신 하나님을 젖혀놓고서 순전히 자기 손으로 말이다.

라멕 세대가 가지고 있는 이러한 살인적인 폭력과 극한 보복의 죄악상이 인류문화의 시작과 겹쳐서 나타나고 있다는 것은 인류문화가 적어도 이 문맥에서는 부정적인 시각에서 이해되고 있음을 반영하는 것이 아닐 수 없다. 아울러 라멕의 노래는 인간사회의 문화와 문명이 발달할수록 그에 비례해서 죄악과 무질서가 늘어간다는 것을 보여 주기도 한다. 또한 이 노래는 에덴동산에서 비롯된 인간의 죄악상이 갈수록 심각해지고 있음을 선명하게 보여 주고 있다. 한 마디로 말해서 인간사회에 있는 범죄의 보편성 내지는 흉포함을 지적하는 노래가 아닐 수 없다. 가인의 족보가 완전 숫자인 일곱(7)을 사용하고 있다는 사실도 이 점과 전혀 무관하지 않을 것이다.

2) 셋과 에노스(25-26절)

선악과를 따먹고 범죄한 아담과 하와의 가정은 하나님의 말씀을 어긴 죄로 계속된 불행과 재난에 시달려야 했다. 먼저 아담과 하와의 경우를 보자. 이들 부부는 선악과를 따먹은 이후 제각기 하나님께 벌을 받고서 에덴동산에서 쫓겨났다. 엎친 데 덮친 격으로 이들 사이에서 난 아벨이라는 아들은 어느 날 갑자기 그의 형 가인의 손에 맞아 죽었고, 가인은 동생을 죽인 죄로 하나님께 벌을 받아 가족들과 같이 살지 못하고서 정처 없이 떠돌아 다녀야 하는 비참한 신세가 되어버렸다. 이 모든 것이 죄의 결과였으니 달리 방도가 없었다. 하나님의 벌을 감수해야만 했던 것이다.

그러나 이들 가정에 덮친 시련은 참으로 견디기 어려운 것이었다. 이를 아신 하나님은 마침내 죽은 아벨 대신에 새로운 아들 셋을 그 가정에 허락하셨다. 비록 가인이 다른 곳에 정착하여 자손들을 거느리고 있었지만 이미 버린 자식이나 다름이 없었기에 그들에게 희망을 걸 수는 없는 노릇이었다. 가인의 족보가 아담 자손의 족보와는 별도로 소개되고 있다는 것이 이를 보여 준다. 그러나 아벨 대신에 얻은 셋은 달랐다. 이 아들은 아담과 하와에게 새로운 희망을 주는 약속의 자손이었다.

그래서 아담과 하와는 그 아들의 이름을 '기초'(基礎, foundation)라는 뜻을 가진 '셋'으로 지었다. 문자 그대로 새로운 역사의 기초를 이루는 아들이라는 뜻이요, 죄로 얼룩진 가인의 가계와는 다른 새로운 희망의 역사를 만들어 갈 아들이라는 뜻이었다. 이것은 가인에서 라멕으로 이어지는 죄악의 역사와는 다른 하나님의 구원역사가 줄기차게 이어지고 있음을 보여 주는 것이나 다름없다. 즉, 하나님의 구원역사는 단절될 수 없다는 확신이 이 이름 안에 감추어져 있는 것이다. 이것을 달리 표현한다면 하나님은 가인과 라멕의 세대에 의해 무너지고 파괴된 역사를 셋을 통해 다시 일으키시고 계속 이어가신다는 것이다. 여기서 우리는 역사의 단절과 그 위기를 막으시는 하나님의 은총과 역사 섭리를 발견할 수 있다.

이것을 구체적으로 보여 주는 것이 셋의 아들 에노스의 이야기이다. 에노스라는 이름은 '사람'을 뜻하는 것으로 하나님께서 셋을 통해 마련하신 새 역사의 기초, 곧 희망의 미래에 대한 약속이 '하나님의 사람'인 그에 의해 이루어지기 시작한다는 의미를 가지고 있다. 이를 선명하게 보여 주는 것이 26절 말씀이다 : "셋도 아들을 낳고 그 이름을 에노스라 하였으며, 그 때에 사람들이 비로소 여호와의 이름을 불렀더라." 이 말씀은 셋에 의해 놓여진 새로운 구원역사의 기초가 에노스 시대의 올바른 신앙에 의해 성취되고 있음을 보여 주는 것이 아닐 수 없다.

3. 아담의 자손(5장)

1) 복의 성취

비록 인간이 하나님처럼 되고 싶어서 선악과를 따먹었다가 에덴동산에서 추방되기는 했지만 하나님은 "생육하고 번성하여 땅에 충만하라."(1 : 28)는 처음의 복을 충실하게 이행하신다. 창세기 4장에서 11장까지의 이야기 군데군데에서 나타나는 족보들이 그 점을 잘 보여 주고 있다. 특히 4 : 16 이하에 있는 가인의 족보와 5 : 1 이하에 있는 아담 자손의 계보, 10장에 있는 민족들의 계보, 11 : 10 이하에 있는 셈의 가계 등이 그러하다.

이러한 인구 증가는 일단 외형적으로 보기에 하나님께서 이루신 복이 어떻게 이루어져 가는가를 구체적으로 보여 주는 증거가 아닐 수 없다. 5 : 1~2이 이를 잘 설명해 주고 있다 : "아담 자손의 계보가 이러하니라. 하나님이 사람을 창조하실 때에 하나님의 형상대로 지으시되 남자와 여자를 창조하셨고, 그들이 창조되던 날에 하나님이 그들에게 복을 주시고 그들의 이름을 사람('아담')이라 일컬으셨더라." 이 두 본문은 아담 자손의 계보를 소개하기 전에 그것이 하나님의 복이 이루어진 결과임을 밝히고 있다. 즉, 하나님께서 사람을 자기 형상대로 만드시고 그들에게 생육하고 번성하라는 복을 주셨고, 그 결과로서 아담의 후손들이 생겨났다는 것이다. 이제 아담 자손의 계보를 순서대로 정리하면 다음과 같다.

세대수	이 름	맏아들 출산	수 명	죽은 해
1	아담	130세	930세	930년
2	셋	105세	912세	1042년

3	에노스	90세	905세	1140년
4	게난	70세	910세	1235년
5	마할랄렐	65세	895세	1290년
6	야렛	162세	962세	1422년
7	에녹	65세	365세	987년
8	므두셀라	187세	969세	1656년
9	라멕	182세	777세	1651년
10	노아	500세	950세	2006년

※ 여기서 죽은 해는 아담이 태어난 해를 0년으로 해서 계산한 것임.

이 도표에서 금방 드러나는 것은 아담의 족보가 앞서 소개된 지극히 세속적인 가인의 족보와는 달리 종교적이고 신앙적인 성격이 강하며 모두 10세대로 이루어져 있다는 사실이다. 그리고 아담에서 노아까지의 이 10세대는 나중에 소개되는 셈의 족보와 대칭관계에 있다(11:10-26). 왜냐하면 아담의 족보는 홍수 이전의 것으로 모두 10세대요, 셈에서 아브람까지 이어지는 셈의 족보는 홍수 이후의 것으로 아담의 족보와 마찬가지로 모두 10세대로 이루어져 있기 때문이다.

또한 이 족보에 나타나는 인물들은 거의 대부분이 900세 이상을 장수(長壽)하다가 죽은 것으로 기록되어 있다. 메소포타미아 지역의 문헌들에서도 홍수 이전에 살다가 죽은 왕들의 이름을 기록한 토판이 발굴되었는데, 그 중에 대표적인 것이 '수메르의 왕 목록'(Sumerian King List)이다. 이 목록은 홍수 이전의 왕들이 적게는 1만 년, 그리고 많게는 7만 년 정도의 엄청나게 긴 수명을 누리고 살았다는 내용을 담고 있다. 이러한 장수 기록은 실제적인 사실에 근거한 것이라기보다는 오히려 홍수 이전의 역사가 헤아릴 수 없이 먼 과거임을 알리고자 한 의도에서 비롯된 것이 아닌가 싶다. 왜냐하면 아담의 족보에서 보듯이 므두

셀라의 수명만을 제외하고는 모두가 5의 배수이거나 5의 배수에서 7을 더하거나 뺀 수로 되어 있기 때문이다.

그리고 이들 중에서 가장 오래 산 것으로 알려진 므두셀라는 홍수가 일어난 노아 600년 때, 곧 1656년에 죽은 것으로 되어 있어 노아의 조상들이 홍수 전에 모두 죽었다는 사실이 강조되어 있다. 흥미로운 것은 홍수가 끝난 다음에는 노아를 제외한 다른 모든 사람들의 수명이 급격하게 단축되고 있다는 점이다. 다시 말해서 홍수 이후 사람들의 수명은 일반 사람들의 수명으로 비교적 정확하게 기록되어 있다는 말이다.

2) 에녹과 노아(21-24, 28-32절)

아담의 족보에서 한 가지 더 주목할 일은 이 족보를 서술하는 데 있어서 일정한 양식이 반복적으로 사용되고 있다는 점이다. "아무개가 몇 세에 아무개를 낳았고, 아무개를 낳은 후 몇 년을 지내며 자녀를 낳았으며, 그가 몇 세를 향수하고 죽었더라."는 양식이 바로 그것이다. 이 양식은 가인의 족보에서는 찾을 수 없는 것으로 맏아들을 낳았을 때의 나이와 그 후의 생존기간 및 죽을 때의 나이 등을 나열하고 있다. 이 단조로운 족보 양식은 모든 이들에게 똑같이 반복되지만, 그 중에 에녹과 노아의 경우만은 예외이다.

에녹은 65세에 므두셀라를 낳은 후 300년 동안 하나님과 동행하다가 365세 되던 해에 하늘로 불려 올라갔던 사람이다(왕하 2 : 1-11의 엘리야 참조). 그런데 그는 공교롭게도 아담 족보의 10세대 중에 일곱 번째 세대에 속한 자요, 태양력의 1년을 가리키는 365년을 살다가 간 사람이다. 에녹은 이른바 완전숫자의 세대에 속한 사람이요, 완전숫자의 삶을 살다가 간 사람인 것이다. 그의 이러한 삶은 전적으로 그가 하나님과 동행하고 살았던 것과 관련되어 있었다. 그는 죄악과 폭력이 난무하는 세상 속에서도 악(惡)에 물들지 않고서 신앙의 정절을 지키는 가운데 하나님과의 친밀한 교제를 계속함으로써 하나님께 기뻐하심을 입은 자였던 것이다(히 11 : 5-6).

에녹의 이러한 신비스러운 삶은 후에 묵시문학 분야의 중심 소재가 되었다. 정경에는 포함되어 있지 않지만 정경에 버금가는 가치를 가지고 있는 것으로 알려진 외경(外經, apocrypha)에 이에 관한 내용이 많다. 그 중에 대표적인 것이 '이디오피아의 에녹서' 라고 알려진 제 1에녹서와 '슬라브 에녹서' 라고 알려진 제 2에녹서이다. 이 두 책은 에녹이 하나님께 받은 환상을 기록하는 형식을 취하고 있는데, 먼저 제 1에녹서를 보면 이 책은 악(惡)의 요소가 사람의 딸들에게 탐욕을 품은 타락한 천사들에게서 비롯된 것이라고 보며, 대심판이 있은 후 황금시대가 도래할 것이라고 주장한다. 그리고 이 책은 세계역사를 10시기로 구분하고서 그 중 일곱 시대는 갔으나, 앞으로 세 시대가 남아 있다고 본다. 또한 이 책에 기록된 에녹의 환상은 박해당하는 의인들과 박해자들에 대해서 묘사하면서 악인(惡人)과 선인(善人)이 각각 스올과 하늘로 나누어진다는 견해를 보이고 있다. 더 나아가서 '에녹의 비유' 라고 알려진 부분(37-71장)에 의하면 악한 자들을 사단의 수종자들이요, 앞으로 올 하나님의 왕국은 새 하늘과 새 땅에 세워지는 것이다.

한편 제 2에녹서는 에녹이 일곱 하늘을 거치면서 본 환상과 하나님께서 그에게 주신 계시에 대해서 기록하고 있다. 이 환상은 창조의 1일을 1,000년으로 보면서 8,000년 째가 되면 멸망의 때가 온다고 본다. 그런가 하면 또다른 외경인 집회서(공동번역에 있음) 44 : 15과 49 : 14은 신앙의 위인들에 관한 이야기를 나열하면서 에녹에 대해서 다음과 같이 말하고 있다 : "에녹은 주님을 기쁘게 해 드리고 하늘로 불려 올라갔다. 그래서 후대를 위하여 회개의 모범이 되었다"(44 : 15), "세상에 태어난 사람으로서 에녹을 당할 사람이 있으랴. 그는 땅에서 하늘로 불려 올라갔다"(49 : 14).

그리고 신약성경의 유다서 1 : 14~15은 에녹이 자기 시대의 사람들에게 전도하면서 예언했다는 내용을 기록함으로써 에녹에 대하여 전혀 알려지지 않은 새로운 내용을 보태고 있다 : "아담의 칠세 손 에녹이 사람들에게 대하여도 예언하여 이르되 '보라, 주께서 그 수만의 거룩한 자와 함께 임하셨나니 이는 뭇사람을 심판하사 모든 경건치 않은 자의 경건치 않게 행한 모든 경건치 않은 일과, 또 경건치 않은 죄인의 주께 거스려 한 모든 강퍅한 말을 인하여 저희를 정죄하려 하심이라' 하였느니라."

한편 홍수 이전의 마지막 세대요, 아담 족보의 10번째 세대에 속한 노아는 일곱 번째 세대에 속한 에녹과 마찬가지로 그 죽음에 대한 언급을 가지고 있지 않다. 양자 사이에 차이가 있다면 에녹이 죽음을 보지 않고 하늘로 올라간 반면에 노아는 죽기는 죽었으나 그 죽음에 대한 설명이 홍수가 끝난 후인 9 : 28~29에 가서야 비로소 나타난다는 점이다. 이는 노아라는 인물이 홍수와 밀접한 관련을 가지고 있기 때문이요, 노아가 홍수 전과 홍수 후를 연결짓는 인물이기 때문이다.

그리고 노아에 대한 설명에서 특이한 것은 다른 누구와도 달리 그의 이름에 대한 설명이 따로 추가되어 있다는 점이다. 29절에 의하면 그의 아버지 라멕은 범죄한 인간의 삶이 저주와 고통과 수고로 가득 차 있음을 통찰하고 있다. 그리하여 그는 세상살이에 지친 자신의 삶을 하나님께서 위로하시기를 바라는 뜻에서 자기가 낳은 맏아들에게 '위로' 또는 '안위'(安慰)라는 뜻의 이름을 지어 주었다. 이로써 그의 맏아들은 '노아'라는 이름을 갖게 된 것이다. 노아의 이름에 대해서 설명하는 이 이야기는 결국 죄로 인해 지치고 피곤한 삶을 살던 당시 사람들이 얼마나 간절하게 하나님의 위로와 구원을 바라고 있는가를 알게 해 준다.

V. 하나님의 홍수 심판과 무지개 언약(6-9장)

하나님으로부터 독립하여 스스로의 삶을 누리려는 인간의 욕망은 하나님의 생명을 도적질하는 차원으로 발전하였다. 가인이 자기 동생 아벨의 생명을 취한 것이 그것을 말한다. 이로 인해 가인은 하나님께 벌을 받았지만 하나님의 긍휼하심에 힘입어 하나님께로부터 보호의 표를 받을 수 있었다. 나중에 정착생활에 들어간 그의 가계(家系)는 인류 문명의 시작과 엇물려 나타나며, 나중에는 폭력과 보복의 악순환으로 귀결된다. 이 점에 있어서 가인의 족보는 범죄한 인간이 어느 정도로까지 악해질 수 있는가를 보여 주는 대표적인 사례에 속한다.

그러나 셋에게로 이어지는 아담과 하와의 족보 역시 정도의 차이는 있을지언정 그 기본 성격은 마찬가지이다. 물론 어떻게 보면 이들의 족보는 인간을 생육하고 번성하게 하시는 하나님의 은총을 반영하는 것이기도 하다. 그러나 그것은 어디까지나 자신의 약속을 지키시려는 하나님의 신실하심에서 비롯된 것이지 결코 인간의 선함과 신실함에서 비롯된 것이 아닌 것이다. 그런 까닭에 아담과 하와의 족보에는 하나님의 심판으로부터 벗어날 수 없는 죄와 죽음의 그림자가 짙게 드리워져 있다. 이것을 가장 단적으로 보여 주는 것이 노아시대 사람들의 생활상이다. 노아가 살던 시대의 보편적인 부패와 타락은 사실 이전 시대의 사람들에게 감추어져 있던 죄악이 얼마나 컸었는가를 보여 주는 것이나 다름없다.

인간 세상의 이러한 극심한 죄악상을 보다 못한 하나님은 마침내 땅 위에 사는 모든 인간을 심판하기로 작정하신다. 이를 위해 하나님은 지상 세계에 큰 홍수가 나게 하시고, 노아의 가족을 제외한 모든 인간과 짐승들을 물로써 멸하신다. 그러나 의롭고 경건한 노아와 그의 가족들만큼은 홍수 심판의 와중에서 방주를 통하여 구원하여 주신다. 홍수가 끝난 후에 하나님은 이들을 통해 인류역사가 새롭게 시작할 수 있도록 이들에게 생육하고 번성하라는 복을 주신다. 아울러 하나님은 그들과 우주적인 언약을 맺으시고, 다시는 홍수로 인간을 멸하지 않을 것임을 분명히 하신다.

이상의 내용을 가진 홍수 이야기는 사실 세계 각 나라들 가운데서 흔히 볼 수 있는 거의 보편적인 이야기이기도 하다. 이것은 아주 오래 전에 있었던 세계적인 대재난에 대한 각 민족의 기억을 암시하고 있는 것으로 보인다. 그런데 그 중에서도 바벨론 지역의 홍수 설화인 '길가메쉬 서사시'(Gilgamesh Epic)가 창세기의 홍수 기사와 가장 유사한 내용을 가지고 있다. 이 서사시는 모두 12개의 토판(土板, Tablets)으로 되어 있는 것으로 '길가메쉬'라는 이름을 가진 용맹스런 한 성주(城主)가 영생불사(永生不死)를 얻으러 다니는 이야기를 기록한 작품이다.

이 작품에서 홍수에 관한 이야기는 제 11토판에서야 비로소 나타나는데, 죽음을 극복하는 길을 찾으러 다니던 길가메쉬는 '바벨론의 노아'라고 알려진 우트나피슈팀(Utnapishtim)을 만나 그가 어떻게 하여 홍수로부터 건짐을 받게 되었으며, 또 어떻게 하여 신들로부터 영생을 선물로 받았는가에 대한 이야기를 듣는다. 길가메쉬가 이처럼 우트나피슈팀으로부터 듣는 이야기가 바로 창세기 6~9장의 홍수 이야기와 평행을 이루고 있는 것이다. 그러나 창세기의 홍수 기사는 길가메쉬 서사시와 많은 점에서 차이를 보인다. 이에 관한 내용은 관계되는 곳에서 조금씩 언급하기로 한다.

1. 인류의 죄악과 경건한 노아(6장)

1) 깨어진 창조질서(1-4절)

하나님을 떠난 인간의 삶은 노아시대에 이르러 걷잡을 수 없는 범죄의 증가로 이어진다. 창세기 6 : 1~4은 이러한 범죄 증가의 현실을 다소 이해하기 어려운 이야기를 통해서 설명한다. 본래 이 본문은 '네피림'(Nephilim)이라는 거인족(巨人族, 민 13 : 33 참조)의 기원과 관련된 이야기이다. 그런데 묘하게도 이 이야기는 노아의 홍수 사건의 서론 부분에 자리잡고 있다. 대체 어떤 의도에서 홍수와 무관한 듯한 이 네피림 이야기가 홍수 사건의 머리 부분에 놓이게 된 것일까? 거기에는 중요한 이유가 있다.

먼저 이 이야기의 줄거리를 살펴보면 하나님의 아들들('브네 하엘로힘')이 사람의 딸들('브노트 하아담')의 아름다움을 보고 그들을 아내로 삼아 자식을 낳았는데, 그들이 바로 '네피림'이라는 이름의 거인족 '용사들'('깁보림')이라는 것이다. 그렇다면 여기서 하나님의 아들들은 누구를 말하며, 사람의 딸들은 누구를 말하는 것일까? 이에 대해서는 사람에 따라서 견해가 다르나 일반적으로 하나님의 아들들은 욥기 1장(6절)이나 2장(1절)에서와 마찬가지로 하늘에 있는 초월적인 피조물들, 곧 천사들(벧후 2 : 4, 유다 6)을 지칭하고, 사람의 딸들은 문자 그대로 지상의 사람들을 가리킨다고 본다. 그러니까 천상의 존재들과 지상의 존재들이 성적인 관계를 맺음으로써 거인족이 생겨났다는 것이다. 사실 이러한 내용의 이야기는 거인족의 기원에 대해 밝히고자 하는 다소 전설적인 성격의 이야기이다.

그런데 창세기 6장 본문은 이 네피림 이야기를 홍수 이야기의 서두 부분에 놓음으로써 노아시대의 세상이 얼마나 죄악으로 가득 차 있었는가를 우회적으로 설명하고 있다. 그러니까 당시의 사회는 태초에 하나님께서 나누어 놓으신 천상(天上)의 질서와 지상(地上)의 질서가 뒤섞인 것과도 같이 혼란스럽고 어지러웠다는 것이다. 다시 말해서 당시 사람들의 악함은 하늘의 질서와 땅의 질서를 구분하지 않을 정도의 교만함에 가득 차 있었다는 말이다. 뒤집어서 이야기한다면 노아시대의 사람들은 본래 사람에게 주어진 땅의 질서를 벗어나 하늘에까지 이르고자 하는 거인족의 야심에 불타고 있었다는 것이다. 이것은 사실 선악과를 따먹은 사람들의 비뚤어진 의도나 하나님의 것인 사람의 생명을 취하는 월권(越權)행위, 그리고 바벨탑을 쌓는 사람들의 교만 등과 거의 차이가 없다. 그래서 6 : 5 이하의 본문은 이를 일컬어 사람들의 마음이 악하기 그지없었다고 밝힌다. 마음에 하나님 두기를 싫어하니 악해질 수밖에 없다는 것이다.

당시 사람들의 이러한 과대망상증(titanismus)은 하나님께서 세우신 아름다운 창조질서, 곧 하늘의 질서와 땅의 질서를 깨뜨리는 결과를 가져왔다. 그리고 그것은 마침내 사람들로 하여금 그들과 늘 함께 있고 싶어하시는 하나님을 멀리하게 만들었다. 더 나아가서 사람들의 이러한 행동은 하나님의 심판을 불가피하게 만들었다. 3절이 이를 보여 준다 : "생명을 주는 나의 영('루아흐')이 사람 속에 영원히 머물지는 않을 것이다. 사람은 살과 피를 지닌 육체('바싸르')요, 그들의 날은 백이십 년이다"(새번역). 사람이 스스로 원해서 하나님을 떠난 까닭에 마침내는 하나님께서 사람을 떠나시겠다고 응답하신 것이다. 그 결과 구백 세 이상까지 오래 살았던 홍수 이전의 사람 수명이 이제는 평균 120세 정도로 짧아지고 말았다. 홍수 이후의 족보나 사람 나이를 보면 정말로 대부분의 사람들이 대략 120세 안팎의 나이에 죽는 것을 볼 수 있다. 다만 노아는 홍수 이전부터 살던 사람이요, 홍수로부터 건짐을 받은 사람이었던 까닭에 홍수가 끝난 후에도 350년을 더 살았고, 마침내 950세가 되던 해에 세상을 떠났다(9 : 29).

2) 마음의 악함(5-8절)

피조물인 인간이 하나님의 창조질서를 어지럽힌다거나 창조세계를 관리하시는 하나님을 멀리한다는 것은 결국 그가 하나님의 자리를 대신하고자 하는 의도나 다름없다. 그러나 하나님을 떠나 스스로가 주인이 되고, 신(神)이 되고자 하는 욕망은 무질서와 혼란을 초래할 뿐이다. 11절과 12절이 이 점을 잘 보여 주고 있다 : "때에 온 땅('에레츠')이 하나님 앞에 패괴(悖壞)하여 강포(强暴, '하마스' =폭력)가 땅에 충만한지라. 하나님이 보신즉 땅이 패괴하였으니, 이는 땅에서 모든 혈육 있는 자('바싸르')의 행위가 패괴함이었더라." 사람들의 삶이 썩었으니(패괴함) 사람 사는 세상도, 사람들이 발붙여 사는 땅도 썩을 수밖에 없는 것이다.

그렇다면 사람 사는 세상이 이처럼 썩고 폭력이 가득 찬 무법천지로 바뀐 근본적인 이유는 무엇인가? 5~6절 본문은 그것을 사람의 마음에서 찾고 있다 : "주께서는 사람의 죄악이 세상('에레츠' =땅)에 가득 차고 마음('렙')에 생각하는 모든 계획이 언제나 악한 것 뿐임을 보시고서 땅위에 사람 지으셨음을 후회하시며 마음('렙') 아파하셨다"(새번역). 이 본문에 의하면 죄악의 근원은 인간의 악한 마음에 있었다. 따라서 악한 마음에서 계획하는 모든 것들이 악할 수밖에 없었고, 그러다 보니 당연히 세상과 땅이 온통 죄악과 폭력으로 가득 차게 된 것이다. 하나님과 동행하기를 싫어하고 하나님의 창조질서를 무시하고서 하나님처럼 되고자 하는 인간의 마음이 악하다는 것은 어찌 보면 너무나 당연한 것이다. 그러기에 홍수가 끝나고 나서 다시금 하나님은 인간의 마음이 악하다는 것을 다음과 같이 밝히고 계신 것이다 : "여호와께서 그 향기를 흠향하시고 그 중심('렙')에 이르시되, 내가 다시는 사람으로 인하여 땅을 저주하지 아니하리니 이는 사람의 마음('렙')의 계획하는 바가 어려서부터 악함이라……"(8 : 21).

사실 성경은 인간의 마음이 본질상 악하다는 것을 도처에서 강조하고 있다. 그 대표적인 본문이 예레미야 17 : 9~10이다 : "만물보다 거짓되고 심히 부패한 것은 마음('렙')이라. 누가 능히 이를 알리요마는 나 여호와는 심장('렙')을 살피며 폐부를 시험하고 각각 그 행위와 그 행실대로 보응하나니"(렘 17 : 9-10). 이 본문에서 '심장'으로 번역된 낱말은 바로 앞의 '마음'이라는 낱말과 똑같이 히브리어로 '렙'이다. 즉, '마음'인 것이다. 이처럼 인간의 마음은 근본직으로 악한 까닭에 하나님은 끊임없이 이스라엘 자손에게 마음에 할례를 받아야 한다고 말씀하신다. 신명기 10 : 16, 30 : 6, 예레미야 4 : 4, 9 : 26, 에스겔 44 : 7, 9, 사도행전 7 : 51, 로마서 2 : 29 등이 그러하다. 그리고 "무릇 지킬 만한 것보다 더욱 네 마음('렙')을 지키라. 생명의 근원이 이에서 남이니라."고 말하는 잠언 4 : 23도 같은 맥락에 속한다.

이처럼 마음이 인간의 삶에서 결정적으로 중요한 역할을 수행하는 까닭에 하나님께서 사람을 보실 때에 그 마음이 어떠한가를 저울질하신다(weigh)는 표현이 몇 차례 사용되고 있기까지 하다. 잠언 21 : 2의 "사람의 행위가 자기 보기에는 모두 정직하여도 여호와는 심령을 감찰하시느니라."가 그러하다. 이 구절에서 '심령'은 히브리어로 '마음'을 뜻하는 '렙'이고 '감찰하시느니라'는 히브리어로 '저울질한다'는 뜻의 '타칸' 동사이기 때문이다. 잠언 24 : 12도 마찬가지이다. 이 구절은 하나님을 일컬어 "마음('렙')을 저울질('타칸')하시는 이"라고 부르고 있는 바, 개역성경은 이를 비교적 정확하게 번역하고 있다. 그리고 하나님의 보는 것은 사람과 같지 아니하여 사람은 외모를 보지만 하나님은 중심('레밥' = '렙')을 보신다는 사무엘 상 16 : 7 말씀 역시 같은 맥락에 속한다. 악한 생각과 살인과 간음과 음란과 도적질과 거짓 증거와 훼방 등 사람을 더럽히는 모든 것들이 인간의 마음(헬라어로 '카르디아' =마음)에서 나온다는 마태복음 15 : 17~20도 마찬가지이다.

다시 노아의 홍수 이야기로 돌아가 보자. 창세기 6 : 6은 인간의 마음이 악하다는 사실을 지적하면서 흥미롭게도 그와 대조를 이루는 하나님의 마음이 어떠한가에 대해서 서술하고 있다. 이를 새번역 본문으로 읽는다면 하나님은 악한 인간의 마음과 그들의 악한 행실, 그리고 죄악과 강포로 가득 찬 세상을 보시고서 '마음 아파하셨다.' 인간의 마음은 악하여 하나님 두기를 싫어하는데, 하나님은 인간의 그 악한 마음 때문에 마음 아파하신 것이다. 여기서 우리는 하나님이 자신의 피조세계에 얼마나 애착을 가지고 계시는가를 알 수 있다.

바로 이 애착심 때문에 하나님은 타락하고 부패한 피조세계를 정화(淨化)시키기로 작정하신다. 마음이 악한 인간과 그 인간 때문에 썩어 무법천지가 된 땅을 완전히 새롭게 만들기로 결정하신 것이다. 그러기 위해서는 모든 인간과 피조물들을 깨끗이 쓸어버려야만 했다. 이것을 7절에서는 다음과 같이 밝히고 있다 : "내가 창조한 것이지만 사람을 이 땅 위에서 쓸어버리겠다. 사람뿐 아니라 짐승과 땅 위를 기어다니는 것과 공중의 새까지 그렇게 하겠다. 그것들을 만든 것이 후회되는구나"(새번역). 죄로 가득 찬 세상을 바로잡기 위해서는 죄의 요소를 완전히 제거하는 길밖에 없었고, 그러기 위해서는 철저한 심판이 필요했기 때문이었다.

여기서 우리는 인간의 삶과 운명이 다른 피조물들과 깊은 관계를 가지고 있음을 알 수 있다. 사실 인간과 자연은 처음 사람들이 에덴동산에 거주할 때부터 공동운명에 속하게끔 만들어졌었다. 이것은 인간의 행동이나 그 결과가 자연에 그대로 반영되어 나타남을 뜻한다. 이를테면 인간이 만물의 창조자이신 하나님의 법을 어길 경우 그 행위는 어떠한 형식으로든 자연에게 손상을 입히게 마련이고, 인간에 의해 상처를 입은 자연은 그 상처를 반드시 인간에게 되돌려 준다는 것이다. 이스라엘 백성의 범죄가 하나님께서 그들에게 선물로 주신 땅을 더럽힌다든가 그 땅이 그들을 토하여 내리라는 생각이 바로 이러한 맥락에 속한다. 레위기 18 : 24~28, 20 : 22, 민수기 35 : 33~34, 신명기 21 : 23, 예레미야 2 : 7, 16 : 18, 에스겔 36 : 16~20 등의 본문이 이 점에 대해서 기록하고 있다.

한편 창세기의 홍수 기사와 평행을 이루는 바벨론의 길가메쉬 서사시는 홍수가 일어난 원인을 창세기만큼이나 분명하게 서술하고 있지 않다. 이 서사시는 신들이 사람들을 홍수로 멸하기로 한 이유가 단순히 땅 위에 사는 사람들의 소음 때문이라고 말한다. 달리 말해서 신들이 지상세계의 소음 때문에 충분한 수면을 취할 수 없게 되자 이를 이유로 하여 홍수로 사람들을 멸하기로 작정했다는 것이다. 여기서 지상세계의 소음이 구체적으로 무엇인지는 분명하지 않지만, 이 서사시에 의하면 홍수는 순전히 신들의 변덕에서 비롯된 것으로 여겨지고 있다. 반면에 창세기의 홍수 기사는 홍수 심판의 뚜렷한 이유를 밝히고 있다. 그것은 인간의 삶 전체를 포괄하는 마음이 본질적으로 악하여 하나님의 아름다운 창조질서를 어지럽히고, 또한 하나님께서 만드신 세상(땅)을 더럽히고 있다는 것이다. 그러니까 창세기의 홍수 기사는 바벨론의 길가메쉬 서사시에 비해 홍수 심판의 윤리적인 동기를 훨씬 선명하게 밝히고 있다는 점에서 큰 차이를 보인다. 또한 창세기 본문은 인간 본성에 대한 탁월한 통찰력을 보이고 있다는 점에서도 길가메쉬 서사시와 큰 차이를 보인다.

3) 방주를 만드는 노아(9-22절)

하나님은 악에 물든 모든 피조물들을 홍수로 쓸어버리겠다는 중대 결단을 내리시기는 했지만 자신이 만든 피조세계를 완전히 멸하고자 하지는 않으셨다. 이는 그의 긍휼하심에서 비롯된 것이었다. 하나님은 피조세계를 새롭게 이어 나갈 인물을 찾으셨는데 그가 바로 노아였다. 노아는 무법천지가 된 당시의 부패한 사회에서 유일하게 의롭고 흠이 없는 사람이었다. 그는 하나님과 동행하는 사람이었던 것이다(9절). 그에게는 셈과 함과 야벳이라는 세 아들이 있었는데(10절), 하나님은 노아와 그의 아내 및 세 아들과 세 며느리 등 모두 8명의 식구들을 홍수에서 건지기로 작정하셨다(18절).

그리하여 마침내 하나님은 노아 일가족에게 사람과 땅을 심판하실 것임을 알리고서 그에 대비하여 홍수를 피할 방주(히브리어로 '테바')를 만들라고 명하셨다. 노아가 잣나무를 가지고서 만들어야 할 방주는 길이가 300규빗, 너비가 50규빗, 높이는 30규빗이었다. 1규빗이 일반적으로 어른의 팔꿈치로부터 가운데 손가락 끝까지의 길이니까 방주의 크기는 길이가 대략 450척(137m), 너비가 대략 75척(23m), 그리고 높이는 대략 45척(14m) 정도임을 알 수 있다. 그리고 노아가 만든 방주는 양 옆에 창문이 달려 있었고, 비를 막을 지붕 밑으로 위층과 가운데층과 아래층의 세 층으로 만들어져 있었다. 또한 방주 안에는 방이 여러 칸 있었으며, 안팎에는 역청(瀝靑, 송진)이 칠해져 있었다(13-16절).

방주를 이렇게 크게 만든 이유는 살과 피를 지닌 모든 짐승이 수컷과 암컷으로 한 쌍씩 방주로 들어가야만 했기 때문이다. 보다 구체적으로는 새와 집짐승과 땅에 기어다니는 온갖 길짐승 등이 모두 두 마리씩 방주 안에 들어감으로써 홍수 후에 하나님의 창조세계를 계속 이어가야만 했던 것이다. 노아는 또한 그의 식구들과 모든 짐승들의 먹을거리를 충분히 방주 안에 비축하여야만 했다(19-21절).

이상의 일들은 하나님과 노아 사이에 맺어진 언약에 근거한 것이었다(18절). 그리고 노아는 하나님께서 명하신 모든 것들을 그대로 순종하였다(22절). 여기서 우리는 하나님이 심판으로 모든 것을 한꺼번에 끝장내지 않으시고 인류역사가 노아와 그의 가족들을 중심으로 다시금 새롭게 시작할 수 있게 하고 계심을 알 수 있다. 즉, 하나님은 죄를 범한 인간을 벌하시지만 결코 인간 역사가 중단되게 하지는 않으신다는 것이다. 이것은 아담과 하와의 선악과 사건 이후부터 끊임없이 계속된 것으로서, 자기가 만든 피조물들을 사랑하시는 하나님의 긍휼하심과 오래 참으심, 그리고 그의 자유로운 구원은총에 속한 것이다.

그런데 신약성경은 노아가 방주를 만들면서 당시 사람들에게 죄악생활을 청산할 것을 간원(懇願)했다고 본다. 베드로 전서 3 : 20에 의하면 노아시대의 사람들은 노아와 그의 가족들이 '방주를 예비하는 동안 하나님이 오래 참고 기다리실 때에 순종치 아니하던 자들'이었다. 노아는 방주를 예비하면서 이들에게 하나님의 의를 전파했던 것이다 : "그분은 또 옛 세계를 아까워하지 않으시고 경건하지 않은 자들의 세계를 홍수로 덮으셨습니다. 그 때에 그분께서는 정의를 부르짖던 사람 노아와 그의 가족 일곱 사람만을 살려 주셨습니다"(벧후 2 : 5, 새번역). 또한 노아의 홍수 사건은 신약시대에 이르러 하나님의 최후 심판과 예수 그리스도의 재림과 관련된 메시지로 자주 사용되고 있기도 하다(마 24 : 47-49, 눅 17 : 26-27, 벧후 3 : 6-7).

2. 하나님의 홍수 심판(7-8장)

1) 홍수의 시작과 진행(7 : 1-8 : 12)

하나님은 홍수가 발생하기 일주일 전에 당대의 의인(義人)이던 노아에게 홍수 심판이 곧 있을 것임을 알리시고 칠 일 후이면 40일 동안 밤낮으로 땅에 비를 내려서 자기가 만든 모든 생물을 땅에서 다 쓸어버리겠다고 말씀하셨다(7 : 4). 이에 대비하여 노아는 하나님께서 명하신 대로 모든 정결한 짐승은 수컷과 암컷으로 일곱 쌍씩(식용과 제사용), 그리고 부정한 짐승은 수컷과 암컷으로 두 쌍씩 방주에 들어가게 했다. 그러나 공중의 새는 수컷과 암컷으로 일곱 쌍씩 데리고 가서 그 씨가 온 땅에 살아남게끔 했다(7 : 2-3). 7 : 16 하반절은 노아와 그의 가족들과 모든 짐승들이 다 방주 안으로 들어가자 하나님께서 몸소 방주의 문을 닫아 주셨다고 묘사함으로써, 하나님이 홍수 심판이나 노아의 가족을 구원하시는 모든 과정을 직접 주관하고 계심을 강조하고 있다.

마침내 하나님께서 약속하신 홍수가 땅에 임했는데 그 때에 노아의 나이는 600살이었다(7 : 6). 더 정확하게는 그 해의 둘째 달, 그러니까 양력으로 4월 중순에서 5월 중순까지에 해당하는 달의 열이렛날이었다(7 : 11). 노아는 하나님의 명령을 따라 자기 가족 전체와 정결한 짐승, 부정한 짐승 등을 방주에 들임으로써 홍수를 피할 수 있었다(7 : 7-10, 13-16). 홍수는 그 위세가 대단했다. 하나님께서 우주만물을 창조하시던 둘째 날에 나누셨던 궁창 아래의 물, 곧 땅 속에 있는 큰 깊음의 샘들('트홈')이 모두 터졌는가 하면 하늘의 창(窓)들이 열려 궁창 위의 물들이 40일 동안이나 쉬지 않고 쏟아져 내렸다(7 : 11-12).

이러한 홍수 심판은 한 마디로 말해서 태초에 하나님께서 나누어 놓으신 궁창 위의 물과 궁창 위의 물이 다시금 하나로 합쳐져 버린 것을 뜻했다. 이는 결국 하나님의 심판을 받은 피조세계가 홍수를 통해서 태초의 혼돈상태(1 : 2)로 되돌아갔음을 의미했던 것이다. 이것은 '홍수'

라고 번역된 히브리어 낱말 '맙불'이 본래는 궁창 위에 있는 하늘의 바다, 곧 궁창 위의 물(시 29 : 10)을 뜻하는 낱말임을 통해서 더욱 분명하게 드러난다. 그러니까 하나님의 심판은 우주만물을 맨 처음의 무질서와 혼돈으로 돌이켜 버린 것이다.

그런데 이것은 가만히 보면 6 : 1~4까지의 내용과 대칭관계에 있음이 분명해진다. 왜냐하면 홍수 심판이 있기 전에 이미 하늘의 질서와 땅의 질서가 제자리를 잃고서 서로 섞이는 일이 있었기 때문이다. 즉, 하나님을 떠나 독립하려는 인간의 악한 마음은 땅을 강포가 가득 찬 무법천지로 만들었고, 이것은 마침내 하나님의 창조질서를 교란시켜 하나님의 피조세계가 무질서와 혼란에 빠지게 하였던 것이다. 따라서 하나님의 홍수 심판 역시 이에 상응하여 모든 것이 태초의 혼돈으로 되돌아가게 하는 방식을 취한 것이다. 이것은 사실 인간을 비롯한 하나님의 피조세계가 처음부터 다시 시작해야 할 정도로 크게 타락했음을 보여주는 것이나 다름없다.

이처럼 태초의 혼돈상태로 되돌아간 피조세계는 온통 물에 잠기게 되었다. 하늘 아래에 있는 모든 높은 산들도 다 물에 잠겼다. 뿐만 아니라 물은 그 높은 산들을 잠그고도 열다섯 규빗이나 더 불어났다. 이렇게 되자 새와 집짐승과 들짐승과 땅에서 기어다니는 모든 것들이 다 물에 빠져 죽었다. 사람들도 예외가 아니었다. 살아남은 사람은 아무도 없었다. 방주에 탄 노아의 여덟 식구를 제외하고는 모두 다 물에 빠져 죽은 것이다. 오로지 방주에 탄 사람들과 짐승들만이 살아남았다. 홍수로 인해 불어난 물은 150일 동안이나 땅을 뒤덮었다. 그 결과 노아의 방주는 땅을 뒤덮은 물 위를 떠다니면서 150일을 지내야만 했다(7 : 17-24).

그러다가 하나님께서 보내신 바람에 힘입어 물이 점점 빠지기 시작했으며, 땅 속에 있던 깊음의 샘들과 하늘의 창들도 닫혔다. 비가 완전히 그친 것이다(8 : 1-2). 이로써 땅을 뒤덮은 채로 합쳐져 있던 궁창 위의 물과 궁창 아래의 물이 원래의 모습대로 나누어지게 되었다. 하나님의 창조질서가 회복된 것이다. 물이 계속 줄어들면서 땅이 드러나게 되는 과정은 바로 이러한 질서회복의 과정과 그 흐름을 같이 하고 있다. 계속해서 물이 줄어들자 사람들과 짐승들을 태운 방주는 마침내 일곱째 달 열이렛날에 메소포타미아 계곡의 북쪽 산악지대(오늘날의 아르메니아 지방)에 있는 것으로 알려진 아라랏(당시의 우라르투, Urartu) 산꼭대기에 도착하였으며, 열번째 달 초하루에는 산봉우리들이 여기저기에 그 모습을 드러내기에 이르렀다(8 : 3－5).

이로부터 40일이 지나자 노아는 방주의 옆에 난 창문을 열고 까마귀를 내보냈다. 물이 어느 정도 말랐는지를 알아보기 위해서였다. 그런데 그가 내보낸 까마귀는 물이 마르기를 기다리면서 이리저리 날아다니기만 했지 방주로 돌아오지는 않았다. 그래서 노아는 두 번째로 비둘기를 내보냈다. 그러나 그 비둘기는 발을 붙이고 쉴 만한 곳을 찾지 못하여 그냥 방주로 돌아왔다. 7일을 더 기다린 노아는 다시금 그 비둘기를 방주에서 내보냈다. 그랬더니 그 비둘기는 저녁 때가 되어서 금방 딴 올리브 잎을 부리에 물고서 돌아왔다. 다시 7일 후에 그 비둘기를 내보냈더니, 이제는 그 비둘기가 발 붙여 쉴 곳을 발견했는지 방주로 돌아오지 않았다(8 : 6－12). 이제 웬만큼 물이 마른 것이었다.

물이 완전히 빠진 것은 노아가 601세 되던 해의 첫째 달 초하룻날이었다. 이때 노아는 창문을 열고 바깥 세상을 내다보았는데 땅바닥이 말라 있었다. 그러다가 마침내 둘째 달 스무이렛날에 땅이 완전히 다 마르게 되자 하나님은 노아에게 방주에 있는 사람들과 짐승들이 밖으로 나가도 된다고 말씀하셨다. 그리고서는 각종 짐승들로 하여금 생육하고 땅에서 번성하게 하라고 말씀하셨다. 이에 노아는 아들들과 아내와 며느리들을 데리고 방주 밖으로 나왔다. 또한 그는 모든 짐승들을 그 종류대로 방주 밖으로 이끌어 내고 자유롭게 풀어 주었다(8 : 13－19). 이로써 일 년 열이렛날 동안 방주 안에 있었던 사람들과 짐승들은 방주

밖에서 홍수 후의 새로운 삶을 시작할 수 있었다.

사람에 따라서는 이상의 이야기들이 두 가지의 상이한 전승자료들의 결합에 의하여 이루어졌다고 보지만, 적어도 현재의 본문에 근거해서 본다면 노아의 식구들이 방주에 들어간 후로부터 방주 밖으로 나오기까지의 과정은 다음과 같이 정리할 수 있다.

▣ 홍수일지(노아 600세를 기준)

날 짜	사 건	관 계 구 절
2월 10일	방주에 들어감.	7 : 7-9
2월 17일	홍수 시작	7 : 10-11
3월 27일	비가 그침.	7 : 12
7월 17일	아라랏 산 도착	7 : 24, 8 : 4
10월 1일	산봉우리들이 드러남.	8 : 5
11월 11일	까마귀와 비둘기	8 : 6-9
11월 18일	비둘기 내보냄.	8 : 10
11월 25일	비둘기 내보냄.	8 : 12
1월 1일	물이 걷힘.	8 : 13
2월 27일	방주에서 나옴.	8 : 14-19

2) 방주에서 나와 제사를 드림(8 : 13-22)

방주에서 나온 노아는 즉시 하나님께 번제를 드렸다. 방주에 데리고 들어갔었던 정결한 집짐승과 정결한 새들 가운데서 제물을 골라 제단 위에 번제물로 드린 것이다. 이 제사는 노아 자신과 가족들의 죄에 대한 속죄제사이면서 동시에 하나님의 구원은총에 대한 깊은 감사의 표현이었다. 노아가 드린 희생제사의 향기를 맡으신 하나님은 인간의 본질적인 죄악성을 다시금 확인하시고서 자연계의 질서회복을 약속하신

다 : "다시는 사람이 악하다고 하여서 땅을 저주하지는 않겠다. 사람은 어릴 때부터 그 마음의 생각이 악하기 마련이다. 다시는 이번에 한 것 같이 모든 생물을 없애지는 않겠다. 땅이 있는 한 뿌리는 때와 거두는 때, 추위와 더위, 여름과 겨울, 낮과 밤이 그치지 않을 것이다"(새번역). 하나님의 이러한 다짐은 사람이 본질적으로 악하지만 그럼에도 불구하고 자신의 아름다운 창조세계가 이전과 마찬가지로 계속 운행될 것임을 밝히는 것으로서 순전히 그의 구원은총에 속한 것이다.

한편 바벨론의 홍수 설화인 길가메쉬 서사시의 제 11토판도 이상에서 설명한 창세기 본문과 크게 차이가 나지 않는 내용을 담고 있다. 홍수의 주인공 우트나피슈팀은 꿈속에서 지혜의 신 에아(Ea)로부터 홍수 심판의 사실을 전해 듣고서 방주를 만든다. 그가 만든 방주는 노아가 만든 방주보다 5배나 배수량(排水量)이 큰 것이었으며 방주에 들어간 사람도 그의 가족, 친척, 장인(匠人)들, 사공 등으로 매우 많았다. 그리고 그들이 방주 안에 있다가 나온 기간도 칠 일간의 홍수를 포함해 불과 20~30여일밖에 되지 않았다. 우트나피슈팀은 방주에서 나오기 전에 비둘기, 제비, 까마귀 등의 순서로 새들을 날려 보낸 후 물이 줄어든 것을 확인한 후에 노아와 마찬가지로 신들에게 제사를 드렸다. 그런데 그가 제사를 드리는 순간에 흥미롭게도 자기들이 내린 홍수를 피해 하늘에 피해 있던 여러 신들이 '파리떼처럼' 제물 주위로 몰려든다. 그리고 우트나피슈팀은 이 일을 계기로 하여 그의 아내와 함께 영생을 선물로 받는다.

그러나 사람에 지나지 않은 우트나피슈팀이 영생을 받았다는 것도 문제지만 그가 영생을 받은 이유 역시 불분명하다. 우트나피슈팀이 단순히 신들에게 제물을 바쳤다는 이유로 '파리떼처럼' 몰려들던 그들에게서 영생을 받았다고 하는 것으로는 충분한 설명이 되지 않기 때문이다. 반면에 노아의 경우에는 하나님께서 사람에게 불가능한 영생 대신에 아담과의 언약(창 1 : 28)을 재확증하는 새 창조의 복, 곧 생육과 번성 및 생물 지배의 복을 주시며, 홍수 심판을 영원히 취소한다는 표시로 노아와 함께 무지개의 언약을 맺으신다(9 : 1-17).

3. 언약을 맺으시는 하나님(9장)

1) 노아와 언약을 맺으심(1-17절)

1년 10일 동안 땅을 덮은 홍수는 범죄한 인간에 대한 하나님의 준엄한 심판이면서 동시에 노아와 그의 가족을 중심으로 새로운 인간역사, 곧 하나님을 가까이 하며 그에게 복종하는 인간의 역사를 만드시려는 하나님의 계획에 속했다. 홍수가 끝나자 하나님은 자신의 이러한 계획을 구체화하셨는데, 그것이 바로 하나님께서 노아와 그의 가족, 그의 모든 후손 및 모든 피조물들과 맺으신 언약이었다(9 : 8-17). 이 언약은 당시에 살아남은 여덟 명의 사람들과 다음 시대의 사람들 및 모든 생물들과 더불어 맺은 우주적인 언약(cosmic covenant)으로서 새로운 시대의 개막(開幕)을 알리는 성격의 것이었다.

이 언약(9 : 1-7)에 따르면 하나님은 맨 먼저 창세기 1 : 28의 "생육하고 번성하라."는 명령을 갱신하심으로써 홍수 심판 후 피조물이 자기 스스로의 힘으로가 아니라 하나님의 복에 의해서 생육하고 번성하는 것임을 선언하셨다(1절과 7절). 또한 하나님은 사람과 동물과의 바람직한 관계를 규정하시면서 동물에 대한 인간의 지배권을 갱신하셨다. 그러나 양자 사이의 관계에 있어서 이전과 달라진 것이 있었는데, 그것은 이제 동물이 사람을 두려워하고 무서워할 것이라는 점이었으며, 또한 앞으로는 사람이 동물을 식용으로 먹을 수 있다는 점이었다. 이른바 육식(肉食)이 허용된 것이다(2-4절). 이로써 사람과 동물 사이에 있던 평화와 자유가 사라지게 되었다. 사람이 푸른 채소와 과일만을 먹고 지내던 에덴동산의 평화가 영원히 부서지고 만 것이다. 이처럼 깨뜨려진 사람과 동물 사이의 평화는 메시야가 다스리는 메시야 왕국에 가서야 비로소 회복될 것이다(사 11 : 6 - 9).

그러나 비록 사람이 동물을 먹는 일이 가능하게 되었다 할지라도 거기에는 일정한 원칙과 질서가 있어야만 했다. 잡아먹고 먹히는 세계 역시 하나님의 창조세계에 속하기 때문이다. 그리하여 하나님은 언약을 세우시면서 동물을 피째 먹어서는 안 된다는 법을 정하셨다. 왜냐하면 피에는 생명이 있고, 생명은 하나님의 것이기 때문이었다(레 17 : 10 - 14). 더 나아가서 하나님은 어느 누구도 다른 사람의 생명을 해쳐서는 안 된다는 점을 강조하셨다. 그 이유는 사람은 누구나 똑같이 하나님의 형상을 따라 만들어졌기 때문이었다. 이로써 하나님은 인간이 하나님의 형상대로 만들어졌음을 재확인하심과 아울러 인간의 생명에 대한 하나님의 주권을 거듭 천명하셨다(5 - 6절).

또한 이 언약은 하나님께서 죄-심판의 원리에서 사람에게 무한한 인내심을 베푸시는 죄-은총의 원리로 전환하셨음을 뜻하기도 했다. 이러한 사실은 '무지개' 라는 히브리어 낱말('케쉐트')이 갖는 원래적이고도 일반적인 의미가 전쟁 무기로서의 활(bow)을 뜻한다는 사실을 통해 뒷받침된다. 그러니까 무지개는 하나님께서 자신의 무기 사용을 포기하셨음을 암시하는 상징물이었던 것이다. 따라서 하나님께서 노아와 맺으신 언약은 은혜의 언약이요, 평화의 언약이라 할 수 있다.

결론적으로 보건대 하나님께서 노아와 함께 맺으신 언약 안에는 하나님과 인간 사이의 안전하고 확실한 인격적 관계가 함축되어 있다고 할 수 있다. 그것은 하나님께서 홍수 심판 후에도 사람을 포함한 자신의 창조세계를 아끼실 뿐만 아니라, 피조물들을 향한 자신의 사랑을 노아와 함께 맺으신 언약을 통해서 다시금 확인하고 계시기 때문이다. 이 점은 신들과 인간 사이의 임의적이고 비인격적인 관계를 반영하는 길가메쉬 서사시의 홍수 설화와는 근본적으로 구별되는 특징이 아닐 수 없다. 왜냐하면 길가메쉬 서사시에서는 신들의 변덕에 의해 모든 것이 결정되는, 이른바 언약 부재(不在)의 현실이 너무도 뚜렷하게 나타나고 있기 때문이다.

2) 노아와 그의 세 아들(18-29절)

방주에서 나온 노아의 세 아들들은 셈과 함과 야벳이었다. 이들로부터 세상의 모든 백성들이 생겨나서 온 땅에 두루 퍼지게 되었는데(18-19절), 18절 본문은 특히 가나안이 함의 아들임을 강조하고 있다. 이 점은 22절도 마찬가지이다. 이러한 강조점은 사실 함과 가나안이 다음에 이어지는 이야기에서 주목해야 할 인물임을 암시해 준다. 20절 이하에서는 방주에서 나온 노아가 포도 농사를 지었다는 사실로부터 이야기를 시작한다. 그는 포도원에서 생산된 포도 열매로 포도주를 만들어 마셨다. 그런데 그만 포도주를 지나치게 많이 마시는 바람에 문제가 생겼다. 술에 취해 벌거벗은 채로 장막에서 깊은 잠에 빠져 버린 것이다(20-21절). 하나님의 새로운 창조세계에서 그의 놀라운 구원은총에 감사하면서 살아야 할 그가 술취함과 성적인 조잡함의 큰 실수를 범한 것이다.

가나안의 아비, 함은 우연히 장막에 들어갔다가 아버지 노아의 벌거벗고 잠자는 모습을 보게 되었다. 그는 사회적인 품위를 잃은 아버지의 실수를 충분히 덮어줄 수 있었다. 그런데도 그는 그렇게 하지 않았다. 장막 밖으로 나와서 아버지의 벌거벗고 자는 모습을 다른 두 형제에게 말하면서 아버지의 실수를 조롱한 것이다. 이로써 그는 사소하게 보이는 듯한 그 문제를 커다란 사건으로 비화시키고 말았다. 반면에 효성스런 셈과 야벳은 그 말을 듣고 즉시 장막으로 들어가 아버지의 하체를 덮어줌으로써 손상된 아버지의 명예와 권위를 회복시켜 주었다. 나중에 술이 깬 노아는 함이 자신에게 한 일을 알고서 격분하였다. 그는 셈을 가장 많이 축복하고, 야벳도 그에 못지 않게 축복했지만, 함은 크게 저주하였다. 그 저주의 내용은 이렇다 : "가나안은 저주를 받아 그 형제의 종들이 되기를 원하노라"(25절). 함이 이처럼 저주를 받은 이유는 간단하였다. 그것은 그가 야비하게도 아버지의 벌거벗음을 드러냄으로써 아버지의 권위를 무시했고, 더 나아가서는 가정의 신성함을 깨뜨렸기 때문이었다.

그러나 보다 근본적인 이유는 다른 데에 있었다. 그것은 함에게 주어진 저주가 실제로는 그의 아들 가나안을 지목하고 있다는 데에서 찾을 수 있을 것이다. 이스라엘 역사를 두고 볼 때 가나안 사람들은 일찍부터 농경문화권에 속해 있던 자들로서 바알신을 정점(頂点)으로 하는 다산(多産)과 풍요의 종교를 가지고 있었다. 그리고 이 바알종교는 신전 창기와 성적인 관계를 맺음으로써 지상생활에 풍요를 약속받을 수 있다는 식의 논리를 그 안에 가지고 있었다. 가나안 땅에 살면서 끊임없이 가나안 종교의 이러한 유혹에 직면해야 했던 이스라엘에게는, 부도덕하고 퇴폐적이기까지 한 가나안 사람들의 종교가 한편으로는 매혹적이면서도 다른 한편으로는 투쟁과 대결의 대상이기도 했다.

노아가 함의 아들을 저주했다는 것은 바로 이러한 역사적인 사실을 그 배경에 깔고 있다. 그러니까 노아의 저주는 가나안 사람들이 왜 하나님 앞에 저주받은 삶을 살아야 하며, 왜 그들이 하나님께 심판을 받아 이스라엘에게 그들의 땅을 내어 주어야 하는지를 설명해 주는 원인론적(原因論的)인 성격의 본문이라고 할 수 있는 것이다. 이러한 사실은 노아가 셈과 야벳에게 축복하는 가운데 야벳이 셈의 장막에 거하게 될 것이라고 함으로써 이스라엘이 속한 셈(족)을 야벳보다 앞세우고 있다는 데에서 더욱 분명해진다. 물론 이 저주와 축복의 본문은 어떤 이들이 주장하듯이 흑인종(함)이 백인종(야벳)의 지배를 받아 마땅하다고 보는 식의 이론을 정당화시켜 주는 본문이 결코 아니다.

Ⅵ. 민족분산에 대한 두 가지 설명(10－11장)

홍수가 끝난 다음에 노아의 세 아들로부터 다시금 인류가 번성하기 시작한다. 창세기 10장에 소개된 긴 민족들의 이름이 그것을 말해 준다. 이 민족목록은 하나님께서 홍수 후에 노아에게 주신 복과 깊은 관계가 있다. 9 : 1~7에 의하면 하나님은 홍수가 끝난 후에 방주에서 나온 노아와 그의 아들들에게 생육하고 번성하여 땅에 충만하라는 복을 주신 바가 있었다. 그리고 이 복은 사실 하나님께서 맨 처음에 사람을 만드시고, 그들에게 주신 복(1 : 28)과 그 맥을 같이 하는 것이다. 따라서 창세기 10장은 하나님께서 사람에게 주신 그 복이 어떻게 성취되었는가를 있는 그대로 소개하고 있는 본문이라고 할 수 있다. 이와 아울러 창세기 10장은 여기저기에 흩어져 사는 많은 민족들이 맨 처음에 어디서부터 비롯되었는가를 비교적 객관적으로 서술하고 있다. 그리고 이것은 모든 민족들이 본래는 한 형제요, 한 식구라는 사실을 보여 주고 있기도 하다.

그러나 창세기 11 : 1~9은 동일한 사실을 매우 다른 시각에서 설명하고 있다. 이른바 신학적인 해석을 가하고 있는 것이다. 즉, 이 세상에 셀 수 없이 많은 민족들이 존재하는 이유가 무엇인가를 신학적인 관점에서 서술하고 있다는 말이다. 이를 위해 창세기 11장 전반부는 바벨탑 이야기를 민족분산의 현실과 관련시키면서, 지상에 존재하는 많은 언어들과 민족들이 사실은 범죄한 인간에 대한 하나님의 심판으로 생겨났다는 결론에 도달하고 있다. 창세기 11장 전반부의 이러한 결론은 이 본문이 아담과 하와로부터 이어지는 인간범죄의 확대 재생산에 관한 또다른 이야기－사실은 마지막 이야기－임을 암시하고 있다. 왜냐하면 바벨탑 이야기는 하나님의 명령을 거부하고서 하나님과 같이 되려는 인간의 범죄행위가 마침내는 높은 탑을 쌓기에 이르고, 그로 인하여 회복될 수 없을 정도의 엄중한 하나님의 심판을 받는다는 내용을 담고 있기 때문이다.

11장 전반부의 이러한 시각은 민족목록을 아무런 선입견 없이 있는 그대로 소개하고 있는 10장 본문과 상당한 대조를 이룬다. 그 까닭은

10장이 민족목록에 대한 역사적이고 객관적인 설명이라면, 11장 전반부는 이와는 정반대로 신학적이고 주관적인 설명으로 일관하고 있기 때문이다. 그렇다면 동일한 사실에 대해서 이처럼 상반된 두 개의 설명이 겹쳐서 나타나는 것은 무슨 이유에서일까? 성경 독자들은 왜 민족목록에 대해서 상이한 두 개의 설명을 읽어야 하는 것일까? 그 이유는 다른 데에 있는 것이 아니다. 그것은 민족들의 목록이 한편으로는 하나님의 복의 성취이지만, 다른 한편으로는 인간의 범죄행위에 대한 하나님의 심판임을 분명하게 밝히기 위해서인 것이다. 즉, 하나님의 역사주권과 관련하여 민족목록이 갖는 양면성을 부각시키기 위한 목적에서인 것이다.

민족목록에 대한 이상의 상반된 접근은 다시금 그 범위를 좁혀 노아의 첫 번째 아들인 셈의 후예를 있는 그대로 소개하는 쪽으로 방향을 바꾼다. 11 : 10~26까지가 그러하다. 그리고 27절부터 마지막 32절까지는 아브람의 아버지 데라의 가족에 관한 이야기를 족보 중심으로 설명한다. 여기서 분명해지는 것은 데라의 가족에 관한 27절 이하의 내용이 사실은 12장부터 이어지는 족장사(族長史)를 예비하는 성격의 본문이라는 점이다. 다시 말해서 아브람에게서 시작되는 이스라엘 역사와 1장에서 11장까지의 원역사(原歷史)를 연결지어 주는 본문이라는 말이다. 이로써 우리는 원역사를 마감하는 성격의 본문인 11장이 그 전반부에서는 인간의 범죄와 하나님의 심판에 관해서 마지막 결론을 내리고 있고, 후반부에서는 원역사와 족장사를 연결하는 징검다리 성격의 족보를 소개하고 있음을 확인할 수 있을 것이다.

1. 민족들의 목록(10장)

1) 족보가 갖는 특징들

600세에 홍수를 맞았던 노아는 홍수가 끝난 후에도 350년을 더 살았다(9 : 28-29). 그 동안에 노아의 세 아들은 계속해서 후손들을 낳았는데 10장은 이들로부터 생겨난 여러 민족들을 상세하게 소개하고 있다(대상 1 : 5-23도 동일함.). 그런데 흥미로운 것은 족보 형식을 따르고 있는 이 민족목록(Table of the Nations)이 성경시대에 이스라엘이 알고 있던 지식의 한도 내에 국한되고 있는 것 같은 인상을 준다는 사실이다. 고대문명의 발상지인 인도나 중국을 비롯한 다른 여러 나라들이 이 족보에 전혀 언급되어 있지 않다는 것이 그 점을 뒷받침한다. 아닌게 아니라 이 족보는 사실 팔레스타인을 둘러싸고 있는 족속들을 중점적으로 소개하고 있다. 그러니까 팔레스타인을 중심으로 해서 본다면 셈의 후손은 동쪽에 있는 나라들이고, 함의 후손들은 남쪽에 있는 나라들을 지칭하는 셈이다. 그리고 야벳의 후손들은 팔레스타인의 북쪽과 서쪽에 있는 나라들을 가리킨다.

또한 이 족보는 노아의 세 아들들에게서 비롯된 모든 인류의 계보를 언어권 중심으로 분류하고 있다는 특징을 갖는다. 5절과 20절 및 31절 등에서 제각기 "이들은 ……의 자손이라. 그 족속과 방언과 지방과 나라대로였더라."고 매듭짓는 표현들이 이를 잘 보여 준다. 먼저 셈의 후손들을 보면, 그들은 셈족어를 사용하는 모든 민족들을 포함하고 있다(21-31절). 그런데 특이한 것은 팔레스타인 지역에 속한 가나안이 지리적으로 보나 사용하는 언어를 보나 마땅히 셈족에 속해야 함에도 불구하고, 이 족보에서는 그 반대로 함의 후손들 속에 포함되어 있다는 사실이다(15-19절). 이것은 가나안이 오랜 세월 동안 함족인 이집트와 맺은 관계, 즉 이집트의 지배를 받은 역사적인 사실에 근거한 것으로 보인다. 이 점을 보면 이 족보가 언어권을 중심으로 하되 정치적인 역학관계를 전혀 도외시하고 있지는 않다는 사실이 분명해진다. 그 다음에 함의 후손(6-14절)은 당연히 함족어를 사용하는 민족들을 가리키고, 야벳의 후손(2-5절)은 주로 인도-유럽어를 사용하는 나라들을 지칭하고 있다. 그런데 야벳의 후손에는 지중해 연안에 사는 희랍 사람들과 희랍 이전의 족속들도 포함되어 있다.

그리고 마지막으로 한 가지 주목할 것은 이 족보가 묘하게도 노아의 세 아들 사이에 있는 나이 순서를 따르지 않고 있다는 점이다. 즉 셈, 함, 야벳 등의 순서를 따르고 있지 않다는 말이다. 이러한 사실은 셈, 함, 야벳의 순서를 견지하는 5 : 32과 6 : 10, 7 : 13, 9 : 18, 23, 26~27 등과 10장의 족보를 비교해 보면 금방 알 수 있다. 우리가 알다시피 10장에 있는 족보는 야벳을 가장 먼저 소개하고(2절), 그 다음에 함을(6절), 그리고 마지막으로 셈을 소개하고 있다(21절). 그렇다면 이러한 순서의 차이는 어떻게 해서 생겨난 것일까? 일반적으로 그 차이는 지리적인 요인에서 비롯된 것으로 알려져 있다. 왜냐하면 10장의 족보는 팔레스타인에서 가장 멀리 떨어진 곳에서부터 개괄하기 시작하여 가장 가까운 곳으로 초점을 옮기고 있기 때문이다. 그래서 팔레스타인에서 가장 멀리 떨어져 있고, 또 팔레스타인과 가장 관련이 없는 야벳의 후손들이 맨 먼저 소개되고 있다. 물론 팔레스타인과 가장 가까이에 있고, 또 가장 깊은 관계를 가지고 있는 셈의 후손은 이 원칙에 따라 맨 나중에 소개되고 있다.

2) 야벳의 후손(1-5절)

야벳의 아들들은 고멜, 마곡, 마대, 야완, 두발, 메섹, 디라스 등의 7명이 소개되고 있다(2절). 그리고 이들의 후손은 첫째 아들인 고멜과 넷째 아들인 야완의 경우만 소개되고 있는 바, 고멜의 아들은 아스그나스와 리밧과 도갈마요, 야완의 아들은 엘리사와 달시스와 깃딤과 도다님이었다(3-4절). 그런데 이 목록을 보면 야벳의 후손이 인도-유럽 어족에 속한 족속으로서, 소아시아 지역(Anatolia)과 그리스 지역 및 지중해에 있는 큰 섬들에 흩어져 살았음을 알 수 있다.

먼저 소아시아 지역을 보면 야벳의 아들 두발과 메섹 및 야벳의 첫번째 아들인 고멜의 셋째 아들 도갈마 등이 이에 속해 있다. 그리고 그리스 지역은 소아시아 서부로부터 희랍 본토까지의 영토를 지칭하는 것으로, 여기에는 야벳의 네 번째 아들인 야완(그리스)과 일곱 번째 아들인 디라스(이탈리아 서부의 에트룰리아)가 속해 있다. 지중해의 큰 섬들에는 야완의 아들들이 속해 있는 바, 엘리사는 키프러스(Cyprus) 섬에, 달시스는 사르디니아(Sardinia) 섬에, 깃딤(Kittim)은 갑돌(Caphtor) 섬에, 도다님은 로데스(Rhodes) 섬에 제각기 속해 있었다. 참고로 야벳 족속의 족보를 도표로 정리하면 다음과 같다.

- 야벳
  - 고멜
    - 아스그나스
    - 리밧
    - 도갈마
  - 마곡
  - 마대
  - 야완
    - 엘리사
    - 달리스
    - 깃딤
    - 도다님
  - 두발
  - 메섹
  - 디라스

3) 함의 후손(6-20절)

그 다음에 함의 아들들은 구스, 미스라임, 붓, 가나안 등의 4명이 소개되고 있다(6절). 여기서 구스는 이집트 남쪽에 있는 이디오피아를 말하며, 미스라임은 이집트 자체를 뜻한다. 그리고 붓은 리비아를 가리키며, 가나안은 이집트 북쪽에 있는 팔레스타인을 말한다. 이들 중에 붓을 제외한 세 아들들의 후손들이 소개되고 있는데, 먼저 구스의 아들들을 보면 스바, 하윌라, 삽다, 라아마, 삽드가, 니므롯 등의 6명과 이들 중 네 번째인 라아마의 두 아들 스바와 드단(7절)은 주로 남부 아라비아 지역에 거주하고 있었다. 그런데 한 가지 흥미로운 것은 구스의 두 아들 스바와 하윌라의 이름이 셈의 후손에도 나오고 있다는 사실이다(28-29절). 이것은 함의 영토와 셈의 영토가 부분적으로 겹치고 있음을 보여 주는 것이나 다름없다.

그리고 한 가지 주목할 것은 구스의 마지막 아들인 니므롯이 세상에 처음 나타난 영걸로서 여호와 앞에서 특이한 사냥꾼이었다는 점이다(8-9절). 이 니므롯은 시날 땅의 바벨과 에렉과 악갓과 갈레에서 다스리기 시작하였으며, 그 땅에서 앗수르로 나아가 니느웨와 르호보딜과 갈라와 니느웨와 갈라 사이의 레센을 건축하였다(10-12절). 니므롯과 관련된 이 지명들을 보면 함의 족속에 메소포타미아의 주요 성읍들이 포함되어 있음을 알 수 있다. 바벨, 에렉, 악갓, 갈레, 앗수르, 니느웨, 르호보딜, 레센 등이 그러하다. 이 중에서 앗수르는 셈의 후손에도 속한 것으로 소개되고 있다(22절).

그리고 함의 두 번째 아들인 미스라임의 아들들은 루딤, 아나밈, 르하빔, 납두힘, 바드루심, 가슬루힘, 갑도림 등의 7명이었다. 이 중에서 블레셋은 가슬루힘에서 비롯된 것으로 언급되고 있다(13-14절). 그러나 팔레스타인의 남부 해안 지역에 살았던 블레셋은 본래 야벳 족속에게 속한 갑돌, 곧 크레타(Crete) 섬에서 이주한 족속이다(암 9 : 7). 마지막으로 함의 네 번째 아들인 가나안은 시돈, 헷, 여부스, 아모리, 기르가스, 히위, 알가, 신, 아르왓, 스말, 하맛 등 11명의 아들을 두었다(15-18절). 이들은 성경에 자주 나오는 가나안 백성들(헷, 여부스, 아모리, 기르가스, 히위 등) 뿐만 아니라 페니키아 지역의 주요 성읍들까지 포함하고 있다. 가나안의 지경은 시돈에서부터 그랄을 지나 가사까지와 소돔과 고모라와 아드마와 스보임을 지나 라사까지였다(19절). 참고로 함족의 족보를 도표로 정리하면 다음과 같다.

- 구스
  - 스바
  - 하윌라
  - 삽다
  - 라아마
    - 스바
    - 드단
  - 삽드가

- 함
  - └ 니므롯
  - 미스라임
    - 루딤
    - 아나밈
    - 르하빔
    - 납두힘
    - 바드루심
    - 기슬루힘
    - 갑도림
  - 붓
  - 가나안
    - 시돈
    - 헷
    - 여부스
    - 아모리
    - 기르가스
    - 히위
    - 알가
    - 신
    - 아르왓
    - 스말
    - 하맛

4) 셈의 후손(21-32절)

한편 노아의 첫 번째 아들인 셈은 에벨 온 자손의 조상으로 언급되고 있는바, 여기서 에벨은 히브리 사람들을 지칭한다(21절). 이것은 이스라엘도 셈족에 속한다는 사실을 가리키는 것이나 다름없다. 셈은 엘람, 앗수르, 아르박삿, 룻, 아람 등의 다섯 아들을 두었고, 그 중에서도 다섯 번째 아들인 아람은 우스, 훌, 게델, 마스 등의 네 아들을 낳았다(22-23절). 그리고 셈의 세 번째 아들인 아르박삿은 셀라를 낳았고, 셀라는 에벨을 낳았으며, 에벨은 벨렉과 욕단을 낳았다. 이어 에벨의 두 번째 아들인 욕단은 알모닷, 셀렙, 하살마웻, 예라, 하도람, 우살, 디글라, 오발, 아비마엘, 스바, 오빌, 하윌라, 요밥 등 13명의 아들을 낳았는데, 이들이 거하는 곳은 메사에서부터 스발로 가는 길의 동편 산이었다(26-30절).

그런데 에벨의 첫 번째 아들인 벨렉은 그 족보가 따로 소개되지 않고 그냥 그의 시대에 세상이 나뉘었다는 설명으로 마무리되고 있다(25절). 이것은 벨렉의 이야기가 다음에 이어지는 바벨탑 사건(11 : 1-9)과 관련되어 있음을 보여 주는 것이요, 따라서 동생인 욕단의 족보는 소개하면서도 벨렉의 족보는 따로 소개하지 않고 있다. 뿐만 아니라 벨렉은 데라와 아브람으로 이어지는 족보의 조상인 까닭에 이곳에서 소개할 필요가 없었다. 어차피 11 : 10 이하의 셈족 족보에 다시 나올 것이기 때문이다. 이제 참고로 10 : 21~29의 셈족 족보를 도표로 정리하면 다음과 같다.

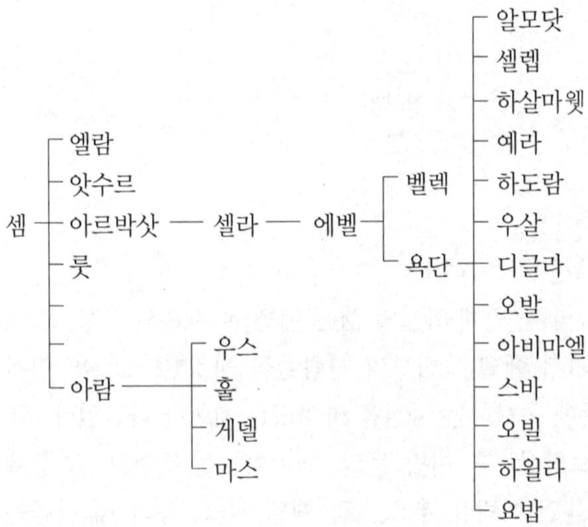

이상에서 살펴본 야벳과 함과 셈의 족보들을 유심히 들여다보면 한 가지 흥미로운 사실이 발견된다. 이 족보들에 나타난 사람들을 전부 합한 숫자가 그러하다. 먼저 야벳의 후손들을 보면 전부 14명이 소개되고 있으며, 함의 후손들은 전부 30명이 소개되고 있다. 그리고 마지막으로 셈의 후손들은 전부 26명으로 되어 있다. 이들을 전부 합하면 묘하게도 70명(7×10)이 된다. 이 수는 흔히 성경에서 완전 숫자로 여겨지는 것인데, 애굽으로 이주한 야곱 식구들의 숫자도 70명이요(출 1 : 5), 이스라엘 장로들의 숫자도 70명이라는 것(민 11 : 24)은 흥미로운 사실이다.

2. 바벨탑 사건(11 : 1-9)

1) 하나님을 대적하는 무리들(1-4절)

노아의 세 아들들인 셈과 함과 야벳으로부터 많은 민족들이 생겨나자 다시금 문제가 발생하기 시작했다. 본래 이들은 같은 언어를 사용했었고, 그러기에 모두가 같은 말을 했었다(11 : 1). 그러던 이들이 살기 좋은 곳을 찾아 동쪽으로부터 옮겨 오던 중에 시날 평지에 도달하게 되었다(11 : 2). 개역은 이 구절을 '동방으로 옮기다가' 로 번역하고 있으나 이것은 잘못된 번역이다. 왜냐하면 히브리어 본문은 '…로부터' 라는 뜻의 전치사인 '민' 을 쓰고 있기 때문이다. 따라서 '동쪽에서 이동하여 오다가' 로 번역한 새번역 본문이 더 정확한 번역이라 할 수 있다.

그렇다면 이들이 도착한 시날 평지는 어떠한 곳인가? 이 평지는 지금의 이라크 남부 지역에 속한 곳으로 티그리스 강과 유프라테스 강이 만나는 하류 지역에 위치해 있었다. 두 강의 하류 지역에 있는 까닭에 비옥한 평지가 넓게 펼쳐져 있었으며, 또 상류에서부터 떠내려온 진흙이 매우 많은 곳이기도 했다. 이러한 입지조건으로 인해 그곳이 퍽 살기에 좋은 곳임을 발견한 그들은 마침내 거기에 정착하기로 결정하고서 다음과 같이 서로에게 말하였다 : "벽돌을 만들어 견고히 굽자. …… 자, 성(城)과 대(臺, 탑)를 쌓아 대 꼭대기를 하늘에 닿게 하여 우리 이름을 내고 온 지면에 흩어짐을 면하자"(11 : 3-4).

이 말을 곰곰이 살펴보면 이들이 시날 평지에 모여 도시(城)를 건설하려고 하고 있음을 알 수 있다. 그런데 도시를 건설하기 위해서는 튼튼한 벽돌이 필요했다. 그러나 시날 평지에는 진흙은 많았지만 벽돌을 만들 돌이 전혀 없었다. 이에 그들은 티그리스 강과 유프라테스 강에서 쏟아져 나오는 진흙으로 벽돌을 만들고, 그것을 불에 굽는 방식을 취했다. 즉, 진흙 벽돌을 만들어 사용한 것이다. 아울러 그들은 벽돌과 벽돌을 잇는 데에 역청(瀝靑)을 사용했다. 역청은 아스팔트의 재료가 되는 것으로 매우 접착력이 강한 것이었다. 시날 평지에 모인 사람들이 이처럼 진흙 벽돌과 역청을 사용하여 도시를 세우려고 했다는 것은 당시의 도시문명이 얼마나 발달했는가를 잘 보여 준다.

그 다음에 그들이 하고자 한 것은 높은 탑을 쌓아 올리는 일이었다. 그 꼭대기가 하늘에 닿을 정도로 높이 쌓자는 것이 그들의 의도였다. 우리는 흔히 이것을 일컬어 바벨탑이라고 부르는 바, 이 탑은 메소포타미아 지방에서 자주 발견되는 지구라트(ziggurat)를 뜻했다. 지구라트는 구운 벽돌로 쌓아 올린 피라미드 구조의 층계식 건축물로서 그 꼭대기에 신전이나 제단을 가지고 있었다. 그러나 창세기 본문은 지구라트가 가지고 있는 이러한 종교적인 의미를 배제한 채로 그것을 인간의 죄악과 관련시켜 설명하고 있다. 그렇다면 이처럼 높은 탑을 쌓고자 한 사람들이 획책한 것은 무엇이었는가? 그것은 바로 그들의 이름을 내는 일이었다. 히브리어 원문에 보면 이 구절이 '나아세 라누 셈' 으로 되어 있다. 이 표현을 직역하면 '우리가 우리 자신을 위하여 이름을 만들자' 이다. 그러니까 시날 평지에 모인 사람들은 자기들 스스로가 이름을 만들겠다는 의도를 가지고 있었던 것이다.

그러나 구약성경은 사람의 이름이라는 것이 자기 마음대로 지을 수 있는 것이 아님을 일관되게 가르치고 있다. 더 나아가서 구약성경은 이름을 지어 주고 지음받는 관계를 지배와 복종의 관계로 이해하고 있다. 이 점은 창세기 2 : 20에서 분명하게 나타난다. 이 구절을 보면 아담이 하나님께서 만드신 모든 짐승과 새들의 이름을 지어 주었는데, 이것은 인간이 다른 피조물들을 다스리고 지배할 수 있는 복을 받았다는 사실과 부합된다(창 1 : 26-28). 그러니까 아담이 모든 짐승과 새들의 이름을 지어 준 것은 아담이 그들을 다스릴 수 있는 권위를 가지고 있음을 보여 주는 것이나 다름이 없는 것이다.

이것은 아담과 하와의 경우에도 마찬가지이다. 이들이 선악과를 따먹고 난 후에 하나님께 벌을 받았는데, 특히 여자가 받은 벌은 그가 남자의 지배를 받게 되리라는 것이었다(3 : 16). 아담이 자기 아내의 이름을 '하와'라고 지은 일(3 : 20)이 하나님께로부터 지배와 복종의 벌을 받고 난 후라는 것이 바로 이 점을 뒷받침한다. 이집트의 바로(Pharaoh) 느고(Necho)가 남왕국 유다를 침공하고서 요시야 왕의 두 번째 아들 여호아하스를 왕좌에서 몰아내고 그의 장남인 엘리야김을 왕으로 세우면서 그의 이름을 여호야김으로 바꾼 것이나(왕하 23 : 31-34), 바벨론의 느부갓네살이 남왕국 유다의 마지막 왕 맛다니야의 이름을 시드기야로 바꾼 것(왕하 24 : 17)도 이와 같은 맥락에 속한다. 우리 나라의 경우를 본다면 일제시대 때 이루어진 창씨 개명이 이에 속할 것이다.

이상의 사례들을 염두에 둔다면 인간에게 이름을 지어 주실 분은 오직 여호와 하나님뿐이라고 할 수 있다. 성경에 나오는 신앙위인들의 이름이 대부분 하나님께서 지어 주셨거나 하나님께서 바꾸어 주신 것임이 이를 뒷받침한다. 따라서 바벨탑을 쌓던 무리들이 자기들 스스로 이름을 만들자고 한 것은 그들이 창조주이신 하나님의 권위를 무시하고서 그로부터 독립하고자 한 것이나 다름이 없다. 다시 말해서 탑을 높이 쌓고 그들 스스로 이름을 만들고자 한 것은 피조물인 인간이 하나님과 맞먹겠다는 생각에서 비롯된 것이었다는 말이다. 또한 그것은 인간이 하나님의 통치로부터 독립하여 그들 스스로가 주인이 되는 삶을 살겠다고 하는 것이나 다름이 없었다.

그들의 이러한 죄악은 이것으로 끝난 것이 아니었다. 온 땅에 흩어짐을 면하자는 그들의 말이 이 점을 보여 준다. 본래 하나님은 사람을 만드시고 그에게 복을 주시기를 "생육하고 번성하여 땅에 충만하라."(1 : 28)고 하셨다. 또한 하나님은 홍수가 끝난 후에 노아와 그의 가족들에게 "너희는 생육하고 번성하며 땅에 편만하여 그 중에서 번성하라." (9 : 7)는 복을 주셨다. 하나님의 이러한 복은 사실 온 땅에 널리 흩어져서 하나님의 영광을 널리 드러내라는 명령을 뜻했다. 그런데도 시날 평지에 모여 탑을 쌓던 사람들은 이 복에 역행하는 행동을 취했다. "흩어짐을 면하자."고 함으로써 하나님의 복을 거부한 것이다.

2) 흩으시는 하나님(5-9절)

그러나 하나님은 이처럼 그를 무시하고서 자기들만의 힘으로 통일된 왕국을 만들려는 무리들의 죄악을 가만 두시지 않으셨다. 하나님은 시날 평지에 모인 사람들이 짓고 있는 도시와 높은 탑을 보기 위해 내려오셨다(11 : 5). 하나님은 그들이 앞으로는 무엇이든지 자기들이 원하는 대로 하려고 할 것이고, 그렇게 되면 그들이 하는 일을 막을 길이 없을 것임을 아시고서(11 : 6) 그들의 하는 일을 중단시키기로 작정하셨다. 그리하여 하나님은 본래는 하나였던 그들의 언어를 혼잡케 함으로써 그들을 온 지면에 흩어버리셨다. 그렇게 되니까 이제 그들은 더 이상 도시를 건설하지 못하게 되었고, 탑도 더 이상 쌓아 올리지를 못했다 (11 : 8-9).

여기서 우리가 주목할 것은 하나님께서 그들을 '흩으셨다'는 표현이다. 이 표현은 8절과 9절에 두 번이나 나타난다. 이는 하나님께서 그들의 언어를 혼잡케 하신 것이 궁극적으로는 그들을 흩으시기 위한 목적을 가지고 있음을 밝혀 주고 있으며, 이 사건의 핵심이 흩어짐을 면하고자 하는 무리들을 하나님께서 흩으셨음에 있다는 것을 알게 해 준다. 물론 하나님의 흩으심은 도시문명 자체가 나쁘기 때문에 생겨난 것은 결코 아니다. 도시문명 자체는 중립적인 것이다. 오히려 문제가 되는 것은 사람이다. 도시문명을 이루어 가는 인간이 어떠한 의도를 가지고 있는가가 중요한 것이다.

따라서 시날 평지에 모인 사람들이 하나님의 벌을 받아 도시건설을 중단한 것은 도시문명 자체가 악해서가 아니라 도시를 세우고 탑을 쌓아 올리는 사람들이 악해서인 것이다. 즉, 하나님으로부터 독립하려는 그들의 불순한 의도가 악했기 때문이다. 11 : 9은 이러한 인간의 죄악을 일컬어 '바벨'이라고 부른다. 본래 '바벨'은 '신(神)의 문(門)'을 뜻하는 낱말인데, 여기서는 그것을 음이 비슷한 히브리어 '발랄'('혼란')과 관련시키고 있다. 이것은 결국 하나님과 맞먹으려는 인간의 죄악이 본질적으로 혼란스러운 것이요, 따라서 혼란을 초래할 수밖에 없다는 사실을 보여 준다.

이상의 사실에서 우리는 한 가지 귀중한 교훈을 얻게 된다. 그것은 곧 하나님께서 자신을 거역하는 인간의 죄악된 행동을 반드시 벌하신다는 사실이다. 탑을 쌓던 사람들이 서로 말이 안 통하게 되고 그 결과 탑 쌓기를 중단한 것이 이를 보여 준다. 더 나아가서 하나님은 인간이 자신의 복이나 명령을 거역할 경우, 그 복이나 명령을 없던 것으로 무효화시키는 것이 아니라 반드시 그것을 성취하신다. 만일에 인간이 그 복이나 명령에 순종할 경우에는 문제가 없지만 불순종할 경우에는 심판을 통해서라도 그 복과 명령을 이루시는 것이다. 하나님께서 바벨탑을 쌓던 무리들을 흩으신 것은 사실 하나님을 떠나 그들만의 거대한 왕국을 건설하려고 했던 무리들의 의도를 분쇄시킴과 아울러, 땅을 가득 채우고 땅에 충만하라는 그의 복이 심판을 통해서 이루어지고 있음을 보여 준다.

따라서 우리는 불순종이 하나님의 복을 심판으로 바꿀 수도 있다는 것을 알아야 한다. 이스라엘의 역사는 하나님의 이러한 통치 원리를 보여 주는 대표적인 사례에 속한다. 하나님께서 아브라함을 부르시고, 그에게서 이스라엘 민족을 만드신 것은 이스라엘로 하여금 죄에 빠진 인류에게 하나님의 복(구원)을 전하게 하려는 목적을 가지고 있었다(창

12 : 1-3). 이스라엘이 하나님께 대하여 제사장 나라가 되며 거룩한 백성이 되어야 한다는 말씀(출 19 : 5-6)이 이를 보여 준다. 그런데도 이스라엘은 그릇된 선민(選民)의식에 사로잡혀 하나님의 이러한 의도를 완전히 무시했다. 그 결과 나라가 두 쪽이 나더니 제각기 앗수르와 바벨론에 망하고 말았다. 북왕국 이스라엘은 앗수르 제국에 의해 망하여 뿔뿔이 흩어지고 말았으며, 남왕국 유다도 바벨론 제국에 의해 망하여 포로로 잡혀가지 않았던가!

이러한 예는 신약의 사도행전 8 : 1에도 나타난다. 본래 예루살렘에 있던 사도들과 제자들은 하늘로 올라 가시던 예수님께로부터 아버지께서 약속하신 성령을 기다리되, 성령을 받고 나면 반드시 예루살렘과 온 유대와 사마리아와 땅 끝까지 이르러 복음의 증인이 되어야 한다는 명령을 받았다(행 1 : 8). 이 명령은 곧 사방으로 흩어져서 복음을 전하라는 것이나 다름이 없었다. 그런데 오순절에 이르러 마침내 성령충만의 역사가 이루어졌고, 바벨탑 사건 때 막혔던 사람들 사이의 의사소통이 방언의 은사를 통해 성취되었다. 이에 힘을 얻은 그들은 사도들과 함께 부지런히 복음을 전하였다. 그러나 애석하게도 그들의 행동반경은 예루살렘 밖을 벗어나지 못했다. 이를 보신 하나님께서는 스데반의 순교를 통해서 예루살렘 교회의 성도들을 사방으로 흩어버리셨다. 이것을 사도행전 8 : 1은 다음과 같이 묘사한다 : "사울이 그의 죽임당함을 마땅히 여기더라. 그 날에 예루살렘에 있는 교회에 큰 핍박이 나서 사도 외에는 다 유대와 사마리아 모든 땅으로 흩어지니라."

3. 셈과 데라의 후예(11 : 10-32)

1) 셈의 족보(10-26절)

바벨탑사건이 끝난 후에 다시금 셈의 족보가 이어진다. 그러나 이 족보는 10 : 22에 있는 족보와는 그 성격이 판이하게 다르다. 왜냐하면

10장의 족보는 노아의 세 아들들로 인해 세상에 많은 민족들이 생겨났다는 것을 서술하고 있지만, 11 : 10 이하의 족보는 그 범위를 좁혀 셈에게 초점을 맞추되 그 흐름을 하나님께서 자신의 구원역사를 이루기 위해 선택하신 아브람으로 연결짓고 있기 때문이다. 먼저 셈으로부터 아브람에 이르기까지의 족보를 도표로 정리하면 다음과 같다.

세대수	이 름	자녀출산	수 명
1	셈	100세	600세
2	아르박삿	35세	465세
3	셀라	30세	460세
4	에벨	34세	464세
5	벨렉	30세	239세
6	르우	32세	239세
7	스룩	30세	230세
8	나홀	29세	148세
9	데라	70세	205세
10	아브람	100세	175세

이 도표를 보면 셈에서 아브람까지의 세대가 전부 10세대임을 알 수 있다. 이것은 아담에서 노아까지의 세대가 10세대인 것과 마찬가지이다(5장). 그러니까 아담에서 노아까지가 10세대이고, 노아의 아들 셈으로부터 아브람까지도 10세대인 것이다. 여기서 분명해지는 것은 노아 홍수를 분기점으로 하여 인류의 족보가 10세대씩으로 대칭관계에 있다는 점이다. 그리고 앞서 살핀 바와 같이 홍수 이후에 사람의 수명이 현저하게 짧아져서 최저 148세까지 낮아지고 있다는 점도 주목할 만하다. 이것은 홍수를 일으키기 전에 하나님께서 이제 인간의 평균 수명이 120세가 될 것이라고 말씀하신 것과 일치한다(6 : 3).

그리고 셈에서 데라까지가 40의 배수인 320년(8×40)이라는 것도 특기할 만한 사실이다. 이것은 아브람에서 야곱까지도 40의 배수인

160년(40×4)이라는 것과 맥을 같이 하는 것이다. 왜냐하면 아브람은 100세 때에 이삭을 낳았고(21 : 5), 이삭은 60세에 야곱을 낳았기 때문이다(25 : 26). 그리고 이와 아울러 또 한 가지 주목할 것은 아브람이 약속의 땅으로 떠나는 때, 곧 아브람이 75세 되던 때(12 : 4)가 바로 셈의 아들 아르박삿이 출생한 지 365년째가 되던 해라는 점이다.

2) 데라의 가계(27－32절)

데라는 아브람과 나홀과 하란 등의 세 아들을 두었다. 큰 아들 아브람은 사래를 아내로 맞이하였으며, 둘째 아들 나홀은 자기 동생 하란의 딸인 밀가를 아내로 맞이하였다. 그런가 하면 셋째 아들 하란은 롯과 밀가와 이스가 등의 삼남매를 두었는데, 어떤 이들은 하란의 딸 이스가가 아브람의 아내 사래와 동일 인물이라고 주장하기도 한다. 한편 아브람의 아내 사래는 자녀를 낳지 못했다. 사래가 이처럼 자녀를 낳지 못한다는 사실은 다음에 이어질 족장사를 예비하는 성격을 갖는다. 왜냐하면 아이를 낳지 못하는 주제는 족장사에서 매우 중요한 주제로 작용하기 때문이다. 한편 데라의 셋째 아들 하란은 그의 고향인 갈대아 우르에서 아버지 데라보다 먼저 죽는다(11 : 27－29). 이상에 나타난 데라의 가계를 도표로 정리하면 다음과 같다.

- 데라
  - 아브람(사래)
  - 나홀(밀가)
  - 하란
    - 롯(아들)
    - 밀가(딸)
    - 이스가(딸)

그런데 데라는 하란이 죽고 난 후에 아브람과 그의 아내 사래 및 하란의 아들 롯을 데리고 고향인 갈대아 우르를 떠나 하란으로 이주하였고, 205세 되던 해에 거기서 죽었다(11 : 30－31). 그렇다면 데라의 가족이 처음에 거주하였던 갈대아 우르는 어떠한 곳이며, 또 그들이 이주한 하란은 어떠한 곳일까? 먼저 갈대아 우르에 대해서 살펴보자. 갈대아 우르는 이라크 남부의 유프라테스 강 하류 지역에 위치한 우르(Ur)를 지칭하는 것으로, 지금의 '텔 엘 무카야르'(Tell dl-Muqayyar)가 이에 해당한다. 물론 '갈대아' 라는 수식어는 우르가 나중에 바벨론 사람들의 거주지가 되었기 때문에 붙여진 것이다.

우르는 아주 오래 전부터 수메르족(Sumerians)의 왕조문화가 형성된 곳으로 부요한 무역도시요, 상업도시였다. 또한 우르는 달신(月神)을 섬기는 도시로도 유명했다. 이것은 데라의 가족이 달신을 숭배하는 사람들이었을 것임을 암시한다. 이 점은 데라의 가족이 옮겨 간 하란 역시 갈대아 우르와 마찬가지로 달신을 섬기는 도시라는 사실을 통해 뒷받침된다. 여호수아 24 : 2은 이 점을 다음과 같이 설명하고 있다 : "…… 이스라엘 하나님 여호와의 말씀에 옛적에 너희 조상들, 곧 아브라함의 아비, 나홀의 아비 데라가 강 저편에 거하여 다른 신들을 섬겼으나."

한편 하란(Haran)은 아나톨리아와 앗수르 및 바벨론 등을 잇는 교통의 요지였다. 비록 내륙 지방에 있기는 했지만 갈대아 우르와 마찬가지로 중개무역도시였던 까닭에 크게 번성하는 도시이기도 했다. 하나님께서 아브람을 부르신 것은 그가 이 하란 땅에 있을 때였다. 아마도 데라의 가족은 처음부터 가나안 땅을 목적지로 하고서 갈대아 우르를 떠났으나, 하란이 갈대아 우르와 조건이 비슷함을 알고 난 후에는 그냥 하란에 정착하였을 것이다(11 : 31). 그런데 이제는 하나님께서 하란 땅에 안주하여 살고 있던 아브람을 가나안 땅으로 부르신 것이다.

제 2 부

아브라함과 이삭 (12-26장)

Ⅰ. 약속의 땅으로 간 아브라함(12-14장)

Ⅱ. 약속을 새롭게 하시는 하나님(15-17장)

Ⅲ. 소돔과 고모라의 멸망(18-20장)

Ⅳ. 이삭의 출생과 사라의 죽음(21-23장)

Ⅴ. 이삭의 생애(24-26장)

제 2 부

아브라함과 이삭(12－26장)

Ⅰ. 약속의 땅으로 간 아브라함(12－14장)

우리가 이제까지 살펴본 창세기 원역사(原歷史, 1－11장)는 하나님의 우주창조, 처음 인간 아담과 하와의 이야기, 처음 인간의 범죄와 타락, 가인과 아벨 이야기, 형제 살인, 노아의 홍수 이야기, 바벨탑 사건 등을 포함하고 있다. 그리고 이 이야기들은 각종 족보들과 민족목록을 통해 연속성을 가진 한 이야기로 결합되어 있다. 그러다가 갑자기 11장 후반부에 들어서면서 원역사는 이야기의 초점을 이스라엘 민족의 조상으로 알려진 아브라함에게 맞춘다. 11：27～32에 이어지는 데라의 가계(家系)가 그 점을 잘 보여 준다.

바로 이 데라의 가계를 통하여 원역사는 아브라함으로부터 시작되는 족장들의 이야기, 곧 족장사로 자연스럽게 이어지는 것이다. 이 족장사(族長史)는 창세기 12장에서 50장까지 계속되는 것으로 아브라함, 이삭, 야곱, 요셉 등의 족장들을 차례대로 소개하고 있다. 여기서 우리는 한 가지 의문을 갖는다. 모든 인간에 관한 이야기인 원역사와 이스라엘 민족의 조상들에 관한 이야기인 족장사 사이에는 대체 어떤 관계가 있는 것일까? 이에 대한 해답은 원역사가 어떠한 메시지를 전하고자 하는지를 아는 데에 있다.

창세기 원역사가 전하는 메시지 중에 가장 중요한 것은 하나님의 피조물인 인간은 처음부터 하나님을 거역해 왔으며, 이로 인해 하나님의 엄중(嚴重)한 심판을 받을 수밖에 없었다는 점이다. 선악과를 따먹은 아담과 하와가 그러했고, 동생을 죽인 가인이 그러했다. 홍수 심판을 받아 멸망한 노아시대의 사람들이 그러했고, 바벨탑을 쌓던 시날 평지의 사람들이 그러했다. 하나님께서 꾸준히 그들에게 새로운 은총을 부어 주시기는 했지만 소용이 없었다. 이제 남은 것은 완전한 파멸밖에 없었다.

그러나 하나님은 인류역사가 이처럼 허망하게 끝나는 것을 원치 않으셨다. 스스로의 힘으로는 도무지 일어설 수 없는 인간을 위해 하나님은 새로운 구원역사를 시작하기로 작정하셨다. 이 새로운 구원역사의 출발점이 바로 아브라함인 것이다. 이러한 사실은 하나님께서 아브라함을 부르시고, 그에게 주신 명령과 복에 잘 나타나 있다(12 : 1-3). 아브라함은 문자 그대로 세상 모든 족속에게 하나님의 구원(복)을 전하게 하기 위한 목적에서 선택된 인물이었다.

아브라함은 하나님의 명령에 지체 없이 순종하였다. 하란에서 가나안 땅으로 옮겨 간 그는 세겜 지역과 벧엘 동쪽을 지나 남부 지역인 네게브에 도착하였다. 그러다가 기근이 들자 애굽으로 이주하였으며 거기에서 하나님의 약속을 위반하는 잘못을 범한다. 자기 아내 사라를 누이라고 속임으로써 자손 약속이 이루어질 유일한 수단인 아내를 애굽왕 바로에게 빼앗겨 버린 것이다. 그러나 하나님께서는 바로에게 벌을 내리시고 아브라함의 아내 사라를 원상복귀시킴으로써 자신의 약속을 이루어 가신다.

애굽에서 가나안으로 다시 돌아온 아브라함은 네게브를 거쳐 벧엘 동쪽 지역에 장막을 쳤다. 거기서 아브라함은 조카 롯과 더불어 살 수가 없어서 롯에게 선택권을 일임함으로써 롯과 헤어지게 되고, 롯은 소돔과 고모라 지역을 자신의 거주지로 선택한다. 반면에 조카 롯에게 모든 것을 양보한 아브라함은 하나님께로부터 재차 땅과 자손의 약속을 받은 후에 헤브론으로 옮겨 간다. 거기에서 그는 엘람 족속의 동맹군에게 사로잡힌 조카 롯을 구출하고, 살렘 왕 멜기세덱에게 축복을 받은 후에 소득의 십분의 일을 그에게 바친다.

1. 아브라함을 부르심(12장)

1) 하나님의 부르심(1-3절)

아브라함-처음 이름은 아브람으로 17 : 5에 가서야 바뀐다-은 본래 그의 아버지 데라와 함께 갈대아 우르에 거주하다가 하란으로 이사한 사람이었다(11 : 27-32). 그런데 어느 날 하나님께서 하란에 살고 있던 아브라함을 부르셨다. 그리고 그에게 다음과 같은 약속을 주셨다 : "너는 너의 본토 친척 아비 집을 떠나 내가 네게 지시할 땅으로 가라. 내가 너로 큰 민족을 이루고 네게 복을 주어 네 이름을 창대케 하리니 너는 복의 근원(히브리어로 '브라카')이 될지라. 너를 축복하는 자에게는 내가 복을 내리고 너를 저주하는 자에게는 내가 저주하리니 땅의 모든 족속이 너를 인하여 복을 얻을 것이니라"(12 : 1-3).

그런데 하나님께서 아브라함에게 주신 이 명령과 약속을 자세하게 살펴보면 여러 가지 중요한 사실들이 드러난다. 먼저 "본토 친척 아비 집을 떠나라."는 명령을 주목해 보자. 여기서 '본토'(本土, 히브리어로 '에레츠')는 그가 거주하던 하란 땅을 말하고 '친척('몰레데트') 아비 집('베트 아브')'은 문자 그대로 그가 속해 있는 가족집단 전체를 뜻한다. 이 두 가지 요소는 아브라함에게 지연(地緣)과 혈연(血緣)을 포기하라는 명령이나 다름이 없었다. 고대인들에게 있어서 지연과 혈연이 생명줄과도 같이 소중한 것임을 생각한다면 하나님의 이러한 명령이 얼마나 지키기 어려운 것인가를 금방 알 수 있다. 동생을 죽인 가인의 경우에서 보듯이 그것은 곧 형벌과도 같은 것이기 때문이다(4 : 11-13).

그럼에도 불구하고 아브라함은 이 과격한 하나님의 명령에 기꺼이 순종한다. 지연과 혈연을 버리고, 다시 말해서 호적도 국적도 다 버리고 하나님이 지시하는 땅 가나안으로 떠난 것이다. 사실 그는 번성하는 도시 하란에서 풍요와 안정을 누리고서 얼마든지 잘 살 수 있었다. 그런데도 그는 자신의 부요한 삶을 버리고서 앞길을 예측하기 어려운 하나님의 구원계획에 자신을 내맡긴 것이다. 히브리서는 이것을 다음과 같이 실감나게 표현하고 있다 : "믿음으로 아브라함은 부르심을 받았을 때에 순종하여 장래 기업으로 받을 땅에 나갈새 갈 바를 알지 못하고 나갔으며"(히 11 : 8).

우리는 아브라함의 이러한 순종의 태도를 일컬어 '탈-향(脫-向)의 신앙'이라고 부를 수 있다. 그것은 곧 달신(月神)을 섬기는 죄악과 절망의 옛 세상을 버리고서 하나님께서 지정하신 새 세상을 향해 나아가는 급진적인 신앙을 뜻한다. 또한 그것은 기존의 삶의 질서를 과감하게 포기하고 하나님께서 요구하시는 새로운 삶의 질서, 곧 하나님의 구원역사를 향해 나아가는 것을 뜻한다. 이러한 관점에서 본다면 출애굽 사건이나 시내산 언약 역시 동일한 맥락에서 이해할 수 있을 것이다. 억압과 속박의 땅에서 벗어나 약속의 땅 가나안으로 가면서 하나님께서 주신 시내산 언약을 지키려는 삶이야말로 탈-향 신앙의 전형적인 모습을 담고 있기 때문이다. 산상수훈(마 5-7장)을 비롯한 예수님의 많은 설교들, 특히 자기 부정을 요구하는 말씀(마 16 : 24, 막 8 : 34, 눅 9 : 23)이 그러하며 옛 사람을 버리고서 새 사람을 입으라는 바울 사도의 권면(엡 4 : 22-24) 역시 마찬가지이다.

그러나 여기서 우리가 한 가지 기억해야 할 것은 하나님이 결코 아브라함의 무조건적인 희생만을 요구하신 것이 아니었다는 점이다. 하나님은 그가 자신의 땅을 떠난 것에 대하여 새로운 땅 가나안을 약속하셨으며, 또한 그가 떠난 가족 대신에 새로운 혈연공동체, 곧 이스라엘 민족의 형성을 약속하셨다. 하나님은 절대로 우리에게 맹목적인 희생과 순종만을 요구하시는 분이 아님이 이 약속에서 잘 드러난다. 달리 말해서 하나님은 얼마든지 안정과 풍요를 누릴 수 있는 땅을 떠난 아브라함을 고아와 같이 버려두지 않으시고, 세상적인 혈연과 지연의 보호 영역에서 하나님 자신의 보호 영역으로 그를 인도해 주신 것이다.

그러나 이것으로 모든 것이 다 끝난 것은 아니다. 하나님께서 아브라함에게 주신 약속 중에 가장 중요한 것은 땅의 모든 족속이 아브라함(또는 이스라엘 백성)을 인하여 복(구원)을 얻으리라는 것이었다. 이것이야말로 하나님께서 아브라함을 부르신 가장 핵심적인 목적이었다. 하나님이 아브라함을 부르신 것은 결코 아브라함이 잘나서가 아니었다. 아브라함 한 사람만을 잘되게 하기 위함은 더욱 아니었다. 아브라함을 부르신 목적은 아브라함과 그로부터 생겨난 이스라엘 백성을 통하여 하나님으로부터 완전히 멀어져 버린 인간을 구원하기 위함이었다. 그러기에 하나님께서 그에게 주신 땅의 약속과 자손의 약속은 사실 이처럼 중요한 인류구원의 목적을 이루기 위한 수단에 지나지 않은 것이었다.

비록 이스라엘이 하나님께서 주신 이 중요한 사명을 제대로 실천하지 못했지만 이스라엘은 애초부터 땅의 모든 족속에게 하나님의 복과 구원을 전하는 민족으로 선택되었다(사 42 : 6-7, 49 : 6-7 등). 아브라함의 부르심이나 이스라엘의 시작은 결국 인간이 파멸 상태에 빠져 있는 것을 원치 않으시는 하나님의 은혜와 사랑을 증명하는 것이나 다름이 없는 것이다. 여기서 우리는 아브라함의 소명 기사가 세상 만민을 구원하려는 하나님의 구원역사의 시발점임을 분명하게 알 수 있다.

아울러 이 기사는 원역사를 어떠한 관점에서 읽어야 할 것인가를 가르쳐 줄 뿐만 아니라 원역사와 족장사가 어떤 관계 속에 있는가를 보여주고 있기도 하다. 더 나아가서 이 소명 기사는 하나님께서 아브라함을 통해서 이스라엘 민족을 만드신 이유가 무엇인가를 밝히 알게 해 준다.

그러니까 아브라함의 소명에 관해서 설명하는 이 본문은 이스라엘 민족의 역사를 이해하는 열쇠가 되는 셈이다. 어떻게 보면 우리가 이제까지 살펴본 창세기 12 : 1~3은 창세기 전체를 이해하는 열쇠요, 더 나아가서는 구약성경 전체의 요절이라고도 할 수 있을 것이다.

2) 부르심에 순종함(4-9절)

아브라함은 하란을 떠나라는 하나님의 명령에 그대로 순종하였다. 그리하여 그는 자기 아내 사라-본래 이름은 사래였으나 나중에 사라로 바뀜(17 : 15)-와 조카 롯, 그리고 하란에서 얻은 모든 재산과 거기에서 얻은 사람들을 거느리고서 약속의 땅 가나안을 향해 떠났다. 그런데 어떤 이들은 아브라함 일가족의 이러한 이동을 주전 2000년 무렵에 있었던 아모리 족속의 대이동과 관련시킨다. 아마 아브라함은 그러한 대이동의 소용돌이 속에서 가나안으로 옮겨 간 사람이었을런지도 모른다. 그러나 성경은 아브라함이 당시의 어떤 정치적인 요인에 의해서, 또는 어떤 사회-경제적인 요인에 의해서 하란을 떠난 것이 아니라 순전히 하나님의 명령에 순종하여 약속의 땅 가나안으로 갔다고 말한다.

아브라함이 이처럼 고향을 등지고 약속의 땅 가나안으로 향했을 때에 그의 나이 75세였다(4-5절). 그의 아버지 데라가 70세에 그를 낳았고(11 : 26) 205세에 죽었다는 점(11 : 32)을 고려한다면, 아브라함이 하란을 떠난 후로도 데라는 하란에서 60여 년을 더 살았다는 결론이 나온다(행 7 : 4 참조). 그러니까 아브라함은 그의 아버지가 아직 살아 있을 때에 하나님의 명령에 순종하여 아버지와 일가친척을 떠난 것이다.

그렇다면 12 : 4 본문은 아브라함이 하나님의 명령에 순종할 때의 나이가 75세였다는 것을 무엇 때문에 소개하고 있는 것일까? 단순히 그의 아버지 데라가 아직 살아 있음을 부각시키기 위해서였을까? 아니면 단순히 아브라함의 인생 여정을 그의 나이에 맞추어 설명하려는 의도에서였을까? 아마도 이 본문은 이러한 두 가지 의도를 다 가지고 있었을 것이다. 그러나 이 외에도 다른 의도가 숨겨져 있을 수도 있다. 그것은 75세라는 나이가 주는 의미에 있다. 사람은 누구나 다 75세 정도의 나이에 도달하면 주어진 현실에 안주하고 싶어한다. 이 나이에 누가 자신의 앞날을 예측할 수 없는 미지(未知)의 세계로 모험을 떠나고자 하겠는가? 그런데도 아브라함은 달랐다. 그는 자신의 미래가 어떻게 될런지 도무지 알 수 없는 상황인데도 하나님을 굳게 믿고서 하란 땅을 떠난 것이다.

가나안 땅에 들어간 그가 맨 먼저 머문 곳은 세겜 땅 모레 상수리나무 아래였다. 이 상수리나무(히브리어로 '엘론')는 본래 가나안 원주민들이 신의 말씀, 곧 신탁(神託, oracle)을 받기 위해 예배 드리던 곳이었다(35 : 4, 수 24 : 1, 23, 삿 9 : 6 참조). 그런데 바로 이곳에서 하나님은 맨 처음에 아브라함에게 주셨던 땅과 후손(後孫)의 약속을 다시금 되풀이하셨다. 즉, 그 땅을 그의 후손에게 주겠다고 약속하신 것이다. 그러나 불행하게도 당시의 아브라함에게는 하나님의 약속을 물려받을 자녀가 한 명도 없었다. 11 : 30의 "사래는 잉태하지 못하므로 자식이 없었더라."는 말씀이 이것을 말한다. 그럼에도 아브라함은 하나님의 이 두 번째 약속을 믿고서, 자기에게 나타나신 하나님께 제단을 쌓아 바쳤다(6-7절). 이 제단은 아브라함이 가나안 원주민들의 이방종교와는 전혀 무관하게 순전히 야웨 하나님을 위하여 바친 것이었다.

그러다가 아브라함은 다시 그 곳을 떠나 벧엘의 동쪽, 곧 벧엘과 아이 사이에 있는 산간지방으로 옮겨 가서 장막을 쳤으며, 거기에서도 제단을 쌓아 하나님께 바치고, 여호와의 이름을 부르며 그에게 제사를 드렸다. 그후 그는 다시금 남쪽지방(히브리어로 '네게브')으로 거처를 옮겼다(8-9절). 아브라함이 약속의 땅 가나안에 들어와서 이렇게 자주 거처를 옮긴 것은 무엇 때문이었을까? 그것은 그가 반(半)유목민으로서 양과 소와 나귀 등을 거느리고서 넉넉한 풀과 물이 있는 곳을 자주 찾아 다닌 때문이었다. 아울러 그가 가나안 지역에 아직은 자기 땅이라고 할 만한 곳을 전혀 가지고 있지 않았기 때문이기도 했다.

3) 가나안에서 애굽으로(10-20절)

아브라함은 네게브 지방에 머무는 동안에 매우 어려운 일을 만나게 되었다. 그 땅에 심한 기근이 든 것이다. 이에 아브라함은 하는 수 없이 자기에게 딸린 식구들을 모두 데리고서 양식이 풍부한 애굽으로 내려갔다(10절). 여기서 우리는 가나안 땅의 기후와 풍토에 대해 눈여겨볼 필요가 있다. 가나안 땅은 본래 물이 부족한 곳으로 그래도 비가 많이 오는 겨울철을 제외하면 언제나 농사짓는 것이 어려운 일이었다. 목축업 역시 마찬가지였다. 그래서 가나안 사람들 중에는 풍부한 물이 있는 애굽으로 이주하는 경우가 많았다. 애굽에는 나일강을 중심으로 관개(灌漑)농업이 발달했기 때문이었다.

가나안과 애굽이 갖는 이러한 차이가 신명기 11장 10절과 12절에 다음과 같이 잘 설명되어 있다 : "너희가 들어가 차지할 땅은 너희가 나온 이집트 땅과는 다르다. 이집트에서는 채소밭에 물을 줄 때처럼 씨를 뿌린 뒤에 발로 물을 댔지만, 너희가 건너가서 차지할 땅에는 산과 골짜기가 많아서 하늘에서 내린 빗물로 밭에 물을 댄다. 주 너희의 하나님이 몸소 돌보시는 땅이고, 주 너희 하나님의 눈길이 해마다 정초부터 섣달 그믐날까지 늘 보살펴 주시는 땅이다"(새번역). 우리는 이 말씀에서 가나안 땅이 일년 내내 하나님께 의지하고 있다는 사실을 발견한다. 그러니까 가나안 땅은 물이 충분하지 못해서 일년 내내 하나님의 도우심을 기대할 수밖에 없는 땅이라는 것이다.

아브라함이 머문 네게브 지방도 마찬가지였다. 그의 일가족이 더 이상 머물러 살 수 없을 정도로 심한 기근이 든 것이다. 이때 아브라함은 속으로 비참한 생각에 사로잡혔을 것이다. 잘 먹고 잘 살 수 있는 하란 땅을 떠나 천신만고 끝에 약속의 땅에 왔는데, 그를 기다리고 있었던 것은 오곡백과가 무르익는 낙원이 아니라 양식과 물이 없어서 여기저기 괜찮은 곳을 찾아 다녀야만 하는 굶주림과 기근의 땅이었기 때문이다. 이것은 하나님께로부터 아무리 큰 약속을 받은 사람이라 할지라도 그 앞길에는 예측할 수 없는 어려움과 고통이 얼마든지 뒤따를 수 있다는 것을 보여 준다. 물론 그러한 어려움과 고통은 하나님의 약속을 의지하는 자들을 단련시키는 좋은 수단이 될 것이다.

그런데 기근을 피해서 애굽으로 내려간 아브라함은 그 곳에서 그만 중대한 잘못을 범하고 말았다. 그것은 그가 자기 아내를 애굽 사람들 앞에서 누이라고 속인 일이었다. 애굽에 가까이 이르렀을 때에 그는 자기 아내 사라에게 다음과 같이 말했다 : "……이집트 사람들이 당신을 보고서 당신이 나의 아내라는 것을 알면 나는 죽이고 당신을 살릴 것이요. 그러니까 당신은 나의 누이라고 하시오. 그렇게 하여야 내가 당신 덕분에 대접을 잘 받고, 또 당신 덕분에 이 목숨도 부지할 수 있을 거요"(11-13절, 새번역).

마침내 아브라함 일행이 애굽에 이르자 그곳 사람들은 아브라함의 아내 사라가 매우 아리따운 여인임을 알았다. 바로의 대신들도 사라의 아름다움을 칭찬하였는데, 이것을 알게 된 바로가 사라를 궁전으로 불러들였으며 아브라함에게는 그 대가로 양과 소와 암나귀, 수나귀, 남녀 종과 낙타까지 선물로 주었다(14-16절). 우리는 이러한 이야기 전개에서 아브라함이 얼마나 이기주의에 사로잡혀 있었는가를 알 수 있다. 왜냐하면 그는 순전히 자기 목숨을 건지기 위해서 아내를 이용해 먹은 결과가 되었기 때문이다. 실제로 그는 아내로 인하여 바로(Pharaoh)에게서 많은 재물을 얻었고, 사라를 바로의 아내로 넘겨 주기까지 했다(19절).

아브라함의 이러한 행동은 어떤 점에서는 불가피한 것일 수도 있었다. 절대권력을 가지고 있는 왕 앞에서 그의 요구사항을 거절한다는 것은 반역행위나 다름이 없었기 때문이다. 그것은 곧 죽음을 뜻할 수도 있었다. 또한 여자가 마치 남자의 부속물처럼 여겨지던 당시의 상황 속에서는 자기 아내의 생사(生死)를 대수롭지 않게 여기는 아브라함의 태도에 크게 문제될 것이 없었을 것이다. 그러나 하나님께서 아브라함에게 주신 약속을 생각한다면 아내를 팔아넘긴 그의 행동은 대단히 잘못된 것이라 할 수 있다. 그의 아내 사라야말로 하나님께서 주신 후손의 약속이 이루어질 유일한 수단이었기 때문이다. 따라서 자기 아내 사라에 대한 아브라함의 행동은 불신앙에 가득 찬 행동으로 보일 수밖에 없었다. 또한 그것은 하나님의 약속을 무시하는 행동이기도 했다. 바로의 권세를 두려워하기보다는 약속을 주시고, 또 피할 길을 주시는 하나님을 더 두려워하면서 그를 신뢰했어야 마땅하지 않겠는가!

그러나 하나님은 아브라함의 실수와 잘못에도 불구하고 자신의 약속을 성실하게 지키시는 분이다. 이 점은 하나님께서 사라를 아내로 취한 바로와 그의 집안에 무서운 재앙을 내리셨다는 사실을 통해 뒷받침된다. 바로는 나중에 자기와 자기 집안에 임한 재앙이 사라 때문이었음을 알고서 아브라함을 불러 그가 그의 아내를 누이라고 속인 잘못을 꾸짖었다 : "네가 어찌하여 나를 이렇게 대접하였느냐? 네가 어찌하여 그를 네 아내라고 내게 고하지 아니하였느냐? 네가 어찌 그를 누이라 하여 나로 그를 취하여 아내를 삼게 하였느냐? 네 아내가 여기 있으니 이제 데려가라"(18-19절). 그런 다음에 그는 아브라함을 그의 아내와 함께 나라 밖으로 나가게 했다(20절).

바로가 자신을 속인 아브라함을 징계하지 않고, 이처럼 순순히 그를 내보낸 것은 순전히 하나님의 은총에 기인한 것이었다. 그가 아브라함을 어떻게 하지 못한 것은 그가 아브라함과 사라의 일로 인하여 야웨 하나님의 권능을 몸소 체험했기 때문이다. 그리하여 절대권력을 가지고 있는 대제국의 왕이 아무 힘도 없는 아브라함에게 감히 손을 대지 못한 것이다. 반면에 아브라함은 바로의 책망에 아무런 대답도 하지 못했다. 입이 백 개라도 할 말이 없었을 것이다. 자신의 속임수로 인하여 죄 없는 바로가 재앙을 만난 것이기 때문이기도 했지만, 어떠한 방법으로든 약속을 이루시는 하나님의 권능을 믿지 못한 자신의 잘못에 큰 죄책감을 느꼈기 때문이기도 했다. 복의 근원이 되어야 마땅한 그가 다른 사람들에게 재앙을 가져다 주었으니 얼마나 부끄러웠겠는가!

2. 떨어져서 살게 된 아브라함과 롯(13장)

1) 따로 살림을 낸 두 사람(1-13절)

아내 사라를 되찾은 아브라함은 모든 소유를 가지고서 조카 롯과 함께 애굽을 떠났다. 애굽을 거치는 동안에 그는 집짐승과 은금(銀金)을 많이 가진 큰 부자가 되어 있었다(1-2절). 가나안으로 돌아오는 길에 그는 애굽으로 내려갔던 길을 거슬러 올라갔는데, 먼저 네게브를 지나 벧엘에 이르렀으며, 다시금 이동하여 예전에 장막을 쳤던 곳인 벧엘과 아이 사이에 정착하였다. 거기에서 그는 여호와 하나님의 이름을 부르며 제사를 드렸다(3-5절).

그런데 문제가 생겼다. 아브라함 일행이 머문 곳은 아브라함과 그의 조카 롯이 함께 머물기에는 비좁은 곳이었다. 그들의 가진 재산이 너무나 많았기 때문이다(6절). 그러는 가운데 아브라함의 목자들과 롯의 목자들 사이에 싸움이 벌어졌다. 아마 양떼와 소떼가 먹어야 할 물과 풀 때문에 싸웠을 것이다. 따라서 그 싸움은 거주지 확보를 위한 싸움이나 다름이 없었고, 생존권을 위한 투쟁의 성격을 갖는 것이었다. 그런데 공교롭게도 두 사람의 목자들 사이에 싸움이 벌어지던 그 곳에는 가나안 사람과 브리스 사람도 거주하고 있었다(7절). 어떻게 보면 이 구절은 전후 문맥의 흐름을 중단하는 듯한 인상을 준다. 그러나 가만히 보면 전혀 그렇지도 않다. 오히려 이 구절은 아브라함과 롯 사이의 분쟁이 이들에게 어떠한 의미를 갖는지를 드러내기 위한 목적을 가지고 있다.

사실 하나님의 이름을 부르며 그에게 제사드리던 아브라함과 조카 롯 사이에 분쟁이 있다는 사실은 주위의 이방인들에게 매우 좋지 않은 인상을 주었을 것이다. 생각해 보라. 만나는 모든 사람들에게 하나님의 복을 전해야 할(12 : 3) 아브라함이 땅 문제로 조카와 싸운다는 것이 얼마나 부끄러운 일이겠는가를! 향기를 발하면서 살아야 할 하나님의 일꾼이 주위 사람들에게 손가락질당하는 것처럼 불행한 일이 어디에 있겠는가! 이것을 잘 알고 있던 아브라함은 생각 끝에 중대한 결심을 내렸다. 식구들의 안녕과 생존을 책임져야 할 가장(家長)으로서의 책임을 다하기로 한 것이다. 그리하여 그는 자신이 가지고 있던 토지 선택의 기득권을 조카 롯에게 양보하기로 작정했다.

이러한 그의 결심은 롯을 자신보다 앞세우는 다음의 말에 잘 나타나 있다 : "……너와 나 사이에, 그리고 너의 목자들과 나의 목자들 사이에 어떠한 다툼도 있어서는 안 된다. 우리는 한 핏줄이 아니냐! 네가 보는 앞에 땅이 얼마든지 있으니 따로 떨어져 살자. 네가 왼쪽으로 가면 나는 오른쪽으로 가고, 네가 오른쪽으로 가면 나는 왼쪽으로 가겠다" (8-9절, 새번역). 하나님을 믿는 사람으로서 가나안 사람들과 브리스 사람들에게 복을 주지는 못할 망정 한 핏줄 간에 싸운다는 것은 신앙 양심상 허용될 수 없는 일이었기 때문이다(8절). 그래서 깨끗이 갈라서기로 작정하였다. 아브라함의 이러한 신앙적인 결단은 본토 친척 아비 집을 떠나 하나님이 지시하는 땅으로 가고자 했던 처음의 아름다운 순종을 상기시켜 준다(12 : 4). 아마도 그의 행동에는 하나님의 약속-그의 후손에게 가나안 땅을 주시리라는 약속-에 대한 믿음이 크게 작용했을 것이다.

자신의 선택권을 포기한 아브라함의 이러한 제안에 롯은 마침내 동쪽에 있는 요단 들판을 선택하였고, 아브라함은 서쪽을 택하였다. 롯이 택한 곳은 여호와의 동산과도 같았고, 애굽 땅과도 같이 비옥했다(10절). 그는 거기서 서서히 소돔 쪽으로 옮겨 갔다(12절). 그런데 이 단락의 마지막 구절인 13절은 당시에 소돔 사람들이 악하여 여호와 앞에 큰 죄인들이었다고 말한다. 이것은 18 : 16에서 19장에 걸쳐 나타나는 소돔과 고모라의 멸망 이야기를 예비하는 성격의 본문으로, 아브라함의 조카 롯이 선택한 땅이 겉보기에는 좋아 보이지만 실상은 죄악과 불의로 가득 찬 곳임을 밝히고 있다. 우리는 이 구절을 통해서 세상적인 기준이 하나님의 약속보다 더 나을 수 없다는 사실을 알게 된다.

2) 헤브론으로 옮겨 간 아브라함(14-18절)

아브라함의 조카 롯이 요단 들판을 택하여 그 곳으로 옮겨 가자 하나님은 즉시 아브라함에게 새로운 복을 주셨다. 그런데 이 새로운 복은 이미 그가 하란 땅을 떠날 때 주어진 하나님의 두 가지 약속을 보다 구체화시킨 것이었다 : "너는 눈을 들어 너 있는 곳에서 동서남북을 바라보라. 보이는 땅을 내가 너와 네 자손에게 주리니 영원히 이르리라. 내가 네 자손으로 땅의 티끌 같게 하리니, 사람이 땅의 티끌을 능히 셀 수 있을진대 네 자손도 세리라. 너는 일어나 그 땅을 종과 횡으로 행하여 보라. 내가 그것을 네게 주리라"(14-17절).

아브라함에게 세 번째로 주어진 이 약속은 하나님께서 아브라함의 눈에 보이는 모든 땅을 그와 그의 후손에게 주실 것이며, 또한 그의 후손이 땅의 티끌같이 많아지게 하실 것임을 밝히고 있다. 이 약속을 뒷받침이라도 하려는 듯이 아브라함은 장막을 거두어 헤브론의 마므레, 곧 상수리나무들이 있는 곳으로 옮겨 가서 살았다. 거기에서도 그는 하나님께 제단을 쌓아 그에게 제사드리는 것을 잊지 않았다(18절). 그는 이처럼 옮겨 다니는 곳에서마다 하나님께 제단을 쌓고, 그의 이름을 부르며 그에게 제사를 드림으로써, 이방 종교의 중심지에서 자신의 신앙을 굳게 지켜 나갔다. 더 나아가서 그는 그러한 제사행위를 통해서 그 땅이 하나님께서 주신 것임을 주위 사람들에게 널리 알림과 동시에, 그 땅의 사람들에게 야웨야말로 참 신(神)임을 드러내고자 했을 것이다.

그런데 여기서 우리가 한 가지 기억해야 할 것은 하나님께서 왜 하필이면 이 시점에서 아브라함에게 그처럼 구체적인 약속을 주셨느냐 하는 것이다. 이에 대한 해답은 바로 앞의 단락에 잘 나타나 있다. 즉, 하나님의 구체화된 약속은 아브라함이 땅의 약속을 믿고서 조카 롯에게 모든 것을 아낌없이 희생하고 양보했을 때 주어진 것이다. 물론 아브라함은 하나님의 이러한 복을 바라고서 롯에게 모든 것을 양보한 것이 결코 아니다. 아무런 대가를 바라지 않고 그저 하나님의 약속을 믿는 순전한 마음으로, 그리고 사랑하는 조카 롯이 잘 되기를 바라는 마음으로 선택권을 그에게 양보한 것이다.

따라서 아브라함의 헌신적인 섬김의 행동은 요즘처럼 계산을 앞세우는 신앙과는 근본적으로 다른 것이다. 그리고 그것은 양보와 희생의 정신이 얼마나 소중한가를 우리에게 가르쳐 준다. 아울러 그것은 우리가 그리스도의 마음으로 이웃을 사랑하고 형제를 아낄 때 하나님께서 우리에게 얼마나 큰 복을 주시는가를 알게 해 준다.

3. 아브라함과 멜기세덱(14장)

1) 아브라함이 롯을 구함(1-16절)

아브라함과 롯이 떨어져 살게 된 이후로 사해(死海) 또는 염해(鹽海) 부근의 싯딤 골짜기에서 전쟁이 벌어졌다. 이것은 가나안 지역이 굶주림과 기근의 땅일 뿐만 아니라 비옥한 땅 내지는 주요 무역로를 차지하기 위해 자주 싸우는 전쟁의 땅임을 말해 준다. 그러니까 약속의 땅은 처음부터 모든 것이 완비된 곳이 아니라 부족과 결핍, 분쟁과 싸움 속에서 하나님의 인도와 보호를 깨닫고 발견하는 곳인 셈이다. 달리 말해서 하나님의 약속은 고통과 시련의 가시밭길을 거쳐 가는 동안에 이루어지는 것이다.

아브라함이 끼어든 전쟁도 마찬가지 성격의 것이었다. 그가 헤브론에 머물던 때에 벌어진 이 전쟁은 사해 남부 지역의 다섯 나라가 엘람 족속의 왕 그돌라오멜을 12년 동안 섬기다가 13년째 되던 해에 반란을 일으킴으로써 터진 것이었다(1-4절). 이들 다섯 나라가 맞서 싸운 동방의 나라들, 곧 엘람 족속 진영의 동맹군은 모두 네 나라들로 이루어져 있었다. 이들을 도표로 정리하면 다음과 같다.

나라 이름	왕의 이름
시날(바벨론) 엘라살 엘람 고임	아므라벨 아리옥 그돌라오멜 디달
소돔 고모라 아드마 스보임 소알	베라 비르사 시납 세메벨 벨라

이들 사이의 싸움에서 가나안 지역의 다섯 나라들은 엘람 족속 진영의 동맹군에게 크게 패하였다. 특히 소돔과 고모라의 군대는 싯딤 골짜기에 있던 역청(瀝靑, 아스팔트) 구덩이에 빠지는 바람에 전쟁에서 패함과 동시에 자기 나라의 모든 재물과 양식을 다 빼앗기고 말았다(5-11절). 이 전쟁의 와중에서 소돔성에 살고 있던 아브라함의 조카 롯도 네 왕들의 군대에 사로잡히는 신세가 되었다(12절).

조카 롯이 네 왕들의 군대에 포로로 잡혔다는 소식은 곧 아브라함에게 전해졌다. 아브라함은 당시에 아모리 족속 마므레의 상수리 수풀 근처에 살고 있었다. 마므레는 에스골과 아넬이라는 두 형제를 데리고 있었는데 아브라함은 이들과 동맹관계를 맺고 있었다(13절). 조카 롯의 소식에 접한 아브라함은 이 소식을 듣자 마자 집에서 기르고 연습시킨 자 318명을 거느리고 단과 다메섹 북쪽의 호바까지 좇아가서 빼앗겼던 모든 재물과 조카 롯, 그의 재물, 부녀자들과 다른 사람들까지 다 되찾았다(14-16절).

아브라함의 이러한 활약상은 그가 본래는 전쟁과는 거리가 먼 반유목민임을 고려할 때 다소 아브라함의 평소 모습과 어울리지 않는 듯한 인상을 준다. 달리 말해서 적은 수의 싸움꾼들을 거느리고 나가서 동방의 강한 네 나라 군대들을 무찌르는 이야기는 물과 풀을 찾아 옮겨 다니는 평화스러운 유목민과 잘 어울리지 않는다는 말이다. 그럼에도 불구하고 우리는 이 이야기를 통해서 하나님께서 싸움이 벌어지는 세계역사의 한가운데에서 아브라함을 지키시고 보호하고 계심을 발견하게 된다. 또한 그것은 아브라함이 가나안 땅에 들어와 사는 평범한 한 개인이 아니라 인류를 구원하시려는 하나님의 위대한 계획에 참여하고 있는 중요한 인물임을 암시하고 있다. 즉, 아브라함이라는 인물이 갖는 세계사적인 의미가 강조되고 있는 것이다.

2) 아브라함을 축복하는 멜기세덱 (17-24절)

아브라함은 엘람 족속의 연합군을 쳐부수고 돌아오는 길에 소돔 왕의 영접을 받았다(17절). 또한 그는 지극히 높은 하나님의 제사장인 살렘(예루살렘) 왕 멜기세덱의 영접을 받음과 아울러(18절) 그에게 축복을 받기까지 하였다 : "천지의 주재, 가장 높으신 하나님, 아브람에게 복을 내려 주십시오. 아브람은 들으시오. 그대는 원수들을 그대의 손에 넘겨 주신 가장 높으신 하나님을 찬양하시오.……"(19-20절, 새번역).

여기에서 멜기세덱이 말하는 '천지의 주재'는 히브리어로 '코네 샤마임 바아레츠'로서 '하늘과 땅을 지으신 자'라는 뜻을 가지고 있다. 그런데 어떤 영문인지 모르겠지만 표준새번역성경은 이 똑같은 표현을 19절에서는 개역성경을 따라 '천지의 주재'라고 번역하면서도 22절에서는 '하늘과 땅을 지으신'이라고 번역하고 있다. 번역의 일관성에 문제가 있는 셈이다. 한편 19절에 있는 '가장 높으신 하나님'은 히브리어로 '엘 엘룐'으로서 본래는 가나안 사람들이 즐겨 사용하던 호칭이었다. 그런데 멜기세덱은 이 호칭을 히브리인들의 하나님 야웨께 그대로 적용하고 있다. 그러니까 아브라함을 통해서 롯을 구출하신 분은 가장 높으신 하나님이신 야웨라는 것이다.

멜기세덱의 축복을 받은 아브라함은 그 보답으로 자기가 얻은 것의 십분의 일(十一條)을 멜기세덱에게 주었다. 이 일이 있고 난 후에 소돔 왕은 아브라함에게 사람은 자기에게 보내고 물건은 가져가라고 청했다. 그러나 아브라함은 천지의 주재시요, 가장 높으신 하나님께 맹세하면서 다음과 같이 말하였다 : "그대의 것은 실오라기 하나나 신발 끈 하나라도 가지지 않겠습니다. 그러므로 그대는 그대 덕분에 아브람이 부자가 되었다고는 절대로 말할 수 없을 것입니다"(23절, 새번역). 이렇게 말한 아브라함은 자기와 함께 한 젊은이들이 먹을 것과 자기와 동맹한 세 사람, 곧 아넬과 에스골과 마므레에게로 돌아갈 몫을 따로 취하고 나머지는 전부 소돔 왕에게 돌려주었다(24절).

여기서 우리는 한 가지 의문을 갖는다. 왜 아브라함은 살렘 왕 멜기세덱에게는 호의적인 태도를 취하면서도 소돔 왕에게는 이처럼 불친절한 태도를 보였을까? 이것은 멜기세덱 같은 사람에게만 참된 왕권(王權)이 부여될 수 있다는 사실과 관련된다. 그러니까 세속적인 권위를 대표하는 소돔 왕보다는 제사장을 겸하고 있는 멜기세덱이 참된 왕권에 가깝다는 것이다. 그러나 이에 대한 보다 정확한 해답은 시편 110편과 히브리서 6~7장에서 찾아볼 수 있다. 시편 110편은 왕의 즉위식을 염두에 둔 일종의 제왕시(帝王詩, royal psalms)로서 흔히 메시야 시편으로도 알려져 있다. 이 시의 4절은 다윗 왕조의 왕을 일컬어 "너는 멜기세덱을 따른 영원한 제사장이다."라고 말한다. 이것은 제사장 멜기세덱이야말로 다윗 왕조의 원형(原型)이요, 참된 왕권의 표본임을 암시하고 있다.

신약의 히브리서 6 : 20은 시편 110 : 4을 그대로 인용하면서 예수께서 멜기세덱을 따른 영원한 대제사장이라고 말함으로써 왕으로 오신 예수 그리스도의 제사장직에 대해서 설명한다. 그러면서 히브리서는

7 : 2~3에서 멜기세덱에 대하여 다음과 같이 말한다 : "첫째로 멜기세덱이라는 이름은 정의의 왕이라는 뜻이요, 다음으로 그는 또한 살렘 왕인데, 그것은 평화의 왕이라는 뜻입니다. 그는 아버지도 없고, 어머니도 없고, 족보도 없고, 생애의 시작도 없고, 생명의 끝도 없습니다. 그는 하나님의 아들과 같아서 언제까지나 제사장으로 계신 분입니다"(새번역).

히브리서의 7장의 이 두 구절은 멜기세덱의 이름과 그가 다스리는 살렘이라는 지명(地名)이 가진 뜻에 초점을 맞추고 있다. 멜기세덱이라는 이름은 본래 히브리어로 '말르키 체덱'으로서 '나의 왕'을 뜻하는 '말르키'와 '정의'(正義)를 뜻하는 '체덱'이 결합한 말이다. 따라서 이 이름은 '나의 왕은 정의이시다'는 뜻으로 이해된다. 그리고 살렘이라는 말(히브리어로 '샬렘')은 '평화'를 뜻하는 '샬롬'과 어근이 똑같다. 히브리서 7장의 이러한 해석에 의한다면 멜기세덱은 정의와 평화의 왕을 상징하는 인물이요, 메시야의 선구자이다. 이상을 종합해 볼 때 참된 왕권은 정의와 평화 위에 서 있는 왕권이요, 또한 그것들을 실천하는 왕권임이 분명해진다.

Ⅱ. 약속을 새롭게 하시는 하나님(15-17장)

아브라함은 인류를 구원코자 하는 하나님의 구원계획에 순종한 믿음의 사람이었다. 자신의 안전한 거주지인 하란을 떠나 하나님께서 지시하신 가나안으로 옮겨 간 것이다. 그러나 그가 옮겨 간 약속의 땅 가나안은 모든 것을 남김 없이 갖추고 있는 풍요의 땅이 아니었다. 그는 아직 자기 소유라 할 만한 땅을 전혀 갖지 못했을 뿐더러, 네게브 지방(남방)에 있을 때에는 기근을 만나기도 했다. 이 기근으로 인해 잠시 애굽으로 이주해야만 했고, 거기서 뜻하지 않게 자기 아내 사라를 애굽 왕 바로에게 넘겨 주기도 했다. 그 뿐만이 아니었다. 다시 가나안으로 돌아온 후에는 불충분한 생존여건으로 인해 조카 롯과 좋지 않은 관계에 놓일 때도 있었다. 그런가 하면 엘람 족속 진영의 동맹군에 사로잡힌 조카 롯을 구출하기 위해 목숨을 내걸고 싸우는 일도 겪어야 했다.

아브라함이 하나님께 순종하여 간 가나안 땅은 이처럼 기근과 결핍과 싸움의 땅이었다. 그러나 하나님은 정처 없이 떠돌아다니는 아브라함을 계속해서 보호하여 주셨다. 애굽에서는 바로의 권세 앞에서 그를 지켜 주셨으며, 자손의 약속이 이루어질 유일한 수단인 그의 아내 사라를 되돌려 주기도 하셨다. 뿐만 아니라 아브라함이 조카 롯에게 좋은 땅을 양보했을 때조차, 하나님은 그에게 자손과 땅의 약속이 반드시 이루어질 것임을 보증해 주셨다. 또한 아브라함으로 하여금 포로로 잡힌 조카 롯을 구출할 수 있게 하셨고, 제사장 멜기세덱의 축복도 받게 하셨다.

그렇지만 이처럼 확실한 하나님의 약속에도 불구하고 여전히 아브라함은 자식이 없는 비참한 현실에 처해 있었다. 그래서 아브라함은 자기 집에서 기른 종 엘리에셀을 상속자로 정해 놓고 있었다. 이에 하나님은 다시금 아브라함과 언약을 맺으시고, 그의 몸에서 날 아들이 상속자가 될 것임을 분명하게 밝히셨다. 아울러 그의 자손이 하늘의 별과 같이 많아질 것이며, 그들이 가나안 땅을 차지하게 될 것이라고 말씀하셨다. 하나님의 이 약속은 언약체결의 양식을 통해 주어졌는데, 그것은 곧 희생제물의 몸을 둘로 쪼개어 놓고 하나님께서 그 사이를 지나가시는 방식을 취했다. 이것은 하나님의 언약이 반드시 이루어질 것임을 아브라함에게 다짐하는 성격의 것이었다.

그러나 불행하게도 아브라함과 사라는 하나님의 약속을 더 이상 기다리지 못했다. 이들은 가나안 땅에 이른 지 10년이 다 되어도 자식이 없자 마침내 사라의 몸종 하갈을 통해 이스마엘이라는 아들을 갖기에 이르렀다. 그럼에도 불구하고 하나님은 이들을 책망하지 않으시고, 도리어 아브라함이 99세가 되던 해에 아브라함과 사라의 이름을 바꾸어 주심과 아울러 이들에게 할례의 언약을 주셨다. 그리고서는 이스마엘이 아닌 다른 아들, 곧 아브라함의 본처인 사라에게서 낳을 아들 이삭이 그의 정식 상속자가 될 것이라고 말씀하셨다. 비록 그들이 아이를 낳을 수 없을 정도로 늙긴 했지만, 하나님의 약속은 반드시 이루어지고야 만다는 것이었다.

1. 언약을 세우시는 하나님(15장)

1) 자손의 약속을 구체화하심(1-7절)

아브라함은 비록 가나안 땅에서 여러 차례 하나님의 도우심과 보호하심을 받고, 또 제사장 멜기세덱에게서 축복을 받기까지 했지만, 그럼에도 불구하고 미래에 대한 불확실성 때문에 마음속으로 크게 불안해하였다. 이러한 불안감은 그가 약속의 땅에서 여전히 땅도, 자식도 없이 살고 있다는 현실에서 비롯된 것이었다. 그것은 마침내 알 수 없는 미래에 대한 두려움으로까지 발전하였다. 하나님의 약속을 전혀 믿지 못하는 것은 아니었지만 약속을 압도하는 어두운 현실이 그를 그렇게 만들었다.

그러나 약속을 주신 하나님께서는 불안과 두려움에 사로잡힌 아브라함을 그대로 내버려 두지 않으셨다. 그에게 새로운 용기와 희망을 주고자 하셨다. 이를 위해 하나님께서는 밤중에 환상을 통하여 아브라함을 만나셨다. 그리고서 그에게 다음과 같은 위로의 말씀을 주셨다 : "아브람아, 두려워 말아라. 나는 너의 방패다. 네가 받을 보상이 매우 크다" (1절, 새번역). 하나님의 이 말씀에 아브라함은 자신의 솔직한 심정을 있는 그대로 하나님께 토로하였다 : "주 나의 하나님, 주께서는 저에게 무엇을 주시렵니까? 저에게는 아직 자식이 없습니다. 저의 재산을 상속받을 자식이라고는 다마스쿠스 녀석 엘리에셀 뿐입니다. 주께서 저에게 자식을 주지 않으셨으니……"(2-3절, 새번역).

여기서 우리는 아브라함이 자식이 없다는 사실에 크게 낙심하고 있음을 알 수 있다. 많은 자손을 갖게 하겠다는 하나님의 약속을 굳게 믿고 천신만고 끝에 하나님께서 지시하신 땅으로 왔고, 또 그 약속을 의지하여 이제까지 살아왔는데도, 여전히 그 약속은 이루어지지 않은 채로 있었고, 앞으로도 이루어질 가능성이 도무지 보이지 않았기 때문이었다. 그래서 그는 하나님께 하소연하는 투로 자기 집에서 자란 다메섹(Damascus) 사람 엘리에셀을 양자로 삼아 그에게 모든 재산을 상속시켜야 하겠다고 말한 것이다. 사실 아브라함의 이러한 계획은 당시의 사회관습에 비추어 볼 때 전혀 이상한 것이 아니었다. 왜냐하면 주전 15세기 경의 자료인 누지(Nuzi, 지금의 이라크 지역) 문서에 의하면 자녀를 두지 못한 부부는 자기들을 돌보아 주고, 또 재산을 상속하는 한편으로 자기들을 매장해 줄 사람-그가 비록 종의 신분을 가지고 있을지라도-을 양자로 들일 수 있었기 때문이다.

그러나 하나님은 사회관습을 좇고자 한 아브라함의 조급한 생각을 물리치셨다. 하나님은 엘리에셀이 결코 그의 후사(後嗣, heir)가 될 수 없다고 하시면서, 그의 몸에서 직접 나게 될 아들이 그의 상속자가 될 것임을 분명하게 밝히셨다(4절). 그러면서 하나님은 아브라함을 데리고 바깥으로 나가 그에게 셀 수 없이 많은 하늘의 별들을 보여 주신 후에, 그의 몸에서 날 자손이 그처럼 많아질 것이라고 말씀하셨다(5절). 불안과 두려움에 사로잡혀 있던 아브라함은 하나님의 이 말씀을 듣고 새로운 용기를 얻게 되었다.

뿐만 아니라 그는 자손의 약속을 보다 구체적으로 보여 주신 하나님을 믿었다. 비록 지금의 자신이 자식 한 명 없는 처지에 놓여 있기는 하지만, 그래도 언젠가는 하늘의 별처럼 많은 자손을 갖게 될 것이라는 도무지 믿을 수 없는 하나님의 말씀을 믿기로 한 것이다. 하나님은 아브라함의 이 믿음을 그의 의(義)로 여기셨다(6절). 바울 사도는 아브라함의 이 믿음과 또 그가 그 믿음으로부터 얻은 의를 기독교의 이신칭의

(以信稱義, justification by faith) 교리를 설명하는 데 사용하였다(롬 4 : 1-25, 갈 3 : 6-9). 그러니까 하나님 앞에 의롭다 함을 인정받는 것은 율법의 행위에 의해서가 아니라 하나님의 약속에 대한 믿음에 의해서라는 것이다. 아브라함이 하나님께 의롭다 함을 인정받은 것은 그가 하나님의 약속을 믿었기 때문이라는 것이 바울 사도의 설명이었다.

그런데 하나님께서 아브라함에게 주신 약속은 그가 많은 자손을 가질 것이라는 내용만으로 끝나지 않았다. 하나님은 다시금 아브라함에게 땅의 약속에 대해서 다음과 같이 말씀하셨다 : "나는 이 땅을 네게 주어 '업(業)을 삼게'(히브리어로는 '소유하다'는 뜻의 '야라쉬' 동사) 하려고 너를 갈대아 우르에서 이끌어 낸 여호와로라"(7절). 하나님의 이 약속은 사실 네 번째로 주어진 것이었다. 첫 번째는 그가 하란을 떠날 때 주어진 것이었고(12 : 1-3), 두 번째는 그가 가나안 땅에 이르렀을 때에 주어진 것이었다(12 : 7). 그리고 세 번째는 그가 조카 롯에게 선택권을 양보한 다음에 주어진 것이었다(13 : 14-17).

2) 언약 세움의 절차(8-21절)

이처럼 하나님의 약속을 받고 그것을 믿은 아브라함은 자기와 자기 후손이 그 땅을 소유하게 되리라는 것을 어떻게 알 수 있는지를 하나님께 물었다(8절). 아브라함의 이 물음에 하나님은 당시 주변 나라들 사이에 유행하던 언약 세움의 절차를 통해 자신의 약속을 구체적으로 보여 주셨다. 이를 위해 하나님은 먼저 아브라함에게 3년생 암송아지 한 마리와, 3년생 암염소 한 마리와, 3년생 숫양 한 마리와, 집비둘기 한 마리 등을 준비하라고 명하셨다. 아브라함은 이 제물들을 준비하고서 비둘기를 제외한 나머지 희생제물들의 몸통을 둘로 쪼개어 서로 마주 보게 차려 놓았다(9-10절). 그러자 해가 지고 어둠이 짙게 깔린 후에 연기나는 풀무(화덕)와 타오르는 횃불이 갑자기 나타나서 쪼개 놓은 희생제물 사이로 지나갔다(17절).

이러한 언약 세움의 절차는 무엇을 뜻하는 것일까? 이를 위해서는 '언약' 에 해당하는 히브리어 낱말의 의미가 무엇인지를 알아야 한다. '언약' (또는 계약)에 해당하는 히브리어 낱말은 '브리트' 로서 본래 '~사이' (between)를 뜻한다. 그리고 이 낱말은 '자르다, 베다' (cut)를 뜻하는 '카라트' 라는 동사와 결합하여 '언약을 맺다' 또는 '계약을 체결하다' 는 뜻의 숙어를 만들어 낸다. 그러니까 '~사이에(를) 베다' 는 뜻의 어구가 '언약을 맺다' 는 뜻의 관용어로 바뀐 것이다. 그렇다면 도대체 어떠한 이유로 하여 '~사이에(를) 베다' 는 뜻이 '언약을 맺다' 는 뜻으로 바뀐 것일까? 여기에는 이유가 있다.

이스라엘의 주변 국가들에서는 일반적으로 사람들 사이에 계약을 체결할 때 그것을 신 앞에서 맹세하는 형식을 취하였다. 그렇게 해야만 계약 당사자들이 성실하게 계약의 내용을 지킬 수 있기 때문이었다. 그렇다면 만일 누군가가 그 계약의 규정들을 무시하거나 위반할 경우에는 어떻게 해야 하는가? 이를 위해 그들은 소나 양, 또는 당나귀 등의 몸을 둘로 쪼개어 서로 마주 보게 한 다음에, 그 쪼갠 사이를 지나가는 방법을 사용했다. 그들이 이처럼 둘로 쪼개어진 짐승의 한가운데를 지나는 행위는 상징적인 의미를 가지고 있었다. 그것은 곧 계약을 위반하는 자는 누구든지 그 쪼개어진 짐승의 몸과 똑같이 쪼개어질 것이라는 맹세를 뜻했다. 계약체결의 증인으로 나오는 신(神)에 의해 그러한 저주를 받으리라는 일종의 저주의식이었던 것이다.

하나님은 그러한 계약체결의 양식에 대해서 잘 알고 있을 아브라함에게 그것을 적용하셨다. 그래서 아브라함에게 암송아지와 암염소 및 숫양 등의 몸을 둘로 쪼개라고 명하신 것이다. 그리고서는 하나님께서 친히 연기 나는 풀무와 타오르는 횃불의 형상으로 그 쪼갠 사이를 지나가셨다. 이것은 무엇을 뜻하는 것일까? 그것은 하나님께서 아브라함과 더불어 맺으신 언약을 반드시 이루실 것임을 나타내는 행동이었다. 즉, 그 언약을 성취하지 못할 경우에는 하나님 자신이 그처럼 두 쪽이 나도 좋다는, 하나님 자신의 굳은 약속이었던 것이다. 물론 아브라함은 그 쪼갠 사이를 지나가지 않았다. 그는 그저 환상 중에 하나님께서 홀로 그 쪼갠 사이를 지나가시는 모습을 본 것 뿐이었다. 따라서 아브라함에게는 그 언약에 대하여 지켜야 할 의무사항이 전혀 없는 것이나 다름이 없었다.

그러니까 하나님께서 아브라함에게 주신 언약은 아무런 조건도 가지고 있지 않은 일방적인 것이요, 하나님 한 편만이 의무를 지고 있는 편무적(片務的, unilateral)인 것인 셈이었다. 달리 말해서 그것은 무조건적인 언약(unconditional covenant)이었던 것이다. 구약성경은 이러한 언약체결 양식을 하나님과 이스라엘 백성이 시내산에서 맺은 시내산 언약에 적용하고 있다. 이 시내산 언약은 하나님께서 아브라함에게 주신 언약과는 달리 조건적인 것이었는데, 이것을 예레미야 34 : 18~20은 다음과 같이 밝히고 있다 : "송아지를 두 조각으로 갈라 놓고, 그 사이로 지나가 내 앞에서 언약을 맺어 놓고서도, 그 언약의 조문을 지키지 않고 나의 언약을 위반한 그 사람들을 내가 이제 그 송아지와 같이 만들어 놓겠다. 유다의 지도자들이나 예루살렘의 지도자들이나 내시들이나 제사장들이나 이 땅의 백성이나 할 것 없이, 갈라진 송아지 사이로 지나간 자들은 모조리 내가 그들의 목숨을 노리는 원수들의 손에 넘겨 주겠다. 그러면 그들의 시체가 공중의 새들과 들짐승들의 먹이가 될 것이다"(새번역).

다시 아브라함의 이야기로 돌아가 보자. 하나님은 아브라함과 언약을 맺으시면서 그에게 새로운 사실을 알려 주셨다. 그것은 곧 그의 후손들(이스라엘)이 나중에 다른 나라(애굽)에서 나그네 살이를 하다가, 마침내 종이 되어서 400년 동안 고통을 받을 것이라는 사실이었다. 그러나 하나님께서는 4대 째가 되면, 즉 그 400년의 종살이가 끝날 때쯤 되면 이스라엘을 종살이시킨 나라를 벌하시고, 이스라엘로 하여금 많은 재물을 가지고서 그 나라를 빠져 나올 수 있게 해 주실 것이다. 그리고 아브라함은 오래오래 살다가 고이 잠들어 묻힐 것이다(13-16절).

그런데 언뜻 보기에 이 말씀은 하나님께서 아브라함에게 주시는 약속과 그렇게 큰 관련이 없는 것으로 보인다. 그러나 자세히 들여다보면 꼭 그렇지만도 않다. 오히려 이 말씀은 하나님의 약속이 성취되기 전에 하나님의 언약 백성인 이스라엘이 어떠한 고난을 당할 것인가를 미리 알려 주는 성격의 것이다. 그러니까 언약 백성은 하나님께서 이끌어 가시는 역사 안에서 좌절과 실패를 겪어보고 난 후에라야 하나님의 약속을 받을 자격이 있다는 말이다.

이것은 하나님의 약속을 받은 아브라함과 사라가 약속과는 너무도 거리가 있는 현실 속에서 고통스러운 삶을 살고 있는 것과 같은 맥락에 속하는 것이다. 또한 이것은 어떠한 고통 속에서도 하나님의 약속을 믿는 자에게는 희망이 있고, 미래가 있음을 가르쳐 주는 말씀이기도 하다. 더 나아가서 이 말씀은 하나님께서 애굽을 벌하심으로써 자기 백성을 구원하신다고 말함으로써, 하나님이 다른 민족들의 운명까지도 관장하시는 역사의 주(主)이심을 널리 알리고 있다. 이것은 하나님의 약속이 그가 주관하시는 역사 안에서 이루어진다는 것을 뜻하는 것이나 다름없다.

아브라함에게 이상과 같은 말씀을 주신 하나님은 마지막으로 가나안 족속의 땅들을 그의 후손에게 줄 것임을 확약하심으로써 자신의 언약 세움을 마무리하셨다(18-21절). 이 약속은 아브라함에게 다섯 번째로 주어진 것이었다. 그런데 여기서 주어진 땅의 약속은 이전 것보다 그 범위가 훨씬 넓은 것이었다. 왜냐하면 하나님께서 아브라함의 후손에게 주시겠다고 하신 땅은 애굽 강에서 그 큰 강 유브라데까지를 포함하고 있기 때문이다(18절). 따라서 그 지역은 보통 6~7족속이 거주하는 가나안 지역보다 더 많은 10족속이 거주하는 곳으로 소개되고 있다(19-21절). 아마도 하나님의 이 약속은 이스라엘 자손이 나중에 애굽과 바벨론 지역에 이르기까지 널리 흩어져 살던 것을 지칭하는 것으로 보인다(사 27 : 12).

2. 하갈을 통해서 이스마엘을 낳음(16장)

1) 쫓겨나는 하갈(1-6절)

하나님의 약속이 다섯 번씩이나 반복되고 있는데도 아브라함이 처한 현실과 하나님의 약속 사이에는 큰 간격이 있었다. 16장은 그 중에서도 자손의 약속과 아브라함의 현실을 대비시키고 있다. 아브라함이 하란을 떠나 가나안에 정착한 지 10년이 넘도록, 즉 아브라함이 85세가 되도록까지 그의 아내 사라가 아이를 낳지 못했던 것이다(1, 3절, 11 : 30). 그런데 당시의 관습(함무라비 법전이나 누지문서)에 의하면 본부인을 통해서 상속자를 낳지 못할 경우에는 첩을 통해서라도 상속자를 얻는 것이 마땅한 일이었다. 아브라함이나 사라는 누구보다도 이 점을 잘 알고 있었다. 그래서 사라는 자기 남편 아브라함에게 자신의 몸종인 이집트 사람 하갈을 첩으로 주기로 작정하였고, 아브라함은 사라의 제안을 뿌리치지 못했다(2절). 아마 이들은 하나님의 자손 약속이 사회관습을 통해서라도 이루어질 수 있으리라고 스스로를 위로했을 것이다.

그러나 이들의 행동은 정당하지 못했다. 그것은 곧 하나님의 약속에 대한 불신앙에서 비롯된 행동이었다. 비록 그들이 처한 현실이 하나님의 약속과 큰 간격을 가지고 있다고 할지라도, 그 약속을 굳게 믿고서 끝까지 기다리는 것이 하나님께서 그들에게 원하시는 일이었다. 그러나 그들은 그렇게 하지 못한 것이다. 아이를 낳지 못하는 고통을 참지 못한 사라나 상속자를 얻지 못해 한없이 초조해 하는 아브라함이나, 이제 더 이상 기다릴 수만은 없다고 생각했을 것이다. 그럼에도 하나님은 그들을 나무라지 않으셨다. 하나님께서 아브라함에게 주신 언약은 조건이 없는 것으로서 아브라함의 행위에 관계 없이 이루어지는 것이었기 때문이다.

어쨌든 아브라함은 아무런 갈등 없이 하갈과 동침하였고, 그 결과 하갈은 아브라함으로 인하여 임신하게 되었다. 그러나 하갈은 자기가 임신한 사실을 알고서 자기의 여주인인 사라를 깔보았다. 그녀는 자기가 낳을 자식이 자기 자식이 아니요, 당연히 사라의 자식이 될 것임을 알고 있었지만, 그럼에도 불구하고 그러한 사회관습을 무시하고서 마치 태중의 자식이 자기 자식인양 뻐긴 것이었다. 이것을 견디지 못한 사라는 남편인 아브라함에게 자기가 하갈로 인해 받는 고통이 너무 크다고 하소연하였다.

이에 아브라함은 하갈에 대한 처분권을 본부인인 사라에게 일임하였고, 사라는 마침내 하갈을 학대함으로써 하갈로 하여금 자기 집에서 도망가게 만들었다(4－6절). 이러한 결말은 하나님의 약속이 이루어지는 것을 끝까지 기다리지 못하고서 취한 행동이 결국에 가서는 세 사람－아브라함과 사라와 하갈－사이에 있던 본래의 친근한 관계마저도 끊고 있음을 알게 해 준다. 이것이 바로 하나님의 약속을 버리고서 인간적인 방법을 택한 자들의 필연적인 결말인 것이다. 나중에 다시금 사라와 하갈 사이에 벌어지는 갈등이나 배다른 형제인 이스마엘과 이삭 사이에 생겨나는 갈등(21 : 9－11)도 이 점을 웅변적으로 보여 준다.

그런데 여기서 우리는 한 가지 의문을 갖는다. 하갈을 대하는 아브라함과 사라의 태도가 과연 정당한 것이었는가 하는 것이 바로 그것이다. 이에 대한 해답은 사라와 하갈 사이의 관계를 통해서 확인할 수 있다. 보다 구체적으로는 아브라함의 아내 사라가 하갈을 어떻게 부르고 있는가 하는 점을 통해서 알 수 있다. 사라는 처음에는 하갈을 남편에게 주면서, 그리고 나중에는 자기를 멸시하는 하갈을 비난하면서 다음과 같이 말한다 : "여호와께서 나의 생산을 허락지 아니하셨으니 원컨대 '나의 여종' 과 동침하라. …… 나의 받는 욕은 당신이 받아야 옳도다. 내가 '나의 여종' 을 당신의 품에 두었거늘, 그가 자기의 잉태함을 깨닫고 나를 멸시하니……"(창 16 : 2, 5). 사라의 이 말을 유심히 관찰해 보면 사라는 하갈을 한 번도 그녀의 이름으로 부르지 않고 있음을 알 수 있다. 하갈은 사라에게 있어 그저 '나의 여종' 일 뿐이었다. 아브라함이 하갈을 '그대의 여종' 이라고 부른 것도 마찬가지 차원에 속한다(6절).

그러니까 아브라함의 첩이 된 하갈은 인격적인 대우를 받지 못한 채로, 단순히 두 사람의 상속자를 만들어 내기 위한 씨받이 구실에 그치고 있는 셈이었다. 이 점은 사라와 하갈 사이의 대화가 철저히 배제되어 있다는 사실을 통해서 뒷받침된다. 아브라함과 하갈 사이에도 역시 대화가 없다. 물론 이것은 당시에 여종(노예)이 어떠한 지위를 가지고 있는가를 보여 주는 한 사례에 지나지 않는다. 그러나 하갈이 아브라함과 사라 두 사람의 합의에 의하여 아브라함의 첩이 되었음을 생각한다면, 하갈에 대한 사라나 아브라함의 태도에는 부당한 점이 있었다. 하갈의 입장에서 본다면 그것은 참으로 억울하기 짝이 없는 일이었을 것이다. 비록 그녀가 자기의 여주인을 우습게 알고 깔보기는 했지만 말이다.

2) 하갈을 위로하시는 하나님(7-16절)

그런데 놀라운 것은 광야로 피신한 비천한 이방여인 하갈을 하나님께서 만나 주시고, 또 하갈을 그녀의 이름으로 불러 주고 있다는 사실이다. 그는 사막에 있는 우물(샘, 히브리어로 '브엘') 곁에서 하갈을 만나시고 그녀에게 다음과 같이 물었다. "사래의 여종 하갈아, 네가 어디서 왔으며 어디로 가느냐?"(8절 상반절). 그런데 뜻밖에도 하갈은 천사의 이 물음에 대답하면서 자기를 학대하여 쫓아낸 여주인 사라를 그의 이름으로 불러 주고 있다 : "나는 나의 여주인 사래를 피하여 도망하나이다"(8절 하반절). 하갈을 대하는 사라의 태도와 사라를 대하는 하갈의 태도 사이에는 이처럼 주종(主從)관계 이상의 요소가 포함되어 있음이 분명해진다.

이 점을 잘 알고 계신 하나님께서는 천사를 통해 하갈을 만나시고, 그녀의 이름을 불러 줌과 아울러 그녀와 친밀한 대화를 나누셨다. 이것은 하나님이 사막에 혼자 남아 앞으로 어떻게 될지 알 수 없는 하갈의 운명에 깊은 관심을 가지셨음을 보여 준다. 하갈의 가련한 처지를 긍휼히 여기신 것이다. 그리하여 하나님은 하갈과 대화를 나누시면서 그녀를 위로해 주셨으며, 또한 그녀에게 자손의 약속을 주시기까지 했다 : "너의 여주인에게로 돌아가서 그에게 복종하면서 살아라. …… 내가 너에게 많은 자손을 주겠다. 자손이 셀 수도 없을 만큼 불어나게 하겠다"(9-10절, 새번역).

그렇다면 왜 하나님은 하갈을 아브라함의 집으로 돌아가라고 명하셨을까? 그 이유는 간단하다. 하갈이 만약 사막에 그대로 남게 된다면 하갈 자신은 말할 것도 없고, 그녀의 뱃속에 있는 어린 생명마저도 굶어 죽을 것이 뻔하기 때문이다. 하나님은 하갈과 그녀의 뱃속에 있는 생명을 소중히 여기신 것이다. 비록 하갈이 사라의 몸종에 지나지 않고 또 아브라함의 첩에 지나지 않지만, 그럼에도 불구하고 그에게 있는 생명 역시 보호를 받아 마땅한 하나님의 것이 아니겠는가! 뿐만 아니라 하나님은 하갈에게 뱃속의 아이를 통해 큰 민족을 이루시겠다고 말씀하셨다. 이렇게 된 이상 하갈은 하나님의 약속이 이루어지는 것을 기다리기 위해서라도 사라에게로 돌아가서 - 비록 수치스럽기는 하지만 - 그에게 복종하며 살아야만 했다.

하갈에게 그녀의 여주인 사라에게로 돌아가라고 명하신 하나님은 또한 하갈이 낳게 될 아들의 이름을 '이스마엘'이라고 하라고 말씀하셨다. 이 이름은 '하나님께서 들으심'이라는 뜻을 가진 것으로, 하나님께서 고통 가운데서 부르짖는 하갈의 신음소리를 들으셨음을 뜻했다(11절). 그리고 천사가 전한 말에 의하면 하갈이 낳을 아들 이스마엘은 들나귀같이 될 것이며, 주위 사람들과 더불어 싸우는 삶을 살 것이요, 모든 친척을 등지고(히브리어로 '알-프네 콜-에하우', over against all his kinsmen) 살 것이다(12절). 여기서 이스마엘이 들나귀 같을 것이라는 말씀은 그가 가나안 주변의 사막지대에서 아무런 속박도 받지 않고서 떠돌아다니는 유목민의 삶을 살 것임을 뜻했다.

그런데 하나님의 천사가 하갈을 만나 나눈 이상의 대화에서 한 가지 흥미로운 것은, 하나님이 자기의 여주인 사라를 깔본 하갈의 행위를 전혀 나무라지 않고 있다는 점이다. 도리어 하나님은 비참한 처지에 놓인 하갈을 위로하시고 그녀의 고통소리에 귀를 기울여 주셨다. 이러한 사실에 감동한 하갈은 자기가 만난 하나님의 이름을 '엘 로이', 곧 '감찰하시는 하나님'으로 지어 불렀다. 이것은 그녀가 자기를 감찰하시는 하나님을 보고서도 죽지 않고 살아 있다는 사실에 감격한 까닭이었다(13절).

하갈은 이에 더하여 천사가 자기를 만난 곳, 즉 술(Shur)로 가는 길 옆에 있던 샘의 이름을 '브엘 라해 로이'라고 불렀다. 이 말의 뜻은 '나를 감찰하시는 분'('로이'), '살아 계시는 분에게 속한('라해', 더 정확하게는 '라하이') 샘('브엘')'이었다. 그러니까 하갈은 자기를 감찰하시는 하나님이 살아 계신 분이라는 신앙고백을 이렇게 표현한 것이었다(14절). 하갈은 이처럼 하나님을 만나고 그로부터 구원의 약속을 받은 후에 다시금 아브라함에게로 돌아갔다. 그리고서 이스마엘이라는 아들을 낳았다. 이 때에 아브라함의 나이는 86세였다(15-16절).

우리는 이상의 이야기에서 오늘의 교회가 해야 할 일이 무엇인가를 배우게 된다. 하나님의 교회는 사실 하갈처럼 버림받고 천대받는 사람들을 그들의 이름으로 부르는 일에 게을러서는 안 된다. 남의 아이를 낳아 줄 수밖에 없는 비천한 처지에 있는 사람들, 자신의 이름이 공공연하게 불리어질 수 없는 서글픈 현실에 직면한 사람들, 누구로부터도 위로를 받을 수 없는 억울한 형편에 처해 있는 사람들-이들이야말로 하나님의 위로와 사랑을 전해야 할 우리의 이웃들인 것이다. 무릇 예수 믿는 모든 사람들은 사회의 음지에서 고생하는 우리 시대의 하갈들을 하나님의 심정으로 찾아나서는 따뜻한 사랑의 실천자들이 되어야 할 것이다.

3. 언약의 증거로 할례를 행함(17장)

1) 또다시 언약을 세움(1-8절)

아브라함이 하갈을 통해 이스마엘을 낳은 지 13년의 세월이 흘렀다. 하나님께서는 아브라함이 99세가 되던 해에 또다시 아브라함에게 나타나시고, 그에게 여섯 번째 약속을 주셨다. 이 여섯 번째 약속에서 하나님은 아브라함과 언약을 맺으시면서 그에게 하나님께 순종할 것과 흠 없는 삶을 살 것을 요구하셨다(1-2절). 이 언약 세움에서 하나님은 아브라함에게 자신의 새로운 이름을 가르쳐 주셨는데, 그것은 '엘 샷다이' 였다. 이 이름은 본래 악카드어로 '산(山)의 신' 이라는 뜻을 가지고 있었으나, 주전 3세기 중반에 헬라어로 번역된 70인역에 오면서 '전능한 하나님' (헬라어로 '판토크라토르', God Almighty)으로 번역되어 지금에 이르고 있다. 그러니까 하나님께서는 이 '엘 샷다이' 라는 이름을 자신에게 적용하심으로써, 자신이야말로 우주적인 신임을 알리신 셈이었다(28 : 3, 35 : 11, 출 6 : 3 등을 참조).

그런데 이 여섯 번째 약속은 이전의 것보다 훨씬 구체화되어 크게 세 가지의 내용을 가지고 나타난다. 맨 먼저 이 언약은 아브라함이 크게 번성하여 열국(列國, 여러 민족)의 아버지가 될 것이요, 그에게서 나라들과 왕들이 나올 것이라고 말한다(4-6절). 이를 위해 하나님은 '존귀한 아버지' 라는 뜻의 이름인 '아브-람' ('아브' 는 '아버지' 라는 뜻이고 '람' 은 '높은' 이라는 뜻을 가짐.)을 '많은 무리의 아버지' 라는 뜻의 이름인 '아브-라함' 으로 바꾸어 주셨다. 이러한 개명(改名)은 아브라함이 이제는 확실하게 하나님의 지배하에 놓인 자요, 하나님께 붙들린 자라는 사실을 의미했다.

두 번째로 이 언약은 하나님께서 아브라함하고만 맺으시는 것이 아니라 아브라함의 뒤에 오는 그의 자손들과도 맺으시는 것으로 이해되었다. 따라서 이 언약은 '브리트 올람' , 곧 '영원한 언약' 이 될 것이며,

하나님은 아브라함의 하나님이실 뿐만 아니라 뒤에 오는 그의 자손의 하나님도 되실 것이다(7-8절). 그리고 마지막으로 이 언약은 아브라함이 지금은 비록 나그네로 가나안 땅에 살고 있지만, 머잖아 그 땅이 그와 그의 자손에게 '영원한 소유'(히브리어로 '아훗자트 올람')로 주어질 것이라고 말한다(8절). 이상을 두고 볼 때 이 여섯 번째의 약속은 땅의 약속과 자손의 약속을 되풀이함과 아울러, 그 언약이 영원한 언약이 될 것임을 강조하는 성격을 갖는다고 할 수 있다.

2) 할례를 행하라는 명령(9-14절)

하나님은 아브라함에게 언약을 주신 다음에 그에게 그 언약에 충실할 것을 요구하셨다. 그러니까 하나님께서 주신 자손의 약속과 땅의 약속을 굳게 믿어야 하고, 또 이에 어긋나는 행동을 해서는 안 된다는 것이었다. 이것은 아브라함 뿐만 아니라 그의 자손들에게도 똑같이 적용되는 것이었다(9절). 이를 위해 아브라함은 자기 집안의 모든 남자들에게 그들의 양피(陽皮)를 베는 이른바 할례의식을 행해야만 했다. 그리고 앞으로 날 자손들의 경우에는 태어난 지 여드레만에 할례를 받게 해야만 했다. 물론 이 할례는 아브라함 집안에서 태어난 종들과 외국인에게서 사 온 종에게도 행해야만 했다. 그래야만 아브라함의 자손이 아닌 자들도 하나님의 언약이 그들 몸에 영원한 언약으로 새겨질 수 있기 때문이었다(13절).

그렇다면 하나님께서 정하신 이 할례는 도대체 어떤 의미를 갖는 것이었을까? 할례는 본래 이스라엘의 주변 나라들에서 아주 오래 전부터 젊은 남자들이 결혼 적령기 내지는 성년(成年)에 이르렀음을 인정하는 의식으로 행하였었다. 그런데 하나님께서는 바로 이러한 할례의식을 자신의 언약백성에게 적용하셨다. 그러면서 그것을 갓난아이에게 행하는 의식(유아 할례)으로 바꿈과 동시에, 그 의미를 일종의 성년의식에서 하나님의 언약백성이 되었음을 인정하는 표시로 바꾸셨다. 그 결과 할례는 이스라엘의 모든 남자를 언약공동체에 포함시키게 되었으며, 하나님께 대한 언약백성의 충성을 나타내는 것으로 이해되었다. 이러한 의미 변화를 10절과 11절은 다음과 같이 표현하고 있다 : "너희 중 남자는 다 할례를 받으라. 이것이 나와 너희와 너희 후손 사이에 지킬 내 언약이니라. 너희는 양피를 베어라. 이것이 나와 너희 사이의 언약의 표징이니라."

따라서 할례를 받은 자는 누구든지 하나님의 언약백성으로서의 긍지와 자부심을 가질 수 있었지만, 그와 동시에 언약백성으로서 하나님의 말씀과 그의 언약에 충실해야만 하는 의무와 책임을 지게 마련이었다. 더 나아가서 할례는 하나님의 언약백성인 이스라엘을 다른 이방 나라 사람들과 구별짓는 표지가 되었으며, 경우에 따라서는 어두운 역사현실 속에서도 하나님께서 주신 언약을 통해서 새로운 희망을 발견하게 해 주는 신앙의 표지판이 되기도 했다. 이것을 뒤집어서 이야기한다면 할례의 표를 갖지 못한 사람은 하나님의 언약백성이라고 할 수가 없었고, 하나님의 보호를 받을 자격도 갖지 못했다.

더 나아가서 이스라엘 백성으로서 할례를 행치 않은 자는 언약백성으로부터 끊어져야만 했다. 언약의 표지인 할례를 행치 않는다는 것은 곧 하나님의 언약을 깨뜨리는 것이나 다름이 없었기 때문이다. 이것을 14절은 다음과 같이 밝히고 있다 : "할례를 받지 아니한 남자, 곧 그 양피를 베지 아니한 자는 백성 중에서 끊어지리니 그가 내 언약을 배반하였음이니라." 그러나 이처럼 중요한 의미를 가진 할례는 점차 형식에 치우치면서 그 본래적인 의미를 상실하게 되었다. 육체에 행하는 외적(外的)인 할례보다는 마음과 귀에 행하는 내적(內的)인 할례가 더 중요하다는 메시지들이 그 점을 뒷받침하고 있다(신 10 : 16, 30 : 6, 렘 4 : 4, 9 : 26, 겔 44 : 7, 9, 행 7 : 51, 롬 2 : 29 등).

3) 아들을 낳으리라는 약속(15－27절)

하나님은 아브라함의 이름만 바꾸어 주신 것이 아니라 그의 아내인 사라의 이름까지도 바꾸어 주셨다. 사라의 본래 이름은 사래였다. 그러나 그녀가 새로 갖게 된 이름은 '여주인'(女主人) 또는 '왕후'(王后)를 뜻하는 '사라'였다. 이러한 이름의 변화는 그녀에게 주어진 복과 맥을 같이 하고 있었다 : "내가 그에게 복을 주어 너에게 아들을 낳아 주게 하겠다. 내가 너의 아내에게 복을 주어서 여러 민족의 어머니가 되게 하고 백성들을 다스리는 왕들이 그에게서 나오게 하겠다"(16절, 새번역).

그러나 하나님의 이 말씀에 아브라함은 웃으면서 혼잣말을 하였다 : "나이 백 살이나 된 남자가 아들을 낳는다고? 또 아흔 살이나 되는 사라가 아이를 낳을 수 있을까?"(17절, 새번역). 그래서 그는 이스마엘이나 하나님께서 주시는 복을 받으면서 살기를 바란다고 하나님께 말했다(18절). 그러나 하나님은 그의 아내 사라가 아들을 낳을 것임을 다시금 밝히시면서, 아들을 낳게 되면 그 이름을 '이삭'(더 정확하게는 '이츠하크')이라고 할 것을 말씀하셨다. 그리고서 하나님은 이삭과도 언약을 맺으실 것이요, 그 언약은 그의 뒤에 오는 자손에게도 영원한 언약이 될 것이라고 말씀하셨다(19절).

그런데 하나님께서 주신 '이삭'이라는 이름은 본래 '그가 웃을 것이다'는 뜻을 가진 것으로, 아브라함이 하나님의 약속을 받고서도 그것을 믿지 않고 웃었다는 사실에 근거한 것이었다. 그러나 이 이름은 동시에 아브라함이 출산이 불가능한 나이에 정말로 아들을 낳고 난 후에, 기쁨을 감추지 못하고서 크게 웃을 것임을 암시하는 것이기도 했다(21 : 6-7).

한편 하나님은 비록 약속의 아들은 아니지만 그래도 아브라함의 또 다른 아들인 이스마엘에게도 복을 주어 그가 자식을 많이 낳고, 그 자손이 크게 불어나게 하시겠다고 말씀하셨다. 그에게서 12명의 영도자(히브리어로 '나시')들이 나옴으로써 그가 큰 나라를 이룰 것이라는 약속도 곁들이셨다. 그렇지만 아브라함의 본처인 사라에게서 낳을 이삭의 경우에는, 한 해 후에 그가 태어날 때에 그와 언약을 맺으시겠다고 말씀하셨다(20-21절).

하나님께서 이러한 약속의 말씀들을 주시고 그를 떠나 올라가시자(22절), 아브라함은 자기 집안의 모든 남자들, 곧 자기 아들 이스마엘과 자기 집에서 태어난 모든 종들 및 외국인에게서 돈을 주고 사온 모든 종들에게 할례를 행하였으며, 아브라함 자신은 이스마엘과 같은 날에 할례를 받았다(23, 27절). 그때 그의 나이는 99살이었으며, 이스마엘은 13살이었다.

Ⅲ. 소돔과 고모라의 멸망(18-20장)

하나님의 약속을 믿고서 하란 땅을 떠나 가나안으로 옮겨 온 아브라함은 그의 믿음을 시험하는 여러 가지 어려움에 부닥쳤다. 가나안 땅에 자주 있던 기근이 그러하였으며, 그가 약속의 자손을 전혀 가지고 있지 못하다는 사실 역시 마찬가지였다. 그래서 그는 약속의 땅을 떠나 애굽으로 이주하는가 하면 자기 집에서 기른 종을 상속자로 정해 놓고 있기까지 하였다. 하나님께서 그의 이러한 계획을 물리치시고서 그에게 자손의 약속을 새롭게 해 주셨지만 소용이 없었다. 하나님의 약속이 계속해서 더디 이루어지자 다급해진 아브라함은 사라의 여종 하갈로부터 이스마엘이라는 아들을 낳기에 이르렀다. 그럼에도 하나님은 할례의 언약을 통하여 그의 본처인 사라에게서 날 자가 약속의 자손이 될 것임을 분명하게 밝히셨다. 하나님의 이 약속은 소돔과 고모라가 멸망하기 직전에 다시금 아브라함에게 되풀이되었다.

한편 아브라함과 함께 약속의 땅 가나안으로 왔던 아브라함의 조카 롯은 기근을 피하여 아브라함 일행과 함께 애굽으로 갔다가 다시 가나안 땅으로 돌아왔다. 그러나 그 동안에 아브라함이나 롯의 재산이 불어난 까닭에 더 이상 두 사람이 같이 거주할 수 없는 지경에 이르렀다. 이에 아브라함은 조카 롯에게 거주지 선정권을 양보하는 신앙적인 결단을 내렸고, 롯은 요단 동편의 비옥한 땅인 소돔과 고모라 지역을 자신의 삶의 터전으로 선택하였다. 그러나 불행하게도 그 땅은 죄악과 불의가 가득한 곳이었다. 하나님의 심판을 받아 마땅한 땅이었던 것이다.

마침내 소돔과 고모라 지역을 멸하기로 작정하신 하나님께서는 먼저 이 사실을 아브라함에게 알리셨다. 아브라함은 하나님의 심판이 의로운 사람들까지를 다 멸하려고 하는 불공평한 것이 아니냐고 따졌지만, 소돔과 고모라는 의인(義人) 열 사람조차도 발견할 수 없을 만큼 죄악으로 가득 찬 곳이었다. 결국 롯과 그의 아내 및 그의 두 딸만 특별히 구원을 받고 나머지는 다 하나님의 심판을 받아 망하게 되었다. 그러나 어렵사리 하나님의 구원을 입은 롯의 가정은 온전하게 남아나지 못했다. 롯의 아내는 뒤를 돌아보지 말라는 하나님의 명령을 어기고서 뒤를 돌아보다가 그만 소금기둥이 되고 말았다. 그런가 하면 롯은 자기의 두 딸에게 속임을 당하여 그들과 관계를 맺고, 그들을 통해 모압 족속과 암몬 족속의 조상인 모압과 벤암미를 낳게 되었다.

조카 롯이 이처럼 어려움에 처해 있을 동안에 아브라함은 남방의 그랄 지역으로 이주하여 살았다. 그러다가 그는 다시금 자기 아내 사라를 누이 동생이라고 속였고, 이로써 하나님의 약속이 이루어질 유일한 통로인 자기 아내를 그랄 왕 아비멜렉에게 넘겨 주는 잘못을 범하고 말았다. 그러나 하나님께서는 아브라함의 실수를 용납하시고 꿈속에서 아비멜렉에게 사라를 되돌려줄 것을 경고하셨다. 이에 아비멜렉은 아브라함을 엄하게 책망하고서 그의 아내 사라를 그에게 되돌려주었다. 이 일을 계기로 아브라함은 아비멜렉으로부터 많은 재산을 얻게 되었고, 하나님의 약속이 결코 무효화될 수 없다는 사실을 다시 한번 확인할 수 있었다.

1. 다시금 주어지는 아들 약속(18 : 1-15)

아브라함 일가족이 할례를 받은 지 얼마 지나지 않아서 하나님께서 마므레에 있는 상수리나무 곁에서 아브라함에게 나타나셨다. 그 때는 한창 더운 대낮이었다. 아브라함은 더위를 피하여 장막 어귀에 앉아 있었는데, 낯선 사람 세 명이 그의 맞은편에 서 있는 것을 보았다. 그는 그들을 보자 장막 어귀에서 달려나가서 그들을 맞이하며 땅에 엎드려서 절을 하였다. 그는 항상 나그네를 잘 대접해야 한다는 당시의 사회 관습(참조, 신 10 : 18, 14 : 29, 16 : 11, 14, 24 : 17, 19-21 등)을 따라, 그들에게 그냥 지나가지 말고 발을 씻고 나무 아래에서 쉬다가 갈 것을 청하였다. 그러면서 그는 그들에게 먹을 음식을 가져오겠으니 그것을 먹은 다음에 기분이 상쾌해지면 길을 떠나는 것이 어떻겠느냐고 물었다(1-5절).

세 명의 손님들이 자신의 제안을 기꺼이 받아들이자 아브라함은 즉시 장막 안으로 들어가서 사라에게 고운 밀가루 세 스아를 반죽하여 빵을 굽게 했다. 그리고서 자신은 집짐승떼가 있는 곳으로 가서 기름진 좋은 송아지 한 마리를 끌어다가 하인에게 잘 요리하라고 명하였다. 아브라함은 마침내 엉긴 젖(버터)과 우유 및 하인이 만든 송아지 요리를 세 명의 나그네들 앞에 차려 놓았다. 떡에 대한 언급이 없지만 아내 사라가 만든 떡도 손님들에게 제공되었을 것이다. 이들이 나무 아래 앉아서 음식을 먹는 동안에 아브라함은 그들 곁에서 식사 시중을 들었다(6-8절).

그런데 아브라함을 방문한 이들 세 사람은 사실 야웨 하나님과 그의 두 천사였다. 그러나 아브라함은 이러한 사실을 전혀 알지 못했다. 도리어 그는 그들이 단순히 정오 무렵의 무더위를 피하여 잠시 휴식할 곳을 찾는 나그네들이라고만 생각했을 것이다. 이와 아울러 그는 그들이 점심식사를 필요로 한다고 생각했을 것이다. 그래서 그는 자기 아내 사라와 자기 집에 있는 종들을 시켜 점심을 준비하게 함과 아울러 그들에게 휴식 장소까지도 제공해 주었던 것이다. 신약성경의 히브리서 기자는 아브라함의 이러한 손님접대를 염두에 두고서 다음과 같이 나그네 대접에 관한 가르침을 전하고 있다 : "나그네 대접하기를 게을리하지 마십시오. 어떤 이들은 나그네를 대접하다가 자기도 모르는 사이에 천사들을 대접하였습니다"(히 13 : 2, 새번역).

아브라함으로부터 이처럼 친절하게 손님접대를 받고서 식사를 마친 세 명의 손님들은 마침내 자기들의 정체를 드러내었다. 그들은 먼저 아브라함에게 그의 아내 사라가 어디에 있는지를 물었다. 그리고 나서는 사라에게 들으라는 듯이 1년이 지나면 그녀가 아들을 낳을 것임을 일러주었다(9 - 11절). 그러나 사라는 자기나 아브라함이나 아이를 낳을 나이가 아님을 생각하고서 속으로 웃으면서 다음과 같이 중얼거렸다 : "나는 기력이 다 쇠진하였고, 나의 남편도 늙었는데 어찌 나에게 그런 즐거운 일이 있으랴!"(12절, 새번역).

그러나 사라가 자신의 약속을 웃음으로 넘기려는 것을 아신 하나님께서는 "이 늙은 나이에 내가 어찌 아들을 낳으랴?"(13절, 새번역) 하고 탄식하는 그녀에게 주 야웨께는 능치 못할 일이 없을 것인즉, 반드시 1년 후에 그녀가 아들을 낳을 것임을 재차 약속하셨다. 사라가 하나님을 두려워하여 자기가 웃지 않았다고 변명하였지만, 하나님의 눈을 속일 수는 없었다(13 - 15절). 사라의 이 웃음은 아브라함의 웃음(17 : 17 - 19)과 마찬가지로 후에 태어날 아들의 이름이 '그가 웃을 것이다'(히브리어로는 '이츠학'이지만 개역은 '이삭'으로 옮김.)라는 뜻을 가질 것임을 암시했다.

그런데 이렇게 해서 주어진 하나님의 약속은 아브라함에게 일곱 번째로 주어진 것이었다. 그리고 이 약속은 바로 앞서 주어진(17장) 아들 약속과 거의 같은 내용을 가지고 있었다. 다른 점이 있다면 17장에서 주어진 아들 약속이 할례를 중심으로 하는 영원한 언약의 한 부분으로 주어진 반면에, 여기에서 주어진 약속은 전적으로 아들을 낳을 것이라는 약속에 국한되고 있다는 점이다. 그리고 또 하나 주목할 것은 이제까지의 모든 언약이 아브라함을 상대로 하여 주어진 것들이었다고 한다면, 이 일곱 번째 약속은 사실상 그의 아내 사라를 상대로 하여 주어진 것이었다는 점이다. 아브라함의 이름 뿐만 아니라 사라의 이름까지도 바꾸어 주신(17 : 15) 하나님께서 이제는 직접 사라를 향하여 그녀가 비록 늙기는 했지만, 앞으로 1년만 있으면 아들을 낳을 것이라는 약속을 주신 것이다.

2. 의인 열 사람이 없던 소돔과 고모라(18 : 16-33)

1) 심판에 대하여 알리심(16-21절)

하나님과 아브라함 사이의 대화형식으로 짜여진 이 부분은 하나님께서 아브라함에게 소돔 심판에 대해서 알리시는 내용(16-21절)과 아브라함이 하나님께 묻고 또 간청하는 내용(22-33절)으로 이루어져 있다. 전반부의 하나님 말씀이 소돔과 고모라의 죄악을 고발하는 성격의 것이라면, 후반부는 아브라함이 하나님의 정의에 대하여 따지는 한편으로, 비록 소수일지라도 소돔성에 일정 수(數)의 의인(義人)이 있다면 그들로 인하여 그 성을 용서하실 의향이 없으신지를 묻고 있다. 물론 소돔에 대한 아브라함의 궁극적인 관심은 거기에 거주하는 그의 조카 롯에게 있었다. 이제 이 부분의 내용을 보다 구체적으로 정리해 보면 다음과 같다.

아브라함을 방문했던 세 사람은 그에게 하나님의 약속을 전한 후에 소돔과 고모라 지역을 향해 발걸음을 옮겼다(16절). 이때 하나님께서는 그들을 전송하러 따라 나온 아브라함에게 소돔과 고모라 땅에 행할 심판에 대해서 말씀하셨다. 하나님의 이 말씀은 먼저 아브라함이 받을 복에 관한 내용을 가지고서 나타난다. 이것은 맨 처음에 주어졌던 복을 되풀이하는 것이기도 했다. “아브라함은 강대한 나라가 되고 천하만민은 그를 인하여 복을 받게 될 것이 아니냐?”(18절)

하나님께서 아브라함을 선택하신 것은 그로 하여금 그의 자손들에게 하나님의 도를 잘 따르도록 가르치고, 또 그들로 하여금 의(義, 히브리어로 '츠다카')와 공도(公道, '미슈파트')를 행하게 하려는 목적에서였다. 다시 말해서 아브라함과 그의 후손은 의와 공도를 행함으로써 하나님의 복(구원)을 세상 만민에게 전해야 하는 사명을 가지고서 택함받은 것이다. 이것은 곧 아브라함을 통해서 생겨나게 될 이스라엘 민족이 해야 할 일이기도 했다. 하나님께서는 아브라함에게 주신 약속들을 이러한 방법으로 이루어 가기를 원하셨다(19절).

하나님은 이처럼 아브라함과 그의 후손들이 해야 할 일과 그 일을 통해서 이루어질 하나님의 구원을 먼저 설명한 다음에, 바로 이어서 소돔과 고모라가 왜 심판을 받아야 하는가를 아브라함에게 설명하셨다. 이 설명에 의하면 소돔과 고모라의 멸망은 이 성읍들의 부르짖음이 컸고, 또 그들의 죄악(히브리어로 '하타아트')이 심히 무거웠기 때문이었다(20절). 그러면서 하나님은 그들에게서 비롯된 죄악의 부르짖음이 정말로 그러한지를 알아보기 위해 소돔 지역을 방문할 예정임을 아브라함에게 밝히셨다(21절).

여기서 하나님은 '부르짖음'이라는 특징적인 표현을 쓰고 계시는바, 개역성경은 이 두 낱말을 동일하게 '부르짖음'이라고 번역하고 있고, 공동번역 역시 동일하게 '아우성'으로 번역하고 있으나 히브리어 원문상으로는 조금 다르다. 20절의 '부르짖음'이 히브리어로 '즈아카'인 반면에 21절의 '부르짖음'은 '츠아카'이기 때문이다. 이 두 낱말은 일반적으로 힘없고 약한 사람 또는 곤궁에 처한 사람이 하나님이나 사람의 도움을 바랄 때 외치는 소리를 뜻한다(출 3 : 7, 9, 22 : 23, 삼상 4 : 14, 느 9 : 9, 욥 16 : 18, 잠 21 : 13, 에 9 : 31, 사 15 : 8, 65 : 19, 렘 18 : 22, 48 : 34, 51 : 54, 겔 27 : 28 등).

그러나 '즈아카'나 '츠아카'는 예외적으로 시끄러운 죄악의 부르짖음 소리를 뜻하는 경우에도 사용된다. 그 대표적인 예가 바로 창세기

18 : 20～21과 19 : 13('츠아카') 및 이사야 5 : 7('츠아카')이다. 따라서 이 본문들에 있는 부르짖음 소리는 재난당한 사람들이나 힘없고 약한 자들의 간절한 호소가 아니라, 정반대로 하나님을 떠나 범죄하는 자들의 아우성 소리를 뜻한다. 새번역은 창세기 18 : 20의 '즈아카'를 '울부짖는 소리'로, 그리고 21절과 19 : 13 및 이사야 5 : 7에 있는 '츠아카'를 '울부짖음'이라고 번역하고 있지만, 개역의 '부르짖음'이나 공동번역의 '아우성'이 더 적절한 것으로 보인다. 어쨌든 소돔과 고모라 사람들의 죄악이 하나님께 시끄러운 소음공해로 비치고 있음은 매우 흥미로운 일이 아닐 수 없다.

2) 아브라함의 질문과 간청(22－33절)

아브라함은 하나님께서 소돔과 고모라 지역에서 들려오는 죄악의 부르짖음 소리를 듣고서 그들의 죄악을 반드시 심판하겠다고 말씀하시자 적지 않게 당황했다. 왜냐하면 멸망 받아 마땅한 그 성읍에는 바로 그의 조카인 롯이 거주하고 있었기 때문이다. 그리하여 그는 하나님께 다음과 같이 묻지 않을 수 없었다 : "주께서 의인을 악인과 함께 멸하시려나이까?"(23절). 그의 이 질문은 그로 하여금 의와 공도를 행하게 하신 하나님께서 왜 그 지역에 있는 의인들까지 악인들과 함께 멸하려 하시느냐는 것이었다. 최소한 의인들은 건져 주셔야 하지 않느냐 하는 것이 아브라함의 생각이었던 것이다. 그것이 하나님의 의에 합당하다는 것이 아브라함의 논리였다.

그러면서 그는 만일에 그곳에 50명의 의인이 있다면 그들을 위해서라도 그 성읍들을 용서하시는 것이 어떻겠느냐고 간청한다. 아울러 그는 의로우신 하나님께서 죄없는 의인을 악인과 함께 죽인다는 것은 있을 수 없는 일이요, 의인과 악인을 구별하지 않고 똑같이 취급하는 것이 하나님께서 하실 일이 아니라고 말한다. 아브라함의 이러한 하소연은 25절 하반절에 있는 다음의 말에 가장 잘 압축되어 있다 : "세상을 심판하시는 이가 공의(公義, '미슈파트')를 행하실 것이 아니니이까?"

아브라함의 이러한 물음은 사실 이스라엘 역사가 계속되는 동안 끊임없이 제기되던 것이었다. 그 가장 대표적인 것이 욥기인 바, 하나님의 심판을 받아 바벨론에 포로로 잡혀 온 자들에게도 이와 유사한 의문이 있었다. 하나님은 의인으로 하여금 견디기 어려운 재난을 당하게 하고, 그 반대로 악인들로 하여금 온갖 부귀영화를 누리게 하는 분이 아닌가, 하나님은 또한 죄없는 사람을 죄인과 똑같이 보시고 함께 죽이시는 불공평하신 분이 아닌가 등등의 의문이 그러했다.

그러나 아브라함과 하나님 사이에 이루어지는 대화는 이러한 의문들이 잘못된 것임을 잘 보여 준다. 달리 말해서 하나님은 결코 의인과 악인을 구별하지 않고서 똑같이 벌하시는 불공평한 분이 아니라는 것이다. 이것은 하나님께서 소돔성 안에서 정말로 50명의 의인을 찾을 수 있다면 그들을 위하여 그 온 성읍을 용서할 의향이 있다고 말씀하신 것을 통해 뒷받침된다(26절). 하나님의 이 말씀은 그의 심판이 결코 의인과 악인을 똑같이 다루지 않는다는 것을 뜻했다. 또한 그것은 소돔성에는 50명의 의인조차도 없다는 것을 뜻했다.

이에 아브라함은 50이라는 수에서 다섯을 뺀 수를 언급하면서 만약에 소돔성에 45명의 의인이 있다면 어떻게 하시겠느냐고 물었다. 그들을 위해서라도 소돔성을 용서하실 의향이 없으시냐는 것이었다. 그러나 이에 대한 하나님의 답변도 마찬가지였다. 45명의 의인이 있다면 용서하겠다는 것이었다. 하는 수 없이 아브라함은 계속해서 의인들의 숫자를 줄여 나갔다. 40명에서 30명으로, 30명에서 20명으로, 20명에서 마침내는 10명으로까지 숫자를 줄여 나갔다. 그러나 소돔성에는 10명의 의인조차도 없었다. 하나님의 심판이 불가피했던 것이다(28-33절).

여기서 한 가지 주목할 것은 하나님의 공평하심을 증거하고 있는 이상의 대화가 한결같이 아브라함이 묻고 하나님이 답변하는 형식을 취하고 있다는 점이다. 그리고 여섯 차례에 걸친 아브라함의 물음은 한결같이 간청의 형식으로 나타난다. 이것은 아브라함이 네 차례나 하나님의 용서를 구하는 데에서 알 수 있다 : "티끌과 같은 나라도 감히 주께 고하나이다"(27절), "내 주여, 노하지 마옵시고 말씀하게 하옵소서"(30절), "내가 감히 내 주께 고하나이다"(31절), "주는 노하지 마옵소서. 내가 이번만 더 말씀하리이다"(32절). 하나님께서 이러한 아브라함의 간청을 마지막까지 들어주시고 있음은 그의 자비와 인내가 어떠한 것인가를 알게 해 준다. 10명선까지 양보하셨지만 소돔과 고모라는 그 열 명조차도 없어서 하나님의 공정한 심판을 받아야만 했던 것이다.

이와 아울러 소돔과 고모라가 하나님의 심판을 받아야 할 이유에 관한 이상의 대화는 사실 하나님의 특별한 선택을 받은 아브라함과 그의 후손들에게 일종의 경고로 받아들여질 수도 있었다. 왜냐하면 하나님의 약속을 받은 그들은 하나님의 복(구원)을 이루기 위해 선택된 자들로서, 의와 공도를 행함으로써(19절) 하나님의 선택에 값할 만한 책임을 완수해야 했기 때문이다. 만일에 그들이 의와 공도를 행하지 않거나 하나님께서 그들에게 주신 사명에 태만할 경우에는 어떻게 될 것인가? 그 결과는 너무도 자명했다. 하나님의 의를 이루지 못한다면 그들 역시 의인 열 명이 없어서 망한 소돔이나 고모라처럼 하나님의 준엄한 심판을 피하지 못할 것이다.

3. 소돔과 고모라에 임한 하나님의 심판(19장)

1) 소돔 사람들의 죄악(1-11절)

아브라함을 방문한 적이 있었던 두 천사는 아브라함을 떠나 소돔성에 살고 있는 아브라함의 조카 롯을 찾았다. 그때는 저녁 무렵이었는데, 롯은 소돔 성문(城門)에 앉아 있었다. 성문은 일반적으로 재판이나 상거래(商去來)가 이루어지는 곳으로 많은 사람들이 왕래하는 넓은 곳이었다. 따라서 롯이 성문 곁에 앉아 있었다는 것은 그가 이미 소돔성의 시민이 되어 있었음을 뜻했다. 성문 곁에 앉아 있던 롯은 소돔 성문을 거쳐 자기에게 나아오는 두 명의 나그네를 발견하였다.

그들이 나그네로 가장한 하나님의 천사들이라는 것을 알 턱이 없는 롯은 아브라함이 그랬던 것과 똑같이(18 : 1-8) 손님접대의 관습을 따라 그들을 영접하고 땅에 엎드려 그들에게 절했다. 그리고서는 그 두 사람에게 자기 집에 가서 발을 씻고 하룻밤을 머물고 갈 것을 청했다. 비록 두 사람이 길에서 밤을 지새겠다고 했지만, 롯은 그들에게 자기 집에 묵을 것을 간청했다. 마침내 그들이 롯의 간청을 받아들이자 롯은 그들을 위하여 식탁을 차리고서 누룩을 넣지 않은 빵, 곧 무교병(無酵餠)을 구웠다(1-3절).

그런데 그들이 식사를 마친 후에 잠자리에 들려는 무렵에 어떻게 알았는지, 소돔성 각 마을에서 젊은이나 노인 할 것 없이 모든 남자들이 떼거리로 롯의 집으로 몰려왔다. 그리고서는 롯의 집을 둘러쌌다. 그들은 롯에게 그의 집에 머물고 있는 두 사람의 손님을 내놓으라고 위협했다. 그러면서 그들은 자기들이 그 두 사람과 상관해야겠다고 말했다(4-5절). 여기서 '상관(相關)하다'는 말은 히브리어로 '야다' 동사로 되어 있다. 이 낱말은 아담과 하와가 '동침하여'('야다') 가인을 낳았을 때에 사용된 낱말과 완전히 똑같은 것이다. 영어성경(New International Version)은 '성적인 관계를 맺다'(have sex with)는 뜻으로 번역하고 있다. 공동번역 역시 이와 비슷하게 "그 자들하고 재미를 좀 보게 끌어내어라."로 번역하고 있다.

이것은 당시의 소돔 사람들이 젊은이나 노인 할 것 없이 모두가 다 동성연애(homo sex)의 죄악에 깊이 빠져 있었음을 단적으로 보여 주고 있다. 소돔 지역은 그야말로 연령제한 없는 총체적인 성폭력의 현장이었던 것이다. 물론 여기서 말하는 동성연애는 하나님께서 명백하게 금하신 것으로(레 18 : 22) 하나님의 창조질서에 크게 위배되는 것이었다(롬 1 : 26-27). 예언자 이사야(3 : 9)나 예레미야(23 : 14), 에스겔(16 :

47-59) 등은 유다와 예루살렘의 음행(淫行)을 소돔 지역의 퇴폐적인 성도덕에 관련시키고 있다.

소돔 지역의 성적인 타락상은 현대인들에게도 널리 알려져 있다. 영어사전이나 독어사전의 '소도미'(Sodomy, Sodomie)가 남색(男色) 또는 동성연애를 뜻하는 낱말로 풀이되고 있음이 이를 보여 준다. 그런데 불행하게도 동성연애의 풍습은 20세기 후반을 살아가는 오늘날에도 여전히 번창하고 있다. 동성연애가 하늘에서 내린 벌, 곧 천형(天刑)이라고 알려진 후천성 면역결핍증(AIDS)의 원인으로 밝혀지고 있음에도 불구하고 동성연애자들의 수는 세계적으로 확산되고 있는 추세에 있다. 통탄할 일이다.

한편 롯에게 있어서 자기 집에 찾아온 손님들을 소돔 사람들에게 내어준다는 것은 나그네 대접의 윤리에 크게 어긋나는 일이었다. 그래서 롯은 문밖에 있는 무리들에게로 나가서 그들에게 최선의 예절을 지키면서(7절의 '내 형제들아'=히브리어로는 '아하이'), 그들이 행하고자 하는 일이 악한 일임을 지적하였다. 이와 아울러 그는 아직 결혼하지 않은 자기의 두 딸을 내어줄 테니까 그들을 마음에 원하는 대로 하되 자기 집에 찾아온 손님들에게는 아무런 일도 하지 않았으면 좋겠다는 뜻을 전하였다(8절). 소돔 사람들의 무리한 요구에 전혀 무방비 상태로 놓여 있던 롯으로서는 이런 식으로라도 자기 집에 찾아온 나그네들을 보호해야만 했다.

그러나 소용이 없었다. 도리어 소돔 사람들은 다음과 같은 말로써 롯을 비난하였다 : "이 놈이, 저도 나그네살이를 하는 주제에 우리에게 재판관 행세를 하려고 하는구나. 어디, 그들보다 네가 혼 좀 나 보아라"(9절, 새번역). 이렇게 말하면서 그들은 롯에게 달려들어 밀치고 대문을 부수려고 하였다. 이때 롯의 집에 찾아들었던 두 천사는 손을 내밀어 롯을 안으로 끌어들인 다음에 문을 닫아 걸고, 그 집 대문 앞에 모여선 자들을 젊은이 노인 할 것 없이 모두 눈이 멀게 해 버렸다(10-11

절). 이로써 소돔 사람들이 구원받을 가능성은 완전히 사라져 버렸다.

만일에 그들이 롯의 충고에 귀를 기울이고서 그의 집에 찾아온 나그네들을 이끌어 내어 폭행하려는 악한 계획을 철회했더라면 상황이 달라졌을런지도 모른다. 그러나 그들이 그들의 악한 길에서 돌이킨다는 것은 전혀 불가능했다. 그들은 이웃을 사랑하고 나그네를 환대함으로써 공동체의 평화('샬롬')을 이룩해야 한다는 하나님의 거룩한 뜻을 철저하게 외면함으로써, 이제는 하나님의 무서운 심판에 직면해야만 했다. 그런데 흥미로운 것은 이와 똑같은 이야기가 사사기 19 : 10~30에 나타난다는 점이다. 이 본문에 의하면 베냐민지파 사람들은 자기들의 마을에 찾아온 손님들을 환대하기는커녕 그들을 이끌어 내어 '상관하고자' 했고(22절), 이로 인해 결국에는 이스라엘 다른 지파들의 공격을 받아 거의 궤멸되기에 이르렀다. 참으로 비극적인 결말이 아닐 수 없었다.

2) 소돔과 고모라의 멸망(12-29절)

롯을 위기에서 건져낸 두 사람의 나그네는 그에게 딸린 다른 식구들이 있는지를 묻고서 그들을 다 성밖으로 데리고 나갈 것을 명하였다. 그 까닭은 이 성안에 있는 사람들의 죄악이 너무도 커서 그 부르짖음('츠아카')이 하나님 앞에까지 이르렀고, 이에 하나님께서 그들을 심판하기로 작정하셨기 때문이었다(12-13절). 롯은 두 나그네로부터 소돔과 고모라에 하나님의 심판이 임할 것임을 전해 듣고서 곧장 자기 딸들과 약혼한 두 사위에게 이 사실을 알렸다. 그러면서 그는 두 사위에게 어서 빨리 그 성을 빠져나가야 한다고 말했다. 그러나 그 두 사위들은 롯이 농담을 한다고 생각하고서 롯의 조언을 심각하게 받아들이지 않았다(14절).

동이 틀 무렵이 되자 두 천사는 롯을 재촉하여 그의 아내와 두 딸을 데리고 서둘러서 성을 빠져나가라고 말했다. 꾸물거리다가는 그들도 그 성이 벌을 받을 때에 함께 죽고 말 것이라고 경고하였다. 그런데도 롯이 꾸물거리자 그 두 사람은 롯과 그의 아내와 그의 두 딸의 손을 잡아끌어서 성 바깥으로 안전하게 대피시켰다(15-16절). 그러면서 그 천사는 소돔성을 빠져나갈 때 절대로 뒤를 돌아보거나 들에 머물러서는 안 된다고 경고하였다. 그리고서는 롯의 식구들이 도피해야 할 한 성(城)을 지정해 주었다(17절).

그러나 롯은 천사들이 지정해 준 산을 마다하고 가까이에 있던 작은 성을 도피처로 허락해 줄 것을 천사들에게 간청하였다. 롯의 이러한 간청은 사실 그가 소돔성에 얼마나 미련을 가지고 있는가를 단적으로 보여 준다. 그럼에도 천사들은 롯의 간청을 그대로 받아들이고서 그에게 그 작은 성으로라도 도망할 것을 명했다. 그러면서 롯의 식구들이 그 성에 도착할 때까지는 하나님의 심판이 임하지 않을 것임을 확언했다. 롯이 가고자 했던 성읍의 이름은 '작다'는 뜻을 가진 '소알'이었다(18-22절).

롯이 소알에 도착하자 해가 떠올랐고 하나님께서는 소돔과 고모라에 유황과 불을 소나기처럼 퍼부으셨다. 이 심판은 두 성과 성 안에 사는 모든 사람들과 넓은 들과 땅에 심은 모든 채소를 다 엎어 멸하는 대단한 것이었다. 그런데 롯의 아내는 황급하게 떠나온 소돔성에 대한 미련을 버리지 못하여 천사의 명을 어기고서 뒤를 돌아보았다가 그만 소금기둥이 되고 말았다(23-26절). 실제로 사해 부근의 소돔과 고모라 지역에는 지금도 많은 소금기둥들이 있다. 롯의 아내가 소금기둥이 되었다는 이 이야기는 그 지역에 있는 많은 소금기둥들의 유래를 밝히는 성격의 것으로서, 탐욕에 사로잡힌 채로 하나님의 명령에 불순종하는 것이 얼마나 어리석은 행동인가를 잘 보여 준다.

한편 아브라함은 하나님께서 소돔성을 멸하시리라고 하신 날 아침에 일찍 일어나서 며칠 전에 자기가 하나님의 천사들을 모시고 서 있던 곳에 이르러 소돔과 고모라 성이 있는 쪽을 바라보았다. 그런데 이미 하나님의 심판을 받은 그곳에서는 마치 옹기 가마에서 나는 것과도 같은 많은 연기가 솟아오르고 있었다(27-28절). 아브라함은 하나님과의 대화를 통해서 그의 심판이 정의롭고 공평하다는 것을 깨닫고 있었던 까닭에 소돔과 고모라의 멸망을 있는 그대로 받아들일 수밖에 없었다. 그럼에도 그의 조카 롯은 하나님의 자비에 힘입어 멸망 가운데서 구원을 받았다(16절). 롯이 이처럼 재앙으로부터 건짐받은 것은 하나님께서 아브라함을 기억하신 것 때문이었다(29절).

여기서 분명해지는 것은 야웨 하나님이 복과 약속을 주시는 분이면서 동시에 죄악에 대하여 철저하게 심판하시는 분이라는 사실이다. 하나님께로부터 여러 차례 땅과 자손의 약속을 받았던 아브라함은 소돔과 고모라에 내린 하나님의 준엄한 심판을 직접 목격함으로써 하나님의 색다른 모습을 발견하게 된다. 이것은 결국 세상에 하나님의 복을 전해야 할 아브라함이 경우에 따라서는 하나님의 심판에 대해서도 증거해야 한다는 것을 말해 준다. 18 : 19에서 아브라함과 그의 후손들이 의와 공도를 행해야 한다는 하나님의 말씀이 이것을 뒷받침하고 있다.

이와 아울러 소돔과 고모라의 멸망 이야기에서 드러나는 것은 롯이 선택한 소돔과 고모라가 겉보기에는 비옥한 땅이요, 또 사람들에게 필요한 모든 것을 남김없이 구비하고 있는 찬란한 도시문화를 가지고 있었지만, 실제로는 하나님의 심판을 받아야 할 만큼 죄악으로 가득 차 있었다는 사실이다. 이것은 결과적으로 물질적인 진보나 발달된 도시문화가 반드시 좋은 것만은 아니라는 결론에 도달한다. 겉잡을 수 없이 빠른 속도로 발전해 가는 오늘날의 물질문명은 바로 이 점을 경계해야만 한다. 이 시대의 사람들이 물질적인 진보 안에 감추어진 퇴폐적인 향락문화가 얼마나 죄악스러운 것인가를 속히 깨닫지 않는다면 소돔과 고모라가 당했던 것과 똑같은 비극을 피하지 못할 것이다.

3) 모압과 암몬의 기원(30-38절)

롯은 스스로가 선택해서 소알성으로 피신했으나 너무도 작은 성읍이어서 거기서 사는 것에 두려움을 느꼈다. 그래서 그는 두 딸을 데리고 소알을 떠나 산으로 들어가서 숨어서 살았다. 그가 두 딸과 함께 피신한 곳은 깊은 굴속이었다. 그런데 롯의 두 딸은 자손을 얻어야 한다는 의무감에 매어 아버지 롯에게 많은 술을 먹이고서 제각기 그와 동침하였다. 롯은 정신을 차리지 못할 정도로 많은 술을 먹은 까닭에 자기 딸들이 자기와 관계를 맺은 사실을 전혀 알아차리지 못하였다(30－35절).

이로 인하여 롯의 두 딸은 마침내 아버지의 아들을 갖게 되었다. 큰 딸이 낳은 아들에게는 모압('아버지로부터' 라는 뜻)이라는 이름이 지어졌고, 작은 딸이 낳은 아들에게는 벤암미('내 백성의 아들' 이라는 뜻)라는 이름이 지어졌다. 롯의 두 딸이 낳은 이 두 아들들은 나중에 제각기 모압 족속과 암몬 족속의 조상이 되었다(36－38절). 어떤 이들은 롯과 두 딸들의 이러한 행위가 도덕적으로 용납될 수 없는 근친상간에 해당한다고 본다.

그러나 관점을 달리 해 보면 롯의 두 딸은 종족보존을 위해서 필사적으로 몸부림치는 여인들로 이해될 수 있다. 사회적인 지위가 형편없었던 당시의 여인들에게 있어서 아들을 낳음으로써 한 가족의 혈통을 이어가는 것보다 더 중요한 것은 없었기 때문이다. 이와 비슷한 이야기는 시아버지인 유다와 동침함으로써 상속자를 얻고자 했던 다말에게서도 발견된다(창 38장).

그리고 아브라함의 조카 롯이 이처럼 두 딸들을 통해 모압과 암몬 족속의 조상이 되었다는 것은, 이 두 족속이 본래는 이스라엘과 같은 혈통을 가지고 있다는 것을 보여 준다. 사실 초기의 이스라엘은 이 두 나라와 비교적 우호적인 관계를 가지고 있었다. 모압 여자인 룻이 이스라엘 사람인 보아스와 결혼하여 다윗의 조상이 된 것(룻 4 : 1－22)이나 예수님의 족보에까지 오르게 된 것(마 1 : 5)이 그 점을 잘 보여 준다. 그러나 후기에 가면서는 더 이상 이들 사이의 우호적인 관계가 지속되지 못하였다. 암몬 사람과 모압 사람은 이스라엘의 총회에 들어올 수 없다고 규정하고 있는 신명기 23 : 3~6이 그러한 사실을 암시하고 있다.

4. 아내 사라를 빼앗겼다가 되찾음(20장)

하나밖에 없는 조카 롯이 이상과 같이 비극적인 운명에 사로잡혀 있던 때에 아브라함은 어떠한 삶을 살고 있었을까? 그에게도 어려움이 전혀 없었던 것이 아니었다. 그는 하나님의 명령에 철저하게 순종하면서 사는 믿음의 사람이긴 했지만, 그의 믿음이 항상 같은 상태에 머물러 있었던 것은 아니다. 그의 믿음은 많은 굴곡과 변화를 겪었다. 그가 기근을 만나 애굽으로 피신하였다가 거기서 자기 아내를 누이라고 속여 아내 사라를 애굽 왕 바로에게 빼앗길 뻔한 일(12 : 10-20)이나, 하나님의 약속을 믿지 못하고서 하갈을 통해서 이스마엘을 낳은 것(16장)이 그러했다. 이러한 사건들은 아브라함처럼 위대한 사람에게도 실수가 있음을 잘 보여 주고 있다.

20장은 아브라함의 생애에 있었던 또다른 신앙의 실수를 소개하고 있다. 이 본문은 아브라함의 여행경로(1-2절), 하나님과 아비멜렉 사이의 대화(3-8절), 아비멜렉과 아브라함 사이의 대화(9-13절), 아브라함의 중재기도(14-18절) 등의 내용으로 이루어져 있다. 이 본문은 아브라함이 하나님의 천사들을 만났던 마므레 상수리 수풀 지역(18 : 1)을 떠나 남방의 네게브 지역으로 옮겨 가데스와 술 사이에서 살았다는 이야기로 시작한다. 이 무렵에 그는 그랄 지역에 잠시 머문 적이 있었는데, 거기서 그는 그 지역 사람들에게 자기 아내 사라를 누이동생으로 소개하였다. 이것을 안 그랄 왕 아비멜렉은 사람을 보내 사라를 데려가 아내로 삼았다. 그런데 그날 밤에 하나님은 꿈을 통해 아비멜렉에게 그가 데려온 여자에게 남편이 있음을 알리시면서, 그 여자를 내보내지 않으면 죽을 것이라고 경고하셨다(1-3절).

하나님께서 사라에게 남편이 있다는 말씀을 하신 것은 무슨 의미를 가지고 있는 것일까? 그것은 남의 아내를 취하는 행위가 그의 사유재산을 침해하는 행위로 여겨지기도 했지만, 보다 근본적으로는 남의 아내와 통간하는 자는 돌로 쳐서 죽여야 마땅한 자였기 때문이다(신 22 : 22). 이러한 사실을 잘 알고 있는 아비멜렉은 자기가 아직 사라를 가까이하지 않은 까닭에 죄가 될 일이 없다는 것을 하나님 앞에 변명하고자 했다. 그는 맨 먼저 하나님께서 의로운 백성도 멸하시는 분인지를 물음으로써 하나님의 공의를 문제 삼았다. 이와 아울러 그는 아브라함이 사라를 자기 누이라고 소개하였고, 사라도 아브라함을 자기 오라버니로 소개한 까닭에 자신은 온전한 마음과 깨끗한 손으로 그 일을 했다고 하소연했다. 죄가 없는데 왜 벌을 내리시려 하느냐는 것이었다. 한 마디로 말해서 억울하다는 것이었다(4-5절).

아비멜렉의 이러한 항변에 대해 하나님은 그의 항변이 이유 있음을 받아들이심과 아울러 그가 깨끗한 마음으로 그 일을 했음도 인정하셨다. 그러면서 하나님은 온전한 마음으로 그 일을 행한 그를 보호하기 위해서 죄를 짓지 못하게 한 것이라고 말씀하셨다. 그러니까 아브라함의 아내 사라를 건드리는 것은 하나님의 위대한 약속을 훼방하는 것이라는 말이다. 그러한 죄를 저지르지 못하게 하기 위해서, 그리고 아브라함에게 주신 약속을 지키시기 위해서 하나님은 아비멜렉으로 하여금 아브라함의 아내 사라를 건드리지 못하게 하신 것이다.

그러면서 하나님은 아비멜렉에게 사라를 그녀의 남편 아브라함에게 돌려보낼 것을 명하셨다. 그러할 경우에 하나님의 예언자와도 다름이 없는 아브라함이 그에게 탈이 나지 않게 하여 주시기를 하나님께 기도해 줌으로써 그가 살 길을 마련해 주겠지만, 만약에 사라를 돌려보내지 않는다면 그와 그에게 속한 모든 사람들이 죽을 것이라고 경고하셨다(6-7절). 이에 아비멜렉은 다음 날 아침에 일찍 일어나서 신하들을 다 불러모은 다음에 지난 밤에 자기가 꿈속에서 겪은 일을 그들에게 낱낱이 이야기하였다. 아비멜렉의 이야기를 들은 그의 신하들은 크게 두려워하였고, 아비멜렉은 아브라함을 불러 그를 크게 나무랐다. 그는 아브라함에게 어찌하여 죄도 없는 나라 백성들로 하여금 큰 죄에 빠질 뻔하게 했느냐고 책망하였다. 아울러 그는 아브라함이 해서는 안 될 일을 했다고 꾸짖으면서 어떻게 그런 일을 할 수 있느냐고 비난하였다(8－10절).

그러자 아브라함은 그랄 지역에 하나님을 두려워하는 사람들이 없는 까닭에 자기 아내 사라를 빼앗기 위해 사람들이 자기를 죽일런지도 모른다고 생각했다고 변명하였다. 그러면서 그는 자기 아내 사라가 사실은 어머니는 다르지만 아버지는 같은 이복 누이이기 때문에 사라를 누이동생이라고 한 것이 틀린 것은 아니라고 둘러댔다. 아울러 그는 사라에게 그들이 어디를 가든지 자기가 사라의 오라버니라고 말하라고 부탁했음을 상기시켰다(11－13절).

아브라함의 변명을 들은 아비멜렉은 아브라함에게 양떼와 소떼와 남종과 여종을 선물로 주었고, 그의 아내 사라도 아브라함에게 돌려보냈다. 이와 아울러 아비멜렉은 아브라함에게 그가 원한다면, 어느 곳이든지, 그에게 거주지를 선물하겠다고 약속하였다. 그리고 그의 아내 사라에게는 그녀가 받은 부끄러움을 조금이라도 덜어주기 위해 그녀의 남편인 아브라함에게 은 천 세겔을 주었다고 말하고서, 이로써 그녀가 결백하다는 것을 모두가 알게 될 것이라고 선언했다(14－16절). 이 모든 일이 끝난 후에 아브라함은 아비멜렉과 그의 백성들을 위하여 하나님께 중재기도를 드렸다. 이에 하나님께서는 아비멜렉의 아내와 그의 여종들이 다시금 아이를 가질 수 있도록 그들 모두의 태를 열어 주셨다(17－18절).

이상의 이야기에서 드러나는 것은 객관적으로 볼 때에 아브라함보다는 아비멜렉이 더 의롭게 보인다는 점이다. 왜냐하면 아브라함은 지상세계의 권력과 권세자들을 두려워한 나머지 사라를 떳떳하게 자기 아내라고 소개하지 못했지만, 이방 나라의 왕인 아비멜렉은 아브라함의 하나님을 두려워한 나머지 하나님께서 명하신 것을 그대로 실행에 옮졌기 때문이다(8절). 아브라함의 행동은 사실 "몸은 죽여도 영혼은 능히 죽이지 못하는 자들을 두려워하지 말고, 오직 몸과 영혼을 능히 지옥에 멸하시는 자를 두려워하라."고 하신 예수님의 가르침(마 10 : 28-33, 눅 12 : 4-9)에 비추어 보아도 정당하지 못한 것이었다.

그 뿐만이 아니었다. 아브라함의 조심스럽지 못한 행동은 하나님의 약속을 어느 때보다도 큰 위기에 빠지게 만들었다. 17장과 18장에서 두 차례에 걸쳐 아들 약속이 주어졌고, 그래서 이제 얼마 안 있으면 그의 아내 사라가 틀림없이 약속의 자손을 낳을 예정이었는데, 이 중요한 시기에 아내 사라를 남에게 넘겨 주고 말았으니 이것보다 더 큰 위기가 어디 있겠는가! 어떻게든 아내 사라가 남의 손에 넘어가는 것을 막아야 하는 것이 그가 마땅히 취해야 할 행동이 아니었겠는가! 그런데도 아브라함은 그렇게 하지 않았다. 도리어 그는 책임을 추궁하는 아비멜렉 앞에서 자신의 행동을 변명하기에 바빴다. 잘못했다는 말은 한 마디도 없었던 것이다.

그럼에도 불구하고 하나님은 아브라함의 이 엄청난 잘못을 책망하지 않으시고 오히려 눈에 보이지 않는 아비멜렉의 실수를 책망하시고 그에게 벌을 내리셨다. 아브라함에게 주어진 약속은 아브라함의 잘잘못에 관계 없이 하나님께서 반드시 이루어 주시는 무조건적인 언약이었기 때문이다. 뿐만 아니라 아브라함은 하나님과 사람 앞에 잘못을 저지르기는 했어도 여전히 하나님의 복을 세상 만민에게 전해야 할 도구로 남아 있었다. 그가 하나님의 명을 따라 예언자의 위치에서 아비멜렉을 위해 하나님께 중재기도를 드리고, 그럼으로써 아비멜렉의 집안에 내린 하나님의 재앙이 물러가게 한 것이 그것을 잘 보여 준다.

Ⅳ. 이삭의 출생과 사라의 죽음(21-23장)

아브라함은 그의 생애에 두 번에 걸쳐 자기 아내를 누이 동생이라고 속임으로써 애굽 왕 바로와 그랄 왕 아비멜렉을 곤경에 빠뜨린 적이 있었다(12 : 10-20, 20장). 그런데 이 두 사건 중 첫 번째의 것은 공교롭게도 하나님의 자손 약속이 주어진 지 얼마 되지 않아서 발생한 것이었고, 두 번째의 것은 그 약속이 성취되기 직전에 발생한 것이었다. 이로부터 분명해지는 것은 많은 자손을 주겠다고 하신 하나님의 약속이 그 처음과 마지막에 큰 위기에 직면하고 있다는 점이다. 사실 자기 아내 사라를 누이라고 한 아브라함의 실수는 두 번씩이나 하나님의 약속을 위기에 빠뜨렸다. 그의 본부인인 사라가 없을 경우, 큰 민족을 이루게 하실 하나님의 약속은 처음부터 불가능했기 때문이다.

그럼에도 불구하고 하나님은 그의 아내 사라를 다시 그에게 되돌려 주셨다. 뿐만 아니라 아브라함이 99세 되던 해에는 보다 구체적으로 1년 후에 그들 부부에게 아들을 주겠다고 약속하셨다. 비록 두 사람이 이 약속을 듣고서 속으로 웃기는 했으나 하나님의 약속은 어김없이 이루어졌다. 아브라함이 100세 되던 해에 나이 90의 사라가 이삭이라는 아들을 낳은 것이다. 이들 부부는 후에 이삭에게 할례를 행하고 그가 젖을 떼던 날에 큰 잔치를 열어 이삭의 앞날을 축복하였다. 이와 아울러 그는 브엘세바에서 그랄 왕 아비멜렉과 협약을 맺고서 서로에게 친절을 베풀 것을 약속하였다.

그러나 이들 부부의 현실이 마냥 행복한 것만은 아니었다. 창세기 본문에 의하면 아브라함에게 닥친 고통은 그가 낳은 두 아들들 때문에 생겨난 것이었다. 첫 번째 고통은 이삭을 놀려대던 이스마엘을 하나님의 명대로 그의 어머니 하갈과 함께 그의 집에서 내보내야만 하는 데서 비롯되었다. 이스마엘에게도 한 민족을 이루게 하겠다는 하나님의 약속이 있기는 했지만 말이다. 또다른 고통은 이삭이 어엿한 소년으로 자라난 후에 있었다. 하나님께서 그에게 느닷없이 이삭을 제물로 바치라고 명하신 것이다. 이로 인해 엄청난 고통이 찾아왔지만, 그는 하나님의 명령에 순종하지 않을 수 없었다. 그렇지만 그 결과는 뜻밖에도 다시금 하나님의 위대한 약속을 확인하는 방향으로 결말지어졌다.

그러다가 어느 정도의 시간이 지난 후에 아브라함의 아내 사라가 127세를 살고 죽게 되었다. 아브라함은 죽은 아내의 시신을 장사지내기 위해 헷 사람 에브론에게 속한 막벨라 굴과 굴 주변에 있는 밭을 은 400세겔에 사들였다. 이로써 헤브론의 막벨라 굴과 그 주변의 밭은 처음으로 아브라함 소유의 땅이 되었다. 그러나 가나안 땅 전체가 아브라함 소유로 되기까지에는 훨씬 더 많은 세월이 필요했다.

1. 이삭과 이스마엘(21 : 1－21)

1) 이삭의 출생(1－7절)

하나님은 아브라함에게 그의 본부인인 사라에게서 태어날 아들이 약속의 자손이 될 것임을 여러 차례 확언하셨다. 그리고 그가 99세 되던 해에는 그에게 뿐만 아니라 아이를 낳아 본 적이 없던 그의 아내 사라에게까지도 이제 1년만 있으면 그들이 아들을 갖게 될 것이라고 약속해 주셨다. 그러나 그들은 믿을 수 없다는 듯이 하나님의 약속을 웃음으로 받아 넘겼다. 그런데 놀랍게도 하나님은 자신의 약속을 한 치의 오차도 없이 정확하게 지키셨다. 하나님께서 그들을 방문하신 지 얼마 안 되어서 사라가 임신하게 된 것이 이를 말해 준다.

1절은 이것을 다음과 같이 설명하고 있다 : “여호와께서 그 말씀대로(히브리어로 ‘카아셰르 아마르’) 사라를 권고하셨고, 여호와께서 그 말씀대로(‘카아셰르 디뻬르’) 사라에게 행하셨으므로.” 히브리어 낱말에 약간의 차이가 있기는 하지만 1절은 ‘그 말씀대로’ 를 두 번씩이나 반복하고 있다. 2절도 ‘하나님의 말씀하신 기한에 미쳐’ 라는 표현을 씀으로써 그들에게 아들이 출생한 것이 전적으로 하나님의 약속에 의한 것임을 강조하고 있다.

아브라함은 이처럼 하나님께서 사라를 통해서 주신 아들에게 이미 정해진 대로(17 : 19) '이삭'(히브리어로는 '이츠하크')이라는 이름을 지어 주었다. 이 '이삭'이라는 이름은 앞서 말한 바와 같이 '그가 웃다', 또는 '그가 웃을 것이다'라는 뜻을 가지고 있는 것이었다. 이것은 아브라함과 사라가 하나님의 약속을 반신반의하면서 웃었던 것(17 : 17, 18 : 12-15)이 이제는 기쁨과 감사의 웃음으로 바뀌었음을 뜻했다. 사라의 다음과 같은 혼잣말이 이 점을 뒷받침한다 : "하나님이 나에게 웃음을 주셨구나. 나와 같은 늙은이가 아들을 낳았다고 하면 듣는 사람마다 웃지 않을 수 없겠지"(6절, 새번역).

그리고 사실 이삭이라는 이름이 가진 이러한 의미는 이삭의 출생이 전적으로 하나님의 능력에 의한 것임을 암시하고 있다. 2절 하반절과 6~7절에서 두 번이나 반복되고 있는 '늙은 아브라함'이라는 표현도 마찬가지이다. 당시에 아브라함의 나이가 100살이었다는 5절의 설명 역시 같은 맥락에 속한다. 물론 이 때에 사라는 90살이었다. 이러한 사실들은 한결같이 그들 사이에서 아들이 태어난다는 것이 상식적으로 불가능한 일임을 부각시키는 것이나 다름없다. 그렇다면 이제 결론은 하나밖에 없다. 약속의 성취는 이제 전적으로 그 약속을 주신 하나님의 능력에 달려 있는 것이다.

하나님은 아브라함과 사라에게서 바로 이러한 믿음을 요구하셨다. 하나님은 그들이 지난 날의 인간적인 방법(하갈)에 더 이상 의존하지 않고, 어떠한 제약 속에서도 반드시 자신의 약속을 이루시는 야웨 하나님만을 의지하기를 원하셨던 것이다. 그러기에 하나님은 그들에게 많은 자손을 주겠다고 약속하셨으면서도 아브라함이 100세가 될 때까지 기다리셨다. 그가 하란을 떠나던 75세 때에 약속을 받았으니까 무려 25년이라는 세월이 흐르기까지 하나님은 그들의 온전한 믿음을 기다리신 것이다. 이로써 하나님께서 애초에 아브라함에게 주셨던 두 가지 약속 가운데 자손에 대한 약속이 먼저 이루어지기 시작하였다.

2) 하갈과 이스마엘을 내쫓음(8 - 21절)

아브라함과 사라는 늙으막에 아들을 낳았던 까닭에 이삭을 애지중지 하며 키웠다. 그가 가장 먼저 이삭에게 행한 것은 태어난 지 여드레가 되는 날에 하나님의 명을 따라 그에게 할례를 베푼 일이었다(4절). 이 할례를 통해서 이삭은 약속의 자손으로, 그리고 하나님의 언약백성으로 인정받을 수 있었다. 더 나아가서 아브라함은 이 일이 있은 지 대략 3년 정도가 지나 이삭이 젖을 뗄 무렵이 되자, 그때까지 그가 건강하게 잘 자란 것을 기념하고, 또 그것을 하나님께 감사하는 의미에서 큰 잔치를 벌였다. 유아 사망률이 높던 당시에는 어린 아기가 중요한 고비를 넘겼음을 축하함과 아울러 앞으로도 건강하게 잘 자라줄 것을 희망하는 그러한 잔치가 매우 중요한 의미를 가지고 있었다. 따라서 그 잔치는 우리나라로 치면 일종의 백일잔치 내지는 돌잔치의 성격을 갖는 것이었다(삼상 1 : 23 - 24, 제 2마카비 7 : 27).

그러나 이삭의 출생은 아브라함의 집안에 기쁨만을 가져다 준 것이 아니었다. 먼저 태어난 이스마엘과의 사이에 생겨난 긴장관계가 그것을 보여 준다. 두 아이들 사이에 발생한 갈등은 이스마엘이 이복 동생인 이삭을 '놀려대는'(히브리어로 '메차헤크'로서 '이츠하크'와 어근이 똑같다.) 것으로부터 비롯되었다. 이것을 여러 차례 목격한 사라는 마음이 편치 못했다. 그녀는 어떻게 해서든지 장자 상속권이 자기 아들인 이삭에게 돌아가야 한다고 생각했다. 종의 신분을 가진 하갈의 아들 이스마엘이 정식 아들인 이삭과 유산을 나누어 가질 수 없다는 것이 사라의 굳은 신념이었던 것이다(8 - 10절). 달리 말해서 서자(庶子)인 이스마엘이 적자(嫡子)인 이삭을 젖혀 놓고서 상속자가 되는 것을 사라는 도무지 원치 않았던 것이다.

그리하여 사라는 마침내 아브라함에게 하갈과 이스마엘을 집에서 내보낼 것을 요청하기에 이르렀다. 상속권의 독점을 향한 사라의 이러한 냉혹함은 그녀가 16장에서와 마찬가지로 하갈을 그녀의 이름으로 부르지 않고서 한결같이 '이 여종'(히브리어로 '하아마 하조트')으로 칭하고 있다는 데에서 잘 드러난다. 그러나 아브라함은 이로 인해 크게 괴로워했다. 비록 본처가 아들을 낳았다 할지라도 여종과 그 자식을 쫓아내는 것은 당시의 사회관습(누지문서, Nuzi)에 의해 금지되어 있었던 데다가, 어찌 되었던 간에 이스마엘도 이삭과 마찬가지로 자신의 아들이었기 때문이다. 이것을 아신 하나님은 그를 위로하시면서 이삭에게서 날 자가 그의 직계 후손이 될 것임을 분명하게 밝히셨다. 그리고서는 사라가 요청한 것과 같이 하갈과 이스마엘을 집에서 내보낼 것을 명하셨다. 이와 아울러 하나님은 이스마엘 역시 아브라함의 아들인 까닭에 그를 통해서도 한 민족이 생겨나게 하겠다는 약속을 해 주셨다(11-13절). 하나님의 이러한 간섭은 이삭의 출생으로 인해 생겨난 아브라함 집안의 긴장을 해소시켜 주는 효과를 가져왔다. 또한 그것은 하나님께서 자신의 약속을 언약의 아들인 이삭을 통해서 반드시 이루실 것임을 뜻하기도 했다. 달리 말해서 하나님은 이삭과 그의 후손이야말로 하나님의 약속에 대해서 정통성을 가진 자들임을 분명히 하신 것이다.

결국 아브라함은 하나님의 명령에 순종하여 하갈과 이스마엘이 얼마 동안 먹을 음식과 마실 물을 하갈의 어깨에 메워 준 다음에, 그녀의 아들인 이스마엘과 함께 집에서 내보냈다. 아브라함의 집에서 내쫓긴 하갈은 이스마엘을 데리고서 브엘세바에 있는 빈 들에서 정처 없이 헤매고 다녔다. 그러다가 가죽부대에 담아 온 물이 다 떨어지자 절망에 빠진 하갈은 자기 아들 이스마엘을 떨기나무 아래 뉘어 놓은 후, 그가 죽어 가는 것을 차마 볼 수가 없어서 화살 한 바탕 거리만큼 떨어진 채로 큰 소리로 울었다(14-16절).

그러나 하나님은 하갈과 이스마엘의 울음소리를 외면하지 않으셨다. 무엇보다도 어린 이스마엘이 우는 소리에 귀를 기울이신 하나님께서는 하갈의 이름을 직접 불러 주시면서 그녀를 위로하심과 아울러, 이스마엘에게서 큰 민족이 나게 하겠다는 약속을 주셨다. 하나님의 이 약속을 통해 하갈은 새 힘을 얻었고, 하나님께서 보여 주신 샘을 찾아 이스마엘에게 마시웠다(17-19절). 그 후에 이스마엘은 바란 광야에서 살면서 하나님의 돌보심에 힘입어 활 쏘는 사람으로 성장하게 되었다. 성인(成人)이 되어서는 어머니인 하갈의 도움으로 이집트 땅에 사는 여인과 결혼할 수 있었다(20-21절).

하갈과 이스마엘의 추방에 얽힌 이 이야기는 앞서 소개한 16장의 경우와 마찬가지로 사람 사이의 이해관계에서 드러나는 인간의 비정함, 그리고 버림받고 내쫓긴 사람들을 돌보시는 하나님의 긍휼하심에 대해서 증거하고 있다. 다른 것이 있다면 16장의 하갈은 자신의 잉태함으로 여주인인 사라를 멸시한 까닭에 집에서 쫓겨났지만, 여기서는 하나님의 명을 따라 아브라함의 집에서 내몰리고 있다는 점이다. 그럼에도 불구하고 하갈과 이스마엘을 향한 하나님의 긍휼하심에는 변함이 없었다. 16장의 경우에는 임신한 하갈이 아브라함의 집으로 돌아가야 생명을 부지할 수 있었지만, 이제는 하나님 자신이 그들의 생명을 보호해 주기로 작정하신 때문이었다. 하나님이 이스마엘을 통해 '큰 민족'(12 : 3의 '큰 민족'과 똑같은 '고이 가돌')을 이루게 하겠다고 약속하신 것이나 하갈의 눈을 밝혀 샘물을 보게 하신 것이 그러한 사실을 뒷받침한다(18-19절, 16 : 9-10 참조).

그러나 비록 이스마엘의 앞날이 이처럼 하나님의 계획으로부터 벗어나 있지는 않았다고 할지라도 그의 운명은 약속의 자손인 이삭의 그것과 같을 수가 없는 것이었다. 그러기에 그에 대한 이야기는 여기서 끝을 맺고, 이제 관심의 방향은 완전히 이삭에게로 기울어진다. 그런데 바울 사도는 갈라디아서 4 : 21~31에서 하갈(이스마엘)과 사라(이삭)를 율법과 은총(약속)으로 대비시켜 설명함으로써, 천대받는 하갈과 이스마엘의 가엾은 처지보다는 이삭을 통해서 약속을 이루어 가시는 하나님의 은총에 초점을 맞추고 있다.

2. 아비멜렉과 언약을 맺음(21 : 22-34)

아브라함은 시련과 고통 속에서도 약속을 지키시는 하나님의 도우심에 힘입어 형통한 삶을 누릴 수 있었다. 그의 형통한 삶은 주변의 많은 사람들에게 적지 않은 영향을 주었다. 그 가장 대표적인 인물이 바로 그랄 왕 아비멜렉이었다. 그는 아브라함의 아내 사라로 인해 하나님께로부터 큰 재난을 당했음에도, 아브라함과 그의 하나님을 두려워한 나머지 아브라함에게 많은 재산을 줌과 아울러, 자기 마음에 드는 땅을 택하여 거기에 마음껏 머무를 수 있도록 허락하였다(20 : 14-15). 물론 아비멜렉이 아브라함에게 자기 땅의 일부를 떼어 선물로 거저 준 것은 결코 아니었다. 그는 단순히 아브라함에게 자기 땅 어디든지 머무르며 살 수 있게 하는, 이른바 거주권을 인정했을 뿐이었다.

이것을 보다 분명하게 매듭짓기 위해 아비멜렉은 그의 군대장관 비골과 함께 아브라함을 방문하였다. 아브라함을 두려워하는 그로서는 아브라함과의 평화로운 관계를 법적인 토대 위에 놓아둘 필요가 있었기 때문이었다. 아비멜렉의 다음과 같은 말이 이 점을 뒷받침하고 있다 : "하나님은 그대가 무슨 일을 하든지 그대를 도우십니다. 이제 여기 하나님 앞에서 그대가 나와 나의 아이들과 나의 자손을 속이지 않겠다고 맹세하십시오. 그대가 나그네살이를 하는 우리 땅에서 내가 그대에게 한 것처럼 그대도 나와 이 땅 사람들에게 친절을 베풀어 주시기 바랍니다"(22-23절, 새번역). 아비멜렉의 이 말 중에 아브라함이 '나그네살이'를 하고 있다는 표현은 자신이 결코 아브라함에게 자기 땅의 소유권을 준 것이 아님을 다시금 확인하고 있는 셈이다. 그는 단순히 나그네살이를 할 뿐인 아브라함이 자기 땅에 머무는 동안 만큼은 서로 간에 화평한 관계를 지속해 나갈 것을 요청한 것이다.

아브라함은 이들의 청을 흔쾌히 받아들였다. 그러나 아브라함 역시 자기 나름의 계약조건을 내세우지 않을 수 없었다. 이를 위해 그는 먼저 아비멜렉의 종들이 자기가 판 우물을 빼앗은 것에 대하여 항의하였다. 아비멜렉은 그러한 사실을 오늘에 와서야 듣게 되었다며 아브라함의 항의를 그대로 수용하고자 했다. 그러자 아브라함은 우물에 대한 자신의 소유권을 확보하기 위해 양과 소를 아비멜렉에게 주고서 그와 더불어 계약을 체결하였다. 이와 함께 아브라함은 그 계약을 보다 분명하게 하기 위해 새끼 암양 일곱 마리를 증거물로 아비멜렉에게 넘겨 주었다. 아브라함이 아비멜렉과 계약을 맺으면서 자기가 판 우물에 이토록 집착한 것은, 비록 그의 집안 전체가 그 땅에 합법적으로 머무를 수는 있어도 물이 없으면 유목생활을 하는 자기들의 생계에 중대한 타격이 주어지기 때문이었다.

이렇게 하여 아브라함과 아비멜렉 사이에 쌍무(雙務, bilateral)계약이 체결되었다. 두 사람이 대등한 관계에서 제각기 자신의 조건을 내거는 가운데 상대방의 요청을 받아들이는 선에서 협약이 맺어진 것이다. 여기서 중요한 것은 남의 땅에서 나그네살이를 하고 있을 뿐인 불안한 처지의 아브라함이 군대장관을 대동한 그랄 왕 아비멜렉과 대등한 관계에서 계약을 맺을 수 있었다는 사실이다. 그것은 순전히 하나님의 도우심에 힘입어서 된 것이었다. 하나님께서 아브라함과 함께 계셔서 그를 범사에 형통하게 하셨기 때문에 그런 일이 가능했다는 말이다. 아마도 이스라엘 백성은 계약체결에 얽힌 그러한 사정을 주목하면서 하나님을 전적으로 의지하고, 그리하여 그의 도우심을 힘입을 때에만이 형통함을 얻을 수 있다는 사실을 늘 염두에 두어야 했을 것이다.

한편 아브라함은 아비멜렉과 더불어 계약을 맺은 곳을 '브엘세바' 라고 불렀다. 두 낱말, 곧 '브엘'(우물)과 '세바'(맹세 또는 일곱)가 결합하여 이루어진 이 이름은 두 가지의 의미를 가지고 있었다. 그 하나는 '맹세의 우물' 이라는 뜻으로서 아브라함과 아비멜렉이 그 우물 앞에서 서로에게 맹세했다는 사실에 기초한 것이었다. 다른 하나는 '일곱(마리의) 우물' 이라는 뜻으로서 아브라함이 새끼 암양 일곱 마리를 증거물로 주고서 그 우물을 확보했다는 사실에 기초한 것이었다. 그 땅에 '브엘세바' 라는 이름을 지어 줌으로써 계약 체결의 모든 절차가 완료되자(31-32절) 아비멜렉과 비골이 블레셋 족속의 땅으로 돌아갔다.

아비멜렉의 무리가 되돌아가자 아브라함은 브엘세바에 에셀나무를 심고 거기에서 '영생하시는 하나님'(히브리어로 '엘 올람')의 이름을 부르며 그에게 제사를 드렸다. 본래 '엘 올람' 이라는 이름은 브엘세바 지역에서 섬겨지던 신의 이름이었는데, 아브라함이 아비멜렉과 평화의 협정을 맺고 그 땅에 계속해서 안전하게 거할 수 있게 되었음을 하나님께 감사하는 의미에서 야웨 하나님께 그 칭호를 사용한 것으로 보인다. 우리는 이것을 일컬어 하나님을 향한 신앙의 토착화라고 해도 좋을 것이다.

그리고 한 가지 주목할 것은 32절이나 34절에서 반복되어 나타나는 '블레셋 족속' 이라는 표현이다. 이 구절은 사실 시대착오적인 것이다. 왜냐하면 블레셋 족속은 이스라엘이 여호수아의 인도하에 가나안 땅에 들어간 지 얼마 안 되어서, 즉 주전 1200년 경에야 비로소 지중해 연안의 가나안 땅에 정착했기 때문이다. 다시 말해서 아브라함이 그 땅에 머물던 시절에는 블레셋 족속이 가나안 땅에 존재조차도 하지 않았다는 말이다. 따라서 그 표현은 독자들에게 아브라함이 머물던 브엘세바 지역이 후에 블레셋 족속의 지경에 속하게 되었음을 밝혀 주는 성격의 것이라 할 수 있다.

3. 시련을 극복하는 아브라함(22장)

1) 이삭을 제물로 바침(1-19절)

어느 정도의 세월이 흘렀는지는 정확하게 알 수 없지만 이제 장면은 이삭이 소년으로 성장해 있던 시기로 옮겨진다. 이 시기에 아브라함은 도무지 이해할 수 없는 하나님의 명령에 직면한다. 느즈막에 하나님께서 주셔서 얻은 사랑하는 외아들 이삭('네 아들 네 사랑하는 독자〈獨子〉 이삭', 2절)을 하나님이 지시하시는 모리아 땅의 한 산에서 번제물로 바치라는 것이었으니 얼마나 기가 찰 노릇이었겠는가! 하나님의 이 명령은 1절에도 밝힌 바와 같이 아브라함의 믿음을 시험하려는 의도를 가지고 있었다(약 1 : 2-4). 사실 이삭은 하나님의 자손 약속이 맨 처음으로 이루어진 아들로서 앞으로 하나님의 약속을 지속시켜 갈 유일한 희망이요, 아브라함 집안에는 끊임없는 기쁨의 원천이기도 했다. 그러한 이삭을 죽여서 제물로 드리라는 것은 누구도 감당하기 어려운 형벌이었을 것이다.

그러기에 아브라함은 아마도 하나밖에 없는 언약의 아들 이삭을 제물로 바치라고 한 하나님의 명령을 자신의 논리로서는 도저히 받아들일 수 없었을 것이다. 그것은 하나님 자신의 약속을 무효화시킬 수도 있는 성격의 것이었고, 따라서 아브라함에게는 하나님께서 논리적인 일관성을 상실한 채로 스스로가 모순에 빠져든 것처럼 비칠 수도 있었기 때문이다. 그러나 상황은 전혀 예상치 못한 방향으로 전개되었다. 앞뒤가 맞지 않는 듯한 하나님의 명령에 아브라함이 기꺼이 순종하고자 했던 것이다. 그가 명령을 받은 다음날 아침 일찍 일어나 모리아 땅으로 갔다는 것이 이를 잘 보여 준다(3절).

그렇다면 아브라함의 순종은 구체적으로 어떠한 성격의 것이었을까? 그것은 어찌 보면 주신 분도 여호와시요, 가져가시는 분도 여호와시라는 욥의 신앙과 그 맥을 같이 한다고 할 수 있을 것이다(욥 1 : 21). 히브리서 기자는 아브라함의 이러한 신앙을 다음과 같이 잘 설명해 주고 있다 : "믿음으로 아브라함은 시험을 받았을 때에 이삭을 바쳤습니다. 약속을 받은 그가 그 외아들을 기꺼이 바치려 했던 것입니다.…… 아브라함은 하나님께서 이삭을 죽은 사람들 가운데서 되살리실 수 있다고 생각하였습니다. 그러므로 비유컨대 아브라함이 이삭을 죽은 사람들 가운데서 되받은 것입니다"(히 11 : 17－19, 새번역).

이 말씀에 의하면 아브라함은 하나님께서 어떻게 해서든지 자신의 약속을 이루신다는 것을 충분히 확신하고 있었던 것으로 보인다. 하나님께 대한 그의 이러한 신뢰는 그가 이제까지 여러 번의 실수를 통해서 직접 체험한 것이었다. 하나님의 약속이 결코 어떤 인간적인 방법을 통해서 이루어지는 것이 아니라, 하나님의 능력과 지혜를 통해서 이루어진다는 것을 몸소 배워온 터라 이제 망설임 없이 하나님의 무리한 요구에 순종할 수 있었던 것이다. 설령 이삭이 제물로 바쳐져서 죽는다 할지라도 하나님은 다른 새로운 방법으로 자신의 약속을 이루실 것이라는 확신이 그의 마음속에 있었던 것이다. 그것은 자신의 모든 희망을 포기하는 모험이었지만, 동시에 그것은 하나님을 향한 무한한 신뢰의 행동이기도 했다.

그리하여 아브라함은 두 종을 거느리고서 제물로 바쳐질 이삭과 함께 하나님께서 지시하신 곳으로 길을 떠났다. 번제에 쓸 나무는 미리 다 쪼개어진 채로 이미 준비되어 있었다. 모리아산이 후에 예루살렘 성전이 세워졌던 곳임(대하 3 : 1)을 고려한다면 아브라함의 브엘세바에서 그 곳까지의 여행길은 대략 70km(45마일) 정도의 거리였을 것으로 여겨진다. 길을 떠난 지 사흘 만에 목적지 가까이에 도달한 아브라함은 데리고 온 두 종을 나귀와 함께 머물러 두고 이삭에게 번제에 쓸 나무를 지워 함께 걸었다. 이것을 이상하게 여긴 이삭은 아버지 아브라함에게 번제에 드릴 양이 어디에 있는지를 물었다. 이 물음에 아브라함은 번제에 바칠 양은 하나님께서 손수 준비하실 것이라고 대답하였다.

마침내 하나님께서 지시하신 곳에 이른 아브라함은 거기에 제단을 쌓고, 그 위에 이삭이 지고 온 나무를 벌여 놓았다. 그런 다음에 자기 아들 이삭을 묶어서 제단의 나무 위에 올려놓았다. 물론 이때 이삭은 저항할 수도 있었지만 아버지의 예상치 못한 행동에 고분고분하게 순종하였다. 아브라함은 아버지에게 자신을 온전히 내어 맡긴 이삭의 순종에 괴로움을 억제하기 어려웠겠지만, 인내하는 마음을 가지고서 칼을 들어 이삭을 죽이려고 하였다. 바로 이 순간에 하나님은 천사를 통해서 아브라함의 행동을 저지하시고 그에게 다음과 같이 말씀하셨다 : "……네가 네 아들 네 독자라도 내게 아끼지 아니하였으니 내가 이제야 네가 하나님을 경외하는 줄을 아노라"(12절).

하나님의 이 말씀에서 주목할 것은 '이제야' 라는 부사와 '경외하다' 라는 동사이다. '이제야' 라는 부사는 아브라함이 이제껏 가지고 있던 믿음이 불완전한 것이었음을 지적하는 것이나 다름없다. 그러니까 하나밖에 없는 아들 이삭을 제물로 바치기 전에는 아브라함의 믿음이 세상과 적당하게 타협하는 것이었고, 하나님의 약속을 철저하게 신뢰하지 못하는 것이었다는 것이다. 그런데 이제 유일한 희망인 이삭까지도 하나님께 제물로 드릴 정도가 되었으니 하나님께 완전한 인정을 받을 정도가 된 것이 아니겠는가!

'경외하다' 라는 동사 역시 마찬가지이다. 이 동사는 히브리어로 '야레' 로서 지혜문학인 욥기나 잠언 또는 전도서 등에 자주 나타나는 낱말이다. 쉽게 말해서 삶의 모든 영역 속에서 하나님의 절대주권을 인정하는 가운데 그를 두려워하는 태도를 뜻한다. 그러니까 아브라함의 믿음은 이제껏 하나님의 절대주권을 온전히 인정하지도 않았고, 그를 제대로 두려워해 본 적도 없었다는 것이 된다. 그러나 이삭을 드릴 무렵의 그는 이제 하나님의 능력을 완전히 신뢰하는 가운데 하나님이야말로 세상에서 가장 두려워해야 할 분임을 깨달은 것이다.

그런데 신약성경의 야고보서는 아브라함의 이러한 순종이 행함을 수반하는 믿음과 관련된다고 말한다. 그는 하나님의 약속을 믿음으로써 생겨난 아브라함의 의(창 15 : 6)가 이삭을 제물로 바치라는 하나님의 명령에 순종함을 통해서 온전해지게 되었다고 본 것이다 : "우리 조상 아브라함이 그 아들 이삭을 제단에 드릴 때에 행함으로 의롭다 하심을 받은 것이 아니냐?……이에 경(經)에 이른바 아브라함이 하나님을 믿으니 이것을 의로 여기셨다는 말씀이 응하였고, 그는 하나님의 벗이라 칭함을 받았나니 이로 보건대 사람이 행함으로 의롭다 하심을 받고 믿음으로만 아니니라"(약 2 : 21-24).

한편 아브라함의 온전한 믿음을 칭찬하신 하나님은 아브라함이 번제로 드릴 수양을 미리 준비해 두셨다. 아브라함은 뿔이 수풀에 걸려 있어 꼼짝 못한 채로 있던 수양을 잡아 하나님께 번제물로 드린 다음에, 감사와 감격에 사로잡힌 나머지 그곳 이름을 '여호와 이레'(더 정확하게는 '야웨 이르에')라고 불렀다. 이는 '야웨께서 미리 보신다', '준비하신다', '감찰하신다' 등의 뜻을 가지고 있는 표현이었다. 그러니까 하나님이 아브라함의 믿음을 보시고서 그에게 필요한 제물을 미리 준비하셨다는 뜻이다.

뿐만 아니라 하나님은 아브라함에게 이전에 주셨던 약속을 보다 구체화시킨 복을 주셨다 : "……네가 이렇게까지 너의 아들, 너의 외아들까지 아끼지 않았으니 내가 반드시 너에게 큰 복을 주며 너의 자손이 크게 불어나서 하늘의 별처럼, 바닷가의 모래처럼 많아지게 하겠다. 너의 자손은 원수의 성을 차지할 것이다. 네가 나에게 복종하였으니 세상 모든 민족이 네 자손의 덕을 입어서 복을 받게 될 것이다"(17-18절, 새번역). 하나님의 이 약속은 바울 사도가 한 다음의 말을 상기시킨다 : "자기 아들을 아끼지 아니하시고 우리 모든 사람을 위하여 내어주신 이가 어찌 그 아들과 함께 모든 것을 우리에게 은사로 주지 아니하시겠느뇨?"(롬 8 : 32)

이상의 이야기는 결과적으로 하나님이 사람을 죽여서 제물로 바치는 이른바 인신제사(人身祭祀, human sacrifice)를 원치 않는다는 쪽으로 결말지어지고 있다. 그리고 그것은 아브라함이 머물러 살던 가나안 땅과 그 주변의 종교적인 풍습과 깊은 관련을 가지고 있다. 왜냐하면 가나안 사람들은 본래 그들의 신에게 사람을 제물로 바치는 습관을 가지고 있었고, 또 그러한 제사야말로 신을 섬기는 방법 중에 단연 최고의 것이라고 믿었기 때문이다. 레위기에 있는 다음의 말씀이 이 점을 잘 보여 준다 : "너는 결단코 자녀를 몰렉에게 주어 불로 통과케 말아서 네 하나님의 이름을 욕되게 하지 말라.……"(레 18 : 21, 20 : 2-5).

물론 하나님의 인신제사 금지는 사람에게 생명을 주시고, 또 사람의 생명을 소중히 여기시는 하나님의 구원은총에 기인한 것이었다. 이것은 결국 이스라엘의 야웨 하나님이 가나안 지방의 신들처럼 아들의 생명을 요구하는 비도덕적이고 저급한 신이 아니라 우주만물을 창조하시고 사람의 생명을 주관하시는 지극히 윤리적인 신임을 강조하는 것이나 다름없다.

그런데도 이스라엘 백성은 자주 가나안 주변의 인신제사에 빠져들었다. 특히 북왕국 이스라엘의 왕들(왕하 17 : 17) 및 남왕국 유다의 아하스 왕(왕하 16 : 3)과 므낫세 왕(왕하 21 : 6) 등이 그러했다. 예레미야(7 : 31)나 에스겔(23 : 37)의 메시지 역시 남왕국 유다의 왕들이 그처럼 부도덕한 인신제사에 맛을 들이고 있었음을 지적하고 있다. 그러나 하나님이 처음부터 이스라엘 자손에게 원하신 것은 레위기 1~7장의 제사규정에 명시된 바와 같이 짐승을 제물로 드리는 제사였다. 그리고 예언자들이 누차 강조한 바와 같이 진정한 제사는 하나님의 법을 잘 지키고 생활 속에서 공의를 행하는 것이었다(사 1 : 10-17, 암 5 : 21-24, 미 6 : 6-8). 그러나 소용이 없었다. 이스라엘은 하나님의 법을 잘 지키지도 않았고, 공의를 행하지도 않았으며, 도리어 사람을 제물로 바치는 인신제사의 악습에 빠져들곤 했던 것이다. 이삭을 제물로 바치라고 명하셨지만 종국에는 이삭 대신에 수양을 제물로 바치게 하시는 이야기는 바로 이러한 잘못을 교정하고자 하는 목적을 가지고 있다 할 수 있겠다.

2) 나홀의 가계(20-24절)

아브라함에 얽힌 이야기는 이제 갑작스럽게 그의 동생 나홀의 족보를 소개하는 쪽으로 방향을 바꾼다. 이 족보에 의하면 나홀은 그의 아내 밀가로부터 8명의 아들들을 낳았으며, 첩인 르우마로부터는 4명의 아들들을 낳았다. 그런데 이 족보에서 두드러진 인물은 밀가 소생의 막내 아들인 브두엘과 그의 딸 리브가이다. 후에 나오는 바와 같이 리브가는 이삭의 아내가 된 사람이다. 이를 보면 왜 나홀의 가계를 이처럼 자세하게 소개했는지의 이유를 분명하게 알 수 있다. 그러니까 나홀의 족보는 이삭의 결혼에 관한 이야기(24장)를 예비하는 성격의 것인 셈이다.

그리고 한 가지 주목할 것은 나홀에게서 난 12명의 아들들이 아람족속(시리아)의 조상으로 간주되고 있다는 사실이다. 이와 아울러 이스마엘(25 : 13-16)이나 야곱(35 : 23-26)의 경우와 마찬가지로 나홀의 족보 역시 완전수인 12를 기본 단위로 가지고 있다는 점도 특기할 만하다. 이 본문에 소개되어 있는 나홀의 가계를 도표로 정리하면 다음과 같다.

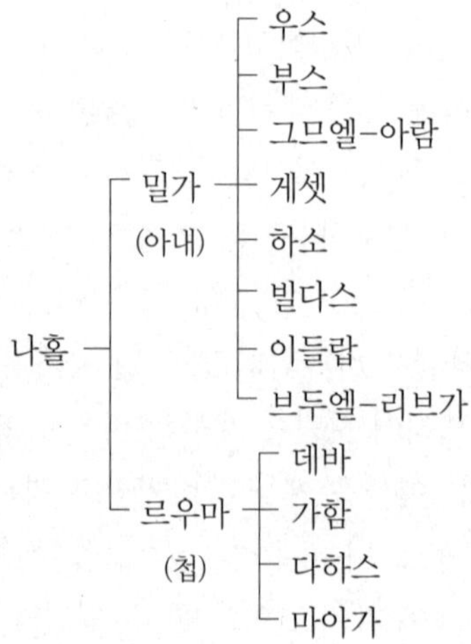

이 족보를 보면 사람 이름들 중에 이스라엘 자손에게 잘 알려진 지명이나 도시 이름이 끼어 있을 것을 알 수 있다. 밀가 소생의 큰 아들인 우스의 이름은 잘 알려진 바와 같이 욥의 고향으로 북부 에돔 지역에

속한 땅의 이름이었으며(욥 1 : 1-3), 밀가 소생의 둘째 아들인 부스의 이름은 에돔 근처에 있는 지역으로 욥과 세 친구 사이의 대화에 끼어든 엘리후의 본고장이었다(욥 32 : 2). 그런가 하면 나홀이 르우마라는 첩에게서 낳은 막내 아들 마아가의 이름은 헤르몬산 부근의 지역을 가리키는 것이었다(수 12 : 5, 삼하 10 : 6-8).

4. 사라를 장사지냄(23장)

90세가 되어서야 아들을 낳았던 아브라함의 아내 사라는 사랑하는 아들의 결혼을 보지도 못하고서 127세를 일기로 세상을 떠났다. 그녀가 죽은 곳은 헷족속이 살고 있던 헤브론, 곧 기럇-아르바였다. 아브라함은 아내를 생각하면서 곡(哭)을 하며 울었다. 아마도 예언자 에스겔이 자기 아내를 잃고서 취한 행동과 비슷한 방식으로 아내 사라의 죽음을 애도했을 것이다(겔 24 : 15-17, 22-23). 애곡하는 기간이 끝나자 이제 죽은 아내의 시신을 매장해야 했는데 불행하게도 당시의 아브라함은 아내를 매장할 땅을 전혀 가지고 있지 않았다. 가나안 땅을 아브라함과 그의 후손에게 주겠다는 하나님의 약속은 여전히 유효했지만 안타깝게도 아브라함은 여지껏 자기 아내를 매장할 만한 몇 평의 땅조차도 가지고 있지 못했던 것이다. 이것은 아브라함이 여전히 약속과 현실 사이에 커다란 간격을 느끼는 채로 살아가고 있었음을 잘 보여 주고 있다.

그렇다고 해서 그가 예전에 떠나온 고향 땅(갈대아 우르나 하란)으로 돌아갈 수는 없는 노릇이었다. 가나안 땅을 주겠다는 하나님의 약속을 믿고서 이미 오래 전에 고향을 등진 까닭이었다. 아브라함은 하는 수 없이 원주민인 헷 족속을 찾아가 그들의 동의를 얻어 아내의 시신을 매장할 땅을 구입해야만 했다(4절). 그는 재판이 행해지거나 공적인 거래가 이루어지던 성문(城門) 앞으로 나아가서(10절) 나그네로 떠돌이 생활을 하는 자신의 딱한 처지를 그들에게 솔직하게 말하였다. 그러면서 그는 그들에게 죽은 아내를 묻을 수 있는 땅을 좀 샀으면 좋겠다고 요청했다.

그러자 헷 족속은 아브라함을 일컬어 '하나님의 방백' 이라고 칭하면서 그에게 가장 좋은 땅을 매장지로 주겠다고 말하였다. 여기서 '하나님의 방백' 은 히브리어로 '느시 엘로힘' 으로서 '지극히 높은 방백' (a mighty prince, New RSV)이라는 뜻을 가지고 있었다. 헷 족속의 제안을 들은 아브라함은 소할의 아들 에브론의 밭머리에 있는 막벨라 굴을 매장지로 사고 싶다는 자신의 생각을 그들에게 전달하였다. 이에 에브론은 성문에 모인 모든 사람들 앞에서 자신이 그 굴과 그 주변의 밭까지도 아브라함에게 주겠다고 말하였다. 아브라함이 그 밭값을 주겠다고 하자 에브론은 그 값이 은 400세겔인데 어찌 그것을 가지고 거래하겠느냐는 투로 말하였다.

에브론의 이 말은 마치 그 땅을 공짜로 주겠다는 듯한 느낌을 주지만 실제로 그렇게 하겠다는 것은 아니었다. 그것은 단지 아브라함에게 최대한의 예우를 한다는 거래 관행에서 비롯된 것으로서 땅 값을 제대로 받는 것과는 전혀 무관한 말이었다. 은 400세겔이라는 액수가 그 점을 뒷받침한다. 사실 이 금액은 엄청나게 비싼 가격이었다. 예레미야가 아나돗에 있는 숙부의 아들 하나멜의 넓은 땅을 은 17세겔에 매입한 것이나(렘 32 : 9), 북왕국 이스라엘의 왕 오므리가 사마리아산 일대를 은 두 달란트(=2,000 세겔)로 구입한 점(왕상 16 : 24)을 고려한다면 에브론이 아브라함에게 요구한 가격은 '바가지 요금' 이나 다름이 없었던 것이다.

그러나 당장 다른 대안(代案)이 없던 아브라함으로서는 바가지를 쓰더라도 막벨라 굴과 그 주변의 밭을 한꺼번에 매입할 수밖에 없었다. 정작 그에게 필요했던 것은 막벨라 굴 뿐이었지만 에브론이 아브라함의 약점을 알고서 그 굴에 딸린 밭까지 사야만 거래를 하겠다고 요구했기 때문이었다. 그래서 그는 하는 수 없이 헷 사람들이 듣는 데서 에브론이 요구한 은 400세겔을 달아 주었다. 이로써 아브라함은 처음으로 마므레 근처의 막벨라에 있는 밭과 그 안에 있는 굴 및 그 밭의 경계 안에 있는 모든 나무를 소유하기에 이르렀다. 그것도 모든 헷 사람들이 모여 있는 성문 법정에서 공식적으로 그 땅의 소유권을 인정받은 것이다.

그 땅은 아브라함이 가나안 땅에 나그네로 머물러 살면서 처음으로 사들인 땅이었다. 어떻게 보면 그것은 가나안 땅을 주겠다는 하나님의 약속이 그 구체적인 성취를 향해 나아가는 첫걸음이었다고 할 수 있다. 바로 이 땅에 아브라함이 죽은 아내 사라를 매장했다는 것은 매우 의미심장한 것이었다. 누구도 침해할 수 없는 자기 소유의 땅에 합법적으로 아내의 시신을 매장할 수 있었으니 땅 한 평 없이 살던 아브라함에게 그것은 얼마나 중요한 의미를 가지고 있었겠는가! 더욱이 아브라함이나 사라는 하나님의 약속을 받은 제 1세대가 아닌가! 이러한 그들이 여전히 나그네로서 남의 땅에 묻힌다는 것은 참을 수 없는 고통이었을 수도 있다. 그러나 다행히도 사라는 법적인 소유권을 확보한 땅에 안장된 것이다.

그래서 마지막 20절은 이것을 다음과 같이 표현함으로써 사라의 매장에 관한 이야기를 끝맺고 있다. "이와 같이 그 밭과 그 속의 굴을 헷 족속이 아브라함 소유 매장지로 정하였더라." 실제로 이 굴은 아브라함의 후손들이 묻히는 무덤(가족묘)으로 자주 사용되었다. 아브라함이 죽은 다음에 그의 두 아들 이삭과 이스마엘은 아브라함을 막벨라 굴에 장사하였으며(25 : 9), 이삭과 리브가, 레아(49 : 30-31) 등도 차례로 이 굴에 장사 지낸바 되었다. 이집트에서 임종을 맞은 야곱은 요셉을 비롯한 12아들에게 자신의 시신을 반드시 조상들이 묻힌 막벨라 굴에 장사하라고 명하였고, 그의 아들들이 이 유언을 그대로 지킴으로써 마지막으로 야곱 역시 조상들과 함께 그 굴에 묻히게 되었다(49 : 29, 50 : 13).

V. 이삭의 생애(24-26장)

창세기는 12장에서 마지막 장까지 아브라함, 이삭, 야곱, 요셉 등 네 족장의 이야기를 연이어 소개한다. 그런데 이들 중에서 가장 적은 분량을 차지하는 것이 이삭의 이야기이다. 또한 이삭의 이야기는 대부분이 아브라함의 이야기(12-25장)와 야곱의 이야기(25-36장) 속에 포함되어 있다. 이삭의 출생에 관한 이야기나 그를 제물로 드리는 이야기가 제각기 21장과 22장에 나오지만, 이 두 이야기의 주인공은 아브라함이지 이삭이 아니다. 왜냐하면 첫 번째 이야기는 하나님께서 아브라함에게 자손의 약속을 이루어 주셨음을 설명하는 이야기이고, 두 번째 이야기는 하나님을 경외하는 아브라함의 큰 믿음과 그로 인한 하나님의 복에 대해서 설명하는 이야기이기 때문이다.

22장에 이어 나오는 23장에 이삭의 이야기가 전혀 없다는 것도 마찬가지이다. 23장은 사라의 죽음에 대해서, 그리고 아브라함이 헷족속과 협상하여 매장지를 구하는 것에 대해서만 기록하고 있을 뿐이다. 이삭의 아내를 구하는 이야기(24장)나 아브라함의 죽음과 두 아들(야곱과 에서)의 출생에 관한 이야기(25장)도 아브라함 아니면 야곱의 이야기에 포함되어 있다. 이삭이 그랄 왕 아비멜렉을 속이는 이야기나 우물에 얽힌 이야기(26장)도 사실은 아브라함 이야기에 소개된 것(12 : 10-20, 20장, 21 : 22-34)과 거의 똑같은 것이어서 이삭 이야기가 족장사에서 차지하는 비중을 더욱 약화시키고 있다.

그러나 이삭의 삶에 얽힌 이야기들이 이처럼 독립적이지 못한 데다가 그 분량도 다른 족장들의 이야기들에 비해 적기는 하지만, 그의 생애가 주는 교훈은 이제까지 살핀 아브라함의 이야기에 못지 않다. 특히 아브라함의 늙은 종이 메소포타미아 지방으로 가서 이삭의 아내를 구하는 이야기는 읽는 사람들에게 대단한 즐거움과 흥미를 안겨 준다. 그리고 이삭의 이야기에는 모두 세 개의 족보가 포함되어 있다. 이 세 족보는 예외 없이 25장에 전부 실려 있는 바, 첫 번째의 것은 아브라함이 첩을 얻어 낳은 아들들의 족보이고(25 : 1-6), 두 번째의 것은 아브라함 집안에서 쫓겨난 후에 바란 광야에 거주하던 이스마엘의 족보이다(25 : 12－18). 그리고 세 번째의 것은 사람들의 이름이 가장 적게 나오는 이삭의 족보이다(25 : 19－26).

1. 이삭의 아내가 된 리브가(24장)

1) 늙은 종을 보냄(1－9절)

사랑하는 아내 사라를 잃은 아브라함은 슬픔과 외로움을 견디지 못하였다. 1절의 "아브라함이 나이 많아 늙었다."는 표현은 당시의 그가 어떠한 형편에 처해 있었는지를 상징적으로 보여 준다. 헷 족속에게서 비싼 값에 무덤 자리를 매입한 후에 죽은 아내를 장사지내고 났으니 그 허전함이 이루 말할 수 없었을 것이다. 그렇다고 해서 자식이 많은 것도 아니었다. 하갈과 이스마엘은 쫓겨나서 따로 살림을 차린 데다가 하나밖에 없는 아들 이삭은 나이 40의 중년이 다 되었는데도(25 : 20) 아직껏 아내를 얻지 못한 채로 지내고 있었으니 아브라함의 마음이 편할 리가 없었다. 실제 나이보다 훨씬 더 늙어버린 것 같은 아브라함의 현실을 성경은 이렇게 표현한 것이다.

물론 당시의 아브라함은 거의 140(100살 때 이삭을 낳았으므로)이 다 되는 나이였기 때문에 그가 나이 많아 늙었다는 표현은 지극히 당연한 것일 수도 있었다. 그러나 이 무렵에 아브라함의 나이가 많아 늙었다는 것은 굳이 설명할 필요가 없는 것이었다. 그런데도 서두에 아브라함이 늙었다는 표현을 쓴 것은 다분히 의도적인 것이라 할 수 있다. 그렇지 않아도 늙은 아브라함이 그처럼 괴로운 일을 당한 후에는 더욱 늙어 보였다는 말이다. 그러니까 당시의 아브라함은 아무런 위로도 소망도 없는 '늙은이'에 지나지 않을 정도로 비참한 현실에 처해 있었다는 것이다. 적어도 인간적인 조건을 두고 볼 때에는 그랬다.

그러나 하나님은 아브라함을 비통함과 허전함에 내버려두지 않으셨다. 1절 하반절에 있는 "여호와께서 그의 범사에 복을 주셨더라."는 말씀이 그것을 뒷받침한다. 이 말씀은 나이 많아 외롭고 적적한 아브라함을 하나님이 위로하셨음을 암시하고 있기도 하다. 또한 이 말씀은 이삭에게 맞는 짝을 구하여 그를 결혼시키고자 하는 아브라함의 의도가 순조롭게 그 목표를 달성할 것임을 암시하고 있다. 물론 아브라함이 그의 아들 이삭을 위해 아내를 구해 주기로 한 것은 그가 아내를 잃은 슬픔과 허전함을 메우기 위해서였는지도 모른다는 추측을 가능하게 한다.

그러나 사라의 매장에 관한 이야기와 이삭의 아내를 구하는 이야기의 한가운데에 그러한 말씀이 있다는 것은 이삭의 아내를 구하려는 아브라함의 행동이 그와는 다른 차원, 곧 하나님이 자신의 약속(복)을 이루시는 과정에 속한 것임을 의도적으로 강조하고 있다. 그러니까 아브라함은 하나님의 약속을 후손에게 계속해서 넘겨주기 위해 이삭의 아내를 구하고자 했던 것이다. 따라서 하나님은 아브라함에게 많은 자손을 주겠다고 한 약속을 지키시기 위해 아브라함의 그러한 노력이 열매를 거둘 수 있게 해 주신다는 것이다. 하나님께서 아브라함이 하는 모든 일에 복을 주셨다는 것은 바로 그 일이 형통할 것임을 암시하는 것이나 다름없다.

그렇다고 해서 하나님의 약속이 거저 주어지는 것은 결코 아니다. 약속에 대한 확고한 믿음과 그에 기초한 구체적인 행동이 뒷받침되지 않으면 안 된다. 실제로 아브라함은 이삭의 아내 구하는 일을 아무에게나 대충 맡기지 않았다. 그는 생각에 생각을 거듭한 끝에 자기 집에 거하는 가장 신실한 종 엘리에셀(15 : 2)에게 그 일을 맡겼다. 그 종은 비록 늙기는 했지만 아브라함 집안의 모든 소유를 책임지고 있는 사람이었다. 아브라함이 그에게 자기 집안의 모든 소유를 맡겼다는 것은 그가 얼마나 성실하고 모범적인 인격의 소유자인가를 한눈에 알 수 있게 해준다. 나중에 그가 자신이 맡은 일을 완수하기 위해 하나님께 간절히 기도하는 모습이 그 단적인 예에 속한다(12－14절).

아브라함은 그것도 모자라서 그 늙은 종에게 "하늘의 하나님이요, 땅의 하나님이신 여호와" 앞에서 맹세하게 하였다(3절). 그가 취한 맹세 방법은 매우 특이한 것으로서 아브라함의 환도뼈 밑에 손을 넣는 형식을 취하였다(2절). 더 정확하게는 아브라함의 사타구니 밑에 손을 넣은 채로 맹세하게 한 것이다. 이것은 본래 임종을 맞은 사람이 생명의 근원을 뜻하는 사타구니에 맹세함으로써 자신의 마지막 뜻을 이루려는 관습이었다. 야곱이 요셉에게 자신의 시신을 반드시 조상들의 무덤에 묻으라고 맹세시킨 것이 그러했다(47 : 29 - 30). 이 맹세가 있은 후로 아브라함의 이야기가 첩에 관한 이야기와 그의 죽음에 관한 이야기로 끝난다는 것도 이 관습이 아브라함의 마지막 뜻을 이루고자 하는 의도를 가지고 있음을 뒷받침한다.

어쨌든 그 종은 그렇게 아브라함의 사타구니 밑에 손을 넣은 채로 맹세했다. 맹세의 내용은 가나안 족속의 딸 중에서 이삭의 아내를 취하지 않고서 아브라함의 고향으로 가서 이삭의 아내를 구하여 데려와야 한다는 것이었다(4절). 아브라함은 여자를 이삭에게로 데려와야 하는지, 아니면 이삭을 데려가도 괜찮은지에 대해서 묻는 그 종에게, 자신이 하나님께로부터 받은 약속(7절)을 인용하면서 반드시 여자를 이삭이 있는 곳으로 데려와야 함을 강조하였다. 젊은 여자가 이제껏 한 번도 만난 적이 없는 낯설은 남자와 결혼하기 위해 머나먼 타향으로 온다는 것은 기대하기 어려운 일이었지만, 그래도 아브라함은 여자를 데려와야 한다고 고집한 것이다.

아브라함의 이러한 요청은 "이 땅을 네 씨에게 주리라."는 하나님의 말씀에 기초한 것이었다. 달리 말해서 그는 하나님의 약속을 굳게 믿은 까닭에 자신의 늙은 종에게 절대로 이삭을 여자가 있는 곳으로 데려가면 안 된다고 말한 것이다. 이삭이 하나님의 약속을 받기 위해서는 무슨 일이 있어도 그 땅에 머물러 있어야만 했기 때문이다. 하나님의 약속에 대한 아브라함의 절대적인 확신은 "그가 그 사자를 네 앞서 보내

실지라."는 그의 말에 잘 나타나 있다. 이러한 확신으로 인하여 그는 다음과 같이 단호하게 말할 수 있었다 : "만일 여자가 너를 좇아오고자 아니하면 이 맹세가 너와 상관이 없나니 오직 내 아들을 데리고 그리로 가지 말지니라"(8절). 이 말은 자기가 맡은 일의 성공여부를 염려하는 그 종에게 빈 손으로 돌아와도 책임질 일은 없을 것이라는 격려의 말이기도 했다.

2) 리브가를 만남(10-27절)

아브라함의 사타구니 아래에 손을 넣고서 이상과 같은 내용의 맹세를 한 그 종은 아브라함이 허락한 10필의 약대(낙타)와 그 집안에 있는 '모든 좋은 것', 곧 그 지방의 토산품을 비롯한 값비싼 금은 패물(22절)과 의복(53절)을 가지고서 여행을 떠났다. 그가 간 곳은 메소포타미아 지역에 속한 나홀의 성, 곧 아브라함의 동생 나홀이 사는 성읍이었다(9-10절). 그런데 개역성경은 10절에 있는 히브리어 본문의 '아람 나라하임으로 가서'를 '메소포다미아로 가서'로 번역하고 있다. '아람 나하라임'이라는 지명은 '두 강(江) 사이의 아람'이라는 뜻을 가지고 있는 곳으로 '밧단 아람'이라고도 불리는 바(28 : 5), 아브라함의 친족들이 살고 있던 하란 지역을 칭하는 표현이었다.

저녁 무렵에 아람 나하라임에 있는 나홀의 성에 도착한 아브라함의 종은 약대를 성밖에 있는 우물 곁에 쉬게 하고서 물을 길러 나오는 여자들을 기다리기로 하였다. 그가 이처럼 우물 곁을 택한 것은 주로 성문(城門)에 모이는 남자들과는 달리 여자들은 성 밖에 있는 우물가에 모였기 때문이다. 우물가에 선 그 종은 이삭의 아내가 될 사람을 순조롭게 잘 만날 수 있게 해 달라고 하나님께 기도하였다. 이와 아울러 그는 물을 길러 나오는 여자들 가운데 "물 항아리를 기울여 마시게 해 달라."는 청에 "그러지요. 당신의 약대에게도 마시우겠습니다."라고 말하는 사람을 하나님께서 정하신 자로 알겠다고 기도하였다(12-14절). 그가 이렇게 기도한 이유는 물을 달라는 사람에게 직접 물을 줄 뿐만 아니라 짐승들, 그것도 평소에 많은 물을 먹는 10마리의 낙타에게까지 물을 주는 여자라야 이삭에게 맞는 현숙한 아내일 것이라고 생각했기 때문이다.

그의 이러한 기도는 그가 얼마나 훌륭한 믿음의 사람인가를 보여 주는 동시에 그가 자신의 할 일이 하나님의 구원사에서 얼마나 중요한 위치를 차지하고 있는가를 충분히 감지하고 있었음을 보여 준다. 그러면서도 그는 하나님의 도우시는 은총이 자기를 위해서가 아니라 자기의 주인 아브라함에게 주어지기를 간구하고 있다 : "나의 주인 아브라함을 보살펴 주신 하나님! …… 나의 주인 아브라함에게 은총(히브리어로 '헤쎄드')을 베풀어 주십시오. …… 이것으로써 주께서 저의 주인에게 은총('헤쎄드')을 베푸신 줄을 알겠습니다"(12, 14절, 새번역). 그는 참으로 자기 주인인 아브라함을 위해 자신의 삶을 송두리째 드릴 수 있는 충직한 종이었다.

그가 기도를 마치기도 전에 브두엘의 딸인 리브가가 물동이를 어깨에 메고 물을 길러 나왔다. 그녀는 브두엘의 딸이었고, 브두엘은 아브라함의 동생인 나홀과 밀가 사이에서 태어난 아들이었다. 그러니까 리브가는 나홀의 손녀딸이요, 이삭에게는 조카딸인 셈이었다. 지금까지 어떤 남자도 가까이 한 적이 없는 아리따운 처녀 리브가는 아브라함의 늙은 종이 보는 데서 우물로 내려가서 물동이에 물을 채워 가지고 올라왔다. 이때 그 종은 하나님께 기도한 내용을 생각하면서 리브가에게 물동이에 든 물을 좀 마실 수 있게 해 달라고 청하였다. 이에 리브가는 그 종의 청을 흔쾌히 받아들여 물동이를 자기 손에 받친 채로 그가 물을 마실 수 있게 해 주었다. 뿐만 아니라 그녀는 그 종이 끌고 온 약대들에게도 물을 마시우겠다고 말하면서 친절하게도 다시 우물로 내려가서 모든 약대들을 충분히 마시울 수 있을 만큼의 많은 물을 길어다 주었다(15 - 20절).

아브라함의 늙은 종은 이 모든 과정을 묵묵히 지켜보면서 하나님께서 과연 자기가 기도한 대로 이삭의 아내 구하는 일을 형통하게 해 주실 것인가를 마음 속으로 헤아려 보고 있었다. 약대들이 물을 다 마시자 그는 리브가에게 당시에 여자들의 장신구로 널리 쓰이던 금코걸이 하나와 금팔찌 두 개를 선물로 주면서, 그녀가 어느 집안에 속해 있는지를 물었다. 이와 아울러 자기 일행이 하룻밤 묵어갈 방이 있는지도 물어보았다. 그의 이 두 가지 질문에 리브가는 친절하게 답변하였다. 그녀는 먼저 자기 아버지의 이름(브두엘)과 할머니(밀가), 할아버지(나홀)의 이름을 밝혔다. 그리고서는 자기 집에는 겨와 여물도 넉넉하고 하룻밤 묵고 갈 방도 있다고 말했다(21-25절).

리브가의 이러한 답변을 들은 아브라함의 종은 기쁨을 이기지 못하였다. 그는 즉시 머리를 숙여서 하나님께 다음과 같이 감사기도를 드렸다 : "나의 주인 아브라함을 보살펴 주신 하나님, 주님을 찬양합니다. 나의 주인에게 주의 인자와 성실을 끊지 않으셨으며, 주께서 저의 길을 잘 인도하여 주셔서 나의 주인의 동생 집에 무사히 이르게 하셨습니다" (27절, 새번역). 그의 이 기도를 보면 그가 무엇보다도 하나님께서 그의 주인 아브라함에게 은혜를 베푸셨음을 찬미하고 있음을 알 수 있다. 바로 이어서 그는 하나님께서 아브라함의 종인 자기를 잘 인도하여 주셔서 아브라함의 동생 집에 이르게 하신 은총에 대하여 감사하고 있다. 이것은 그가 늘 자기 주인 아브라함을 앞세우는 신실한 종임을 다시금 입증하고 있다.

3) 이삭과 리브가의 결혼(28-68절)

리브가는 아브라함의 늙은 종으로 하여금 우물가에서 기다리게 한 다음, 자기 집으로 달려갔다. 그리고서는 이제까지 있었던 일을 집안 식구들에게 그대로 전하였다. 리브가의 이야기를 들은 그녀의 오라버니 라반은 자기 동생이 코걸이와 팔찌를 하고 있는 것을 보고서, 지체하지 않고 우물가에서 기다리고 있는 그 종에게 급히 달려갔다(28-30

절). 여기서 한 가지 주목할 것은 리브가가 이삭의 아내가 되는 과정에서 주도적인 역할을 수행한 자가 그녀의 오라버니인 라반이었다는 점이다. 실제로 24장에서 전면에 나서는 인물은 라반이다. 50절에 보면 '라반과 브두엘' 이라는 표현에서 라반을 그의 아버지인 브두엘보다 앞세우고 있다. 또한 53절과 55절에 있는 '리브가의 오라버니와 어머니' 라는 표현도 마찬가지이다.

이처럼 라반이 그의 아버지와 어머니를 젖혀 놓고서 주도적인 역할을 수행하는 이유는 어디에 있을까? 그것은 아마도 라반의 아버지 브두엘이 이미 죽었기 때문인 듯하다. 가족의 대표자인 브두엘은 그 이름만 간간히 언급될 뿐, 그가 실제로 리브가의 혼사에 직접 개입했다는 말은 어디에도 없기 때문이다. 살아 있는 사람들에 대해서 말하는 53절과 55절 역시 라반과 그의 어머니에 대해서는 말하지만 정작 브두엘에 대해서는 침묵을 지키고 있다는 점이 그 점을 뒷받침한다. 그러니까 큰 아들인 라반은 돌아가신 아버지 브두엘을 대신해서 아브라함의 종을 접대한 것이다.

이렇듯이 자기 집안을 대표하는 입장에 선 라반은 우물가에서 아브라함의 종을 만나고서 그에게 "당신은 주께서 주시는 복을 받은 분입니다."(31절, 새번역)라고 친절하게 인사하면서 자기 집으로 가서 쉴 것을 청하였다. 하룻밤 묵을 방도 있고, 낙타들이 머물 곳도 준비되어 있으니 어서 빨리 가자고 청하였던 것이다. 라반의 이러한 손님접대는 아브라함이나 그의 조카 롯이 사람으로 위장한 천사들을 친절하게 대접한 것과 맥을 같이 하는 것이다. 더욱이 그와 말을 나누고 있는 사람은 큰할아버지인 아브라함이 보낸 사람이었으니, 그를 친절하게 접대하는 것은 지극히 당연한 일이었다.

하나님의 뜻이 이루어질 것을 확신한 그 종은 라반의 제의를 받자 머뭇거리지 않고 그의 집을 향해 발걸음을 옮겼다. 집에 도착한 라반은 그 종이 가져온 짐을 들어드리는 한편, 낙타에게 겨와 여물을 주고, 또 그와 함께 온 사람들에게 발 씻을 물을 주었다. 그 동안에 그는 집안 사람들에게 식사를 준비하게 하였고, 아브라함이 보낸 일행이 여장 풀기를 마치자 그들에게 밥상을 차려드렸다(32절).

그러나 아브라함의 종은 자신이 그 곳을 찾아온 목적을 다 말하기 전에는 밥상을 대할 수 없다고 말하였다. 하루 종일 여행한 탓으로 배가 고프긴 했지만, 그에게는 식사하는 일보다 더 시급한 일이 있었다. 그는 자기가 해야 하는 일의 우선순위를 잘 알고 있었다. 이것은 그가 얼마나 자기 사명에 충실한 사람인가를 보여 준다. 그는 하나님의 뜻이 분명함을 확신하고서 그 일을 속히 마무리 짓고자 한 것이다. 라반은 그의 결심이 확고함을 알아차리고, 그에게 말할 기회를 주었다(33절).

그러자 그 종은 먼저 자신의 신분을 다시 한번 소상하게 밝힌 다음에 자기 주인 아브라함이 하나님께 많은 복을 받아 양떼와 소떼, 은과 금, 남종과 여종, 낙타와 나귀 등을 넉넉하게 가진 부자가 되었다는 것으로 자기 이야기를 시작하였다. 그러면서 그는 아브라함의 아내 사라가 노년에 이르러서 아들을 낳았다는 사실과, 그 아들 이삭이 장성하자 아브라함이 그에게 모든 재산을 물려주었다는 것, 그리고 그의 어머니 사라가 죽고나자 아브라함이 그의 아내가 될 여자를 구하기 위해 자기를 그곳에 보내셨음을 이야기하였다(34-41절).

이와 아울러 그는 가나안 땅을 떠나 나홀성의 우물가에서 리브가를 만나기까지의 자초지종을 설명하였다(42-48절). 창세기 본문이 종의 이러한 설명을 다시금 그대로 반복하는 것은 무슨 이유 때문일까? 그것은 그 일이 전적으로 하나님께로부터 비롯되었음을 강조하기 위해서였다. 그것은 또한 하나님의 섭리의 손길이 개개인의 삶 구석구석에 이르기까지 미친다는 것을 강조하는 것이나 다름없다. 기도를 통한 온전한 신뢰, 그리고 그에 대한 하나님의 응답-이것이야말로 하나님의 인도하심을 가장 명백하게 증거하는 것이기 때문이다. 어쨌든 이러한 반복 설명이 끝난 후에 그 종은 마지막으로 라반의 식구들에게 가부간에 결정을 내려줄 것을 요청하였다(49절).

이에 라반과 브두엘은 그 늙은 종을 통해 드러난 하나님의 뜻에 기꺼이 순종하기로 작정하였다. 이들의 다음과 같은 말이 그 점을 잘 보여준다 : "이 일은 주님이 하시는 일입니다. 우리로서는 좋다거나 나쁘다거나 말할 수가 없습니다. 여기에 리브가가 있으니 데리고 가서 주님이 지시하는 대로 주인 아들의 아내로 삼으십시오"(50-51절, 새번역). 이 답변에 그 종은 다시금 땅에 엎드려 하나님께 경배하고, 금은 패물과 옷가지들을 리브가에게 주고, 그녀의 오라버니 라반과 그녀의 어머니에게도 값나가는 선물을 주었다(52-53절).

일이 이렇게 결정되고 나서야 아브라함의 종 일행은 먹고 마시기 시작했고 하룻밤을 거기에서 묵었다. 다음날 아침에 그 종은 자기 주인 아브라함에게 돌아가야겠으니 떠나게 해 달라고 청하고서 며칠만이라도, 적어도 열흘만이라도 더 있다가 떠나라는 라반의 부탁을 거절하고서 하나님께서 이루어주신 그 일을 신속하게 매듭짓기를 원하는 자신의 심정을 다음과 같이 밝혔다 : "저를 더 붙잡지 말아 주십시오. 주님께서 저의 여행을 형통하게 하셨으니 제가 여기에서 떠나서 저의 주인에게로 갈 수 있게 해 주시기 바랍니다"(56절, 새번역).

이에 라반 집안 식구들은 하는 수 없이 리브가의 의견을 물어보기로 하였고, 리브가는 아브라함의 종과 함께 가겠다고 말했다. 그래서 그들은 누이 리브가와 그녀의 유모를 아브라함의 종 일행에 딸려 보내면서 리브가를 다음과 같이 축복하였다 : "우리의 누이야, 너는 천만인의 어머니가 되어라. 너의 씨가 원수의 성을 차지할 것이다"(60절, 새번역). 본래 이 축복문은 자손의 번성을 기원하는 것이지만, 이에 더하여 원수에 대한 정치적인 승리를 포함하고 있다. 오라버니에게서 이러한 축복을 받은 리브가는 자기에게 딸린 몸종들과 함께 준비를 마친 다음에 낙타를 타고서 종의 뒤를 따랐다. 아브라함의 종은 리브가를 데리고서 길을 떠났다(61절).

이 무렵에 이삭은 아버지 아브라함과 함께 브엘 라해로이를 떠나 남쪽에 있는 네게브 지역에 거주하고 있었다. 그런데 어느 날 저녁 이삭은 산책을 하러 들에 나갔다가 리브가를 데리고 오는 종의 일행을 만나게 되었다. 리브가는 자기들 일행을 맞으러 오는 자가 이삭이라는 사실을 전해 듣자 얼굴을 너울로 가리고서 이삭을 만났다. 그 종은 이삭에게 이제까지 자기가 겪은 일을 전부 말하였고, 이삭은 이제 사라의 역할을 대신하게 될 리브가를 어머니 사라의 장막으로 데리고 가서 그를 아내로 맞이하였다. 이삭은 자기 아내가 된 리브가를 사랑함으로써 어머니를 잃고 난 후에 받은 마음의 상처에 큰 위로를 받았다.

이상의 이야기에서 드러나는 것은 아브라함의 종이 기도의 사람이요, 믿음의 사람이요, 또한 자신에게 맡겨진 일을 어떻게든 이루고자 하는 집념의 사람이었다는 점이다. 또한 그는 하나님께서 이루신 일을 신속하게 완결지으려는 민첩함을 가지고 있었다. 한편 리브가 집안 식구들이나 리브가 역시 하나님의 뜻에 기꺼이 순종했다는 점에서 하나님의 구원 역사에 동참하고 있는 믿음의 사람들이라 할 수 있다. 한 가지를 더 추가한다면 하나님의 인도하시는 손길(섭리)은 남녀 사이의 사랑과 결혼에까지 미친다는 사실이다. 달리 말해서 이삭과 리브가 사이에서 싹튼 사랑은 전적으로 하나님의 역사에 의해서 된 것이었고, 따라서 이들의 결혼 역시 하나님의 인도하심의 결과라는 것이다.

2. 에서와 야곱의 출생(25장)

1) 아브라함의 다른 자손과 그의 죽음(1-11절)

아브라함은 아내 사라를 잃고, 또 그의 아들 이삭을 장가보낸 뒤에 그두라라는 이름의 아내를 맞아들였다. 그런데 아브라함이 그두라와의 사이에 낳은 자손들의 이름들 중에 아라비아 지역과 관계 있는 지명이 많은 것으로 보아, 그두라는 아마도 아라비아 사람이 아닌가 여겨진다.

그두라가 아브라함에게서 낳은 아들들의 명단은 다음과 같다.

- 아브라함 (그두라)
  - 시므란
  - 욕산
    - 스바
    - 드단
      - 앗수르
      - 르두시
      - 르움미
  - 므단
  - 미디안
    - 에바
    - 에벨
    - 하녹
    - 아비다
    - 엘다아
  - 이스박
  - 수아

아브라함은 그두라를 통해서 이처럼 많은 자손들을 추가로 거느리게 되었지만 장자 상속권은 이삭에게 고스란히 물려주었다. 그래서 중요한 재산은 모두 이삭에게 돌아갔다. 아브라함은 첩에게서 얻은 자식들에게도 한 몫씩을 주었지만, 그들로 하여금 이삭과 같이 살게 하지 않고 동방으로 보내어 이삭과는 떨어져 살게 하였다(6절). 이로써 아브라함은 이삭이 자신의 상속인으로서 갖는 우선권을 보호해 주었다.

이 일이 다 끝난 후 아브라함은 175세에 세상을 떠났다. 자기가 받은 목숨대로 다 살고, 아주 늙은 나이에 기운이 다하여서 숨을 거두었던 것이다. 그가 75세 때에 하란을 떠나 가나안으로 옮겨갔으니까 그는 가나안 땅에서 정확하게 100년을 살다가 세상을 뜬 것이다. 아브라함이 죽자 이삭과 이스마엘이 그의 시신을 어머니 사라가 묻혀 있는 막벨라 굴에 안장하였다. 이로써 아브라함은 아내 사라와 함께 자기 소유의 땅에 묻히게 되었다.

이렇게 해서 부모가 다 돌아가신 후에 이삭은 완전히 홀로 남게 되었으나 실상은 그렇지 않았다. 왜냐하면 하나님께서 아브라함에게 주신 복과 약속을 홀로 남은 이삭을 통해 계속 이루어가고자 하셨기 때문이다. 11절의 말씀이 이를 잘 보여 준다 : “아브라함이 죽은 뒤에 하나님은 아브라함의 아들 이삭에게 복을 주셨다”. 이 무렵에 이삭은 네게브 지역에서 옮겨 다시금 브엘 라해로이 근처에서 살았다.

2) 이스마엘의 자손(12－18절)

아브라함의 집에서 쫓겨난 하갈과 이스마엘이 그 후에 어떠한 삶을 살았는지에 대해서는 구체적인 언급이 없다. 다만 이스마엘이 아버지 아브라함이 죽은 후에 이삭과 함께 장례식에 참여했다는 것(25 : 9)이 이야기의 전부이다. 그리고 이스마엘의 족보(히브리어로 ‘톨레도트’, 개역은 ‘후예’로 번역함.)가 어떠한가를 설명하는 것으로 이스마엘에 관한 공식적인 이야기는 끝이 난다. 그러나 이 족보는 사실 하나님께서 하갈에게 주신 약속(21 : 17－18)이 어떻게 이루어졌는가를 강조하는 의미를 갖는다. 달리 말해서 이 족보는 비록 이스마엘의 이야기를 마감하는 것이기는 하지만 하나님께서 부모의 집에서 쫓겨난 아들 이스마엘에게 주신 약속을 성실하게 지키셨음을 보여 주고 있다는 말이다. 이스마엘은 이집트 사람인 어머니 하갈을 따라 이집트 여인과 결혼하였는데 (21 : 21), 모두 12명의 아들을 낳았다. 그의 족보를 도표로 정리하면 다음과 같다.

이스마엘
- 느바욧
- 게달
- 앗브엘
- 밉삼
- 미스마
- 두마

├맛사
├하닷
├데마
├여둘
├나비스
└게드마

이 12명의 아들들은 사람의 이름이면서 동시에 대부분이 마을들과 부락들의 이름이었으며, 이들이 세운 12지파의 지도자들이기도 하였다(16절). 이스마엘은 137세를 일기로 세상을 떠났는데, 그가 죽은 후에 그의 후손들은 지금의 페르시아만으로 추정되는 하윌라로부터 이집트의 동북쪽 국경 지역인 술(Shur) 지방에 이르는 그 일대에 흩어져서 살았다(18절). 이러한 지리적인 분포는 이스마엘의 후손이 아랍 족의 조상이 되었음을 암시한다. 둘째 아들의 이름 게달은 시편 120 : 5, 아가 1 : 50, 이사야 21 : 16~17, 42 : 11, 예레미야 2 : 10, 49 : 28, 에스겔 27 : 21 등지에 아라비아 지역의 이름으로 자주 나타나고 있다.

3) 에서와 야곱의 출생(19-26절)

이스마엘의 족보에 이어 아브라함의 아들 이삭의 족보('톨레도트', 개역은 '후예'로 번역함.)가 소개되는데, 이 족보는 야곱 이야기(25-36장)의 출발점에 해당한다. 이삭은 40세에 리브가와 결혼하였는데, 리브가는 밧단아람 지역의 아람 사람인 브두엘의 딸이요, 역시 아람 사람인 라반의 누이 동생이었다(20절). 여기서 라반을 소개하는 이유는 앞으로 야곱이 라반과 관계를 맺게 될 것이기 때문에 독자들에게 라반이 누구인가를 보다 분명하게 밝히기 위해서였다.

그런데 흥미로운 것은 이삭의 아내 리브가 역시 아브라함의 아내 사라와 마찬가지로 아이를 낳지 못했다는 점이다. "천만인의 어미가 될 것"(24 : 60)이라는 약속과는 달리 단 한 명의 자식도 두지 못한 것이다. 이것은 아브라함의 이야기에서 밝힌 바와 같이 하나님의 (자손) 약속이 어떤 인간적인 방법에 의해서가 아니라 전적으로 하나님의 주권적인 은총에 의해서 이루어진다는 것을 강조하는 것이나 다름없다. 바꾸어 말한다면 하나님은 아브라함이나 이삭으로 하여금 약속과 현실 사이의 엄청난 간격 속에서 오로지 하나님만을 신뢰하게끔 그들의 환경을 조성하신 것이다.

이삭은 아브라함이 과거에 그러했던 것처럼 무리한 방법을 쓰지 않고서 처음부터 하나님께 매달려 자식을 달라고 간구하였다. 하나님께서 이삭의 기도를 들어주신 때는 그가 결혼한 지 20년이 지난 때였다. 그때 이삭의 나이 60세였다(26절). 그러니까 이삭은 거의 20여 년이라는 세월을 기도로 하나님께 매달려 온 것이다. 마침내 하나님의 기도응답으로 쌍둥이를 임신하게 된 리브가는 그 둘이 태 안에서 서로 싸우는 바람에 그 고통을 견디지 못하고서 하나님께 하소연하였다. 하나님께서 리브가에게 주신 말씀은 아브라함에게 주신 약속을 구체화한 것으로 고통에 신음하는 리브가를 크게 위로하는 것이었다(23절). 동시에 하나님의 이 말씀은 다윗시대에 이스라엘이 에돔을 지배한 사실을 염두에 두고 있음이 분명하다(삼하 8 : 13-14). 그것은 곧 에돔에 대한 이스라엘의 우월성 내지는 지배권을 상징하는 것이다.

> 두 민족이 너의 태 안에 들어 있다.
> 너의 태 안에서 두 백성이 나뉠 것이다.
> 한 백성이 다른 백성보다 강할 것이다.
> 형이 동생을 섬길 것이다.

하나님의 말씀대로 리브가는 쌍둥이를 낳게 되었는데, 먼저 나온 아이는 살결이 붉은 데다가 온몸이 털투성이어서 이름을 '에서'라고 지었다. 그리고 바로 이어 나온 아이는 먼저 나온 아이의 발뒤꿈치를 잡고 있어서 이름을 '야곱'이라고 지었다. 출생시부터 시작된 이 둘 사이의 갈등과 투쟁은 야곱 이야기의 큰 줄거리를 이룬다.

4) 장자권을 팔아 넘긴 에서(27-34절)

이삭과 리브가 사이에서 낳은 에서와 야곱은 자라면서 판이하게 다른 사람들로 바뀌었다. 에서는 사냥꾼이 되어 주로 들에서 생활하게 되었고, 야곱은 성격이 차분한 사람이 되어 주로 집에서 살면서 어머니 리브가의 일을 거들어 주었다. 두 사람의 이러한 차이는 문화권의 차이이기도 했다. 에서가 수렵문화를 대표한다면 야곱은 유목(농경)문화를 대표한 것이다. 이것은 보다 초기의 수렵문화와, 더 발전한 형태의 유목(농경)문화가 함께 공존하면서도 서로 싸우는 상황을 반영하고 있으며, 더 나아가서는 원시적인 문화가 새로운 형태의 문화에 밀린다는 사실을 암시하기도 한다.

그런데 에서와 야곱에게 있는 문화적인 차이는 그들에 대한 부모의 애정에도 차이를 가져왔다. 이삭은 에서가 사냥해 온 고기에 맛을 들여 에서를 사랑하게 되었고, 반면에 리브가는 집에서 지내는 야곱을 사랑하였다. 그러다가 마침내 에서와 야곱의 운명을 뒤바꾸는 결정적인 사건이 발생하게 되었다. 한번은 야곱이 집에서 팥죽을 끓이고 있었는데, 사냥에서 돌아온 에서가 배고픔을 견디지 못하고서 그만 장자권(상속권)을 동생 야곱에게 팔아 넘기고 만 것이다.

야곱은 형 에서가 배고파 죽을 지경이라는 것을 알고, 먼저 하나님께 맹세하게 함으로써 그 맹세에 절대적인 구속력을 부여한 다음에(수 9 : 19 참조), 장자권을 넘겨 받고서 팥죽을 형 에서에게 주었다. 에서는 장자권이 뭐 그리 대단한 것이냐는 투로 그것을 업신여기고 팥죽 한 그릇에 넘겨 주고 만 것이다. 이 일을 계기로 에서는 '에돔'('붉음')이라는 별명을 추가로 갖게 되었다(30절). 이는 그가 '붉은' 팥죽에 장자권을 팔아 넘겼기 때문이었다.

이 이야기는 에서가 얼마나 성급하고 생각이 깊지 못한가를 한 눈에 알게 해 준다. 하나님께서 태어날 때부터 주신 장자권, 곧 아브라함에게 주신 약속을 이어갈 수 있는 권리를 진지하게 받아들이고, 또 그것을 성실하게 지키려는 열정이 부족했던 것이다. 반면에 야곱은 생각이 깊고 차분하면서도 약삭빠른 데가 있는 사람임이 드러난다. 그에게는 현재적인 순간에만 만족하던 에서와는 달리 삶에 대한 비전이 있었고, 하나님의 약속을 어떻게든 자기 것으로 만들려는 몸부림이 있었다. 그러나 다른 한편으로 본다면 에서는 야성적인 인간미가 넘치는 사람이었고, 동생의 얄팍한 속셈을 꿰뚫을 줄 모르는 순박한 산사나이였다. 이에 반해 야곱은 허기져서 돌아온 형의 약점을 교묘하게 이용한 비정(非情)한 사람이었고, 목적을 위해서는 수단을 가리지 않는 탐욕의 사람이었다.

사실 야곱은 창세기에 나오는 족장들 중에 도덕적으로 가장 용납하기 어려운 성격의 사람이었다. 그럼에도 불구하고, 성경본문은 야곱의 성격이나 행동이 잘못되었다고 말하지 않는다. 그의 성격이나 행동에 대한 도덕적인 판단을 유보하고 있는 것이다. 그러나 장자권을 팔아 넘긴 에서의 행동에 대해서는 그가 경솔한 짓을 했다고 비판한다(34절). 이것은 결국 야곱을 약속의 계승자로 여기는 하나님의 선택이 전적으로 하나님의 자유로운 주권에 속한 것임을 보여 주는 것이나 다름없다.

3. 이삭과 아비멜렉(26장)

1) 우물에 얽힌 분쟁(1-25절)

가나안 땅은 지중해의 영향을 받아 가뭄이 들 때가 많았다. 아브라함도 하란을 떠나 가나안 땅으로 이주해 오자마자 가뭄 때문에 이집트로 주거지를 옮긴 적이 있었는데(12 : 10-20), 이삭 역시 마찬가지 어려움에 직면하였다. 그래서 이삭은 그랄 지역에 있는 블레셋 왕 아비멜렉에게로 갔다. 그때 하나님께서는 이삭에게 이집트로 가지 말고 약속의 땅에서 살 것을 명하셨다. 그러면서 하나님은 아브라함에게 주신 약속을

되풀이하셨다 : "네가 이 땅에서 살아야 내가 너를 보살피고 너에게 복을 주겠다. 내가 너의 아버지 아브라함에게 맹세한 약속을 이루어서 너의 자손이 하늘의 별처럼 많아지게 하고 그들에게 이 땅을 다 주겠다. 이 세상 모든 민족이 네 씨의 덕을 입어서 복을 받게 하겠다"(3-4절, 새번역). 마지막으로 하나님께서 강조하신 것은 이삭에게 이처럼 약속을 주시고, 또 그것을 이루려 하시는 이유는 아브라함이 하나님의 말씀에 순종하고, 그가 주신 여러 계명들을 잘 지켰기 때문이라는 사실이었다(5절).

하나님의 약속의 말씀에 이삭은 그랄 지역을 떠나지 않고 거기에 계속 머물렀다. 그런데 이삭은 아브라함이 두 차례씩이나 저질렀던 잘못을 똑같이 반복하고 말았다(7절). 그 지역 사람들에게 자기 아내 리브가를 누이 동생이라고 속인 것이다. 그러나 이 거짓말은 오래 가지 못하였다. 블레셋 왕 아비멜렉이 창문으로 이삭이 리브가를 껴안는 것을 보고 만 것이다. 아비멜렉이 이삭을 불러 나무라자 이삭은 자기 아내 때문에 자기 목숨이 위태롭게 될까 두려워서 그랬다고 실토하였다(8-9절). 아비멜렉은 이삭의 실수를 용납하고서 온 백성에게 이삭과 그의 아내를 건들지 말라고 명하였다(10-11절). 이것은 비록 이방 나라의 왕이라 할지라도 하나님의 구원계획을 가로막을 수 없음을 보여 줌과 동시에, 하나님의 역사 주권이 이방 나라의 왕을 통해서도 증언된다는 사실을 보여 준다.

그러나 이러한 실수에도 불구하고 하나님은 이삭에게 복을 주셔서 백 배나 되는 수확을 거두게 해 주셨다. 그는 아버지 아브라함처럼 큰 부자가 되어서 많은 재산을 갖게 되었다. 그러나 블레셋 사람들은 그것을 좋게 보지 않았다. 이삭을 시기한 것이다. 그들은 과거에 아브라함의 종들이 팠던 우물을 막고, 그것을 흙으로 메워 버렸다. 블레셋 왕인 아비멜렉조차 이삭이 너무도 강성해서 같이 거할 수 없으니 떠나가 주었으면 좋겠다고 말할 정도였다(14-16절).

이삭은 하는 수 없이 그 땅을 떠나 그랄 골짜기에 장막을 치고서 거기에 머물면서 지냈다. 그러면서 그는 블레셋 사람들이 메워 버린 우물들, 곧 아버지 아브라함 때에 팠던 우물들을 다시 팠다. 또한 그는 새로운 우물을 여러 개 더 팠는데, 그랄지방의 목자들이 자주 시비를 거는 바람에 자기가 판 우물들을 양보하면서 그 이름을 '에섹'과 '싯나'로 지어 불렀다(19－21절). '에섹'이라는 이름은 '다툼'이라는 뜻으로 그랄 지방의 목자들이 다투었다고 해서 지은 이름이었으며, '싯나'라는 이름은 '대적함'이라는 뜻으로 그들이 공연히 시비를 걸었다고 해서 붙인 이름이었다. 이삭이 세 번째로 판 우물에 대해서는 더 이상 시비를 거는 사람이 없었다. 그래서 이삭은 '넓은 곳'이라는 뜻의 이름인 '르호봇'을 그 우물의 이름으로 정하였다. 하나님께서 자기 집안 식구들의 살 곳을 넓혀 주신 까닭에 이제 크게 번성할 수 있으리라는 신앙고백이 담겨진 이름이었다(22절).

그러다가 이삭은 다시금 거주지를 옮겨 브엘세바로 갔다. 브엘세바는 전에 아브라함이 아비멜렉과 협약을 맺고 맹세의 우물을 판 후에 그 이름을 브엘세바로 정한 곳이었다(21 : 22－31). 이삭이 브엘세바로 옮긴 날 밤에 하나님은 이삭에게 나타나셔서 다음과 같은 약속의 말씀을 주셨다 : "나는 너의 아버지 아브라함을 보살펴 준 하나님이다. 내가 너와 함께 있으니 두려워하지 말아라. 내가 나의 종 아브라함을 보아서 너에게 복을 주고, 너의 자손의 수를 불어나게 하겠다"(24절, 새번역).

이 말씀은 아브라함에게 주신 약속을 이삭에게 다시금 되풀이하신 것이었다. 달리 말해서 아브라함에게 늘 함께 하시고, 그를 인도하신 것처럼 이삭과도 함께 하셔서 그에게 준 약속을 이루시겠다는 말씀이었다. 하나님의 이 말씀에 힘을 얻은 이삭은 그 곳에 제단을 쌓고 하나님의 이름을 부르며 그에게 예배를 드렸다. 그리고 나서 이삭은 거기에 자기 집안 식구들이 머물 장막을 쳤고, 그의 종들을 시켜 생활에 필요한 물을 얻기 위해 거기에서도 우물을 팠다.

2) 아비멜렉과 언약을 맺음(26-35절)

브엘세바에 머물던 이삭은 과거에 그의 아버지 아브라함이 그러했던 것과 마찬가지로 아비멜렉과 그의 친구 아훗삿, 그리고 군대장관 비골 등과 더불어 언약을 체결하였다. 아브라함 때와 다른 것이 있다면 아비멜렉의 친구 아훗삿이 추가된 것 뿐이었다. 이삭은 그들이 자기를 쫓아내 놓고서는 이제 또 무슨 일로 찾아왔느냐고 힐난하였으나, 그들의 답변은 전혀 뜻밖이었다 : "우리는 주께서 그대와 함께 계심을 똑똑히 보았습니다. 그래서 우리는 우리와 그대 사이에 평화조약을 맺어야 하겠다고 생각합니다. …… 그대는 분명히 주께 복을 받은 사람입니다"(28-29절, 새번역). 하나님께서 이삭과 늘 함께 계신다는 것을 보고 그에게서 두려움을 느낀 것이다.

아비멜렉의 무리가 이삭에게 청한 것은 일종의 쌍무(雙務)계약이었다. 그것은 아비멜렉의 무리가 이삭을 잘 대하여 평안히 가게 한 것과 마찬가지로 이삭도 그들을 해롭게 하지 않는다는 조건의 계약이었다(29절). 이것은 하나님의 약속을 받은 이삭이 아브라함의 때와 마찬가지로 한 나라의 왕과 대등한 지위에서 계약을 체결했다는 것을 뜻한다. 또한 그것은 하나님의 약속을 받은 사람이 지상의 왕들보다 더 우월할 수 있다는 사실을 웅변적으로 보여 주고 있다.

아비멜렉 일행의 본심을 알게 된 이삭은 그들을 맞아 잔치를 베풀고 그들과 함께 먹고 마셨다. 다음날 이삭은 그들과 함께 평화조약을 체결하였으며, 계약을 맺은 다음에는 평안하게 헤어졌다. 이로써 이삭은 우물을 둘러싼 생존권 투쟁이 거듭되는 각박하고 살벌한 현실 속에서 상대방을 지배하고 억압하는 자가 아닌, 하나님의 평화를 이루는 자로서 일하고 있음이 드러난다. 폭력과 강포가 판치는 세상에서 하나님의 평화를 가능하게 하는 이삭의 역할은 "이 세상 모든 민족이 네 씨의 덕을 입어서 복을 받게 하겠다"(26 : 4, 새번역)는 약속의 성취라고도 할 수 있다.

이삭이 아비멜렉의 무리와 평화롭게 헤어진 그 날에 이삭의 종들은 또다른 우물을 팠다. 이삭은 그 우물에 '맹세' 또는 '일곱'이라는 뜻의 '세바'라는 이름을 붙여 주었다. 우물이 있는 그 성읍의 이름이 브엘세바였기 때문이다. 한편 이삭의 큰 아들 에서는 40세가 되던 해에 헷 사람 브에리의 딸 유딧과 헷 사람 엘론의 딸 바스맛을 아내로 맞이하였다. 에서가 이방여인들과 결혼했다는 사실은 나중에 이삭과 리브가에게 큰 근심거리가 되었다(34－35절). 이것은 에서가 점차적으로 하나님의 약속으로부터 멀어지고 있음을 가리키고 있다.

제 3 부

야곱 이야기 (27-36장)

Ⅰ. 라반의 집으로 피신한 야곱(27 : 1－30 : 24)

Ⅱ. 새 이름을 얻은 야곱(30 : 25－33장)

Ⅲ. 벧엘을 지나 헤브론으로(34－36장)

제 3 부

야곱 이야기(27-36장)

I. 라반의 집으로 피신한 야곱(27 : 1-30 : 24)

야곱의 이야기(25 : 19-36장)는 그가 상대하는 사람에 따라 크게 두 부분으로 나누인다. 첫 부분(25 : 21-34, 27 : 1-28 : 22, 32 : 1-33 : 20)은 에서와의 관계를 취급하고 있고, 두 번째 부분(29 : 1-31 : 54)은 외삼촌 라반과의 관계를 다루고 있다. 야곱 이야기의 이러한 구조는 에서와의 관계에 관한 이야기가 라반과의 관계에 관한 이야기를 포함하는 형식을 취하고 있다. 이와 아울러 야곱 이야기는 앞서 나온 아브라함 이야기(12 : 1-25 : 18)나 이삭 이야기(21 : 1-21, 24장, 26장)와는 다른 내용으로 이루어져 있다.

전체적으로 보아 아브라함 이야기는 한 세대에서 다음 세대로 이어지는 부모와 자녀간의 수직적인 관계를 주로 기술하고 있으며, 실수와 잘못에도 불구하고 약속을 이루어 가시는 하나님의 신실함에 초점을 맞추고 있다. 그런가 하면 아브라함 이야기와 야곱 이야기 사이에 끼인 이삭 이야기는 약속의 성취보다는 이삭의 삶-특히 리브가와의 결혼과정-속에서 역사하시고 섭리하시는 하나님의 손길에 초점을 맞추고 있다.

그러나 야곱 이야기는 소유와 사회적인 위치를 둘러싼 형제간의 갈등과 경쟁 등 수평적인 관계에 중점을 두고 있으며, 싸움과 갈등 및 고통 속에서의 약속성취에 초점을 맞추고 있다. 야곱 이야기에 있는 그러한 갈등은 야곱과 에서(형제), 야곱과 라반(조카와 삼촌), 레아와 라헬(자매) 등을 포함한다. 그리고 야곱 이야기에서는 아들(아내 구하는 일 포함.)에 대한 약속이 주류를 이루는 아브라함 이야기나 이삭 이야기와는 달리 하나님이 함께 계시며 지켜주시겠다는 약속이 주류를 이룬다.

야곱 이야기는 그의 출생에 관한 설명으로부터 시작한다. 앞서 살핀 바와 같이 야곱은 태어날 때부터 에서와 싸움을 벌이다가 형 에서의 발꿈치를 잡고 나왔고(25 : 19-26), 나중에는 사냥에서 돌아온 굶주린 에서에게 팥죽을 제공한 대가로 장자권을 사들인다(25 : 27-34). 야곱의 이러한 교활함은 마침내 아버지 이삭의 임종 때에 아버지와 형 에서를 속이고 별미를 만들어 바침으로써 형이 가져야 할 큰 아들의 복을 가로채는 것에서 절정을 이룬다(27장). 이 일을 계기로 형 에서의 보복에 직면한 야곱은 어머니 리브가의 배려로 외삼촌 라반이 있는 곳으로 피신한다.

브엘세바를 떠나 벧엘을 거쳐 라반의 집에 도착한 야곱은 거기서 라반의 집안 일을 거들면서 라반의 두 딸인 레아와 라헬을 아내로 맞이한다. 레아와 라헬은 제각기 자식들을 낳으면서 남편 야곱의 사랑을 두고 경쟁하는데, 아이를 낳지 못하던 라헬은 자신의 몸종인 빌하를 남편에게 첩으로 주어 자기 대신 아들을 낳게 한다. 이에 질세라 레아도 자신의 몸종 실바를 첩으로 주어 야곱에게 아들을 낳게 한다. 그 뒤로 레아는 다시금 야곱의 아들들을 낳고, 라헬도 마침내는 요셉이라는 아들을 낳는다.

1. 축복을 가로챈 야곱(27 : 1-45)

1) 이삭이 야곱을 축복함(1 - 29절)

이삭은 나이 탓으로 시력이 극도로 나빠지면서 사물을 제대로 분간할 수 없게 되자, 자신이 언제 죽을지 모른다는 생각에 맏아들 에서를 미리 축복하기로 하였다. 이때 그의 나이는 대략 150세에서 160세 사이였던 것으로 보인다. 그가 180세에 죽었고(35 : 27 - 29), 맏아들의 복을 가로챈 야곱은 형 에서의 보복을 피하여 외삼촌 라반의 집에서 20여 년을 머물렀기 때문이다(31 : 38, 41). 비록 20~30년을 더 살다가 죽기는 했지만 당시의 이삭은 자신의 미래를 장담할 수 없었다. 그가 맏아들 에서에게 한 다음의 말이 그것을 보여 준다 : “애야, 보아라. 너의 아버지가 이제는 늙어서 언제 죽을지 모르겠구나”(2절).

그래서 이삭은 에서를 축복하기로 하였고, 축복하기 전에 그가 만든 별미를 먹고 싶었다. 그것을 먹고 죽기 전에 마음껏 에서를 축복하기 위함이었다. 그런데 공교롭게도 이삭이 에서에게 한 이 말을 이삭의 아내 리브가가 엿들었다. 에서가 별미를 만들기 위해 사냥을 떠나자 리브가는 이삭의 축복이 야곱에게 돌아가게 하려는 계략을 꾸몄다. 그녀는 먼저 이삭과 에서 사이에 있었던 대화의 내용을 야곱에게 그대로 들려준 다음에, 어리고 통통한 염소 두 마리를 가져다 주면 그것으로 아버지 이삭의 입맛에 맞는 별미를 만들어 그로 하여금 야곱을 축복하게 하겠다고 말했다(6 - 10절). 리브가가 이러한 계략을 꾸민 이유는 그녀가 에서보다 야곱을 더 사랑했기 때문이었지만, 다른 한편으로는 하나님께서 그녀에게 주신 말씀, 곧 큰 자가 작은 자를 섬기리라는 말씀(25 : 23)이 그녀로 하여금 그러한 계략을 꾸미게 한 것으로 보인다.

여기서 분명해지는 것은 이삭과 리브가가 결혼 초기에 그들을 결합시켰던 사랑(24 : 67)으로부터 너무도 멀리 떨어져 있다는 사실이다. 그들은 여전히 남편과 아내로 남아 있었지만 각각 자신의 목표를 이루기 위해 상대방을 배제함으로써 서로 동떨어진 길을 가고 있었다. 부모의 분열은 그들의 가정을 둘로 나누어 놓았다. 왜냐하면 이삭과 리브가는 각각 에서와 야곱을 편애하면서 자기들이 좋아하는 아들에게 축복이 돌아가게 하려고 작정하고 있었기 때문이다.

그러나 리브가의 계획에는 많은 어려움이 따랐다. 그것을 잘 아는 야곱은 피부에 털이 많은 형 에서와는 달리 자신은 피부가 매끈하기 때문에 아버지 이삭에게 금방 발각될 것이라고 하면서, 아버지를 속인 죄로 축복은 커녕 저주를 받을까 두렵다고 대답하였다. 그러나 리브가는 저주는 자기가 받을 것이니, 어서 시키는 대로 염소 두 마리를 잡아오라고 명하였다(11-13절). 이 저주는 후에 리브가 자신에게 그대로 임하였다. 사랑하는 자식들 사이에 반목과 불화를 가져다 주었을 뿐만 아니라 그 일을 계기로 야곱은 정든 가정을 떠나 혼자서 타향살이를 해야 했기 때문이다. 사랑하는 아들을 떠나 보내는 마음의 아픔 속에서 리브가는 야곱이 받을 저주는 자기가 받겠다고 한 그 말을 생각했을 것이다.

야곱이 염소 두 마리를 잡아오자 리브가는 그것으로 이삭이 좋아하는 별미를 만들었고, 야곱에게는 에서가 입는 옷 가운데 가장 좋은 것을 입힌 다음, 염소 새끼의 가죽을 그의 매끈한 손과 목덜미에 둘러 주었다(14-17절). 이렇게 형 에서의 모습으로 위장한 야곱은 이삭에게 가서 천연덕스럽게 아버지를 불렀다. 그는 여기서 두 번씩이나 거짓말을 하였는데, 첫 번째는 자신의 정체("저는 아버지의 맏아들 에서입니다.", 19절)에 관한 것이었고, 두 번째 거짓말은 하나님의 도우심("하나님이 일이 잘 되게 저를 도와주셨습니다.", 20절)에 관한 것이었다. 야곱은 태어날 때나 팥죽 한 그릇에 장자권을 살 때에 그랬듯이 이 때에도 맏아들의 복에 상당한 욕심을 느끼고 있었기 때문에, 에서의 모습으로 위장하거나 하나님의 이름을 들먹거리면서까지 거짓말을 하는 것에 그렇게 크게 양심의 가책을 느끼지 않은 것으로 보인다.

그러나 이삭은 야곱의 거짓말에 세 번씩이나 의문을 제기했다. 먼저 그는 어떻게 해서 그렇게 빨리 사냥감을 잡았느냐고 야곱에게 물었다(20절). 이 의문에 야곱이 하나님께서 도우셨다고 변명하자, 그래도 미심쩍어서 이삭은 에서로 위장한 야곱의 손을 만져 보았다. 에서와 야곱을 분간할 수 없을 정도로 눈이 어두웠기 때문에 이제 남은 것은 직접 만져 보아서 확인하는 일 뿐이었다. 그러나 이삭이 만져 본 바에 의하면 목소리는 야곱의 목소리였지만 두 손은 에서의 손이었던 까닭에 더 이상 의심을 할 수가 없었다(21-23절). 마지막으로 "네가 정말로 나의 아들 에서냐?"고 묻기는 했지만 야곱의 "예, 그렇습니다."라는 야곱의 거짓말 앞에서는 아무런 소용이 없었다(24절). 이삭은 마침내 리브가가 만들어서 야곱이 가져 온 별미를 먹고, 또 야곱이 가져다 준 포도주를 마신 다음에 그와 입을 맞추고서, 마지막으로 다시금 확인하려는 듯이 야곱의 옷에서 나는 냄새를 맡았다.

이상에서 우리는 축복의 절차가 어떠한지를 알 수 있다. 축복의 첫 번째 단계는 축복받을 자가 누구인지를 확인하는 일이다. 이를 위해 이삭은 야곱의 손을 만져 보았고, 또 정말로 그가 에서인지를 직접 물었었다. 두 번째 단계는 축복받을 자가 가져 온 음식을 먹는 일이다. 실제로 이삭은 야곱이 가져 온 별미를 먹고, 또 그가 준 포도주를 마셨다(25절). 축복의 세 번째 단계는 축복받을 자를 껴안거나 입을 맞추는 일이다. 이는 임종을 맞은 자가 자신의 생명력을 전함으로써 자신의 축복에 힘을 더하려고 흔히 사용하는 방법이다. 이삭은 야곱에게 입을 맞추어 달라고 함으로써 세 번째 단계를 거쳤다(26절). 그리고 마지막 단계는 말로써 직접 복을 빌어 주는 일이다. 27~29절에 있는 축복문이 그러하다.

그런데 이삭이 야곱에게 빌어 준 복은 땅의 비옥함, 풍요와 번성, 친척들과 형제들에 대한 정치적인 우위권 등을 약속하는 것이었다 : "……하나님은 하늘에서 이슬을 내려 주시고, 땅을 기름지게 하시고, 곡식과 새 포도주가 너에게 넉넉하게 하실 것이다. 여러 민족이 너를 섬기고, 백성들이 너에게 무릎을 꿇을 것이다. 너는 너의 친척들을 다스리고, 너의 어머니의 자손들이 너에게 무릎을 꿇을 것이다"(28-29

절, 새번역). 그리고 마지막으로 이삭은 하나님께서 아브라함에게 주셨던 약속을 거의 그대로 반복하였다 : "너를 저주하는 사람마다 저주를 받고, 너를 축복하는 사람마다 복을 받을 것이다"(29절 하반절).

그러나 이삭이 야곱에게 준 축복은 하나님께서 아브라함이나 이삭에게 주신 약속과는 다른 점을 많이 가지고 있었다. 무엇보다도 그 축복이 하나님께서 직접 주신 것이 아니라 사람을 통해서 주어진 것이었다는 데에 가장 큰 차이가 있었다. 아브라함과 이삭은 여러 차례 하나님께로부터 직접 약속을 받았었으나, 야곱은 그렇지 못했던 것이다. 그리고 아브라함과 이삭에게 주어진 하나님의 약속은 주로 땅에 대한 것과 자손에 대한 것이었으나, 야곱이 받은 축복은 풍요와 번성 및 친족이나 민족들에 대한 통치권이 그 주된 내용으로 되어 있었다. 하나님의 복을 받는 방식이나 내용에 이처럼 차이가 나는 것은 앞서 밝힌 바와 같이 이들에 얽힌 이야기 자체가 서로 다른 성격을 가지고 있기 때문인 듯하다.

그러니까 다른 이야기들보다 수평적인 인간관계를 중시하는 야곱 이야기의 특성이 그러한 차이를 가능하게 하는 한 원인이라는 것이다. 아브라함이나 이삭의 이야기에서는 하나님의 직접적인 복이 중심 주제지만, 야곱 이야기에서는 그것이 장자권이라는 형식을 취하고 있다는 것도 그러한 사실을 뒷받침한다. 그러나 우리가 여기서 주목해야 할 것은 맏아들이 아닌 동생 야곱이 형 에서를 대신하여 장자권을 물려받고 맏아들의 복을 받는다는 사실이다. 이 주제는 창세기 족장사(12-50장)에서 매우 중요한 의미를 갖는다.

먼저 아브라함의 경우를 보자. 그는 하갈을 통해 불신의 아들 이스마엘을 낳았다. 그리고 나서 나중에 가서야 본부인 사라에게서 이삭을 낳았는데, 장자권은 먼저 출생한 이스마엘에게 간 것이 아니라 늦게 난 이삭에게 갔다(25 : 5-11). 그리고 이삭의 경우에는 본문에 나타난 바와 같이 맏아들인 에서 대신에 동생인 야곱이 장남의 복을 받는다. 야곱의 경우 그에게는 12아들이 있었는데, 큰 아들 르우벤은 장자권을 누리지 못하고 11번째 아들인 요셉이 장자권을 누린다(대상 5 : 2). 요셉의 경우를 본다면 그에게는 애굽에서 낳은 므낫세와 에브라임이 있었는데 장남의 복을 받은 사람은 형인 므낫세가 아니라 동생인 에브라임이었다(창 48 : 8-14).

이처럼 큰 아들이 장남의 복을 받지 못한다는 내용은 족장사에 몰려서 나타나는 것으로 거기에는 특별한 의미가 있다. 이는 하나님의 약속이 반드시 정당한 권리와 자격을 가진 자를 통해서만 이루어지는 것이 아님을 강조하는 성격을 갖는다. 특히 하나님의 복을 받은 이스라엘의 조상들의 경우 그 약속은 전적으로 하나님의 자유 주권에 매여 있는 것이지 세상적인 기득권이나 자연적인 방법에 달려 있는 것이 아님을 이 본문은 잘 보여 주고 있다(롬 9 : 12-16, 고전 1 : 26-31). 이 점은 야곱의 인간성을 볼 때 더욱 그러하다. 야곱은 장자권을 노리고서 형 에서와 아버지 이삭을 모두 속인 파렴치한 사람이었지만, 그럼에도 불구하고 하나님의 복은 정직하고 순박한 맏아들 에서를 젖히고서 교활하고 욕심이 많은 야곱에게로 가고 있기 때문이다.

예레미야는 야곱의 이러한 인간성을 두고서 다음과 같은 비판의 메시지를 선포한 것으로 보인다 : "너희는 각기 이웃을 삼가며 아무 형제든지 믿지 말라. 형제마다 온전히 속이며 이웃마다 다니며 비방함이니라"(9 : 4). 호세아도 간접적으로 야곱의 잘못된 행실을 비판하고 있다 : "여호와께서 유다와 쟁변하시고, 야곱의 소행대로 벌주시며, 그 소위대로 보응하시리라"(12 : 2). 그러나 창세기 본문은 야곱의 행실에 대한 도덕적인 판단을 유보하고 있다. 이는 창세기 저자의 의도가 야곱의 인간성을 비판하려는 데 있는 것이 아니라, 하나님의 주권과 섭리를 부각시키고 또 하나님의 약속이 어떠한 과정을 거쳐서 이루어지고 있는가를 강조하려는 데에 있기 때문이다.

2) 축복을 간청하는 에서(30-45절)

상황이 이렇게 전개된 것을 알 턱이 없는 에서는 야곱이 맏아들의 복을 다 받은 뒤에 늦게사 별미를 만들어 아버지 이삭에게 가져왔다. 자기가 만들어 온 별미를 맛있게 드시고서 마음껏 자기를 축복해 달라고 했지만 이미 엎지러진 물이었다. 이삭은 에서의 말을 듣고 크게 충격을 받고서 부들부들 떨었다. 그는 더듬거리면서 바로 전에 있었던 일에 대하여 에서에게 설명하였다. 야곱이 자기를 속이고서 에서가 받을 복을 가로챘다는 것을 이삭도 알게 되기는 했으나 소용이 없었다. 야곱이 받은 맏아들의 복은 절대로 에서에게 돌아올 수 없는 것이 되어 버렸기 때문이다. 에서는 소리치며 울면서 아버지 이삭에게 애원하였지만 이미 야곱에게 빌어준 복을 돌이킬 수는 없는 노릇이었다(30-35절, 히 12 : 17). 일반적으로 당시에는 죽어가는 사람의 마지막 말에는 힘이 있어서 예언적인 의미가 포함되어 있는 데다가, 일단 입에서 나온 말은 돌이킬 수 없는 것으로 여겨졌기 때문이었다.

에서는 야곱이 괘씸하게도 자기에게서 맏아들의 권리를 빼앗더니 이제는 자기가 받을 복까지 가로챘음에 분통해 하면서, 자기에게도 그에 상응하는 다른 복을 빌어 달라고 큰 소리로 울면서 간청하였다(36-38절). 이에 이삭은 하는 수 없이 에서에게 복을 빌어 주었지만, 그것은 사실 복이 아니라 거의 저주에 가까운 것이었다. 왜냐하면 그가 살 곳은 땅이 기름지지 않고, 하늘에서 이슬도 내리지 않을 것이기 때문이다. 뿐만 아니라 그는 칼을 의지하고 살 것이며 동생인 야곱을 섬길 것이다. 그러나 애써 힘을 기르면 야곱이 그의 목에 씌운 멍에를 부술 수 있을 것이다(39-40절).

이삭이 예언한 대로 에돔 족속은 다윗시대 이후로 이스라엘의 지배를 받다가 남왕국 유다의 여호람 왕의 때에 가서야 비로소 이스라엘의 지배에서 벗어나 독립을 이룰 수 있었다(왕하 8 : 20-22). 그리고 말라기 1 : 2~4는 하나님께서 야곱은 사랑하고, 에서는 미워하여 그가 사는 언덕을 벌거숭이로 만들고, 그가 물려받은 땅은 들짐승에게 넘겨 주었으며, 에돔 족속이 "악한 나라, 주에게 영원히 저주받은 백성"이라고 불리울 것이라고 말한다. 말라기의 이러한 메시지는 에서가 맏아들의 복을 완전히 빼앗기고 저주에 가까운 복을 받았음을 암시하고 있다.

이처럼 축복 아닌 축복을 받은 에서는 장자권과 맏아들의 복을 모두 가로챈 야곱에게 원한을 품게 되었다. 아버지 이삭의 임종이 얼마 안 남은 것 같으니 그 날이 되면 동생 야곱을 죽이리라고 생각하고 이러한 자신의 심사를 주위 사람들에게 공공연하게 말하고 다녔다. 이것을 전해 들은 리브가는 야곱을 불러 "형 에서가 원한을 풀기 위해 너를 죽이려고 하니, 그의 분이 풀릴 때까지는 하란에 있는 외삼촌 라반에게 가서 얼마 동안만 피신해 있으라."고 지시하였다. 그러면서 그녀는 형 에서의 분이 풀리고, 야곱이 그에게 한 일을 잊을 만한 때가 되면 고향으로 돌아오라고 전갈을 보내겠다고 약속하였다. 하루 아침에 두 아들을 다 잃을 수는 없었기 때문이다(41-45절). 만일 에서가 야곱을 죽이면 에서 역시 살인죄로 보복을 받아 죽임을 당할 것이 뻔하지 않겠는가!

그러나 리브가의 이러한 태도는 매우 무책임한 것이 아닐 수 없었다. 형제 사이의 친근한 관계가 원한관계로 틀어져서 형이 동생을 죽이려고 하고, 그래서 죽음의 위협 아래 놓이게 된 동생이 형의 원한을 피해 고향을 등져야만 하는 상황은 전적으로 리브가의 책임이라 할 수 있기 때문이다. 그럼에도 불구하고, 리브가는 자기 집안에 생겨난 그 깊은 원한을 풀려고 하거나 그에 대한 책임을 지려고 하기는 커녕, 아무런 잘못도 없는 에서를 젖혀 놓고서 도리어 잘못을 저지른 야곱을 도망시키고자 했다. 그것은 순전히 리브가 자신이 에서보다는 야곱을 더 사랑했기 때문이었다. 부모의 자식편애가 가져 온 파국이 아닐 수 없다.

리브가가 언급한 '얼마 동안'은 결국 20년으로 바뀌었고, 리브가는 야곱에게 전갈을 보내지 못한 채로 죽고 말았다. 야곱이 후에 고향으로 돌아왔을 때 어머니 리브가는 만나지 못하고 아버지 이삭만을 만났다는 사실이 그 점을 뒷받침한다(35 : 27-29). 뿐만 아니라 창세기 본문은 더 이상 리브가에 대해서 언급하지 않고, 또 그녀가 몇 세에 죽었다는 것에 대해서조차 침묵을 지킨다. 그저 단순히 그녀가 막벨라 굴에 이삭과 함께 매장되었다는 사실만을 보고하고 있을 뿐이다(49 : 31).

2. 라반의 집을 향해 떠남(27 : 46-28 : 22)

1) 야곱을 라반의 집으로 보냄(27 : 46-28 : 9)

리브가는 남편보다 앞서 야곱에게 자신의 구상을 밝힌 다음에야 비로소 남편 이삭에게 그것을 정식으로 제안하였다. 결혼을 구실로 하여 야곱을 하란으로 보내자고 청한 것이다. 표면적인 이유는 헷 사람들 때문에 넌더리가 난다는 것이었지만, 그 속셈은 야곱의 생명을 건지기 위함이었다(호 12 : 12). 리브가의 이러한 제안은 이삭에게도 그럴 듯하게 여겨졌다. 이삭 자신도 가나안 사람들 중에서 아내를 구하지 않고 멀리 하란 땅에 가서 아내를 구하여 리브가를 만나 결혼한 까닭이었다. 더욱이 헷 사람의 딸들과 결혼한 에서를 볼 때(26 : 34-35) 야곱을 하란으로 보내 아내를 구하게 해야겠다는 이삭의 생각은 더욱 굳어질 수밖에 없었다. 기왕이면 친족 가운데에서 며느리를 구하자는 의도에서였다. 리브가의 다음과 같은 말이 그 점을 뒷받침한다 : "야곱이 …… 헷 사람의 딸들 가운데서 아내를 맞아들인다고 하면 내가 살아 있다고는 하지만, 나에게 무슨 사는 재미가 있겠습니까?"(27 : 46)

그러나 야곱의 결혼이 이삭의 경우와 같을 수는 없었다. 왜냐하면 이삭은 아버지 아브라함의 지시를 따라 가나안 지역을 벗어난 적이 없었고, 도리어 자기 집안에 있는 늙은 종이 하란 땅에 가서 그의 신부감을 구해 왔기 때문이다(24장). 그런데 이제 야곱은 아버지 이삭과는 달리 가나안 지경을 벗어나 메소포타미아 지방으로 직접 옮겨가서 아내를 구하게 되었다. 두 사람의 결혼 사이에 있는 이러한 차이는 야곱의 결혼이 형 에서의 보복을 피하려는 보다 근본적인 목적을 가지고 있었기 때문에 필연적으로 생겨난 것이었다. 어떻게 보면 야곱의 결혼은 시간의 흐름에 따라 자연스럽게 이루어진 것이 아니라 상황의 변화에 의해 강요된 것이라 할 수 있다.

이삭은 야곱을 하란으로 보내어 피신하게 함과 동시에 그로 하여금 거기서 아내를 구하게 하자는 리브가의 제안을 합당하게 받아들이고서, 야곱을 불러 그러한 사실을 그대로 전하였다. 그러면서 그는 야곱을 위하여 복을 빌되 '전능하신 하나님'(히브리어로 '엘 샷다이', 17 : 1의 강해 참조)께서 그로 생육하고 번성하게 하시고, 마침내 여러 민족을 낳게 하시리라고 말했다. 그러면서 하나님께서 아브라함에게 주셨던 복, 곧 자손의 복과 땅의 복을 이루어 주실 것을 구하였다. 이리하여 야곱은 부모의 전송을 받고서 어머니 리브가의 오라버니인 라반의 집으로 갔다(28 : 5).

한편 혼자 남은 에서는 이삭이 야곱에게 복을 빌어 주고, 또 그를 밧단아람(아람 나하라임)으로 보낸 이유가 야곱으로 하여금 가나안 사람의 딸들 가운데서 아내를 구하지 못하게 하기 위함이었다는 사실을 알게 되었다(6절). 순박하기 짝이 없는 에서는 설마 그 일이 야곱을 보호하려는 리브가의 계략에서 비롯된 것이리라고는 꿈에도 생각하지 못했다. 그는 그저 단순히 아버지 이삭이 가나안 사람의 딸들을 좋아하지 않는다고만 생각했다(8절). 그래서 그는 이미 결혼하여 아내가 둘이나 있는데도 아브라함의 다른 아들 이스마엘에게 가서 그의 딸 마할랏을 또다시 아내로 맞이하였다. 마할랏은 이스마엘의 맏아들인 느바욧(25 : 13)의 누이요, 아브라함의 손녀였다. 이로써 에서는 유딧, 바스맛(26 : 34), 마할랏 등 세 명의 아내를 거느리게 되었다.

2) 벧엘에서 꿈을 꾸는 야곱(28 : 10-22)

야곱은 외삼촌 라반이 살고 있는 하란을 향해 부모 형제가 사는 브엘세바를 떠났다. 브엘세바에서 하란까지는 대략 460km였다. 하란으로

가는 도중에 해가 저물어 '루스'라는 곳에서(19절) 하룻밤을 지내게 되었는데, 거기서 그는 돌 하나를 주워서 그것을 베개로 삼고 잠을 잤다. 루스 땅의 허허벌판에서 이처럼 돌을 베고 자던 야곱의 심정은 어떠했을까? 아마도 그는 형 에서의 보복을 피하여 정든 가정을 떠나야만 하는 자신의 참담한 모습에 깊은 번뇌와 갈등을 느꼈을 것이다. 정신적인 고독감 역시 컸을 것이다. 아무도 함께 해 주지 않는 외로운 여행길이었기 때문이다. 그의 이러한 모습은 그가 나중에 외삼촌 라반의 집을 떠나 고향으로 가는 길에 에서 만나기를 매우 두려워하며 떨었다는 사실(32 : 6－12)에 의해 뒷받침된다.

사실 이 때의 그는 어느 때보다도 도움과 위로를 필요로 하고 있었다. 어떤 의미에서 볼 때 야곱은 하나님의 도움이 아니면 도저히 그 여행길을 견딜 수 없는 상황에 처해 있었다. 하나님께서 그토록 비참함에 빠져 있던 그를 꿈속에서 만나시고, 그에게 위로와 희망의 말씀을 주셨다는 것이 그 점을 입증한다. 그러니까 그는 하나님을 간절히 필요로 하던 절망의 때에 하나님을 만난 것이다. 그것은 전적으로 하나님의 구원하시는 은총에 기인한 것이었다. 비록 정직하지 못한 일로 인해 집에서 반강제로 쫓겨나는 신세였지만, 마치 탕자와도 같은 그를 하나님은 찾으시고 위로해 주셨다(롬 5 : 20 참조). 참으로 그는 아무런 소망도 발견할 수 없는 삶의 가장 밑바닥에서 하나님을 만난 것이다.

그런데 야곱이 하나님을 만난 경험은 다소 특이했다. 아브라함이나 이삭의 경우와 같이 하나님께서 그에게 직접 말씀하신 것이 아니었다. 도리어 그는 꿈을 꾸는 중에 땅에서 하늘에 닿은 층계를 보았고, 하나님의 천사들이 그 층계를 오르락내리락하고 있는 것을 보았다. 그때 하나님은 층계 위에서 자신을 "너의 할아버지 아브라함과 너의 아버지 이삭을 보살펴 준 하나님"으로 소개하시면서, 지난 날에 아브라함과 이삭에게 주셨던 약속을 되풀이하셨다. 그러니까 야곱이 누운 땅을 그와 그의 자손에게 줄 것이요, 그의 자손이 땅의 티끌처럼 많아질 것이며 동서남북 사방으로 퍼지리라는 것이었다. 뿐만 아니라 그와 그의 자손 덕에 그 땅 위의 모든 백성들이 복을 받게 될 것이라는 내용도 포함되어 있었다.

그러나 하나님의 약속은 이것으로 끝나지 않았다. 정든 고향을 등지고 타향을 향해 가는 그에게 하나님께서는 다음과 같은 위로와 소망의 말씀을 주셨다 : "내가 너와 함께 있어서 네가 어디로 가든지 너를 지켜주며 내가 너를 다시 이 땅으로 데려오겠다. 내가 너에게 약속한 것을 다 이루기까지 내가 너를 떠나지 않겠다"(15절, 새번역). 하나님의 이 약속은 아브라함이나 이삭에게는 준 적이 없는 독특한 것으로 야곱이 처한 상황과 깊은 관계를 가지고 있었다. 아브라함이나 이삭은 가나안 땅 안에서 옮겨 다녔지만, 야곱은 타향으로 갔다가 다시금 고향으로 돌아와야 하는 처지에 놓여 있었기 때문이다. 뿐만 아니라 그는 정신적인 소외감 속에서 크게 번민하고 있었다. 누군가의 도움이 절실하게 필요했던 것이다. 따라서 고향으로 돌아올 때까지 함께해 주겠다는 하나님의 약속은 그에게 절대적인 도움의 말씀이요, 그에게 새로운 희망을 주는 말씀이었다.

어떻게 보면 야곱은 이러한 환상체험을 통해서 처음으로 하나님을 만났다고 할 수 있다. 그것은 지극히 세속적이고 인간적이던 야곱이 보다 높은 차원의 신앙세계로 눈을 떠 가는 첫 경험이었다. 그래서 그는 잠에서 깨어난 직후에 하나님께서 거기에 계셨는데도 자기가 그것을 몰랐다고 생각하면서, 다음과 같이 자신의 두려움을 표현하였다 : "이 얼마나 두려운 곳인가! 이 곳은 다름 아닌 하나님의 집이다. 여기가 바로 하늘로 들어가는 문(門)이다"(17절, 새번역). 야곱이 이처럼 두려움에 사로잡힌 것은 하나님이 계시는 곳은 사람에게 금지된 거룩한 장소라는 생각 때문이었다. 모세가 떨기나무 불꽃 속에서 하나님을 만났을 때에 느낀 두려움(출 3 : 1-6)이나 이사야가 성전에서 거룩하신 하나님의 모습을 보았을 때 느낀 두려움(사 6 : 1-5)도 이와 비슷한 성격의 것이었다.

두려움 속에서 다시 잠들었다가 아침 일찍 일어난 야곱은 베개로 삼았던 그 돌을 기둥으로 세우고, 그 위에 기름을 부은 다음에 그 곳의 이름을 '벧엘' 이라고 불렀다. 그가 돌베개 위에 기름을 부은 것은 그 장소를 거룩한 곳으로 구별하는 상징적인 의미를 포함하고 있었다. 그것은 사람에게 기름을 부어 그를 왕이나 제사장 또는 예언자로 세우는 행위와 비슷했다. 그리고 그가 부른 '벧엘' 이라는 이름은 '하나님(엘)의 집(벧)' 을 뜻하는 것으로, 본래는 오래 전부터 가나안 사람들이 풍요를 기원하며 섬기던 엘(El) 신의 또다른 이름이었다(렘 48 : 13).

아모스(3 : 14, 4 : 4)나 호세아(4 : 15, 10 : 5)가 벧엘을 우상숭배의 중심지로 공격한 것은 북왕국 이스라엘의 초대왕인 여로보암 1세(주전 922-901년)가 그 곳에 엘 신과 관련된 송아지 신상(神像)을 세운 사실과 무관하지 않다(왕하 12 : 25-33). 바로 이러한 지역을 야곱이 벧엘이라고 부른 것은 (벧)엘 숭배가 이스라엘의 야웨신앙에 흡수되었음을 뜻한다. 그러니까 가나안의 엘 신이 가지고 있는 것들이 실상은 야웨 하나님께 속한 것들이라는 신앙고백이 엘 신의 성소를 야웨 하나님의 성소로 바꾸어 버린 것이다. 이것은 '엘 샤다이' 숭배가 야웨신앙에 흡수된 것과 똑같은 차원에 속한다(창 17 : 1).

야웨 하나님을 이처럼 처음 경험한 야곱은 하나님께서 꿈 속에서 말씀하신 바와 같이, 그의 가는 길에 함께하여 주시고, 먹을 것과 입을 것을 주시며, 안전하게 아버지 이삭의 집으로 돌아가게 해 주신다면, 야웨 하나님을 자기 하나님으로 섬길 것이며, 기둥으로 세운 그 돌베개를 하나님의 집으로 삼겠다고 서원하였다. 이와 아울러 그는 하나님께서 자기에게 주신 모든 것에서 십분의 일을 하나님께 드리겠다고 서원하였다(20-22절). 야곱의 이 서원은 후에 십일조 규례를 정당화하는 중요한 근거로 작용하였다.

그러나 야곱의 서원조건은 매우 타산적인 것으로 보인다. 그것은 하나님의 사랑과 보증에 비추어 볼 때 너무도 무성의한 것이었다. 하나님께서는 그에게 땅도 자손도 주시고, 그를 다시금 가나안으로 돌아오게 하실 뿐더러 그 약속이 이루어질 때까지 늘 그와 함께 계시겠다고 말씀하시지 않았던가! 그런데도 그는 자신을 완전하게 하나님께 내어 맡기지 못했다. 도리어 그는 하나님께 조건을 내걸고 증거를 요구하였다. 그는 하나님의 약속과 은총에서 그에 대한 절대적인 신뢰를 배워야 마땅했다. 그런데도 그는 그것을 앞으로 자기가 할 일에 대한 조건으로 삼은 것이다. 이것은 그가 근본적으로 변화하려면 아직도 멀었다는 것을 뜻했다. 얍복나루에서 산산조각나는 그의 모습이 이를 뒷받침한다(32 : 22-32).

3. 레아와 라헬(29 : 1-30 : 24)

1) 라반의 집에 도착함(29 : 1-14)

벧엘에서 처음으로 하나님을 만난 야곱은 줄곧 걸어서 마침내 동방 사람들이 사는 땅, 곧 메소포타미아 지역에 이르렀다. 거기에 있는 한 우물에서 야곱은 하란에서 온 목자들을 만났고, 그들에게 자기의 외삼촌 라반의 평안함(히브리어로 '샬롬')을 물었다. 그들은 라반이 평안하게 잘 지낸다고 말하면서, 마침 그 곳으로 양떼를 몰고 오던 라헬을 그에게 소개하였다. 라헬은 다른 목자들과 마찬가지로 자기 양떼에게 우물물을 먹이려고 오는 길이었다. 그 지역의 목자들은 양떼가 다 모일 때까지 기다렸다가 다 모이면 우물 아귀에 있는 돌을 굴려 내어 양떼에게 물을 먹였고, 물을 다 먹이고 나면 다시 돌을 굴려서 우물 아귀를 덮은 다음 풀을 뜯도록 데리고 나가곤 했기 때문이다(1-8절).

야곱은 목자들과 이야기를 나누다가 라반의 딸 라헬이 양떼를 이끌고 나타나자, 우물 아귀에서 돌을 굴려 내어 외삼촌의 양떼에게 물을 먹였다. 그리고 나서 그는 라헬에게 입을 맞추고, 기쁜 나머지 큰 소리로 울면서 라헬의 아버지 라반이 자기의 외삼촌이라는 것과 자기가 라반의 누이인 리브가의 아들이라는 것을 라헬에게 말하였다. 야곱에게서 이처럼 놀라운 이야기를 전해 들은 라헬은 즉시 아버지 라반에게 달려가 그 사실을 아버지에게 말하였다(9－12절). 이에 라반은 즉시 야곱을 만나러 달려왔고, 그를 보자마자 껴안고서 입을 맞추고 자기 집으로 데려갔다. 야곱에게서 이제까지 있었던 모든 일을 듣고 난 라반은 그가 자기의 피붙이임을 확인하였다(13－14절).

2) 야곱의 결혼(29 : 15－30)

야곱이 한 달 정도 라반의 집에 머물렀을 때에 라반은 그가 자기 집안 일을 거저 할 수는 없지 않느냐고 말하면서, 보수를 주었으면 좋겠는데 그의 의견은 어떠한지를 물었다. 이에 야곱은 외삼촌을 위해 앞으로 7년 동안 일할 터이니 7년이 지나면 라헬과 결혼하게 해 달라고 청하였다. 신부를 맞아들일 재산을 전혀 갖지 못한 그로서는 자신의 노동력을 혼인 지참금(출 22 : 16－17, 호 3 : 2)으로 제공하는 수밖에 없었다. 그런데 야곱이 라헬을 더 사랑한 것은 큰 딸인 레아가 안력(眼力)이 부족한 데다가 라헬만큼 아름답거나 용모가 예쁘지는 않았기 때문이었다. 두 사람 사이의 사랑은 이들이 우물가에서 만났을 때 싹텄다고 볼 수 있을 것이다.

야곱의 제안을 흔쾌히 받아들인 라반은 자기 딸을 다른 사람에게 짝지어 주는 것보다 피붙이인 야곱에게 짝지어 주는 것이 더 낫겠다고 판단하고서 그를 데리고 같이 살기로 작정하였다(15－19절). 야곱은 7년 동안 라반 집안의 일을 하면서도 라헬을 사랑했기 때문에 시간이 가는 줄을 몰랐다. 그 긴 세월이 마치 며칠처럼 금방 지나가 버린 것이다. 약속한 7년 기간이 지나자 야곱은 라반에게 결혼시켜 줄 것을 청하였고, 이에 라반은 그 고장 사람들을 다 초청하여 잔치를 베풀었다.

밤이 되자 라반은 라헬 대신에 레아를 신방(新房)으로 들여보냈는데, 야곱은 그것도 모르고 레아와 첫날밤을 보내었다. 라반은 당시의 사회

관습을 따라 레아에게 실바라는 여종을 선물로 주었는데, 아침이 되어서 자기와 첫날밤을 보낸 사람이 라헬이 아니라 레아라는 사실을 알게 된 야곱은 외삼촌에게 왜 자기를 속였느냐고 따졌다(20-25절). 야곱의 항변을 들은 라반은 큰 딸을 두고서 작은 딸을 먼저 시집보내는 것이 그 고장의 법이 아니라고 변명하면서, 7일간의 결혼기간을 채우고 나면 라헬도 그에게 주겠다고 약속하였다. 그리고는 라헬을 주는 대신에 야곱이 앞으로 또다시 7년 동안을 자기가 맡기는 일을 해야 한다는 말을 덧붙였다.

이로써 야곱은 라헬을 얻는 데 14년이라는 세월을 허비해야만 했다. 라반의 요구는 사실 여자를 재산의 일부로 간주했던 당시의 관습에 기인한 것이었지만, 그가 내건 14년 동안의 봉사는 결코 쉬운 것이 아니었다. 누가 보아도 그것은 지나치게 과중한 요구였다. 어떻게 보면 그것은 지난 날에 야곱이 저지른 잘못에 대한 벌일 수도 있었고, 야곱의 사람됨을 바로잡으려는 하나님의 훈련일 수도 있었다. 야곱은 아마도 라반의 속임수를 겪으면서 형 에서와 아버지 이삭을 속였던 자신의 과거를 생각했을 것이다(갈 6 : 7 참조). 특히 맏딸 레아가 동생 라헬로 위장하여 그를 속인 일은 과거에 동생인 그가 형으로 가장하여 아버지를 속인 일을 상기시켰을 것이다.

자신의 얼룩진 과거로 양심에 찔린 야곱은 라반의 무리한 요구를 받아들이지 않을 수 없었다. 그리하여 그는 7일 동안의 혼인잔치기간(삿 14 : 12)을 마치고 나서 라헬을 두 번째 아내로 맞이하였다. 이것은 순전히 라헬을 향한 사랑 때문이었다. 이로써 야곱은 처제와 처형을 동시에 아내로 두게 되었는데, 이것은 처제나 처형을 함께 아내로 취하는 것을 금하는 법(레 18 : 18-19)에 어긋나는 일이었다. 어쨌든 야곱은 7일 간격으로 레아와 라헬 두 사람을 아내로 맞이하였고, 그 중에서도 라헬을 더 사랑하였다. 라헬에게는 빌하라는 여종이 결혼선물로 주어졌다(26-30절). 그러나 라반의 계략에 의해 야곱이 레아와 먼저 부부

관계를 맺고 나중에서야 라헬과 결혼하게 됨으로써, 야곱과 라반 사이에는 눈에 보이지 않는 갈등이 생겨나기 시작했다. 이 갈등은 나중에 경제적인 이익에 대한 다툼으로 발전한다. 탐욕스러운 라반이 야곱과 라헬의 희생 위에 자신의 이익을 추구했기 때문이었다.

아버지 라반에 대한 라헬의 태도도 결혼사건을 계기로 하여 달라지기 시작하였다. 아버지에 대한 라헬의 반감은 그녀가 야곱과 함께 하란을 떠날 때 아버지 집에 있던 드라빔(家神像, 상속권 상징)을 도적질하는 데서 분명하게 드러난다(31 : 19). 또한 먼저 야곱의 아내가 된 레아와 선두권을 빼앗긴 라헬 사이에도 갈등이 생겨났다. 두 사람 사이에 생긴 갈등은 주로 누가 남편의 사랑을 더 많이 받느냐에 대한 것이었는데, 이것이 나중에는 자식을 얻는 문제와 관련되어 더욱 복잡한 양상을 띠게 된다.

3) 야곱의 자식들(29 : 31-30 : 24)

비록 현실적으로는 라헬이 레아를 제치고서 남편의 사랑을 독차지하였지만, 공평하신 하나님께서는 야곱의 사랑을 받지 못하던 레아를 긍휼히 여기시고, 그녀의 태를 열어 주셨다. 라헬은 임신하지 못했으나 레아는 임신을 하여 첫 아들 르우벤을 낳았고, 그 뒤로도 세 명의 아들들을 연속해서 낳았다. 그녀는 자식들의 이름에 남편 야곱에게서 사랑받고 싶어하는 자신의 심경을 그대로 반영하였다. 첫 번째 아들의 이름 '르우벤'은 "주께서 나의 고통을 살피시고 나에게 아들을 주셨구나. 이제는 남편도 나를 사랑하겠지." 하는 중얼거림과 관련된 것으로 "보아라, 아들이다!"라는 뜻을 가지고 있었다. 그런가 하면 '들으심'이라는 뜻을 가지고 있는 둘째 아들의 이름 '시므온'은 "주께서 내가 남편의 사랑을 받지 못하여 하소연하는 소리를 들으시고, 이렇게 또 아들을 주셨구나." 하는 레아의 속마음을 반영한 것이었다.

그리고 세 번째 아들의 이름 '레위'는 "내가 아들을 셋이나 낳았으니 이제는 남편도 별 수 없이 나에게 단단히 매이겠지." 하는 중얼거림을 통해서 지어진 것으로 '연합함' 이라는 뜻을 가지고 있었다. 남편과 연합하기를 바라는 레아의 심정이 그대로 반영된 이름이었다. 마지막으로 레아는 네 번째로 낳은 아들에게 '찬송함' 을 뜻하는 '유다' 라는 이름을 지어 줌으로써 "이제야말로 내가 주를 찬양하겠다."는 자신의 결심을 분명하게 밝혔다(29 : 31-35). 그 결심은 이제까지 주어진 하나님의 사랑과 긍휼하심에 보답하고자 하는 것이었다.

레아가 이렇게 연속해서 네 명의 아들들을 낳자 이에 시기심을 느낀 라헬은 남편 야곱에게 아이를 낳게 해 주지 않으면 죽어 버리겠다고 불평했다. 그러나 야곱은 하나님께서 임신하지 못하게 하셨는데 자기가 하나님도 아닌데 무엇을 어떻게 하라는 것이냐고 말하면서 라헬에게 화를 내었다. 라헬은 하는 수 없이 자기에게 딸린 몸종 빌하를 야곱에게 첩으로 주어서, 그녀에게서 태어날 아이를 통해서 집안을 이어가게 하자고 제안하였다(30 : 1-3). 라헬로서는 매우 수치스러운 일이었으나 아이를 낳지 못하는 그녀로서는 그 방법이 가장 최선의 것이었다.

야곱은 라헬의 제안을 따라 빌하와 동침하였고, 그녀와의 사이에 단과 납달리라는 두 아들을 낳았다. 라헬 역시 레아와 마찬가지로 그 아들들의 이름에 자신의 서러운 처지를 담아 표현하였다. '억울함을 푸심' 이라는 뜻의 '단' 은 "하나님이 나의 호소를 들으시고, 나의 억울함을 풀어 주시려고 나에게 아들을 주셨구나."는 라헬의 속마음을 반영한 것이었고, '경쟁함' 이라는 뜻의 '납달리' 는 "내가 언니와 크게 겨루어서 마침내 이겼다."는 라헬의 심정을 반영한 것이었기 때문이다(30 : 4-8).

라헬의 이러한 행동에 질세라 레아 역시 자기 몸종 실바를 남편 야곱과 동침하게 하였다. 실바는 야곱에게서 갓과 아셀을 낳았는데, '갓' 은 '복됨' 이라는 뜻의 이름으로 "내가 복을 받았구나."라는 레아의 속마음을 반영한 것이었고, '아셀' 은 '행복' 이라는 뜻의 이름으로 "행복하구나, 여인들이 나를 행복하다고 말하리라."는 그녀의 심정과 관련된 것이었다(30 : 9-13). 이 두 이름들의 뜻을 보면 남편의 사랑을 받고 싶어하던 앞에서의 경우와는 달리, 레아가 이제는 남편의 사랑을 얻을 수 있게 되어서 행복하다는 자신의 행복감을 자신있게 표현하고 있는 것으로 보인다.

실바가 라헬의 몸종 빌하와 마찬가지로 두 아들을 낳고서 생산을 멈춘 후에 레아는 다시금 야곱에게서 두 아들을 낳게 되었는데, 그 일은 그녀의 큰 아들인 르우벤이 보리를 거두어들일 때에 들에서 발견한 합환채(合歡菜, 자귀나무)를 라헬에게 넘긴 대가로 이루어졌다(30 : 14-16). 라헬이 레아로부터 합환채를 사들인 것은 그것이 남녀의 성(性)기능을 촉진시키는 일종의 최음제(催淫劑)이기 때문이었다.

남편과 동침한 후에 레아는 다섯 번째 아들을 낳고서 "내가 나의 몸종을 나의 남편에게 준 값을 하나님이 갚아 주셨구나."라고 중얼거리면서 그 아들의 이름을 '값' 이라는 뜻의 '잇사갈' 로 정하였다. 잇사갈을 낳은 지 얼마 안 되어서 다시금 여섯 번째 아들을 임신한 레아는 "하나님이 나에게 이렇게 좋은 선물을 주셨구나. 내가 아들을 여섯이나 낳았으니 이제부터는 나의 남편이 나에게 잘해 주겠지."라고 하면서 여섯 번째로 낳은 아들의 이름을 '거(居)함' 이라는 뜻의 '스불론' 으로 불렀다. 여섯 번째 아들을 낳은 후로 레아는 '디나' 라는 이름의 딸을 낳고서 생산을 완전히 중단하였다(30 : 17-20).

레아가 생산을 멈추자 하나님께서는 라헬을 긍휼히 여기시고 그녀의 태를 열어 주셨다. 라헬은 하나님의 도우심을 받아 임신을 하여 아들을 낳았는데, "하나님이 나의 부끄러움을 벗겨 주셨구나."라고 생각하면서 하나님께서 또다른 아들을 주셨으면 하는 바램으로 그 이름을 '더함' 이라는 뜻의 '요셉' 으로 정하였다(22-24절). 하나님께서는 나중에 라헬의 이 소원을 들어주시사 그녀에게 마지막 아들을 낳게 하셨는 바, 그가 바로 막내 아들인 베냐민으로 그의 이름은 '오른손의 아들' 이라는 뜻을 가지고 있었다(35 : 18).

이렇게 해서 야곱은 모두 12명의 아들을 낳게 되었다. 이것은 하나님께서 도피자의 삶을 살고 있는 야곱에게 자신의 약속을 성실하게 지키시고 계심을 보여 주는 것이나 다름없다. 그들을 태어난 순서대로 정리하면 다음과 같다.

레아 : 르우벤, 시므온, 레위, 유다
빌하(라헬) : 단, 납달리
실바(레아) : 갓, 아셀
레아 : 잇사갈, 스불론, 디나(딸)
라헬 : 요셉, 베냐민

이 12명의 아들들은 나중에 이스라엘 열두 지파의 조상들이 되었다. 아들들만으로 구성되어 있는 이 명단에 유일하게 디나라는 딸이 언급되어 있는 이유는 디나가 나중에 가나안 지역에서 발생한 사건과 관계가 있기 때문이었다(34장).

Ⅱ. 새 이름을 얻은 야곱(30 : 25-33장)

야곱과 라반 사이의 관계를 다루고 있는 이야기(29-31장)는 크게 보아 야곱이 처자식을 얻는 이야기(29 : 1-30 : 24)와 야곱이 자기 재산을 얻어 라반과 헤어지는 이야기(30 : 25-31장)로 나누인다. 이 두 이야기 중 첫 번째 부분은 앞서 살핀 바와 같이 가족관계를 둘러싼 갈등을 취급하고 있다. 물론 그 갈등은 야곱과 라반 사이에, 그리고 레아와 라헬 사이에 있는 것을 말한다. 반면에 야곱-라반 이야기의 두 번째 부분은 야곱의 노동에 대한 대가문제로 인해 생겨나는 갈등을 취급하고 있다. 그 갈등은 야곱과 라반 사이에 있는 것이 중심을 이루지만, 나중에는 라반과 그의 두 딸 레아와 라헬 사이에서도 발견된다.

본래 야곱이 형 에서의 보복을 피하여 외삼촌 라반의 집에 왔을 때에는 야곱과 라반 사이에 아무런 갈등도 없었다. 외삼촌과 조카라는 관계를 제외할 경우 두 사람은 거의 동등한 관계에서 만났기 때문이다. 그러나 이 관계는 야곱이 처자식을 얻는 과정에서 그에게 불리한 쪽으로 기울어진다. 두 사람 사이의 불평등한 종속관계는 야곱-라반 이야기의 두 번째 부분에서 더욱 심화된다. 라반이 마땅히 야곱에게 돌아가야 할 품삯을 제대로 준 적이 없었기 때문이다. 어떻게 보면 야곱이 열한 명의 아들과 한 명의 딸(디나)을 얻기까지의 오랜 세월은 외삼촌의 재산을 불려 주는 데에 완전히 희생된 삶이었다. 따라서 야곱 자신의 독립적인 삶이라는 것은 있을 수가 없었다. 경제적인 자립이 불가능했던 것이다.

그러나 두 사람 사이의 갈등은 평화롭게 끝난다. 물론 처음에는 두 사람 사이가 매우 험악한 단계로까지 나아가기도 했다. 야곱이 라반의 노동력 착취를 견디지 못하고서 고향으로 돌아가겠다고 했을 때나, 야곱이 지혜로운 방법으로 자기 재산을 불려나갔을 때 두 사람 사이의 관계는 매우 위태로웠다. 그러나 야곱과 함께 하겠다고 약속하신 하나님께서 그러한 갈등을 원만하게 해결하여 주신다. 라반의 집에서 품삯도 제대로 받지 못한 채로 억눌려 사는 야곱이 하나님의 특별한 도우심으로 많은 재산을 갖게 된 것이나, 나중에 하나님께서 야곱을 추격해 온 라반에게 그를 해치지 말라고 명령하신 것이 그 점을 보여 준다. 하나님의 도우심은 마침내 두 사람 사이에 평화의 언약이 맺어지게 하고, 그들 사이에 평화로운 공존이 가능하게 해 준다.

야곱-라반 이야기가 이처럼 평화롭게 끝을 맺는 것은 야곱과 에서 사이의 갈등이 어떻게 끝맺음될 것인가를 암시한다. 야곱-라반 이야기에 맞물려 다시 나타나는 야곱-에서 이야기(32-33장)는 긴장과 두려움 속에서 이어지지만, 자신의 잘못을 인정하고 용서를 구한 야곱의 겸허함과 이를 받아준 에서의 관대함을 통해 극적으로 반전된다. 두 사람 사이에 전혀 생각지 못한 화해가 이루어진 것이다. 물론 이들 사이에 이루어진 화해는 전적으로 하나님의 은총에 기인한 것이었다.

이로써 분명해지는 것은 싸움과 갈등 및 고통으로 가득 찬 야곱 이야기가 종국에 가서는 하나님의 도우심에 힘입어 평화로운 결말을 얻게 된다는 사실이다. 야곱-라반 이야기의 결말과 야곱-에서 이야기의 결말이 이 점을 뒷받침한다. 그런가 하면 이 모든 과정은 야곱에게 주어진 하나님의 약속이 어떻게 성취되어 가는가를 놀랍도록 보여 주고 있기도 하다. 하나님의 약속성취는 참으로 모든 갈등과 고통에 종지부를 찍고서 평화와 화해를 이루는 하나님의 구원은총으로 구체화되고 있다.

1. 부자가 된 야곱(30 : 25-43)

1) 라반과 품삯을 흥정함(25-36절)

사랑하는 아내 라헬이 첫 번째 아들 요셉을 낳자 야곱은 이제 외삼촌 라반의 집에서 자기가 할 일은 다 했다고 생각하였다. 그 동안 그는 라반의 재산을 돌보랴, 아내와 자식들을 얻으랴, 그야말로 눈코 뜰 새가 없는 삶을 살았었다. 그러다 보니 고향에 대한 생각은 거의 잊혀져 가고 있었다. 그러나 이제 상황이 달라졌다. 아이를 낳지 못하던 라헬이 그토록 기다리던 아들을 낳음으로써 그의 가정이 보다 완전한 모습을 갖게 되었을 뿐만 아니라, 가장(家長)으로서 자기에게 딸린 식구들을 책임져야 한다는 생각이 그의 마음을 지배하고 있었다. 뿐만 아니라 이제까지의 수고에 대해 아무런 대가도 받지 못한 채로 억울하게 짓눌려 오던 터여서, 자기 소유라고 할 만한 것이 따로 비축되어 있는 것도 아니었다.

이런 판국에 언제까지고 타향 땅인 밧단아람에 머물러 있을 수만은 없는 노릇이었다. 빨리 고향 땅으로 돌아가서 독립된 삶을 누려야 했다. 더욱이 어머니 리브가가 곧 고향으로 돌아올 수 있게끔 연락을 주겠다고는 했지만(27 : 45), 아무런 연락도 없는 채로 14년이라는 오랜 세월(31 : 41)이 흘러 버렸으니 오죽이나 답답했겠는가! 연로하신 부모님 소식도 궁금했다. 지금쯤이면 형 에서의 증오심도 많이 누그러졌으리라는 생각이 들기도 했다. 두려운 마음이야 여전했겠지만, 그것 때문에 라반의 집에 계속 눌러앉아 있을 수만은 없었다. 이제 떠날 때가 된 것이다.

그래서 그는 라반을 찾아가 자기 마음속에 있는 생각을 있는 그대로 이야기했다. 아내들과 자식들을 포함한 온 식구들이 고향 땅으로 돌아갈 수 있게 해 달라고 청한 것이다. 그가 이렇게 청한 것은 자기 처자식에 대해서조차 어떻게 할 수 없을 정도로 그의 삶이 전적으로 라반에게 의존하고 있었기 때문이다(31 : 43 참조). 그는 자신의 요청에 무게를 더하기 위해 자기가 외삼촌을 위해서 얼마나 많은 일을 했는지 강조하는 것을 잊지 않았다(25 - 26절).

사실 라반은 야곱이 자기 집에서 차지하는 비중이 얼마나 큰가를 잘 알고 있었다. 이 점은 고향 땅으로 가게 해 달라는 야곱의 청에 대해서 그가 답변한 말(27절)에 잘 나타나 있다. 그는 하나님께서 야곱을 보시고서 자기에게까지 큰 복을 주신 것을 '점술을 통해서 알고'(히브리어로 '나하슈' 동사, know by divination) 있었던 것이다. 뿐만 아니라 야곱 일가(一家)는 그의 재산을 불리는 데 있어서 없어서는 안 될 매우 중요한 노동력을 제공하고 있기도 했다. 그 까닭에 라반은 야곱의 청이 지극히 당연한 것인 줄을 알면서도, 그에게 머물러 주었으면 하는 자신의 솔직한 심정을 감추지 않았다.

야곱을 붙들려는 한 방편으로 라반은 그의 품삯을 그가 원하는 대로 주겠다고 제안했다(28절). 아주 파격적인 제안이었다. 이제까지는 아무 품삯도 주지 않고서 종처럼 부려먹던 그가 야곱이 품삯을 정하기만 하면 그대로 지불하겠다고 했으니, 고향으로 돌아가게 해 달라고 한 야곱의 청이 그에게 얼마나 당혹스러운 일이었는지는 짐작할 만하지 않겠는가! 라반의 이 제안에 야곱은 다시금 자기가 외삼촌을 위해 얼마나 많은 일을 했으며, 그의 가축떼를 얼마나 정성스럽게 보살폈는지를 강조했다(29절). 그는 또한 자신의 수고로 인하여 외삼촌의 소유가 예전에 비해 상당한 규모로 커졌음을 상기시키면서, 그것이 다 자신의 수고에 대해서 하나님께서 외삼촌에게 주신 복의 결과라고 단정지어 말하였다. 그러면서 그는 마침내 자신의 본심을 다음과 같이 토로하였다 : "그러나 나는 어느 때에나 내 집을 세우리이까?"(30절). "나는 외삼촌을 위하여 이토록 수고하여 외삼촌을 부자가 되게 해 주었는데, 나는 이게 뭐냐?"는 것이 야곱의 불만이었던 것이다.

이 질문을 보면 라반의 푸대접으로 인해 자기 소유의 재산이 전혀 없다는 것이 그로 하여금 고향으로 돌아가려는 생각을 갖게 한 것임을 알 수 있다. 그러나 어쩌면 야곱은 고향으로 가겠다는 구실로 자신의 품삯을 확보하려는 속셈을 가지고 있었을런지도 모른다. 계산이 빠른 야곱으로서는 충분히 가능한 일이었다. 그 뒤의 대화가 이 점을 잘 보여 준다. 궁지에 몰린 라반은 그에게 무엇을 주었으면 좋겠는지를 물었다. 그러자 야곱은 마치 기다렸다는 듯이 자신의 의중(意中)을 그에게 밝혔다. 만일에 외삼촌의 양떼 중에서 아롱진(얼룩진) 것들과 점이 있는 것들과 검은 것들, 그리고 염소떼에서 점이 있는 것들과 아롱진 것들을 품삯으로 준다면, 앞으로도 계속해서 외삼촌의 가축떼를 먹이고 돌보겠다는 것이 그의 생각이었다(31절). 그러면서 야곱은 나중에 외삼촌이 자기 품삯(가축떼)을 확인하여 보면 자신의 의(義, 히브리어로 '츠다카'), 곧 자신의 정직함이 어떠한지를 알 수 있을 것이라고 장담하였다. 이와 아울러 그는 만일에 양이나 염소 중에 그의 품삯으로 정하지 않은 것들이 있다면 그것들은 훔친 것으로 인정해도 좋다고 말하였다(33절).

야곱의 이 제안을 라반은 기꺼이 받아들였다. 왜냐하면 그것은 전적으로 라반 자신에게 유리한 조건이었기 때문이다. 사실 야곱이 자신의 품삯으로 정한 것들은 잘 태어나지 않는 종류에 속했다. 양이나 염소는 대체적으로 희거나(양) 검은(염소) 단색(單色) 계통의 것들이 우세했던 까닭에, 야곱의 계획은 거의 모험에 가까운 것이었다. 이 점을 잘 알고 있는 라반은 한 술 더 떠서 야곱의 제안을 들은 그 날로 야곱의 품삯으로 돌아갈 수 있는 종류의 것들을 모조리 가려내고서는 그것들을 모두 자기 아들들에게 넘겨 주었다(34-35절). 그러고도 안심이 되지 않은 라반은 추가조치로 야곱이 있는 데서 사흘 길을 더 가서 자기와 야곱 사이의 거리를 그만큼 뜨게 하였다. 외삼촌 라반이 이처럼 야곱의 품삯이 될 만한 양과 염소를 미리 가로채 버렸기 때문에, 야곱은 하는 수 없이 라반의 남은 양떼를 치면서 자신의 소유를 만들어 가야만 했다(36절).

2) 야곱의 재산증식(37-43절)

그러나 야곱은 걱정하지 않았다. 그에게도 나름대로의 생각이 있었기 때문이다. 그는 우선 버들나무(미루나무)와 살구나무(감복숭아나무) 및 신풍나무(플라타너스)에서 푸른 가지들을 꺾었다. 그리고서는 그 가지들의 껍질을 벗겨 흰 무늬가 드러나게 했다. 야곱은 껍질을 벗긴 그 흰 무늬 가지들을 양떼가 와서 물을 먹는 개천의 물구유 안에 똑바로 세워 놓고, 양떼가 와서 물을 먹을 때에 눈앞에 세워 놓은 그 가지들을 볼 수 있게 하였다. 그러자 물을 먹으러 온 양들은 거기에서 교미를 하곤 했다(37-38절). 껍질을 벗긴 그 흰 나뭇가지 앞에서 교미를 한 양들은 한결같이 얼룩무늬가 있거나 점이 있거나 아롱진 것들을 낳았다(39절). 야곱이 사용한 이 방법은 옛날부터 양치기들 사이에서 전해 내려오던 것으로서, 양들의 버릇에 대한 관찰과 고대의 주술적인 생각에서 비롯된 것이라 할 수 있다.

야곱은 이런 새끼 양들을 다 가려내어 나머지 양들, 곧 라반의 가축떼와 섞이지 않게 했다. 특히 야곱은 튼튼한 암컷들이 교미할 때에는 물 먹이는 구유에 껍질 벗긴 가지들을 놓아서 그 가지 앞에서 교미하게 하였고, 약한 것들이 교미할 때에는 그 가지들을 치워 버렸다. 야곱은 이렇게 하여 약한 것들은 라반에게 가게 하고 튼튼한 것들만 자기 소유가 되게 하였다(40-42절). 그러자 얼마 못 가서 야곱은 아주 큰 부자가 되었다. 그는 가축 뿐만 아니라 남종과 여종, 낙타와 나귀도 많이 가지게 되었던 것이다(43절).

그러나 이것보다 더욱 중요했던 것은 야곱의 재산이 이처럼 불어난 것이 사실은 그와 함께 하시는 하나님의 은총에 의해서였다는 사실이다. 하나님은 뜻밖에도 다분히 미신적인 방법으로 재산을 증식하고자 했던 야곱에게 큰 복을 주신 것이다. 야곱은 나중에 자기의 두 아내 레아와 라헬에게 고향으로 돌아갈 것을 이야기하는 중에 그러한 사실을 분명하게 인정하였다(31 : 5-13). 이것은 야곱이 자신의 간교함에서 비롯된 재산증식을 하나님께로부터 온 복으로 확신하고 있음을 보여 줌과 동시에, 하나님께서 강한 자에게 짓눌려 사는 힘없는 자들을 외면하지 않으시고, 오히려 그들을 보호하시고 인도해 주심을 뜻했다.

2. 야곱이 라반과 언약을 맺음(31장)

1) 라반의 집을 떠남(1-21절)

야곱이 하나님의 은총에 힘입어 큰 부자가 되자 라반의 아들들은 야곱을 시기하였다. 그들은 야곱이 자기들의 아버지인 라반의 재산을 다 빼앗아 간다고 소문을 내고 다녔으며, 야곱이 라반의 재산으로 그렇게 큰 부자가 된 것이라고 떠들고 다녔다. 그들이 그러한 이야기를 그들의 아버지 라반에게 한 것은 물론이다. 라반의 아들들이 퍼뜨리고 다닌 소문을 들은 야곱은 라반의 얼굴색이나 자기를 대하는 태도가 예전 같지 않다는 것을 피부로 느꼈다(1-2절). 라반의 가족들에게 있던 이러한 적대감은 야곱으로 하여금 속히 그 곳을 떠나야겠다는 생각을 갖게 만들었다.

야곱이 처한 위기상황을 아신 하나님은 마침내 야곱에게 그의 조상의 땅, 곧 그의 친족에게로 돌아갈 것을 명하셨다. 그와 함께 있을 것이니 염려하지 말라는 말씀도 덧붙이셨다(3절). 하나님의 말씀에 힘을 얻은 야곱은 심부름꾼을 '라헬과 레아'(본문은 라헬을 앞세움.)에게 보내어 자신의 가축떼가 있는 들판으로 그들을 불러내었다. 두 아내를 들판에서 만난 야곱은 자기를 대하는 외삼촌 라반의 태도가 예전과 같지 않다고 말하면서, 그럼에도 불구하고 사기 조상의 하나님이 이제껏 자기와 함께 하셨음을 강조하였다(4절).

이와 아울러 그는 자기 아내들에게 그들의 아버지인 라반의 잘못을 크게 비난하였다. 비난의 근거는 라반이 있는 힘을 다해서 수고한 자기에게 품삯을 제대로 주기는커녕 열 번씩이나 품삯을 바꿔치기했다는 데에 있었다. 한 마디로 말해서 라반이 이제까지 비열한 방법으로 자기를 속여 왔다는 것이었다. 그러면서도 야곱은 하나님께서 자기를 라반의 속임수에서 지켜주셨음을 다시금 강조한다(5-7절). 그는 하나님께서 라반으로 하여금 자기를 해치지 못하게 한 증거를 자기 소유의 가축떼가 크게 불어난 것에서 찾았다(8절).

하나님의 보호하심에 대한 야곱의 강조는 하나님께서 라반의 가축떼를 빼앗아서 자기에게 주었다고 말한 데서 더욱 분명하게 드러난다(9절). 또한 그는 하나님의 천사가 꿈속에서 자신의 재산이 어떻게 해서 불어나게 되었는가를 자세하게 가르쳐 주었다고까지 말하였다. 천사의 말에 의하면 하나님은 라반이 이제까지 그에게 어떻게 하였는지를 다 보셨다는 것이다(10-12절). 그래서 벧엘의 하나님께서 그로 하여금 밧단아람을 떠나 그가 태어난 땅으로 돌아가라고 명하셨다는 것이다. 그런데 천사의 말 중에 한 가지 흥미로운 것은 하나님께서 자신을 '벧엘의 하나님'으로 일컫고 계시다는 점이다(13절). 벧엘은 야곱이 외삼촌 라반의 집으로 피난하는 길에 사닥다리 환상 속에서 하나님을 처음으로 만나고서 그 앞에 기름을 붓고 맹세를 한 곳이었다. 이것은 이제 야곱이 벧엘에서의 서원을 갚아야 할 때가 되었음을 뜻했다(28 : 20-22). 하나님께서 그것을 원하신 것이다.

야곱의 긴 설명을 들은 라헬과 레아는 그의 말에 전적인 공감을 표하였다. 그들은 자기들이 아버지 라반의 집에서 얻을 분깃이나 유산이 더 있다고는 생각하지 않는다고 말하면서, 라반이 자기들을 아주 딴 나라 사람으로 여기고 있음을 솔직하게 고백했다. 또한 그들은 라반이 자기들을 팔아 넘겼을 뿐만 아니라, 자기들의 몫으로 돌아올 것까지 다 가져가 버렸다고 말했다. 이것은 라반이 딸을 시집보낼 때 주는 재물(혼인지참금)을 그의 두 딸에게 주지 않았음을 뜻했으며, 또한 사위인 야곱에게도 그의 수고에 대한 대가를 전혀 지불하지 않았음을 뜻하기도 했다. 아버지에 대한 반감이 이러했던 까닭에 라헬과 레아는 하나님께서 라반에게서 빼앗은 것은 다 자기들의 것이라고 당당하게 말할 수 있었다. 마지막에 그들은 야곱에게 하나님께서 말씀하신 대로 행할 것을 장려하기까지 했다(14-16절).

두 아내의 말을 들은 후에 마음을 굳힌 야곱은 라반이 양털을 깎으러 간 틈을 타서(19절) 도망치기로 작정하였다. 보통 양털을 깎으러 나갈 때에는 사흘이 걸리기 때문에(22절), 설령 라반이 뒤늦게 도망간 사실을 알더라도 쉽게 따라오지 못하리라는 판단에서였다. 더욱이 양털을 깎는 일은 유목민들에게 있어서 매우 중요한 행사였다. 온 가족이 며칠 동안 먹고 마시며 즐기는 큰 잔치마당이었던 것이다(삼하 13 : 23-27). 이처럼 중요한 잔치에 야곱일가(一家)가 초청받지 못했다는 것은, 라반이 그들을 아주 딴 나라 사람으로 여기고 있다는 라헬과 레아의 말을 입증하고 있다(15절).

마침내 라반이 양털을 깎기 위해 사흘 길을 떠나자 야곱은 서둘러서 자식들과 아내들을 낙타에 나누어 태웠다. 아울러 그는 그 동안 밧단아람에서 얻은 모든 짐승과 소유를 다 가지고서 가나안 땅에 있는 아버지 이삭에게 갈 만반의 준비를 하였다. 이 때에 아버지의 행동을 퍽이나 못마땅하게 생각하던 라헬은 그가 양털을 깎으러 간 사이에 몰래 그의 장막에 들어가서 드라빔(Teraphim)을 훔쳤다. 그런데 야곱은 라헬이 드라빔을 훔친 사실도 모른 채로 모든 재산을 거두어 가지고 유프라테스 강을 건너서 길르앗 산간지방 쪽으로 도망하였다(17－21절).

여기서 한 가지 알아둘 것은 히브리어에서 그대로 음역(音譯)한 '드라빔'이 본래는 사람 모양을 그대로 본떠 만든 수호신상(守護神像, 31 : 30)으로, 주전 15세기 경의 누지(Nuzi)문서에도 나타나듯이 상속을 상징하는 물건이었다는 점이다. 따라서 라헬이 이 신상을 훔친 것은 아버지 라반에게 복수하려고 하는 의도에서 비롯되었겠지만, 다른 한편으로는 라반의 아들들에게 있는 상속권을 야곱에게서 빼앗아 오려는 의도도 포함되어 있었을 것이다. 그리고 라헬이 사람들의 눈을 피해 그것을 라반의 장막에서 훔쳐 낙타 안장 밑에 깔고 앉았다는 것은, 그것이 쉽게 훔치거나 숨길 수 있을 만큼 작은 것임을 암시한다.

그러나 후에 다윗이 사울에게 쫓길 때 다윗의 아내 미갈이 다윗 대신에 침상에 누인 '드라빔'(개역은 '우상'으로 번역함.)은 실제 사람의 크기로 만든 신상이었던 것으로 보인다(삼상 19 : 13, 16). 사사시대에 이스라엘 백성은 이 드라빔을 하나님께 제사드릴 때 쓰는 물품 중의 하나로 자주 사용한 듯하다(삿 17 : 5, 18 : 14, 17, 20). 그러나 전반적으로 구약성경은 드라빔을 우상숭배와 관련시켜 정죄한다(삼상 15 : 23, 왕하 23 : 24). 예언자들 역시 드라빔을 우상숭배와 관련된 죄악임을 고발하고 있다(호 3 : 4, 겔 21 : 21, 슥 10 : 2).

2) 라반이 야곱을 따라잡음(22－42절)

라반은 사흘이 지난 다음에야 야곱이 도망했다는 소식을 전해 들었다. 그는 친족을 이끌고 이렛길을 좇아가서 야곱이 장막을 치고서 머물러 있는 길르앗 산간지방에 이르렀다. 그가 이처럼 급히 친족들을 데리고서 야곱을 좇은 것은 야곱을 붙잡아 다시금 데리고 오려는 속셈에서였다. 그러나 보다 근본적인 이유는 자기 집에서 가장 소중히 여기는 드라빔 신상이 없어졌다는 데에 있었다. 계산이 빠른 야곱이 나중에 드라빔을 가지고 와서 라반의 모든 재산에 대한 권리를 주장하면 어떻게 되겠는가! 이 때문에 그는 몰래 도망친 야곱에게 보복하려는 마음까지도 품고 있었던 것으로 보인다. "내가 마음만 먹으면 너를 얼마든지 해칠 수 있다."(29절)는 라반의 말이 그 점을 뒷받침한다.

그러나 라반의 이러한 심사를 아신 하나님께서는 그 날 밤에 라반의 꿈속에서 그에게 좋은 말이든, 나쁜 말이든 아무 말도 하지 않도록 주의하라고 경고하셨다(22-24절). 이튿날 야곱을 만난 라반은 야곱에게 어떻게 자기를 속이고서 마치 전쟁포로를 잡아가듯이 자기 딸들을 데려갈 수 있느냐고 힐난하였다. 미리 간다고 말하였으면 성대하게 송별잔치라도 열어 주어 기쁜 마음으로 떠나게 해 주었을텐데, 그러기는커녕 손자 손녀들에게 입맞출 기회도 주지 않고, 또한 딸들과 석별의 정을 나눌 시간조차도 주지 않았으니, 어리석기 짝이 없다는 것이 라반의 책망이었다(25-28절).

아울러 그는 야곱을 보호하신 하나님의 은총에 대해 말하면서(29절), 아버지의 집이 그리워서 고향으로 돌아가는 것은 당연하지만, 어떻게 해서 남의 집 수호신상을 훔칠 수 있느냐고 비난하였다(30절). 이에 영문을 모르는 야곱은 그가 자기 아내들을 강제로 빼앗을까봐 두려워서 몰래 빠져 나왔다고 변명하면서, 수호신상을 훔친 사람이 있으면 죽여도 좋다고까지 자신의 결백함을 주장하였다. 또한 그는 라반의 물건 가운데 하나라도 자기에게 있으면 다 가져가도 좋다고 말했다(31-32절). 그러나 여기서 간과할 수 없는 것은 야곱이 자기도 모르는 사이에 드라빔을 훔친 라헬에게 사형선고를 내렸다는 점이다. 공교롭게도 라헬은 둘째 아들 베냐민을 낳다가 죽고 만다(35 : 16-20). 야곱의 처자식 중에서 가장 먼저 죽은 것이다.

한편 야곱의 허락을 받은 라반은 야곱의 장막으로부터 시작해서 모든 이들의 장막을 다 뒤졌지만, 드라빔을 발견하지 못하였다. 라헬이 그것을 낙타 안장 밑에 감추고서 월경중임을 구실로 하여 내려오지 않았기 때문이었다(33－35절). 여기서 흥미로운 것은 라반의 수호신상이 아무런 능력도 행하지 못한 채로 라헬의 낙타 안장 아래 눕혀 있었다는 사실이다. 이것은 이방 신상이 사람에게 아무런 도움도 주지 못할 뿐더러 자기 자신조차도 제대로 보호하지 못하는 무기력한 물건임을 폭로하는 것이나 다름없다. 뿐만 아니라 라헬이 부정을 타는 몸(레 15 : 19－30)으로 그것을 깔고 있었던 까닭에, 그 드라빔은 결국 부정한 것이라는 판가름이 나고 말았다.

라반이 드라빔을 찾지 못하자 야곱은 라반에게 아무 잘못도 없는 사람을 도둑놈 취급하지 말라고 항변하면서, 지난 20여년 동안 자기가 라반을 위해 얼마나 충성스럽게 일했는가를 흥분한 어조로 낱낱이 밝힌다. 그의 항변에 의하면 그는 양떼나 염소떼가 한 번도 낙태하지 않도록 정성을 다하여 그들을 돌보았으며, 라반의 가축 중에서 숫양 한 마리도 잡아다가 먹은 일이 없었다. 그 뿐만이 아니었다. 그는 들짐승에게 찢긴 것은 라반에게 가져가지 않고, 자기 것으로 그것을 보충해 줄 정도였다. 라반이 도둑맞은 것까지 물어내라고 요구할 때조차도 그는 라반의 무리한 요구를 거절하지 못했다(38－39절).

사실 찢긴 것이나 도적질 당한 것은 전혀 갚을 필요가 없는 것이었다(출 22 : 10－13). 그런데도 야곱은 그것들까지 물어내야만 했다. 이것은 야곱이 라반의 집에 있으면서 얼마나 압박당하면서 살았는가를 단적으로 보여 준다. 이제 더 이상 그러한 압박과 설움을 참을 수 없다고 생각한 야곱은 자신의 비천한 모습을 다음과 같이 요약하여 설명한다(40절) : "낮에는 더위에 시달리고, 밤에는 추위에 떨면서, 눈 붙일 겨를도 없이 지낸 것, 이것이 바로 저의 형편이었습니다." 아울러 그는 분노에 찬 모습으로 품삯과 관련된 불의와 부정을 있는 그대로 폭로한다. 그가 폭로한 사실에 의하면 라반은 품삯을 열 번씩이나 바꿔치기 했었는데(41절), 야곱은 이 사실을 이미 그의 두 아내에게 밝힌 바가 있었다(31 : 7 참조).

그러면서도 야곱은 자기 조상의 하나님, 곧 아브라함을 보살펴 주시고, 또 이삭까지 지켜 주신 '두려운 분'(히브리어로 '파하드 이츠하크', the Fear of Isaac)께서 자기와 함께 하셨음을 확신하고 있었다. 그는 하나님께서 외삼촌을 꾸짖으신 까닭에 자기가 빈 손으로 라반의 집을 떠나지 않고, 도리어 많은 재산을 가지고서 고향 땅으로 갈 수 있게 되었다고 고백하였다(42절). 이것은 하나님이 절대적인 약자의 자리에 있던 야곱을 보호하시고, 그에게 자신의 약속을 이루어 주셨음을 뜻했다.

3) 라반과의 언약(43-55절)

라반은 압박과 설움을 참지 못하고서 분노함으로 항변하는 야곱에게, 그의 아내들과 자녀들 및 그에게 있는 가축떼가 본래는 다 자신의 것이라고 주장한다. 그렇지만 이제는 어떻게 할 도리가 없었다. 딸들의 애정까지도 상실한 채로 극도의 고통을 맛보고 있던 그는, 서로 언약을 세워 그것으로 하여금 둘 사이에 증거가 되게 하자고 제안한다(43-44절). 라반이 언약체결을 요구한 것은 드라빔을 찾지 못한 데에 가장 큰 이유가 있었다. 약삭빠른 야곱이 혹시나 나중에 자기 땅에 나타나서 드라빔의 상속권을 주장할런지도 모른다는 판단 하에, 그를 다시는 자기 땅에 들어오지 못하게 하려는 속셈에서였다. 이러한 속셈을 알 턱이 없는 야곱은 라반의 제안에 동의하고서 자기가 가져온 돌로 기둥을 세웠으며, 라반의 친족들 역시 돌들을 가져 와서 돌무더기를 만들었다. 그 돌기둥과 돌무더기 옆에서 잔치를 벌이고서 함께 식사를 한 라반은 그것을 아람어로 '여갈사하두다'(구약성경에는 아람어가 렘 10 : 11, 스 4 : 8-6 : 18, 단 2 : 4-7 : 28 등에도 나타난다.)라고 칭하였으며, 야곱은 그것을 히브리어로 '갈르엣'이라 칭하였다. 이 낱말은 '증거의 무더기'라는 뜻을 가진 것으로, 그 돌무더기와 돌기둥이 야곱과 라반 사이에 맺은 언약의 증거임을 의미했다(45-48절).

그런데 이 돌무더기는 "우리가 서로 떨어져 있는 동안에 야웨께서 너와 나 사이를 감찰하시기를 바란다."는 라반의 말에 근거하여 '미스바'('망대' 또는 '감시 초소')라고 불리기도 하였다(49절). 이 이름에는 하나님께서 야곱을 감시해 달라는 요구가 포함되어 있었다. 라반은 이에 더하여 야곱으로 하여금 자기 딸들을 박대하지 말 것이며, 다른 아내를 두지도 말 것을 요구하면서, 하나님께서 둘 사이에 증인으로 계시다는 것을 명심하라고 말했다(50절). 마지막으로 라반은 야곱에게 어느 누구도 그 돌무더기를 넘어가서 상대방을 치지 못한다는 내용을 추가함과 아울러(51절), 하나님께서 둘 사이를 판가름하여 주시기를 원한다는 자신의 희망을 피력하였다. 상호공존을 위한 일종의 불가침 조약인 셈이었다.

라반의 말에 동의한 야곱은 라반이 "아브라함의 하나님, 나홀의 하나님, 그들의 조상의 하나님"을 증인으로 들어 그에게 맹세한 것과는 달리, 자기 아버지 이삭을 지켜 주신 '두려운 분'의 이름으로 맹세하였다. 그리고 나서 야곱은 거기에 있는 산에서 하나님께 제사를 드렸으며, 그 후에는 친족들을 식탁에 초대하였다. 그들은 산에서 제사음식을 함께 먹고 그날 밤을 거기서 보냈다. 라반은 이튿날 아침 일찍 일어나 자기의 손자 손녀들과 딸들에게 입을 맞추고, 그들에게 축복한 다음에 길을 떠나 자기 고향으로 돌아갔다(52-55절). 이로써 오랜 기간에 걸친 야곱과 라반 사이의 갈등은 하나님의 은총에 힘입어 완전히 해소되고, 평화로운 공존의 길이 열리게 되었다.

3. 브니엘에서의 씨름(32장)

1) 에서를 만나기 위한 준비(1-21절)

야곱은 길을 떠나서 가다가 하나님의 천사들이 자기 앞에 있는 것을 보았다. 그들을 알아본 그는 그 곳이 하나님의 진이라고 생각하고서 그 곳 이름을 '두 진지'(two camps)를 뜻하는 '마하나임'으로 지어 불렀다(1-2절). 마하나임은 갓 지파의 땅인 길르앗에 속한 곳으로, 사울의 아들 이스보셋이 다윗에 맞서 왕국을 세운 곳이었다(삼하 2 : 8-9). 또한 마하나임은 다윗이 나중에 압살롬의 반란을 피하여 도망할 때 머무르면서 원기를 회복한 곳이기도 했다(삼하 17 : 24-29).

그런데 야곱이 마하나임에서 이처럼 하나님의 천사들을 만난 것은 20여년 전에 그가 가나안 땅을 떠나 외삼촌 라반의 집으로 가는 길에 벧엘에서 사닥다리 환상을 보면서 하나님을 만나 약속의 말씀을 받은 것과 거의 같은 의미를 가지고 있다. 하나님의 군대가 그를 만났다는 것은 어떻게 보면 두려움에 처해 있는 야곱을 하나님께서 보호해 주실 것임을 암시한다고 볼 수 있다. 또한 그것은 하나님의 군대가 에서에게 딸려 있는 400명의 무리들로부터 야곱을 지켜 주실 것임을 암시하기도 한다. 그것은 마치 엘리사의 사환 게하시가 자기 나라를 지켜 줄 하나님의 군대, 곧 불말과 불병거를 본 것과도 같은 체험이었다.

그러나 야곱은 이처럼 하나님의 천사들을 만나 새로운 용기와 힘을 얻었음에도 불구하고, 여전히 형 에서의 보복을 두려워했다. 자신의 귀향 사실을 세일(Seir) 땅 에돔 들에서 살고 있는 형 에서가 알게 되면, 틀림없이 복수하기 위해 자기를 찾으러 올지 모른다고 생각한 것이 그 점을 잘 보여 준다. 그래서 그는 자기보다 앞서 형에게 심부름꾼을 보내어 라반의 집에서 그 동안 지내온 일들을 형에게 자세히 알림과 동시에, 형님이 자기에게 은혜를 베풀어 너그럽게 보아 주시기를 바란다는 내용의 소식을 전하게 했다(3-5절). 여기서 그는 형 에서를 '나의 주인님'(히브리어로는 '아도니', my lord)이라 한없이 높여 부르고, 자신은 '당신의 종'(히브리어로는 '아브드카', your servant)이라고 낮추어 부른다(32 : 18, 33 : 5, 8). 이것은 자신의 잘못을 깨닫고 있는 야곱이 형 에서의 호의를 얻고자 얼마나 애쓰고 있는가를 단적으로 보여 준다.

그러나 그 결과는 전혀 예측할 수 없었다. 아니나 다를까, 야곱이 보낸 심부름꾼들은 에서에게 갔다가 다시 야곱에게로 돌아와서, 에서가 지금 부하 400명을 거느리고 그를 만나려고 오는 중이라는 충격적인 소식을 전해 주었다. 자신 뿐 아니라 온 가족이 전멸할지도 모른다고 생각한 야곱은 너무나 두렵고 걱정이 된 나머지, 그가 본 하나님의 두 군대를 본떠서 사람과 짐승을 포함하여 자기 일행 전부를 두 떼로 나누었다. 에서가 한 떼를 치더라도 최소한 다른 한 떼는 피할 수 있으리라는 계산에서였다(6-8절). 이것만으로는 안심이 안 되어서인지 야곱은 극도의 불안과 절망 속에서 하나님께 매달리지 않을 수 없었다.

그는 하나님을 "나의 조부 아브라함의 하나님, 나의 아버지 이삭의 하나님"으로 부름으로써, 하나님께서 과거에 그의 조상들에게 나타나셔서 어떠한 일을 하셨는가를 자신의 의식 속에서 회상하고 있었다. 이와 더불어 그는 자기가 고향으로 돌아가면 은총을 베푸시겠다고 한 하나님의 약속을 생각했다(9절). 아울러 그는 자신이 라반의 집으로 도망갈 때에는 지팡이 하나 뿐이었으나, 이제는 두 떼나 된 것이 전적으로 하나님의 은혜에서 비롯된 것이요, 자신은 그러한 큰 은총을 받을 자격이 없는 자임을 고백한다(10절). 그러면서 그는 하나님께 형 에서가 자기 일가족을 죽일까 두려우니 꼭 좀 구해 달라고 간구하였다(11절). 그는 하나님의 응답을 요구하는 중에 "내가 반드시 너에게 은혜를 베풀어서 너의 씨가 바다의 모래처럼 셀 수도 없이 많아지게 하겠다."는 하나님의 약속이 그대로 이루어지기를 기대하였다(12절).

기도를 마친 야곱은 그 날 밤에 마하나임에 머무르면서, 자기 소유 가운데서 형 에서에게 줄 선물(히브리어로 '미느하')을 따로 골라냈다. 그가 에서에게 주려고 골라낸 선물은 암염소 200마리, 숫염소 20마리, 암양 200마리, 숫양 20마리, 젖을 빠는 낙타 30마리와 거기에 딸린 새끼들, 암소 40마리, 황소 10마리, 암나귀 20마리, 새끼 나귀 10마리 등이었다(13-15절). 다 합치면 무려 550마리나 되는 대단한 선물이었다. 야곱은 이것들을 몇 떼로 나눈 다음, 그것들을 종들에게 맡겨 자기보다 먼저 에서에게 가게 했는데, 맨 앞에 선 종을 비롯한 각 떼의 종들에게 혹시 에서가 영문을 묻거든 그것들은 야곱이 그에게 선물로 주는 것이며, 야곱은 뒤에서 따라오고 있는 중이라고 대답하게 했다(16-20절).

야곱이 각 떼의 종들에게 이처럼 "당신의 종 야곱은 우리 뒤에 옵니다."라고 대답하게 한 것은, 에서에게 여러 차례에 걸쳐 선물을 주면 아마도 그의 감정이 조금씩 풀어질 것이고, 그래서 형 에서를 만날 때쯤이면 아마도 그가 용서하는 마음으로 자기를 반갑게 맞이할런지도 모른다고 생각했기 때문이다. 이렇게 해서 야곱은 각 떼의 선물을 맡은 종들을 먼저 보내고, 자기는 그날 밤 장막에서 묵었다(20-21절).

2) 새 이름 이스라엘을 얻음(22-32절)

그 밤에 야곱은 일어나서 두 아내와 두 여종과 열한 명의 아들들을 데리고 얍복나루를 건넜다. 요단강의 동쪽 지류들 중의 하나인 얍복강(Jabbok)은 강물이 푸르다는 이유로 오늘날에 와서는 '푸른 강'('나하르 에즈-제르카', Nahar ez-Zerka)이라고 불리는 바, 암몬 족속의 랍바(Rabbah) 부근에서 발원하여 사해의 북쪽 15마일(24킬로미터) 지경에서 요단강으로 흘러든다. 길이가 50마일(80킬로미터) 정도에 이르는 이 강은 주로 경사가 급한 곳을 흐르는 까닭에 곳곳에서 심한 격류를 이룬다. 이처럼 급하게 흐르는 얍복강의 물줄기는 식구들과 함께 자기에게 딸린 모든 소유까지 다 건너 보낸 다음에 혼자 남은 야곱의 심한 불안과 공포심을 그대로 반영하는 것으로 여겨졌을 것이다.

그렇다면 야곱은 얍복나루를 건너지 않고서 왜 혼자 남으려고 했을까? 그것은 아마도 야곱이 이제까지의 자신의 삶을 그 근원에서부터 새롭게 정리해 보려고 각오했기 때문이었을 것이다. 그는 상처투성이인 자신의 과거와 진지하게 맞서기 위하여 홀로 하나님과 마주 대하여 서고 싶어했을 것이다. 혼자 남아 두려움에 떨던 그가 정체를 알 수 없는 누군가로부터 갑작스럽게 공격을 받아 동이 틀 때까지 그와 씨름을 벌인 것이 그 점을 뒷받침한다(22-24절). 그는 이 싸움에서 환도뼈, 곧 엉덩이뼈가 부서지는 큰 상처를 입는다. 이것은 곧 힘의 근원이 부서졌다는 것을 뜻하는 것으로, 야곱의 철저한 자기부정(自己否定)과 같은 차원에 속한다. 달리 말해서 환도뼈가 부서졌다는 것은 지난 날의 비뚤어진 그의 삶이 완전히 깨어지고 부서졌음을 뜻하는 것이다.

그러나 역설적이게도 야곱은 이처럼 철저하게 부서지는 체험을 통해서 자신의 새로운 모습을 발견한다. 그러한 변화를 그에게 가르쳐 준 것은 그와 더불어 격렬하게 싸우던 자('이쉬' = '사람')였다. 하나님의 천사로 알려진(호 12 : 3-4) 그는 날이 샐 무렵이 되어 상황이 자신에게 불리해짐을 알자, 야곱의 환도뼈를 친 다음에 그에게 자신을 놓아줄 것을 청하였다. 그의 이러한 요청은 새벽이나 닭이 울면 모든 힘을 잃고 사라지는 우리 나라의 도깨비나 귀신들을 연상시킨다. 그러나 야곱은 그가 자기를 축복해 주지 않으면 결코 놓아 줄 수 없다고 고집을 부렸다. 하는 수 없이 그는 야곱의 이름을 묻고서 그 이름이 앞으로는 '이스라엘'로 바뀔 것이라고 말하였다. 이 이름은 그가 하나님과 겨루어 이겼을 뿐만 아니라 사람과도 겨루어 이겼다는 데서 비롯된 것으로, '하나님과 겨루다' 또는 '하나님이 겨루시다'는 뜻을 가지고 있었다(25-28절).

그런데 여기서 중요한 것은 그 씨름의 주도권이 야곱에게 있었던 것이 아니라 하나님에게 있었다는 사실이다. 하나님께서는 이 씨름에서 속임수와 교활함으로 가득 찬 야곱의 삶(환도뼈)을 부숴뜨림으로써 그를 철저하게 굴복시키는 한편, 그에게 새 이름을 줌으로써 희망찬 미래의 삶이 그에게 가능하게 하셨다. 이른바 과거로부터의 철저한 단절이 이루어짐과 동시에 희망의 미래가 활짝 열린 것이다. 이것은 야곱이 자기와 싸우던 자로부터 축복을 받았다는 사실과 맥을 같이 한다. 또한 그것은 절뚝발이가 된 야곱이 브니엘을 지날 때에 희망을 상징하는 아침해가 솟아올라서 그를 비추었다는 사실에 의해서도 간접적으로 암시되고 있다(31절). 이러한 암시는 환도뼈가 부러지는 것과도 같은 철저한 자기부정 내지는 자기붕괴의 경험이 있어야 비로소 희망이 가능하다는 사실을 보여 주는 것이나 다름없다. 이스라엘 사람들이 그 후로 짐승의 환도뼈 큰 힘줄을 먹지 않았다는 설명(32절)도 알고 보면 그들이 야곱처럼 자기들의 잘못된 과거를 철저하게 부정함으로써 매번 새롭게 희망의 미래를 갈망한다는 것을 암시하고 있다.

마지막으로 한 가지 주목할 것은 야곱이 얍복강에서의 이 놀라운 체험을 통해서 그 동안 자신을 짓누르던 불안과 공포감을 극복할 수 있게 되었다는 사실이다. 달리 말해서 결국 야곱은 그를 죽이려 하는 어떠한 세력-그것이 비록 에서라 할지라도-과도 싸워 이길 수 있는 하나님의 능력을 갖게 된 것이다. 야곱은 이것을 일컬어 자기가 그 씨름에서 하나님을 대면하여 보았으나 죽지 않고(출 33 : 20, 삿 6 : 22-23) 살아난 것이라고 색다르게 표현한다. 그리하여 야곱은 마침내 자기가 하나님의 얼굴을 뵈옵고도 살아 있다는 것에 감격한 나머지 그곳 이름을 '브니엘'이라고 지어 불렀는데, 이 지명(地名)은 '하나님의 얼굴'이라는 뜻을 가지고 있었다(30절).

4. 에서를 만난 야곱(33장)

얍복나루를 건너 계속해서 고향 땅을 향해 가던 야곱은 마침내 장정 400명을 거느리고 오는 에서를 멀리서 보게 되었다. 만일의 사태에 대비하기 위해 야곱은 아이들을 레아와 라헬과 두 여종에게 나누어서 맡기되, 두 여종과 그들에게서 난 아이들을 앞세우고 레아와 그에게서 난 아이들은 그 뒤에, 그리고 라헬과 요셉은 맨 뒤에 세워서 따라오게 하였다. 그러나 야곱 자신은 용감하게도 맨 앞으로 나가서 형에게로 가까이 가면서, 마치 궁궐에서 신하들이 왕을 향해 절을 하듯이, 일곱 번이나 땅에 엎드려 절을 하였다(1-3절).

야곱이 이렇게 여러 번 절을 하는 것을 본 에서는 두 팔을 벌려 그의 목을 끌어안고서 입을 맞추면서 야곱과 함께 울었다. 두 사람 사이의 감격적인 해후가 끝난 후, 에서는 야곱의 뒤에 있는 여인들과 아이들에 대해서 물었다. 그러자 야곱은 그 아이들이 하나님께서 은혜로 주신 자식들이라고 말하고서 자기 아내들과 자식들로 하여금 에서에게 엎드려 절을 하게 하였는데(4-6절), 그 순서는 에서에게 나아오던 때의 순서 그대로였다(7절).

가족 소개를 마치자, 에서는 이미 다 알고 있으면서도 자기가 오는 길에 만난 가축떼에 대해서 물었다. 이에 야곱은 그것이 형님에게서 은혜를 입기 위해서 가져 온 선물임을 솔직하게 밝혔다. 여기서 야곱은 앞서 그 선물을 '미느하' (present, 32 : 13, 18, 20, 21)라고 부름과 동시에(10절), 그것을 '브라카' (blessing)라고도 부른다. '브라카' 는 일반적으로 '복' (福, 창 12 : 2의 '복의 근원' 역시 '브라카' 임.)을 뜻하는 것이지만, 여기서는 야곱이 지난 날의 잘못을 깨닫고서 당시에 형에게서 빼앗은 축복을 되돌려 주겠다는 것을 뜻하기도 했다. 물론 그렇다고 해서 하나님께서 야곱에게 주신 장자권이 다시 에서에게 돌아가는 것은 아니지만, 이 무렵의 야곱의 심정은 그처럼 절박한 것이었다.

에서가 한사코 그 선물을 받지 않으려 하였으나, 야곱은 자기를 너그럽게 맞아준 형님의 얼굴을 뵙는 것이 마치 하나님의 얼굴을 뵙는 것 같다면서, 하나님께서 은혜를 베푸셔서 넉넉하게 된 것들 중의 일부를 선물로 드리는 것이니 꼭 받아달라고 간청하였다(8-11절). 여기서 흥미로운 것은 야곱이 이제껏 두려움과 공포의 대상이었던 에서에게서 하나님의 얼굴을 보았다는 점이다. 이것은 그가 얍복강에서의 경험을 통해 어떠한 사람으로 변화했는지를 한 눈에 알게 해 준다. 그는 어쩌면 원수처럼 여겨질 수도 있었을 형의 얼굴에서 하나님의 얼굴을 볼 수 있는 사람으로 변화되었다. 그는 마치 이 세상의 지극히 작은 자들, 곧 헐벗고 굶주리고 목마른 자들과 나그네 된 자들, 병든 자들, 감옥에 갇힌 자들에게서 그리스도를 발견한 사람과도 같이 변화된 것이다(마 25 : 34-40).

이처럼 변화된 야곱의 모습을 피부로 느끼고 있었을 에서는 야곱의 간곡한 요청을 못이기고, 그가 준 선물을 받아들이기로 한다. 이것은 에서가 야곱을 용서하겠다는 것을 뜻했다. 선물을 받고 난 에서는 자기가 앞장서서 그의 가족과 소유를 인도하겠다고 자청하였다. 그러나 야곱은 혹시나 형 에서의 마음이 변할지도 모른다고 생각하고서, 자기 아이들과 가축떼 중의 새끼들이 아직 약해서 서둘러 갈 수 없다는 핑계로 에서의 제안을 거절하고서, 형이 먼저 가면 자기도 가축떼와 아이들의 걸음에 맞추어 천천히 세일로 가서 형님을 만나겠다고 변명하였다(12-14절). 에서가 자기 부하 몇 명이라도 남겨 그를 호위하게 해 주겠다고 했으나, 야곱은 그것마저 거절하면서 형님이 자기를 반갑게 맞아준 것만으로 충분하다고 말했다(15절).

그 날로 에서는 길을 떠나 세일로 돌아갔는데, 에서에 대한 창세기의 언급은 여기서 끝을 맺는다. 반면에 야곱은 남쪽인 세일로 가지 않고 반대 방향인 얍복강 북쪽의 숙곳(Succoth)으로 향했다. 요단 동편에 속한 숙곳은 나중에 갓 지파의 땅이 된 곳으로 '초막' 이라는 뜻을 가지고 있었다. 이것은 야곱이 거기에 자기들이 거할 집(초막)과, 그의 짐승들이 바람을 피할 우리를 지은 것과 관련이 있다. 숙곳에 잠시 머무른 야곱 일행은, 행진을 계속하여 마침내 숙곳으로부터 30마일(48킬로미터) 떨어진 가나안 땅의 세겜성에 무사히 도착했다. 야곱은 세겜성 앞에 장막을 치고서 장막을 친 그 밭을 세겜의 아버지인 하몰의 아들들에게서 은 100개에 매입하였다(16-19절).

그리고 나서 야곱은 아브라함이 처음에 그러했던 것처럼(창 12 : 7) 거기에 제단을 쌓고, 그 이름을 '엘-엘로헤-이스라엘' 이라 지어 불렀다. 이 지명(地名)은 '하나님(엘), 이스라엘의 하나님(엘로헤 이스라엘)' 이라는 뜻을 가지고 있었다(20절). 야곱이 이스라엘의 하나님 '엘' 을 불렀다는 것은 매우 중요한 의미를 갖는다. 본래 세겜은 '계약의 신 엘' ('엘-브릿', 삿 9 : 46) 또는 '계약의 신 바알' ('바알-브릿', 8 : 33, 9 : 4)

을 섬기는 곳이었다. 그런데 야곱은 엘신이나 바알신의 이름을 부정하고서 자기가 믿는 야웨 하나님의 이름을 부른 것이다. 이것은 야곱이 가나안 땅의 엘신 숭배나 바알신 숭배를 유일한 참 신인 야웨 하나님만을 섬기는 종교로 바꾸었음을 뜻한다.

세겜은 이처럼 조상들의 뜻깊은 신앙적인 유산이 남아 있는 곳이었던 까닭에, 나중에 여호수아는 이스라엘 12지파를 세겜에 모아 놓고서 오직 야웨 하나님만을 섬길 것을 촉구하였으며(수 24 : 1), 이스라엘 자손들은 솔로몬이 죽은 후에 그의 왕권을 새롭게 하기 위해서 르호보암과 세겜에서 협상을 벌였다(왕상 12 : 1). 세겜은 또한 이스라엘 자손이 이집트에서 죽은 요셉의 시신을 묻은 곳이었으며(수 24 : 32), 예수님께서 사마리아의 수가(Sychar)성 여인과 말을 주고받던 야곱의 우물이 있던 곳이기도 했다(요 4 : 6).

Ⅲ. 벧엘을 지나 헤브론으로(34 – 36장)

앞서 밝힌 바와 같이 25장 19절부터 시작된 야곱 이야기는 그가 상대한 두 사람(에서와 라반)과의 갈등관계에 초점을 맞추고 있다. 이 점에서 본다면 야곱 이야기의 핵심은 그가 외삼촌 라반과 화해한 데 이어 형 에서와도 화해를 이룬 33장에서 거의 마무리되었다고 할 수 있다. 이제 남은 것은 가나안 땅에 돌아온 야곱이 그의 마지막을 어떻게 보냈는지에 관한 내용뿐이다. 34~36장이 이에 해당한다.

야곱 이야기의 결론 부분에 속한 이 세 개의 장에는 앞선 이야기들에서 발견되는 것만큼이나 의미 있는 사건이 별로 나타나지 않는다. 디나의 폭행사건, 세겜 사람들에 대한 복수, 세겜에서의 도피, 벧엘에서 주어지는 하나님의 복, 리브가의 유모인 드보라의 죽음, 베냐민의 출생, 라헬과 이삭의 죽음 등의 작은 이야기들이 연이어 나타나고 있을 뿐이다. 이들 중에서 그래도 비중이 큰 것이 있다면 디나의 폭행사건에 얽힌 복수 이야기(34장)와 하나님께서 벧엘에 거하는 야곱에게 주신 복에 관한 이야기(35장)의 두 가지이다.

먼저 34장을 보면, 우여곡절 끝에 외삼촌 라반과 형 에서를 차례로 만나 화해를 이룬 야곱이 세겜에 잠시 정착하여 사는 중에 겪었던 불행한 일에 대해서 기록하고 있다. 사건의 발단은 그 땅의 추장(통치자)인 세겜이 야곱의 딸 디나를 유혹하여 폭행한 데서 시작되었다. 그가 자기 아버지 하몰과 함께 야곱을 찾아가 디나를 아내로 맞이할 수 있게 해 달라고 간청하자, 야곱의 아들들은 할례를 조건으로 하여 거짓 통혼(通婚) 약속을 한 다음에, 그들이 할례를 행한 지 사흘째 되는 날에 세겜성을 공격하여 남자들을 다 죽이고서 그 성읍을 크게 약탈하였다.

이 일을 계기로 야곱 일가족은 하나님의 명을 따라 세겜을 떠날 수밖에 없었다(35장). 이 점에서 본다면 디나의 폭행 사건에 얽힌 복수 이야기는 야곱 일행이 그 곳을 떠나 벧엘로 옮겨가지 않으면 안 되었던 이유가 무엇인지를 설명하는 성격의 것이라 할 수 있다. 우상을 완전히 제거하고서 벧엘로 옮겨 간 야곱은 거기서 하나님의 새로운 복을 받았는데, 그것은 자손의 약속과 땅의 약속을 포함하는 것이었다. 이 복을 마지막으로 야곱 개인에 관한 이야기는 사실상 끝을 맺고, 라헬의 죽음과 야곱의 12명의 아들들의 명단 및 이삭의 죽음 등에 관한 설명이 단조롭게 이어진다.

야곱 이야기의 마지막인 36장은 에서의 자손과 에돔의 왕들에 관해서 묘사하고 있다. 그런데 한 가지 흥미로운 것은 이 족보가 야곱 이야기의 마지막 부분에 있으면서, 동시에 다음에 이어지는 요셉 이야기를 예비하고 있다는 점이다. 달리 말해서 야곱 이야기와 요셉 이야기의 중간에 위치하여 두 이야기를 연결하는 역할을 수행하고 있다는 것이다. 25 : 12~18에 있는 이스마엘의 족보도 이와 유사한 성격을 가지고 있다. 왜냐하면 이스마엘의 족보 역시 아브라함 이야기의 종결에 뒤이어 나타나는 것으로서, 다음에 이어지는 야곱 이야기를 예비하고 있기 때문이다.

1. 세겜 족속에 대한 보복(34장)

1) 디나가 폭행을 당함(1-12절)

야곱에게는 레아와의 사이에 난 디나(Dinah)라는 딸이 있었다. 야곱 일행이 세겜에 머물고 있던 때에, 하루는 디나가 그 지역에 있는 여자 친구들을 방문하기 위해 여기저기를 돌아다닌 적이 있었다. 이처럼 친구들을 찾아다니던 디나의 모습은 우연히도 그 땅의 추장인 세겜의 눈에 띄게 되었다. 그는 히위(Hivite) 족속에 속한 하몰의 아들이었다. 그런데 세겜은 디나를 보는 순간 그녀에게 깊이 빠져들고 말았다. 욕정을 이기지 못한 세겜은 디나를 자기 집으로 불러들여 강제로 그녀를 욕보였다. 그는 디나를 계속해서 자기 집에 머무르게 하면서(34 : 26), 자신의 사랑을 그녀에게 고백하였다. 아울러 그는 상처받은 그녀의 마음을 위로하는 한편, 아버지 하몰에게 디나를 아내로 맞이할 수 있게 해 달라고 청하였다. 이스라엘의 율법에 의하면 처녀인 디나를 꾀어 동침한 세겜은 마땅히 그녀를 아내로 맞이해야만 했다(출 22 : 16-17, 신 22 : 28-29). 따라서 세겜의 청혼은 지극히 당연한 것이었다.

그런데 세겜이 디나를 욕보였다는 뜻밖의 사실은 야곱의 귀에까지 들어가게 되었다. 5절 본문은 세겜이 디나를 '더럽혔다'(히브리어로 '팀메')는 제의적인 표현을 쓰고 있다(레 5 : 2, 11 : 24-28, 12 : 2-5 등을 참조). 이것은 창세기 저자의 시각에서 볼 때에 디나가 이방 남자와 접촉함으로써 제의적으로 받아들이기 어려운 부정한 상태에 빠졌음을 뜻했다. 나중에 야곱의 아들들이 지나칠 정도로 흥분하여 세겜 성읍 사람들에게 보복한 것은 이러한 제의적인 요소와 관련이 있다고 볼 수 있다. 야곱의 아들들이 보복을 계획하려는 이유에 대해서 설명하는 13절과 그들의 노략행위에 대해서 묘사하는 27절에 이와 똑같은 낱말인 '팀메'가 사용되고 있음이 그 점을 뒷받침한다. 그러나 야곱은 자기 딸 디나가 더럽힘을 당했다는 소식을 듣고서도 가축떼와 함께 들에 있던 아들들이 돌아올 때까지 아무에게도 그 일을 알리지 않았다.

한편 아들 세겜의 간곡한 청을 들은 하몰은 마침내 세겜을 데리고서 디나와 그를 맺어 주기 위해 야곱을 찾아갔다. 그런데 이때쯤에는 이미 야곱의 아들들이 디나에게 일어난 일을 전해 듣고서 들에서 돌아온 후였다. 그들은 이방 사람인 세겜이 이스라엘 사람에게 부끄러운 일, 곧 행치 못할 일을 한 것으로 인하여 슬픔과 분노를 억누르지 못하고 있었다. 창세기 저자가 여기서 민족 이름인 '이스라엘 사람'(7절)이라는 표현을 쓴 것은 그가 세겜의 행동을 자기 시대의 기준으로 평가하려고 했음을 보여 준다. 신명기 22 : 21, 여호수아 7 : 15, 사사기 20 : 6, 10 등에도 이와 비슷한 표현들이 나온다.

당시에 야곱은 자기 아들들에게 사건의 진상을 알리고 이 문제를 어떻게 해결해야 할 것인가에 대해서 그들과 의논할 법도 했으나, 성경본문에 의하면 야곱이 전혀 그렇게 하지 않았다. 아마 디나가 레아의 딸이 아니라 라헬의 딸이었다면 상황이 달라졌을런지도 모른다. 어쨌든 야곱은 하몰과의 협상과정에서 철저히 배제되고 있다. 그 이유는 야곱의 아들들(특히 레아의 자녀들)이 아버지 야곱을 젖혀 놓고서 하몰과 직접 협상을 벌이기로 작정했기 때문이었다.

그리하여 야곱을 찾아간 하몰은 야곱 대신에 그의 아들들을 방문하였고, 그들에게 자기 아들 세겜이 디나를 얼마나 열애하는지를 말하고서, 세겜과 디나가 결혼할 수 있게 해 달라고 청하였다(8절). 두 사람 사이의 결혼을 가능하게 하기 위해 하몰은 매우 정치적인 제안까지 하였는데, 그것은 곧 세겜 족속들과 그들 사이에 통혼(通婚)할 것과 서로 평화롭게 섞여 살자는 것의 두 가지였다. 이를 위해 그는 야곱의 일가족에게 자기들의 땅을 줄 것이며, 거기에 자리를 잡아 장사도 하고 그들 소유의 재산도 늘릴 수 있게 하겠다고 약속하였다(9-10절).

아버지 하몰을 따라온 세겜도 자신의 간절한 심정을 야곱과 그의 아들들에게 알리면서 호소하였다. 디나를 아내로 맞이하게 해 주기만 한다면 빙물(聘物, bride-price), 곧 신부를 데려가는 데 필요한 값(출 22 : 16-17, 신 22 : 29)이나 가져와야 할 예물(gift)의 값은 얼마든지 지불하겠다고 약속한 것이다. 하몰과 세겜의 이러한 청혼조건은, 비록 디나가 겁탈당한 일에 대해서는 일절 언급하지 않고 있기는 하지만, 그 일로 인해 분노하는 야곱 일가족을 무마하기 위한 목적도 아울러 가지고 있었다.

2) 할례를 구실로 한 보복(13-31절)

하몰과 세겜의 청을 들은 야곱의 아들들은 속임수를 써서 그들에게 보복하기로 그들 나름대로 작정하고 있었다. 이 보복계획은 디나의 친오라버니들인 시므온과 레위가 주도한 것으로 보인다(25절, 49 : 6). 그들은 먼저 세겜과 하몰에게 만일에 세겜 족속이 할례를 받지 않는다면 세겜의 청혼을 받아들일 수 없다는 조건을 내걸었다(13-17절). 본래 할례는 하나님의 언약 백성이 되는 표지로서 행하는 것이었으나(17 : 9-14), 여기서 야곱의 아들들이 세겜 족속에게 요구한 할례는 전혀 그러한 성격의 것이 아니었다. 오히려 그것은 세겜 족속에게 보복하기 위한 속임수로 사용되었다(13절). 성스러운 할례를 이처럼 오용(誤用)했다는 점에 있어서 야곱의 아들들은 책임을 면하기가 어려웠을 것이다.

그런데 야곱의 아들들이 생각하고 있는 이러한 보복계획을 알 턱이 없는 하몰과 세겜은 그들의 제안을 그럴 듯한 것으로 여겼다. 그래서 그들은 지체하지 않고서 그 제안을 실행에 옮기기 위해 사람들이 많이 왕래하는 성문(城門)께로 갔다. 그들이 성문으로 간 것은 그 곳이 재판을 행하거나 공적인 거래를 하는 곳이었을 뿐만 아니라(23 : 10), 마을 전체의 관심사를 논하는 중요한 자리였기 때문이다(룻 4 : 11-12). 하몰과 세겜은 우선 성문에 모인 성읍 사람들에게 야곱의 일가족과 더불어 살면서 그들과 통혼하기로 할 것임을 선언하였다.

그러면서 그들은 야곱 일가족과 함께 살게 되면 결국에 가서는 그들의 양떼와 재산과 집짐승이 모두 자기들의 것이 될 것이라는 설명을 덧붙였다(21-23절). 그들이 이렇게 말한 것은 전혀 틀린 말이 아니었다. 왜냐하면 세겜 성읍의 사람들에게 야곱 일가족은 부유한 유목민으로 비쳐졌기 때문이다. 따라서 그 성읍의 장정들은 하몰과 세겜의 제안에 기꺼이 동의하였다. 아마 그 제안을 거역하지도 못했을 것이다. 통치자의 명령이니 누가 그것을 거역할 수 있었겠는가! 그래서 그들은 한 사람도 빠짐없이 다 할례를 받았다.

그들이 이처럼 할례를 행하자 야곱의 아들들은 그들의 계략을 실행에 옮기기 시작했다. 할례가 행해진 지 사흘째 되던 날에 시작된 그 일은 디나의 친오라버니들인 시므온과 레위가 주도하였다. 먼저 그들은 할례를 받은 세겜 성읍의 장정들이 아직 상처가 아물지 않아서 아파하고 있을 때에, 칼을 들고 세겜 성읍으로 쳐들어갔다. 그들은 방어 능력을 충분히 갖추지 못한 세겜성의 남자들을 모조리 칼로 쳐서 죽이고 말았다. 그 중에는 폭행 사건의 당사자인 하몰과 세겜도 포함되어 있었다. 세겜까지 죽이고 난 그들은 그의 집에 붙들려 있던 디나를 무사히 집으로 데려올 수 있었다. 시므온과 레위의 이러한 살인과 보복행위는 나중에 그들에게 하나님의 저주가 임하는 한 원인으로 작용하였다. 야곱이 열두 아들들에게 마지막 유언을 할 때에 그들에게 내린 저주가 이를 잘 보여 준다(49 : 5-6).

그런데 야곱의 아들들이 계획한 보복은 시므온과 레위의 대량 살육으로 끝나지 않았다. 시므온과 레위의 보복이 성공을 거두자 야곱의 나머지 아들들은 세겜성을 크게 약탈하여, 양과 소와 나귀와 성 안에 있는 것과, 성 바깥 들에 있는 것과, 모든 재산을 빼앗았다. 뿐만 아니라 그들은 어린아이들과 죽은 남자들의 아내들까지도 다 사로잡았으며, 집안에 있는 물건도 남김 없이 약탈하였다.

야곱은 이러한 사실을 나중에야 알게 되었다. 이것은 그가 디나의 폭행에서부터 세겜에 대한 복수에 이르기까지의 일련의 과정에서 전혀 주도적인 역할을 수행하지 못했음을 암시한다. 그는 마침내 보복의 주동자였던 시므온과 레위를 불러 그들을 야단쳤다. 이제 가나안 사람들과 브리스 사람, 그리고 그 땅에 거하는 사람들이 자기를 어떠한 사람으로 보겠느냐는 것과, 그들이 합세해서 자기를 쳐서 죽이면 집안이 몰살당할 수밖에 없지 않느냐는 것이 책망의 주된 이유였다.

그러나 이 책망에 전혀 문제가 없는 것도 아니었다. 왜냐하면 야곱은 할례의 오용(誤用)이나 무자비한 살인행위에 대한 하나님의 심판을 두려워해서 그들을 책망한 것이 아니었기 때문이다. 도리어 그는 주변 나라 사람들의 보복이 두려워서 두 아들을 책망한 것이었다(35 : 5). 야곱의 책망이 이러했던 까닭에 그의 아들들이 그 책망에 반발하는 것은 지극히 당연했다. 세겜이 자기들의 누이를 창녀 다루듯이 하는데도, 그대로 두어야 하느냐는 것이 그들의 항변이었던 것이다.

디나 폭행 사건에 얽힌 이야기가 이처럼 야곱의 아들들이 그들의 아버지에게 항변하는 것으로 끝나는 것은 무슨 까닭에서일까? 바꾸어 말하자면 야곱의 아들들이 실행에 옮긴 보복행위가 옳은 것인지 아니면 나쁜 것인지에 대한 신학적인 평가가 이 본문에 전혀 나타나지 않는 이유가 무엇이냐 하는 것이다. 그들의 행위에 대한 부정적인 평가는 나중에 야곱의 축복문에서야 나오고 있을 뿐이다(49 : 5-6). 그것은 아마도 이 사건이 가나안 사람들과의 통혼을 엄격하게 금지하고, 또 그들 모두를 전멸시킬 것을 명하는 율법(신 7 : 1-5)에 가장 부합된 예에 속하기 때문인 듯하다.

2. 야곱에게 복을 주시는 하나님(35장)

1) 벧엘에서 복을 주심(1-15절)

야곱이 시므온과 레위의 보복행동으로 인하여 매우 어려운 형편에 처해 있을 때, 하나님께서는 그에게 나타나셔서 벧엘로 올라갈 것을 명하셨다. 하나님은 또한 야곱에게 벧엘에 머물면서 "네가 네 형 에서의 낯을 피하여 도망하던 때에 네게 나타났던 하나님께 거기서 단을 쌓으라."고 말씀하셨다. 하나님의 이 말씀에 야곱은 틀림없이 지난 날의 벧엘 체험을 회상했을 것이다. 뿐만 아니라 그는 당시에 자기가 하나님께 드렸던 서원(28 : 20-22)의 내용도 생각했을 것이다. 그렇지 않아도 세겜 지역을 빨리 떠나야 하겠다고 생각하던 야곱은 벧엘로 올라가라는 하나님의 명령을 받고서 즉시 마음을 굳혔다. 하나님께 드린 서원도, 속히 이행해야겠다는 생각도 간절해졌다. 더 이상 세겜에 미련을 갖지 말고 아버지 이삭이 있는 고향으로 빨리 가야겠다는 생각도 들었을 것이다.

그러나 하나님을 만난 거룩한 곳으로 가면서 옛 모습 그대로 올라갈 수는 없는 노릇이었다. 그래서 그는 벧엘로 가기에 앞서 자기 가족과 자기가 거느리고 있던 모든 사람들에게 그들이 가지고 있는 각종 이방 신상들을 버리라고 명하였다. 아울러 그는 그들에게 제각기 자신을 정결케('타하르' 동사) 하고 옷을 새 것으로 갈아입게 하였다(엡 4 : 22-24 참조). 그러면서 그는 그처럼 목욕재계(沐浴齋戒)하는 이유가 그의 간구를 들어 주시고, 그가 가는 길 어디에서나 그와 함께 다니면서 보살펴 주신 벧엘의 하나님께 제단을 쌓아 바치기 위해서임을 분명하게 밝혔다. 이것은 어떻게 보면 34장의 '더렵혀짐'에 대한 응답의 성격을 갖는 것이라고 볼 수도 있다.

이에 야곱 집안의 모든 사람들은 자기들이 가지고 있는 모든 이방 신상들과 귀에 걸고 있는 귀고리를 야곱에게 가져왔다. 그들이 가져온 귀고리는 일종의 부적과도 같은 것이었다. 어쩌면 야곱은 자기 집안 사람들이 이방 신들을 섬기고 있다는 사실을 알면서도, 그 동안 그들의 탈선을 묵인하고 있었을 가능성이 높다. 달리 말해서 그것은 야곱의 집안 사람들이 밧단아람이나 가나안 사람들의 토착종교로부터 완전히 결별하지 않은 채로 있었음을 암시한다. 그러나 이제는 그 모든 것을 깨끗이 정리해야만 했다. 그래서 그는 집안 사람들이 가져온 온갖 신상들과 귀고리들을 세겜 근처 상수리나무 아래에 묻었다. 라헬이 아버지의 집에서 훔쳐온 드라빔도 아마 이 때에 땅에 묻혔을 것이다. 이러한 제의적인 정결의 사례는 이스라엘 백성이 시내산에서 하나님을 만나기 위하여 준비하던 때(출 19 : 10)나 세겜에서 여호수아의 인도하에 언약을 갱신하던 때(수 24 : 23 - 25)에도 발견된다.

자기에게 딸린 식구들을 이렇게 정결하게 한 다음에 야곱은 벧엘을 향해 길을 떠났다. 하나님이 사방에 있는 모든 성읍 사람들을 두려워 떨게 하였던 까닭에, 아무도 야곱 일행의 뒤를 추격하지 않았다. 벧엘에 도착한 야곱 일행은 거기서 하나님께 제단을 쌓아 바친 후에, 지난날에 야곱이 형 에서를 피해서 도망하던 중에 하나님께서 거기서 그에게 나타나신 것을 생각하고서 그곳 이름을 '엘-벧엘'(벧엘의 하나님)이라 지어 불렀다.

그런데 벧엘에 와서 야곱이 겪은 일에는 크게 두 가지가 있었다. 그 첫 번째는 야곱의 어머니 리브가를 따라 가나안 땅으로 왔었던(24 : 59) 유모 드보라가 죽어서 벧엘 아래쪽에 있던 상수리나무 아래에 묻혔다는 점이다. 그녀가 리브가를 떠나 야곱 일행과 함께 있었다는 것은 리브가가 이미 죽었음을 암시한다. 사람들은 드보라가 묻힌 곳을 '알론바굿'(통곡의 상수리나무)라고 불렀다. 이러한 지명은 드보라가 평소에 얼마나 신실한 사람이었는가를 한 눈에 알게 해 준다.

야곱이 벧엘에서 겪은 두 번째 일은 하나님께서 그에게 다시 나타나서서 그에게 복을 주신 일이었다. 이때 하나님은 야곱의 이름이 이스라엘로 바뀌었음을 다시금 확인하시는 한편, 자신을 '전능한 하나님'('엘 샤다이')으로 소개하셨다. '엘 샤다이'라는 이름은 본래 하나님께서 아브라함과 더불어 맺으신 언약을 다시금 확증하시던 때에 사용하신 이름이었다(17 : 1 - 21). 언약을 확증하는 과정에서 하나님은 아브라함에게 할례의 표를 주심과 아울러, 사라가 이삭을 낳을 것이라는 약속을 주셨다. 그런가 하면 이삭은 야곱을 하란으로 보낼 때 '엘 샤다이' 라는 이름을 사용하면서, 그가 아브라함에게 주신 복을 야곱에게도 주시기 원한다고 축복한 적이 있었다(28 : 3－4). 그런데 이제 야곱에게 와서는 그가 벧엘로 돌아왔을 때 하나님이 자신을 '엘 샤다이' 로 소개하신 것이다. '엘 샤다이' 이신 하나님이 야곱에게 주신 복은 아브라함 때나 이삭 때나 똑같은 것이었다. 그것은 곧 야곱이 생육하고 번성할 것이며, 많은 국민이 그에게로부터 나오고, 왕들이 야곱의 허리에서 나오리라는 것을 포함하였다(17 : 16 참조). 또한 하나님은 아브라함과 이삭에게 준 땅을 그와 그의 자손들에게 주겠다고 약속하셨다.

여기서 한 가지 흥미로운 것은 야곱의 부서진 허리로부터 많은 왕들이 나게 하겠다고 하신 하나님의 약속이다. 허리는 히브리어로 '할라차임' 으로서 위골된 야곱의 환도뼈와 연결되어 있는 곳이다. 따라서 하나님의 이 약속은 위골되어 부서진 곳으로부터 위대한 희망이 이루어질 것임을 암시하는 것이나 다름없다. 이처럼 인간적인 절망상태로부터 비롯되는 하나님의 희망은 성경이 줄기차게 강조하고 있는 중요한 주제들 중의 하나인 바, 족장들의 이야기에서 아브라함을 비롯한 이스라엘의 조상들이 한결같이 아이를 낳지 못하는 아내로부터 어렵사리 약속의 자손을 얻어가는 것도 절망과 희망의 변증법에 속하는 것이 아닐 수 없다.

다시 야곱 이야기로 돌아가 보자. 하나님께서 자신의 약속을 갱신하시고, 그것을 재확인하신 후에 그곳을 떠나 올라가시자, 야곱은 피난시절 때와 마찬가지로(28 : 18－19) 하나님께서 복을 주신 그 곳에 돌기둥을 세우고, 그 위에 전제물(奠祭物, a drink offering)과 기름을 부었다. 이로써 그는 벧엘에서 하나님께 서원한 것을 갚은 셈이었다(28 : 20－22). 아마도 그는 서원을 갚는 이러한 제사 속에서 험난했던 자신의 쓰라린 과거를 회상했을 것이며, 이제껏 자기와 함께 하시면서 온갖 역경 중에서도 고향으로 돌아올 수 있게 해 주신 하나님의 은혜에 깊이 감사했을 것이다. 이 점은 그가 거기서 다시금 그곳 이름을 '벧엘' 이라고 불렀다는 사실을 통해서 뒷받침된다.

2) 베냐민의 출생과 라헬의 죽음(16-29절)

벧엘에서 서원을 갚은 야곱은 다시 길을 떠나 아버지 이삭이 있는 남쪽의 헤브론을 향해 여행을 계속하였다. 그러나 불행하게도 야곱의 두 번째 아내인 라헬은 그들 일행이 벧엘을 떠나 에브랏에 아직 채 이르기 전에 자신의 두 번째 아들이자 야곱의 마지막 아들인 베냐민을 낳다가 숨을 거두고 말았다. 시아버지인 이삭을 만나지도 못한 채로 죽은 것이다. 라헬은 숨을 거두면서 그 아들의 이름을 '내 슬픔(또는 고통)의 아들' 이라는 뜻의 '베노니' 로 지어 불렀다. 라헬이 이러한 이름을 지은 것은 자신의 삶이 슬픔과 고통에 가득 찬 것이라고 생각했기 때문이다. 이에는 고통 중에 낳은 아들이라는 뜻도 포함되어 있었을 것이다. 그러나 야곱은 이 이름을 '오른손의 아들' 이라는 뜻의 '베냐민' 으로 바꾸어 불렀다. 거기에는 어린 아기에게 좋은 이름을 주고자 하는 의도도 있었지만, 다른 한편으로는 자기 아내 라헬을 놓아 주고자 하는 의도도 포함되어 있었을 것이다.

라헬이 죽자 그들은 그녀의 시신을 에브랏(베들레헴)으로 가는 길목에 장사지내었다. 야곱은 라헬의 무덤 앞에 비석을 세웠는데, 이 묘비는 창세기가 기록될 당시까지도 라헬의 무덤이 어디에 있는지를 가리키는 안내판 역할을 수행하였다. 나중에 이스라엘 12지파의 땅을 분배하였을 때 베냐민지파의 경계는 그가 출생하고, 또 그의 어머니가 죽은 곳을 포함하였다(삼상 10 : 2).

그런데 나중에 예레미야는 라헬의 고통스러운 죽음과 그녀가 자신의 삶에서 느낀 고통과 슬픔을 북왕국 이스라엘의 멸망과 관련지어 표현하였다 : "라마에서 슬퍼하며 통곡하는 소리가 들리니 라헬이 그 자식을 위하여 애곡하는 것이라. 그가 자식이 없으므로 위로받기를 거절하는도다"(렘 31 : 15). 이것은 자기 백성의 멸망에 대하여 하나님이 느끼시는 고통스러운 감정이라 할 수 있다. 마치 죽은 라헬이 무덤 속에서 슬퍼하며 통곡하는 것과도 같은 고통을 하나님께서 느끼시고 있다는 말이다. 신약의 마태복음 기자는 예레미야의 이 구절을 헤롯 대왕이 두 살 아래의 모든 어린아이들을 죽인 것에 관련시킴으로써, 어린아이를 잃은 부모(특히 어머니)의 가누기 어려운 고통과 슬픔을 실감나게 표현하였다(마 2 : 17-18).

야곱은 하나님의 복을 받은 후에 다시 길을 떠나서 에델 망대 건너편에 자리를 잡고 장막을 쳤는데, 21절은 야곱의 여정에 대해서 기록하면서 처음으로 그의 이름을 '이스라엘'로 표현하고 있다. 야곱이 이 지역에 머무를 때에 그의 큰 아들 르우벤이 아버지의 첩 빌하를 범하였는데, 야곱은 이 소식을 전해 듣고 마음속에 깊이 새겨 두었다. 나중에 그는 12아들을 축복하는 중에 큰 아들 르우벤에 대해서는, 그가 아비의 침상에 올라 그것을 더럽힌 까닭에 탁월하지 못할 것이라는 예언으로 그의 미래를 저주하였다(49 : 3-4). 이로써 르우벤은 마땅히 그에게 돌아가야 할 장자권을 다른 아들(요셉)에게 빼앗기고 말았다(대상 5 : 1-2).

르우벤의 악행을 마지막으로 야곱의 생애에 얽힌 중요한 이야기들이 이처럼 종결된 후에, 23~26절은 야곱이 낳은 12아들들의 명단을 총정리해서 소개한다. 이 족보는 야곱이 낳은 아들들을 태어난 순서대로 정리하지 않고, 도리어 두 아내 레아와 라헬의 아들들을 먼저 소개하고, 이어서 야곱의 첩인 빌하와 실바의 아들들을 소개한다. 이 소개목록은 정식 족보의 성격을 가지고 있는 까닭에, 앞에 소개되었던 레아의 딸 디나(30 : 21)의 이름은 생략하고 있다. 물론 26절 마지막에 있는 "이들은 모두 야곱이 밧단아람에서 얻은 아들들이다."라는 표현은 열두 아들들 중의 막내인 베냐민에게는 적용되지 않는다. 왜냐하면 그는 가나안 땅으로 돌아와서 낳은 아들이기 때문이다. 이 족보를 다시금 정리하면 다음과 같다.

레아(6명) : 르우벤, 시므온, 레위, 유다, 잇사갈, 스불론
라헬(2명) : 요셉, 베냐민
빌하(2명) : 단, 납달리
실바(2명) : 갓, 아셀

족보 소개에 이어 27~29절은 야곱이 고향으로 돌아가서 겪은 일들에 대해서 기록하고 있다. 야곱은 기나긴 여행 끝에 마침내 기럇아르바(헤브론) 근처의 마므레에 도착했다. 그 곳은 그의 할아버지 아브라함에 이어 그의 아버지 이삭이 살고 있는 곳이었다. 그 곳에는 아브라함과 사라가 잠들어 있는 막벨라 굴도 있었다. 이삭은 180세에 죽었는데, 29절 본문은 이것을 그가 죽어서 조상들 곁으로 갔다고 표현한다. 이것은 그가 조상들의 무덤이 있는 막벨라 굴에 묻혔다는 것을 뜻한다(49 : 29-31). 한편 큰 아들 에서는 아버지 이삭이 돌아가셨다는 소식을 듣고 먼 거리를 달려와서 아버지의 장례에 참여하였다. 아브라함이 죽었을 때 멀리 있던 이스마엘이 와서 장례에 참여한 것도 이와 비슷했다(25 : 9).

3. 에서의 후손과 에돔 족속의 왕들(36장)

1) 에서의 후손(1-19절)

에서는 야곱과 헤어져서 세일 산지에 자리를 잡아 거기에 거하면서 살았다. 두 사람이 떨어져서 살게 된 것은 아브라함과 롯의 경우와 마찬가지로(13 : 5-12) 두 사람이 거하는 땅이 그들의 많은 가축떼를 다 수용할 만큼 충분히 넓지 못했기 때문이다(6-8절). 이것은 하나님께서 주신 땅의 약속이 야곱에게 아직 완전하게 이루어지지 않았음을 가리킨다고 볼 수 있다. 달리 말해서 야곱은 아직 자기 소유의 땅을 많이 갖지 못한 채로 있었던 것이다. 다른 한편으로 그것은 에서가 비록 장자

권을 누리지는 못했지만, 그래도 하나님의 은총에 힘입어 크게 번성하였음을 보여 주고 있기도 하다. 에서는 세일 산지에 거하던 원주민, 즉 호리 족속(20절)을 정복하고서(신 2 : 12, 22 참조) 그들 중 한 사람의 딸과 결혼했음이 분명하다(2절).

36장은 이처럼 야곱과 헤어져서 세일 산지에 거하게 된 에서의 후손들을 자세하게 소개하고 있는데, 그 중심 내용은 크게 네 가지로 나누어진다. 에서의 아들들(1-14절)과 족장들(15-19절), 세일의 자손들과 족장들(20-30절), 에돔의 왕들(31-39절), 에서에게서 나온 여러 종족들(40-43절) 등이 그러하다. 그리고 이 네 부분들은 후손들의 이름(1-14절, 20-28절)을 순서대로 기술하는 족보 양식과 족장들(15-19절, 29-30절, 40-43절)이나 왕들(31-39절)의 이름을 나열하는 목록 양식의 두 가지로 나누인다. 36장에 있는 이러한 족보들과 목록들은 씨족사회(후손들의 명단)가 부족사회(족장들의 목록)를 거쳐 왕정국가(왕들의 목록)로 발전해 가는 모습을 뚜렷하게 보여 주고 있다.

먼저 첫 번째 것인 에서의 아들들과 족장들의 명단(족보)에 대해서 살피기로 하자. 이 명단에 의하면 에서는 가나안 여인들 중에서 아내를 구한 것으로 되어 있다. 아다와 오홀리바나와 바스맛 등의 세 사람이 그의 아내였다. 아다는 헷 사람 엘론의 딸이었고, 오홀리바마는 히위 사람(Hivite, 자주 호리 족속과 동일시됨.) 시브온의 딸 아나의 소생이었다. 그리고 바스밧은 이스마엘의 딸이요, 느바욧의 누이였다(2-3절).

그런데 26 : 34에 의하면 에서는 40세에 헷 족속 브에리의 딸 유딧과 역시 헷 족속인 엘론의 딸 바스맛과 결혼한 것으로 알려져 있다. 또한 그는 이스마엘의 딸이요, 느바욧의 누이인 마할랏을 아내로 맞이한 것으로 알려져 있다(28 : 9). 여기서 분명해지는 것은 36 : 2의 족보가 아다를 헷 사람 엘론의 딸로 보지만, 26 : 34는 바스맛을 엘론의 딸로 보고 있다는 점이다. 또다른 차이는 36 : 3이 바스맛을 이스마엘의 딸로 보고 있는 반면에, 28 : 9는 전혀 다른 이름인 마할랏을 이스마엘의 딸로 보고 있는 데에서 발견된다. 이러한 차이는 에서에 관한 자료들이 서로 다르기 때문에 생겨난 것이다. 창세기 저자는 상반된 이 두 자료를 일치시키려고 하기보다는 그것을 있는 그대로 소개하려고 한 듯하다.

다시 36장의 족보로 돌아가 보자. 에서의 세 아내가 낳은 아들들은 4~5절에서 한 번 소개된 다음에, 10~14절에서 보다 구체적으로 소개된다. 두 명단 사이에 차이가 있다면 4~5절이 에서의 아내들을 아다, 오홀리바마, 바스맛의 순서로 소개하는 반면에, 10~14절은 아다, 바스맛, 오홀리바마의 순서로 소개하고 있다는 점이다. 이 두 명단에 의하면 아다와 바스맛은 각각 한 명의 아들을 낳은 후에 그들을 통해서 더 많은 후손들을 얻고 있다. 이와는 달리 오홀리바마는 세 아들을 낳은 것으로만 알려져 있다. 이들을 정리하면 다음과 같다.

① 엘리바스(아다) : 데만, 오말, 스보, 가담, 그나스, 아말렉(첩 딤나의 소생)
② 르우엘(바스맛) : 나핫, 세라, 삼마, 미사
③ 여우스, 얄람, 고라(오홀리바마)

그러나 이 명단은 15~19절에 있는 명단에 의해 보다 확대된 모습을 가지고서 나타난다. 15~19절은 에돔 족속의 족장들을 순서대로 소개하고 있는 바, 여기서도 에서의 아내가 아다, 바스맛, 오홀리바마의 순서로 되어 있다. 이 명단에서는 엘리바스에게서 나온 족장들의 경우 네 번째 아들인 가담이 여섯 번째 아들로 소개되고 있고, 그 앞에 '고라'라는 엘리바스의 아들이 추가되어 있다. 그리고 오홀리바마는 유일하게 세 아들을 낳아서 그 세 아들이 모두 족장이 된 것으로 소개되고 있다. 이상을 정리한다면 에서는 다섯 명의 아들들과 열 한 명의 손자들(고라 포함)을 거느린 셈이 된다. 이들 중에서 족장('알루프') 칭호를 받고 있는 자들은 엘리바스의 일곱 아들들과 르우엘의 네 아들들, 그리고 에서가 오홀리바마를 통해서 낳은 세 아들들이다. 따라서 족장 칭호는 에서의 세 아들들과 열 한 명의 손자들에게 사용되고 있는 셈이다.

2) 세일 원주민의 족장들(20-30절)

36장의 두 번째 부분(20-28절)은 에서가 세일 산지에 거주하기 전에 거기에 살고 있던 원주민에 대해서 소개한다. 이 부분의 설명에 의하면 세일 산지의 원주민은 호리 족속에 속한 세일의 아들들에게까지 거슬러 올라간다. 본래 호리 족속(Horites/Hurrians)은 주전 2천년대(2000-1000년 사이)에 메소포타미아 지역에서 가나안과 시리아 지역으로 이주해 온 자들이었다. 이들 무리에 속한 세일은 로단, 소발, 시브온, 아나, 디손, 에셀, 디산 등의 일곱 아들을 두었다. 그런데 이 일곱 아들들은 세일 산지에 거하면서 여러 종족들의 조상이 되었다. 이들에게서 난 족장('알루프')들의 이름을 순서대로 정리하면 다음과 같다.

① 로 단 : 호리, 헤맘, 딤나(로단의 누이)
② 소 발 : 알완, 미나핫, 에발, 스보, 오남
③ 시브온 : 아야, 아나
④ 아 나 : 디손, 오홀리바마(아나의 딸)
⑤ 디 손 : 헴단, 에스반, 이두란, 그란
⑥ 에 셀 : 빌한, 사아완, 아간
⑦ 디 산 : 우스, 아란

이들 중에서 시브온의 아들 아나는 아버지의 나귀를 치다가 온천을 발견한 것으로 알려져 있는 바(24절), 시브온의 동생인 아나와는 동명이인(同名異人)이다. 시브온의 동생인 아나는 세일의 네 번째 아들로서 에서의 아내 오홀리바마의 아버지로 나타난다(36 : 25). 36 : 2는 오홀리바마가 시브온의 딸 아나의 소생이라고 설명하고 있지만, 25절에 의하면 오홀리바마의 아버지는 세일의 네 번째 아들인 아나이지 시브온과는 아무 관계가 없다. 뿐만 아니라 히브리어 본문에 의하면 시브온의 두 번째 자녀인 아나는 아들이지 딸이 아니다. 실제로 사마리아 오경과 칠십인역 및 시리아역 등의 2절 본문은 아나를 시브온의 아들로 묘사하고 있다. 그러나 '딸'을 '아들'로 고쳐 읽는다 해도 여전히 문제는 남는다. 2절이나 14절은 오홀리바마를 시브온의 손녀로 보지만, 25절은 시브온의 동생인 아나의 딸로 보기 때문이다.

3) 에돔 족속의 왕들(31-43절)

36장의 세 번째 부분(31-39절)은 에돔 족속이 왕정을 수립한 이후에 여덟 번째에 이르기까지 가졌던 왕들의 이름을 소개하고 있다. 31절에 의하면 에돔은 이스라엘보다 훨씬 먼저 왕정을 수립했음을 알 수 있다. 연대로 보아 에돔의 왕정이 이스라엘의 왕정보다 대략 150~200년 정도 앞섰다고 볼 수 있다. 에돔 족속은 비록 나중에 남왕국 유다가 바벨론의 느부갓네살에게 망할 때 바벨론 군대에 협조하기는 했지만(옵 1 : 10-14), 그래도 야곱과 피를 같이 나눈 형제 사이였기 때문에 신명기는 에돔 사람과 다투거나 그들을 미워하지는 말라고 말한다(신 2 : 4-5, 23 : 8). 이스라엘에 왕정이 수립되기 전에 에돔 지역을 다스렸던 여덟 왕들의 목록은 다음과 같다.

① 벨　　라 : 브올의 아들, 수도는 딘하바
② 요　　밥 : 보스라 사람 세라의 아들
③ 후　　삼 : 데만 족속
④ 하　　닷 : 브닷의 아들
⑤ 삼　　라 : 마스레가 출신
⑥ 사　　울 : 유프라테스 강가에 살던 르호봇 사람
⑦ 바알하난 : 악볼의 아들
⑧ 하　　달 : 수도는 바우

이들 중에서 도성(수도)은 첫 번째 왕인 벨라 때의 딘하바와 여덟 번째 왕 하달 때의 바우의 두 경우가 소개되어 있다. 이는 에돔 지역의 수도가 처음에는 딘하바에 있다가 나중에 바우로 옮겨졌음을 뜻할 수도 있지만, 오히려 그것은 에돔에 공인된 수도가 없었음을 뜻한다고 보는 것이 더 정확할 것이다. 두 번째 왕인 요밥의 고향 보스라(사 63 : 1, 암 1 : 12)와 세 번째 왕인 후삼의 고향 데만(암 1 : 12, 합 3 : 3)은 나중에 에돔을 대표하는 지역으로 널리 알려진 듯하다. 그리고 네 번째 왕인 하닷은 모압 벌판에서 미디안 사람을 친 일로 유명했으며(35절), 마지막 왕인 하달은 마드렛의 딸이요, 메사합의 손녀인 므헤다벨을 아내로 맞이한 것으로 알려져 있다(29절).

그리고 또 한 가지 주목할 것은 에돔의 왕정이 이스라엘의 사사제도와 마찬가지로 세습체제로 되어 있지 않다는 점이다. 이 점은 왕들의 출신지가 한결같이 다르다는 사실을 통해서 뒷받침된다. 아마도 에돔의 초기 왕정은 사울에서 다윗으로 이어지는 이스라엘의 초기 왕정과 마찬가지로 선출제도를 통해서 유지되었던 것으로 보인다. 이스라엘의 사사들도 제각기 출신지가 달랐지만, 하나님께서 선택하여 세웠다는 점에서 에돔의 왕들과 차이를 보인다.

한편 36장의 마지막 네 번째 부분(40-43절)은 에서에게서 나온 족장('알루프')들을 그 종족과 거주지와 이름에 따라 열 하나로 나누고 있다. 딤나, 알와, 여뎃, 오홀리바마, 엘라, 비논, 그나스, 데만, 밉살, 막디엘, 이람 등이 그러하다. 이들 족장들의 이름은 각 종족들의 이름이 됨과 동시에 그들이 살던 거주지의 이름이 되었다. 에서의 후손들이 이처럼 족장들과 왕들을 중심으로 번성했던 것과는 대조적으로, 야곱에게는 아직 족장도 왕도 없었고, 다스려야 할 자기 소유의 땅도 없었다. 그렇다고 해서 완전한 지파 조직이 있는 것도 아니었다. 그 자신이 족장으로서 12아들을 중심으로 하는 대가족을 거느리고 있을 뿐이었다. 뿐만 아니라 약속의 땅 가나안에서 그는 여전히 나그네로서 살아가야만 했다. 이것이 그가 처한 현실이었던 것이다.

제 4 부

요셉 이야기 (37-50장)

Ⅰ. 애굽에 팔린 요셉(37-39장)

Ⅱ. 애굽의 총리가 된 요셉(40-41장)

Ⅲ. 가족과의 감격적인 만남(42-45장)

Ⅳ. 야곱 가족의 애굽정착(46-47장)

Ⅴ. 야곱의 축복과 죽음(48-50장)

제 4 부

요셉 이야기(37-50장)

I. 애굽에 팔린 요셉(37-39장)

족장사(12-50장)의 맨 마지막에 있으면서 가장 많은 분량을 차지하고 있는 요셉 이야기(37-50장)는 앞의 두 이야기들에 비해서 이야기의 흐름이 끊어지지 않고 매끄럽게 이어지는 특징을 가지고 있다. 아브라함 이야기나 야곱 이야기를 보면 그러한 특징이 잘 발견되지 않는다. 도리어 이들 이야기는 여러 개의 독립적이고 개별적인 이야기들을 연결지은 듯한 인상을 준다. 반면에 요셉 이야기에서는 요셉이 애굽에 팔린 후로부터 야곱의 일가족이 애굽에 정착하게 되기까지의 이야기의 흐름이 거의 끊어지지 않고서 끝까지 자연스럽게 이어지고 있다. 예외가 있다면 38장의 유다에 관한 이야기일 것이다. 37 : 1~2나 47장 이후에 부분적으로 나타나는 야곱 이야기들도 마찬가지이겠지만, 이들은 오히려 요셉 이야기가 야곱 이야기의 연장선상에서 이루어지고 있음을 보여 주는 것들이라 하겠다.

그런가 하면 요셉 이야기는 앞의 두 이야기와 마찬가지로 "약속(promise)과 성취(fulfilment)"라는 족장사의 중심 주제를 충실하게 반영하고 있다. 이 주제는 믿음을 가진 요셉이 온갖 시련과 역경을 이겨내고서 하나님의 구원역사를 이룬다는 줄거리에 잘 나타난다(50 : 20 참조). 그렇다고 해서 요셉의 때에 하나님의 약속이 완전히 이루어지고 있는 것은 물론 아니다. 아브라함 이야기나 야곱 이야기가 그렇듯이 요셉 이야기도 하나님의 약속이 성취되어 가는 한 과정에 지나지 않는다.

그럼에도 불구하고, 요셉 이야기는 약속 성취의 보다 발전된 단계에 속한 출애굽 사건을 예비하고 있다는 점에서 앞의 두 이야기보다 훨씬 더 성취쪽에 가까이 가 있는 이야기라 할 수 있다. 애굽에 팔린 요셉이 거기에서 총리의 자리에 올라 나중에 일가친척을 애굽으로 이주시키는 일련의 사건들은 그보다 훨씬 후에 이루어질 출애굽 사건의 배경 역할을 수행하고 있기 때문이다. 이 점에서 본다면 요셉 이야기는 족장사와 출애굽 사건을 연결해 주는 교량과도 같다고 할 수 있다.

또한 요셉 이야기는 아브라함 이야기나 야곱 이야기에 간헐적으로 나타나는 꿈과 기근의 주제를 매우 크게 다루고 있다. 요셉(37장)과 애굽 왕의 두 신하(40장) 및 애굽 왕 바로(41장) 등의 꿈이 그러하며 애굽에서의 오랜 기근이 그 점을 잘 보여 준다. 그 뿐만이 아니다. 요셉 이야기는 앞의 두 이야기들과는 달리 하나님의 직접적인 개입이나 계시 또는 직접적인 약속, 인명이나 지명 또는 관습의 어원론적인 풀이, 성소나 제의의 기원 등에 대하여 별다른 관심을 가지고 있지 않다. 오히려 하나님의 뜻이 세상 역사의 흐름 속에서 사람들에게 잘 알려지지 않는 방식으로 이루어진다는 것을 강조한다. 즉, 하나님의 신비로운 섭리를 강조하고 있는 것이다. 이와 아울러 요셉 이야기는 요셉의 성실함과 근면함, 유혹에 대한 승리, 역경 속에서의 인내 등이 그에게 형통함과 성공적인 삶을 가져다 준다는 교훈을 통해 이 이야기가 지혜문학의 영향을 받았을 가능성을 보여 주고 있다.

이상의 특징들을 갖는 요셉 이야기는 맨 먼저 그가 어떻게 해서 애굽에 팔리게 되었는가를 설명하는 것으로부터 시작한다(37장). 그리고 두 번째 이야기인 39장은 보디발의 집에 팔린 요셉이 어떻게 해서 왕의 죄수들을 가두는 감옥에 갇히게 되었는가를 설명한다. 한편 요셉 이야기의 첫 부분에 끼어 있는 유다 이야기(38장)는 야곱의 네 번째 아들 유다가 어떻게 해서 12아들 공동체에서 이탈하여 독자적인 삶을 갖게 되었는가를 설명하는 동시에, 다윗의 먼 조상이 어떻게 해서 생겨났는가를 설명하고 있다.

1. 요셉과 그의 형들(37장)

1) 요셉의 꿈 이야기(1-11절)

요셉에 관한 이야기는 그가 열일곱 살 되던 때로부터 시작된다. 그 전에도 그에 관한 기록이 있기는 하지만, 그가 밧단아람에서 태어나던 때의 것(30 : 22-24)이 전부이다. 요셉이 열일곱 살 되던 때에 그의 아버지 야곱은 조부(祖父) 이삭이 몸붙여 살던 가나안 땅에서 그의 남은 생애를 보내고 있었다. 바로 그 무렵에 노년(老年)의 야곱에게 큰 충격을 준 사건이 발생했다. 요셉이 형들의 시기심에 의해 애굽으로 팔리고 만 것이다. 그러나 이 사건은 있는 그대로 야곱에게 전달되지 않았다. 그의 아들들이 그를 속였기 때문이다. 요셉을 팔아 넘긴 그들은 그가 사나운 짐승들에게 잡아 먹혔다고 거짓말을 했다. 요셉이 죽었다는 소식은 야곱에게 참으로 견디기 어려운 고통과 슬픔을 가져다 주었다.

형제들 사이에, 그리고 아버지와 아들들 사이에 이러한 비극이 생겨난 데에는 여러 가지 이유가 있었다. 야곱에게 배 다른 형제들이 많다는 것도 그 한 이유가 될 수 있겠지만, 성경본문은 그 이유를 세 가지로 설명한다. 그 첫 번째 이유는 요셉이 형들의 허물을 아버지에게 일러바치곤 했다는 데에 있었다(2절). 당시에 요셉은 아버지 야곱의 첩들인 빌하와 실바가 낳은 형들-단, 납달리, 갓, 아셀-과 함께 양을 치면서 지냈는데, 자기가 보기에 문제가 있다고 여겨지는 형들의 허물들을 아버지에게 그대로 보고한 것이다.

물론 요셉의 그러한 행동이 도덕적으로 나쁘다고 하기는 어렵다. 왜냐하면 그가 할 일은 "네 형들과 양떼가 다 잘 있는지의 여부를 보고 돌아와 내게 고하라."(37 : 14)는 아버지 야곱의 말처럼, 형들의 안위(安慰)를 살피는 일이었을 것이기 때문이다. 따라서 요셉이 형들의 허물을 야곱에게 일러바친 것은 아버지의 명령을 충실하게 이행한 것으로 여겨질 수 있다. 달리 말해서 요셉은 형들을 미워하거나 그들 사이를 이간시키기 위해 그들의 허물을 일러바친 것이 아니라, 그들이 평소에 어떻게 지내는가를 충실하게 보고하기 위해 그들의 허물을 있는 그대로 보고한 것이다. 그러나 그러한 고자질은 형들의 증오심을 유발하기에 충분했다.

요셉이 형들에 의해 애굽에 팔리게 된 두 번째 이유는 야곱이 형들을 젖혀 놓고서 요셉만을 편애(偏愛)했다는 데에 있었다. 야곱의 이러한 편애는 그 자신이 부모의 편애로 인하여 사랑하는 어머니와 이별해야 했던 그의 과거를 연상시킨다(25 : 27－28). 야곱이 요셉을 편애한 이유는 간단했다. 요셉은 야곱이 사랑하는 아내 라헬의 첫아들인 데다가 그의 노년에 낳은 아들인고로, 다른 아들보다 그를 특별히 더 사랑했다(3절). 그를 향한 야곱의 편애는 특별히 그만을 위해 채색옷을 지어 입혔다는 사실에 의해 뒷받침된다. 이 채색옷은 소매가 있는 긴 두루마기 옷으로, 화려한 장신구를 달고 있었다. 따라서 그것은 고귀한 신분의 사람만이 입을 수 있는 옷이었다. 다윗의 딸 다말이 입은 옷도 이 채색옷이었다(삼하 13 : 18－19).

요셉이 이처럼 값비싼 채색옷을 입었다는 것은 그가 평소에 형들과 똑같은 고된 육체 노동에 종사하지는 않았음을 보여 준다. 야곱은 자기가 특별히 사랑하는 아들 요셉에게 만큼은 힘든 일을 시키고 싶지 않았을 것이다. 그래서 그는 앞서도 언급한 바와 같이 요셉으로 하여금 형들의 안부를 살피고, 그것을 자기에게 그대로 전하는 일만을 시켰던 것이다. 31~32절에 의하면 요셉은 형들을 만나기 위해서 세겜을 지나도단으로 갈 때에도 채색옷을 입었었다. 이것은 그가 평소에도 채색옷을 입고 지냈음을 암시한다. 이러한 특별대우에 요셉의 형들이 크게 불평했으리라는 것은 너무도 당연한 일이다. 그들이 요셉에게 말 한마디도 다정하게 건네지를 않았다는 사실이 이 점을 잘 보여 준다(4절).

마지막으로 요셉의 형들이 그를 시기하게 된 세 번째 이유는 그들에게 불쾌하기 짝이 없는 그의 꿈 이야기였다. 요셉은 두 번에 걸쳐 비슷한 꿈을 꾸었는데, 그가 형들에게 들려 준 꿈 이야기 중 첫 번째 것은 형들의 곡식단이 우뚝 일어서서 요셉의 곡식단들에게 절을 하더라는 내용으로 되어 있었다(7절). 그리고 두 번째 꿈은 해와 달과 열한 개의 별들이 요셉에게 절을 하더라는 것이었다(9절). 땅(농업)과 하늘(천체)을 소재로 한 이 두 꿈은 요셉이 나중에 애굽에서 매우 높은 자리에 오를 것임을 예고하는 성격의 것이었다(8절, 42 : 6, 43 : 26 - 28, 50 : 18). 그리고 그가 두 번에 걸쳐 비슷한 꿈을 꾼 것은 그 일이 반드시 성취될 것임을 암시하는 것이기도 했다(41 : 32 참조). 어떻게 보면 이 꿈은 요셉 이야기의 중심축에 해당하는 것이라 할 수 있다. 실제로 요셉 이야기는 이 꿈이 성취되어 가는 과정을 서술하는 이야기라고 해도 틀린 말이 아니다.

그러나 이러한 꿈 이야기를 들은 형들의 마음이 편할 리가 없었다. 그 꿈들은 알고 보면 요셉이 그들에게 대하여 왕노릇을 하게 될 것임을 뜻했기 때문이다(8절). 그래서 그들은 이 꿈 이야기를 듣고서 요셉을 더욱 미워할 수밖에 없었다. 그것은 순전히 요셉에 대한 시기심에서 비롯된 것이었다(11절). 이 점은 나중에 형들이 요셉을 죽이려고 모의했을 때 그를 '꿈꾸는 자' 라고 놀려댄 데서 잘 드러난다(37 : 19). 아버지 야곱도 그 꿈 이야기를 듣고서 형들 앞에서 요셉을 크게 꾸짖었다. 그러면서도 그는 요셉의 꿈 이야기를 마음 한 구석에 간직하였다(10 - 11절). 나중에 애굽의 총리가 된 요셉을 만나게 되었을 때, 그는 이 꿈이 그대로 이루어졌음을 실감했을 것이다.

2) 요셉을 애굽으로 팔아 넘김(12-36절)

형들의 시기심은 마침내 자기의 동생 야곱을 장사꾼들에게 팔아 넘기는 비극적인 결과를 가져오고야 말았다. 이 비극은 요셉이 아버지 야곱의 양떼를 치려고 세겜으로 가 있던 형들을 찾아간 데서 시작되었다. 야곱은 요셉에게 형들의 안부와 양들이 잘 있는지의 여부를 알아올 것을 명하였다. 요셉은 아버지의 명을 따라 헤브론 골짜기에서 북쪽으로 80km 정도 떨어져 있는 세겜으로 갔다. 그러나 그는 거기서 형들을 만나지 못했다. 다행히도 그는 그 곳에 있던 어떤 낯선 사람의 도움으로 형들이 도단에 있다는 사실을 알게 되었다. 도단은 세겜으로부터 북쪽으로 24km 정도 떨어진 지역으로, 아람(시리아)에서 애굽으로 가는 무역로에 속해 있었다.

요셉의 형들은 요셉이 멀리서 오는 모습을 보고서는, 그를 죽여서 아무 구덩이에나 던져 넣어 버리자고 모의하였다. 그들이 이러한 모의를 한 것은 그를 죽여야만 그가 꾼 꿈이 이루어지지 않을 것이라 생각했기 때문이었다(20절). 그들이 말한 구덩이는 겨울 우기(雨期) 동안에 내리는 지표면의 물을 저장하기 위해 파놓은 것들이었다. 그러나 요셉을 죽이려는 모의는 르우벤과 유다에 의해 저지되었다. 맏형인 르우벤은 요셉을 건져내려고 그의 목숨만은 해치지 말자고 제안하였다. 구덩이에 던져 넣기만 하고 죽이지는 말자고 제안한 것이다. 그가 이렇게 제안한 것은 어떻게 해서든 요셉을 살려 내어서 그를 다시금 아버지 야곱에게로 돌려보내려는 의도에서였다(21-22절). 르우벤의 동생들은 그의 제안에 동의하고서 그를 물이 없는 구덩이에 던져 버리고 말았다.

다른 한편으로 유다는 요셉을 죽이지 말고, 그를 노예 상인들에게 팔아 넘기자고 제안하였다(26-27절). 이 제안이 그럴 듯하다고 생각한 요셉의 형들은 낙타에다 향품과 유향과 몰약 등을 싣고서 애굽으로 가던 상인들에게 그를 팔아 넘겼다. 그런데 요셉이 팔린 것에 관한 전승에는 두 가지가 있는 것으로 보인다. 그 하나는 요셉이 이스마엘 상인들에게 팔렸다고 보며(37 : 25, 27-28), 다른 하나는 요셉이 미디안 상인들에게 팔렸다고 본다(37 : 28, 36). 이스마엘 사람은 하갈에게서 비롯된 아브라함의 후손이었고(16 : 15), 미디안 사람은 그두라라는 첩에게서 비롯된 아브라함의 후손이었다(25 : 2). 창세기의 최종 편집자는 이 두 전승을 나란히 소개하고 있지만, 어쩌면 그는 이스마엘 사람이나 미디안 사람이나 똑같이 사막지방에 거하는 아브라함의 후손들이어서 그들 사이에 별다른 차이가 없다고 생각했을런지도 모른다(삿 8 : 24 참조).

어쨌든 요셉은 애굽으로 가는 상인들에게 은(銀) 스무 냥에 팔렸다. 당시의 시세로 본다면 은 스무 냥은 성장기에 있는 남자 노예를 거래할 때 지불하던 몸값이었다(레 27 : 5 참조). 이때 요셉은 형들에게 제발 자신을 구해 달라고 애걸하였지만 소용이 없었다(창 42 : 21). 뒤늦게 요셉이 팔린 것을 알게 된 르우벤은 옷을 찢으면서 맏형으로서 져야 할 책임에 괴로워하였다. 그러나 그의 동생들은 이에 아랑곳하지 않고 자기들의 악행을 어떻게 은폐할 것인가를 의논하였다.

마침내 그들은 아버지 야곱을 속이기로 작정하였다. 이를 위해 그들은 숫염소 한 마리를 죽여 거기서 나온 피를 요셉의 채색옷에 묻혔다. 그럼으로써 그들은 요셉이 들짐승에게 잡아 먹힌 것으로 위장하고자 했다(삼상 17 : 34-36 참조). 지난 날에는 야곱이 형 에서와 아버지 이삭을 속였는데, 이제는 그의 아들들이 그를 속이게 되었으니 참으로 얄궂은 운명이 아닐 수 없었다. 특히 야곱이 아버지 이삭을 속이기 위해 숫염소('에즈', 27 : 16, 개역은 그냥 '염소'로 번역함.) 가죽을 사용한 것과 똑같이, 그의 아들들이 숫염소('에즈', 37 : 31, 개역은 '숫염소'로 번역함.)를 죽여 그 피를 가지고서 그를 속이려고 했으니 더욱 그러하다.

야곱은 자기 아들들의 계략에 감쪽같이 속아 넘어갔다. 피 묻은 요셉의 채색옷을 보는 순간 그는 대단한 충격을 받았다. 슬픔과 고통을 가

누지 못한 그는 자기 옷을 찢고서 베옷을 걸쳐 입었다(44 : 13, 욥 1 : 20, 16 : 15 참조). 그는 죽은 아들을 생각하면서 며칠을 울었다. 나머지 자식들의 위로도 소용이 없었다. 그는 요셉을 따라 음부('스올')로 내려가겠노라고 말할 정도였다. 창세기에 처음 나오는 이 '스올'은 구약 전체에서 66회 사용되는 것으로 일반적으로 죽은 자가 가는 곳으로 알려졌으며, 지하계에 속한 것으로 이해되었다(민 16 : 30, 욘 2 : 6, 시 115 : 17 등).

한편 애굽으로 가는 상인들에게 팔린 요셉은 애굽에서 다시 바로의 신하요, 경호대장으로 있던 보디발에게 팔려 넘어갔다(36절). 요셉이 보디발에게 팔렸다는 이 구절은 39장을 예비하는 성격을 갖는다. 창세기 저자가 이처럼 37장 마지막에 요셉이 보디발에게 팔려 갔다는 사실을 소개한 것에는 나름대로의 이유가 있었다. 그것은 37장에 이어 나타나는 38장의 유다 이야기가 요셉 이야기의 흐름을 끊고 있어서, 어떤 형식으로든 39장으로 이어지는 이야기의 흐름을 암시할 필요가 있었기 때문이다.

2. 유다와 다말(38장)

1) 유다의 세 아들과 다말(1-11절)

38장은 야곱의 네 번째 아들 유다에 관한 이야기로서 37장부터 시작되는 요셉 이야기와 별다른 관련을 가지고 있지 않다. 어떻게 보면 요셉 이야기와는 별개의 독립적인 전승에 속한다고 볼 수 있다. 그럼에도 불구하고 이 이야기가 이 곳에 실려 있는 것은 다윗 왕조와 관련된 유다지파의 기원을 요셉으로 이어지는 하나님의 구원사의 맥락 속에서 이해하려는 창세기 편집자의 신학적인 관점에 기인한다. 이 이야기는 또한 이스라엘의 초기 역사에서 유다지파가 다른 지파들로부터 독립해 있었음과, 유다지파와 가나안 족속 사이에 모종의 결합관계가 있었음을 밝히고 있다. 그런가 하면 이 이야기는 아브라함의 조카 롯의 두 딸이나 야곱의 두 아내 레아와 라헬의 경우에서 보듯이 하나님의 구원사에서 여인들이 차지하는 역할을 강조하는 것이기도 하다.

그렇다면 창세기의 편집자가 이 이야기를 굳이 이곳에 배치한 이유는 무엇일까? 그것은 요셉이 그의 가족들과 헤어지게 된 이야기(37장)와 애굽에서 시작되는 요셉의 새로운 삶(39장) 사이에 상당한 간격이 있기 때문이었다. 어차피 37장과 39장의 두 이야기 사이에 간격이 있으니까 그 중간에 유다에 관한 이야기를 넣는 것이 가장 합리적이라는 판단이 섰을 것이다. 그러니까 37장과 39장 사이야말로 이질적인 이야기를 집어넣을 수 있는 가장 적합한 틈새로 여겨졌을 것이라는 말이다. 더욱이 유다가 야곱의 12아들 공동체에서 떨어져 나가게 된 것에 대해서 이야기하는 38장은, 요셉이 애굽에 팔림으로써 그가 12아들 공동체로부터 떨어져 나간 37장과 그 성격이 비슷한 데가 있었던 까닭에, 37장에 이어 유다 이야기를 소개하는 것에는 큰 무리가 없었을 것이다.

그 뿐만이 아니다. 38장에 있는 다말의 이야기는 39장에 있는 보디발의 아내에 관한 이야기와 흥미로운 대조를 이루고 있는 바, 이 두 사람을 대비시키려는 의도도 충분히 가능한 일이다. 아래에 설명하겠지만 다말은 죽은 남편의 대를 잇기 위해 아내로서의 최선을 다하는 성실한 여인이었지만, 보디발의 아내는 자신의 성적인 욕구를 채우기 위해 갖은 방법을 동원하여 자기 집에 있는 종(요셉)을 유혹하는 요부(妖婦)로 나타나고 있다. 이 점에서 본다면 38장과 39장의 병렬은 이스라엘의 이상적인 아내와 추악한 애굽 여인 보디발의 아내를 대비시키는 효과를 갖는다고 볼 수 있다. 편집자는 아마도 이러한 비교의 효과를 노리고서 38장을 이 곳에 두었을 것이다.

이제 유다 이야기의 서두로 돌아가 보자. 유다는 야곱의 네 번째 아들이었지만, 형들이 제각기 아버지의 눈 밖에 났었기 때문에 자연히 관심의 초점이 그에게 기울어질 수밖에 없었다. 르우벤은 아버지의 첩과 동침한 적이 있었고(35 : 22), 시므온과 레위는 무리하게 세겜 족속을 공격한 적이 있었던 것이다(34장). 1절의 설명에 의하면 야곱의 12아들 공동체에서 떨어져 나간 유다는 팔레스타인의 중앙 고원지대에 있는 아둘람으로 가서 거기에 정착하였다. 아둘람은 나중에 다윗이 피신해 있던 동굴로 유명해진 곳으로(삼상 22 : 1－2), 헤브론 골짜기에 있는 야곱의 집(37 : 14)에서 북서쪽으로 24km 정도 떨어진 곳에 있었다.

유다는 그 곳에서 가나안 사람 히라를 친구로 삼았으며, 가나안 사람 수아의 딸을 아내로 맞이하여 가정을 갖기에 이르렀다. 유다의 이러한 정착생활은 유다지파의 영토가 아둘람 지역에 이르기까지 확대되었고, 그 결과 가나안 사람들과의 통혼이 가능하게 되었음을 시사하고 있다. 이방 여인과 결혼한 유다는 그녀에게서 엘, 오난, 셀라 등의 세 아들을 낳았다. 큰 아들 엘이 장성하자 유다는 그를 위하여 다말이라는 며느리를 얻었는데, 엘은 하나님 앞에서 악(惡)－그것이 어떤 종류의 것인지는 알 수 없지만－을 행한 까닭에, 하나님의 심판을 받아 자녀를 얻지 못한 채로 죽고 말았다. 이에 유다는 둘째 아들 오난으로 하여금 형수인 다말과 동침하여 시동생으로서의 의무를 다하게 했다. 오난은 그렇게 함으로써 형의 이름을 이을 아들을 낳아야만 했다.

이와 같이 형이 대(代)를 이을 아들을 낳지 못하고서 죽을 경우 동생으로 하여금 그 역할을 대신하게 하는 제도를 흔히는 수혼(嫂婚, levirate marriage)풍습이라고 불렀다. 이 풍습은 일종의 관습법이었지만, 이스라엘 백성에게 있어서 그것은 하나님의 거룩한 명령이요, 이스라엘이 대대로 지켜야 할 신성한 율법이었다. 수혼제도가 갖는 이러한 법적인 성격은 신명기 25 : 5～10에 상세하게 규정되어 있다. 룻기에서 모압 사람 룻이 보아스와 결혼하게 된 것도 알고 보면 수혼제도에 근거한 것이었다(룻 4 : 1－6). 부활을 믿지 않는 사두개인들이 예수를 시험하기 위해 사용한 일곱 형제 이야기도 수혼제도에 근거하여 만들어 낸 것이었다(마 22 : 23－33). 그런데 이스라엘은 이처럼 한 가문의 대가 끊어지지 않게 하는 자를 일컬어 '속량자'('고엘')라고 불렀다. 이 '고엘' 개념은 나중에 이스라엘을 구속하시는 하나님에게까지 적용되었다('구속자', 사 41 : 14, 43 : 14, 44 : 6, 24, 48 : 17, 49 : 7, 54 : 5, 60 : 16).

다시 오난에 관한 이야기로 돌아가 보자. 그는 수혼제도에 의하여 어쩔 수 없이 형수 다말과 결혼해서 형의 가계를 이어갈 후사(heir)를 낳아 주어야만 했다. 그러나 오난은 형수에게서 아들을 낳아 보아야 자기 아들이 안 될 줄을 뻔히 알고 있었다. 그래서 그는 형수와 동침할 때마다 정액을 땅바닥에 쏟아버리곤 했다. 이러한 성교중단행위 내지는 수음(手淫)행위를 일컬어 오늘날의 영어권에서는 '오나니즘'(onanism)이라고 부르는 바, 이 낱말은 '오난'(Onan)이라는 이름에서 유래한 것이다. 그러나 오난의 성교중단행위는 하나님의 법을 어기는 중대한 범죄행위요, 하나님 보시기에 악한 행동이었다. 달리 말해서 그것은 형제에게 후손을 낳아 주어야만 하는 의무를 무시한 형제애 결핍의 이기주의에서 비롯된 것이요, 하나님께 대하여 '고엘'의 의무를 어긴 행동이었던 것이다.

그래서 하나님은 오난도 죽게 하셨다. 유다는 두 아들이 졸지에 죽음을 당하자 셋째 아들 셀라를 주는 것이 마음에 내키지 않았다. 그리하여 며느리 다말에게 셀라가 클 때까지 기다리라고 하고서는 그녀를 친정으로 보내 버렸다. 유다가 그녀를 친정으로 보낸 것은 당시에 과부는 일반적으로 친정으로 돌려보내게 되어 있었기 때문이다(룻 1 : 8-9, 레 22 : 13). 유다가 이러한 조치를 취한 표면적인 이유는 셀라가 아직 장성하지 않았다는 데에 있었지만, 실제 이유는 셀라도 엘이나 오난처럼 죽을지도 모른다는 생각에서였다. 아마 유다는 며느리 다말에게 자기 남편을 죽게 만드는 액운(厄運)이 있다고 생각했을 것이다. 그러나 엘과 오난이 죽은 것은 어디까지나 두 사람이 하나님 보시기에 악했기 때문이었다. 그 두 사람을 죽인 것은 하나님이시지, 다말에게 있었을지도 모르는 액운 때문이 아니었던 것이다.

2) 다말과 관계한 유다(12-23절)

엘과 오난이 죽은 지 상당한 세월이 흘러 유다의 아내가 죽게 되었다. 유다는 아내의 장사를 마치고 곡하는 기간을 다 보낸 후에, 친구인 아둘람 사람 히라와 함께 양의 털을 깎으러 딤나로 올라갔다(12절). 개역은 12절을 '얼마 후에' 라고 막연하게 번역하고 있지만, 14절에 '셀라가 장성했다' 는 표현을 본다면 상당한 세월이 흘렀음에 틀림이 없다. 그리고 또 한 가지 주목할 것은 유다가 자기 아내-비록 가나안 여인이기는 했지만-를 위하여 곡하는 기간을 다 채웠다는 사실이다. 개역은 '와인나헴' 이라는 히브리어 본문을 '위로를 받은 후에' 라고 번역하고 있지만, '곡하는 기간을 다 보낸 후에' 혹은 '곡하는 기간이 끝난 후에' 라고 번역하는 것이 더 타당하다. 표준새번역은 물론이고 가장 최근의 영어성경도 후자의 번역을 취하고 있다(NRSV/REB).

유다가 이처럼 아내를 위한 상(喪)을 마친 후에 히라와 함께 올라간 딤나는 그가 거주하던 아둘람에서 북동쪽으로 7km 정도 떨어진 곳이었다(수 15 : 57 참조). 그 곳은 또한 사사기의 마지막 인물인 삼손이 그의 첫 번째 아내를 얻은 곳이기도 했다(삿 14 : 1-2). 시아버지 유다가 딤나로 간다는 소식을 들은 다말은, 과부의 옷을 벗고 너울을 써서 자기 얼굴을 가리웠다. 그리고 난 다음에 그녀는 딤나로 가는 길에 있는 에나임 어귀에 앉아서 시아버지 유다가 지나가기를 기다렸다.

그녀의 이러한 변장은 바알종교의 신전창기(temple prostitute)를 모방한 것이었다. 그러니까 다말은 가나안 사람들에게 가장 친숙한 신전창기로 위장함으로써 유다의 눈을 속이고자 한 것이다. 나중에 유다의 친구 히람과 에나임 사람들 사이에 오가는 대화가 이러한 사실을 뒷받침하고 있다. 왜냐하면 이 대화에서 세 차례에 걸쳐 언급되는 '창녀' (21-22절)는 히브리어로 '크데샤' 로서 신전창기를 뜻하는 낱말이기 때문이다.

다말이 이렇듯이 신전창기로 변장한 것은 유다의 셋째 아들 셀라가

다 컸는데도 그를 자기와 짝지어 주지 않았기 때문이었다. 그래서 그녀는 시아버지를 통해서라도 가문의 대를 이을 아들을 얻고자 했던 것이다(14절). 그러나 다말의 이러한 의도를 알 턱이 없는 유다는 에나임 어귀에 앉아 있는 다말을 일반 창녀(히브리어로 '조나')로 오인하였다. 유다는 다말과 동침한 대가 - 일종의 화대(花代, 삿 15 : 1 참조) - 로 새끼염소 한 마리를 주겠다고 제의했다. 그러나 유다가 당장 그것을 줄 수는 없는 노릇이었으므로, 다말은 몸값을 반드시 받아야 한다는 것을 구실로 하여 유다가 가지고 있던 도장과 끈(도장을 목에 걸 때 사용)과 지팡이를 담보물로 요구하였다. 이 세 가지는 당시 사람들에게 있어서 일종의 신분증과도 같은 것이었다.

다말은 유다와 동침한 후에 곧바로 집으로 돌아와서 너울을 벗고 다시 과부의 옷을 입었다. 여기서 분명해지는 것은 다말이 신전창기로 위장하여 시아버지 유다와 관계를 맺은 것은 어디까지나 남편 집안의 대를 잇기 위한 목적에서였다는 것이다. 그녀가 유다에게 세 가지의 담보물을 요구한 것도 사실은 유다와의 관계를 통해서 이루어질 임신이 정당한 것이었음을 변명하기 위한 목적에서였다.

한편 유다는 다말과 동침한 후에 집으로 돌아가서 아둘람 사람 히람 편에 몸값에 해당하는 새끼염소 한 마리를 다말에게 보냈다. 그러나 담보물을 되찾으려는 유다의 시도는 성공을 거두지 못했다. 다말이 이미 그 자리를 피하여 친정으로 돌아가 버렸기 때문이다. 아무리 수소문해 보았지만 소용이 없었다. 다말이 본래 거기에 거주하는 창녀가 아니었던 데다가 또 그 지방에는 본래 창녀가 없었기 때문이다. 이 사실을 알게 된 유다는 담보물 찾는 것을 포기할 수밖에 없었다.

3) 베레스와 세라(24-30절)

석 달쯤 지난 뒤에 그는 다말이 창녀짓을 했을 뿐만 아니라 임신까지 했다는 소문을 들었다. 분노한 그는 다말을 당장 잡아와서 화형(火刑)

에 처하라고 명하였다. 본래 간음한 자에게 내리는 형벌은 돌로 쳐서 죽이는 것이었는데(레 20 : 10, 신 22 : 22-24, 요 8 : 4-5), 유다는 그보다 더한 형벌인 화형을 명한 것이다. 화형은 제사장의 딸이 간음했을 때에나 내리는 매우 무거운 벌이었다(레 21 : 9). 그러나 다말은 유다의 분노에 침착하게 대응했다. 그녀는 화형장에 끌려 나오면서 3개월 전에 유다로부터 받은 세 가지 담보물을 내어 보였다. 그리고서는 자신이 그 물건들의 임자를 통해서 임신하였음을 당당하게 밝혔다. 이로써 다말의 행위는 남편 가문의 대를 이으려는 정당한 것이었음이 입증된 셈이었다.

그러기에 성경본문은 다말의 행위가 악했다고 말하지 않는다. 상속자를 얻기 위해 명예와 목숨까지도 내건 그녀의 과감한 행동은 유다 자신이 말한 바와 같이 유다보다 훨씬 의로운 편에 속했다(26절). 왜냐하면 그녀는 순전히 남편 집안의 후사를 얻기 위해 시아버지를 '고엘'로 삼은 것 뿐이었기 때문이다. 달리 말해서 다말은 시아버지에 의해 말살될 뻔했던 자신의 권리를 되찾은 것 뿐이었던 것이다. 후대의 이스라엘은 이처럼 남편 가문의 대를 이으려고 노력한 다말의 용기와 지혜를 찬양하고 기억하였는데, 룻기 4 : 12에 그러한 사실이 잘 반영되어 있다 : "여호와께서 이 소년 여자로 네게 후사를 주사, 네 집으로 다말이 유다에게 낳아 준 베레스의 집과 같게 하시기를 원하노라."

그러나 유다의 경우는 달랐다. 그는 그 세 가지 담보물을 보는 순간 자신의 잘못을 시인하지 않을 수 없었다. 그는 다말이 자기보다 더 의롭다는 사실을 솔직하게 인정하였다. 아울러 그는 셀라를 일찍 그녀에게 주지 않은 것이 그처럼 불명예스러운 결과를 불러일으켰음을 인정하였다. 유다가 다말에 비해 의롭지 못했던 것은 그에게 두 가지의 죄악이 있었기 때문이다. 그 하나는 유다가 율법에 엄격하게 금지되어 있는 창녀와의 성적인 결합을 꾀하였다는 데에 있었다(신 23 : 17-18, 민 30 : 7, 잠 7 : 5-27). 특히 당시에 창녀-다말 자신이 신전창기로 변장했음. -와의 결합은 가나안 지방의 풍요의 신을 섬기는 우상숭배와 간접적으로 관련되어 있었기 때문에 유다의 잘못은 더욱 큰 것이었다(왕상 14 : 24, 왕하 23 : 7, 호 4 : 13-14, 암 2 : 7). 그 두 번째는 그가 며느리와의 성관계를 통해서 근친상간(近親相姦)의 계율을 범하였다는 데에 있었다(레 18 : 15, 20 : 12). 이처럼 수치스러운 일이 있은 뒤로 유다는 다말을 다시는 가까이하지 않았다(26절).

한편 유다와 헤어진 다말은 나중에 해산할 기한이 차자 쌍둥이를 낳게 되었다. 다말의 아이 낳는 것을 도와주던 산파는 먼저 나오던 아이의 손목에 진홍색 실을 감아 주었다. 그러나 공교롭게도 그가 다시 들어가는 바람에 둘째 아이가 먼저 나오게 되었다. 둘째가 먼저 터뜨리고 나왔다 해서 다말은 그의 이름을 '베레스'라 하였다. 그리고 진홍색 실을 손목에 감고서 나중에 나왔던 첫째 아이를 '세라'라 이름지었다. 두 아들의 이러한 출생은 베레스 자손과 세라 자손 사이에 있는 갈등을 암시하는 것으로(민 26 : 19-22, 대상 2 : 4-6), 어떻게 보면 동생이 형을 젖히고서 장자권을 갖게 된다는 족장사의 중심 주제와 합치된다고 볼 수 있다. 둘째인 베레스의 후손 중에서 나중에 다윗이 출생하게 되었다는 사실이 이 점을 뒷받침한다(룻 4 : 18-22, 마 1 : 3).

3. 유혹을 이겨낸 요셉(39장)

1) 보디발의 집에 팔림(1-6절)

39장에 있는 요셉의 이야기는 37장에 이어지는 것으로 요셉이 이스마엘 상인들에게 팔렸다는 전승(37 : 25)에 기초하고 있다. 요셉을 사들인 이스마엘 상인들은 그를 바로(Pharaoh)의 신하인 경호대장 보디발에게 팔아 넘겼다. 이로써 애굽에서의 요셉의 삶이 시작되었는데, 그의 삶은 어떻게 보면 슬픔과 고통에 가득 찬 것이었다. 사랑하는 가족들과 이별한 채로 먼 이방 나라에 와서 종살이를 한다는 것이 어린 나이의 요셉에게는 참으로 견디기 어려웠을 것이기 때문이다. 그러나 그는 믿음을 잃지 않았다. 성실과 근면으로 최선을 다했으며, 정직과 순종함으로 본을 보였다.

그러나 무엇보다도 중요했던 것은 외로움에 처한 요셉을 하나님께서 고아와 같이 버려 두지 않으셨다는 점이다. 네 차례에 걸쳐 반복되고 있는 "야웨께서 요셉과 함께하셨다."는 표현이 그 점을 잘 보여 준다. 요셉이 보디발의 집에 있을 때 그러했고(2-3절), 그가 감옥에 갇혀 있을 때에도 그러했다(21, 23절). 이것은 하나님께서 그의 앞길이 잘 열리도록 그를 돌보아 주셨음을 뜻했다. 비록 이 표현이 애굽생활의 시초에만 나오지만, 사실 애굽에서의 그의 전생애는 "야웨께서 그와 함께하셨다."는 것을 특징으로 가지고 있었다.

요셉의 주인이었던 보디발은 요셉의 삶이 갖는 이러한 특징을 금방 알게 되었다. 요셉의 하나님이 늘 그와 함께 있어서 그가 하는 일마다 잘 되도록 돌보신다는 사실을 알게 된 것이다. 이에 그는 지체하지 않고서 그를 자기 집의 총무로 삼았다. 집안 일과 재산을 모두 요셉에게 맡겨 관리하게 한 것이다. 이로써 요셉은 비록 종의 신분이었음에도 불구하고 보디발에게 있어서 심복 중의 심복이 된 셈이었다. 그가 감옥에 있을 때에도 마찬가지였다. 감옥 사무를 주관하는 간수장은 그에게 감옥행정과 관련된 모든 일들을 위임할 정도였다(22-23절).

그런데 하나님께서 요셉에게 주신 형통함은 요셉 개인에게만 국한된 것이 아니었다. 하나님의 복은 요셉이 거주하는 집에까지 미쳤다(12 : 2 참조). 요셉이 보디발 집안의 모든 일을 주관하게 되자 하나님은 그의 집에도 복을 주셨던 것이다. 그 결과 그의 집안에 있는 것이든지, 밭에 있는 것이든지, 보디발이 가진 모든 것에 하나님의 복이 미쳤다. 마침내 보디발은 자기의 먹을거리를 빼놓고는 아무것도 간섭하지 않을 정도로 요셉을 절대적으로 신뢰하기에 이르렀다. 보디발이 먹을거리에 대해서만큼은 요셉에게 권한을 위임하지 않은 것에는 나름대로의 이유가 있었다. 그것은 애굽 사람들이 히브리 사람들과 음식을 함께 먹으면 부정하게 된다는 생각에서였다(43 : 32).

요셉에게 있는 가장 큰 매력은 이처럼 하나님이 그와 함께하신다는 데에 있었다. 그러나 하나님께서 그와 함께하신다고 해서 그가 시련과 고통으로부터 면제된 것은 결코 아니었다. 범사에 형통함을 입은 그에게도 위기의 때가 있었던 것이다. 그 위기는 그의 외모에서 비롯되었다. 어떻게 보면 그의 외모는 그에게 있는 인간적인 매력을 뜻했다. 6절 하반절의 "요셉은 용모가 준수하고 아담하였더라."는 표현이 이를 잘 보여 준다. 하나님께서 함께하시는 그의 신앙적인 매력은 그에게 형통함과 복을 가져다 주었지만, 그의 인간적인 매력은 정반대로 그를 큰 위기에 빠지게 했다. 그 위기는 멀리 있는 것이 아니었다. 그것은 바로 그의 곁에 있었다.

2) 감옥에 갇힘(7-23절)

그 위기는 의외로 빨리 찾아왔다. 요셉이 보디발 집안의 가정 총무가 된 지 얼마 되지 않아서, 보디발의 아내가 요셉에게 눈짓을 하며 그를 유혹했던 것이다. 그런데 흥미로운 것은 보디발의 아내가 여주인의 신분으로 요셉에게 자기와 동침하기를 명령했다는 점이다. "쉬크바 임미"(Lie with me!)라는 히브리어 본문(7절 하반절)이 이를 잘 보여 준다. 여기서 '임미'는 '나와 함께'라는 뜻으로 쉽게 이해되지만, '쉬크바'는 약간의 설명이 필요하다. 본래 이 낱말은 '눕다'는 뜻을 가진 '샤캅' 동사의 강세 명령형(the emphatic imperative)이다. 그러니까 보디발의 아내는 "너는 반드시 나와 함께 자야 한다!"는 뜻으로 "쉬크바 임미"라고 말한 것이다.

그 여인의 이처럼 노골적인 요구는 쉽게 거절하기 어려운 것이었다. 주인 마님의 요구였기 때문이다. 주인 마님의 환심을 사는 것이 그에게 여러 가지로 유리할 수도 있었다. 이 점에서 본다면 그것은 요셉의 생애에 있어서 최대의 위기라 할 수 있는 것이었다. 그러나 요셉은 과감하게 그 유혹을 뿌리쳤다. 그 이유는 간단했다. 주인에 대한 신의를 배반하지 않겠다는 것이 그 첫 번째 이유였다. 그의 결심은 확고했다. 물론 그 거절의 결과가 어떠할 것인지에 대해서 그는 잘 알고 있었다. 그럼에도 불구하고, 그는 주인이 자기에게 집안의 모든 일들을 다 맡기고 아무런 간섭도 하지 않았지만, 주인의 마님만큼은 자기 마음대로 할 수 없다는 것을 분명하게 밝혔던 것이다(8-9절).

그러나 보다 큰 두 번째의 이유는 하나님의 뜻을 거스르는 나쁜 죄를 지을 수 없다는 자신의 신앙에서였다(9절). 자기와 함께 계시면서 모든 일들을 형통하게 해 주셨던 하나님의 신실하심을 배신할 수 없었던 것이다. 특히 간음은 이스라엘의 율법이 줄기차게 금하고 있는 중대한 범죄행위였다(출 20 : 14, 레 18 : 20, 신 5 : 18). 그것은 돌에 맞아 죽어 마땅한 중죄였다(레 20 : 10, 신 22 : 22). 요셉이 이처럼 단호하게 거절했는데도, 주인 마님은 포기하지 않고서 날마다 요셉을 유혹하였다. 그러나 그는 끝까지 타협하지 않았다. 도리어 그는 주인 마님을 피하기 위해 그녀의 침실에 가까이하지도 않았을 뿐더러, 아예 주인 마님과 같이 있으려고도 하지 않았다.

그러나 그것으로 모든 일이 다 끝난 것은 아니었다. 하루는 요셉이 할 일이 있어서 집안으로 들어갔는데, 마침 집안에는 종들이 한 사람도 없었다. 그때 주인 마님은 요셉의 옷을 붙잡고서 그를 유혹하였다. 그녀는 다시금 요셉에게 "쉬크바 임미"(Lie with me!)라고 말함으로써 동침을 강요했다(12절). 그래도 안 되니까 요셉의 옷을 붙잡고서 그를 유혹하였다. 그러나 요셉은 붙잡힌 옷을 그녀의 손에 그대로 둔 채로 뿌리치고 집 바깥으로 뛰어나갔다. 요셉이 이처럼 강경하게 거절하는 바람에 주인 마님은 자신의 자존심이 크게 구겨졌다고 생각했다. 성적인 욕망을 채우지 못한 데서 오는 수치심이 온 몸을 자극했다. 마침내 그녀는 격렬한 증오심과 복수심으로 가득 차게 되었다.

그녀의 증오심은 일차적으로 자기 집안에 있는 종들에게 표출되었다. 그녀는 종들을 불러 요셉이 자기를 겁탈하려 하였으나 자기가 소리를 질렀더니 그가 두려워서 도망쳤다고 그를 모함하였다. 그리고는 요셉에게서 빼앗은 옷으로 그 증거를 삼았다. 이것은 요셉이 입었던 옷이 그에 관한 거짓된 보고를 하는 데 사용된 두 번째 경우의 것이었다(37 : 31-33 참조). 뿐만 아니라 그녀는 저녁에 주인이 돌아오자 종들에게 한 것과 똑같은 방법으로 요셉을 모함하였다. 그러면서 그녀는 요셉을 일컬어 '히브리 녀석'('이쉬 이브리', 14절) 또는 '히브리 종'('하에베드 하이브리', 17절)이라는 경멸조의 표현으로 요셉을 무고(誣告)하였다. 당시에 '히브리 사람'이라는 표현은 고대 근동 전역에서 사회 변두리에 속한 소외계층 내지는 범법자 집단(out-law)을 지칭하는 '하비루'(또는 '아피루')라는 개념과 똑같은 것이었다. 전쟁 포로나 노예 또는 강도의 무리 등이 이에 속했다. 보디발의 아내는 요셉을 그러한 부류의 사람으로 매도했던 것이다.

요셉이 자기 아내에게 행패를 부렸다는 말을 전해 들은 보디발은 치밀어 오르는 화를 참지 못하고서 당장 요셉을 잡아들여 그를 감옥에 가두고 말았다. 그 감옥은 보디발의 집에 있는 것으로서, 왕의 죄수들을 가두어 두는 곳이었다. 노예가 상품처럼 취급당하던 당시의 사회관습에 비추어 볼 때 요셉에게 씌워진 죄목은 충분히 사형에 해당하는 것이었다. 뿐만 아니라 애굽의 법 규정에 의하면 간통죄는 사형에 해당하는 죄목이었다. 그러나 보디발은 요셉을 감옥에 가두는 선에서 사건을 마무리지었다. 그것도 일반 죄수가 아닌 왕의 죄수를 가두는 감옥에 가두었다. 따라서 그는 특별취급을 받은 셈이었다. 이것은 순전히 그에 대한 보디발의 신임에 근거한 것이었다. 그 감옥에서 요셉은 나중에 바로의 신하들을 만나게 되고, 그 일로 인해 바로 앞에까지 나아갈 수 있게 되었다.

감옥에 갇힌 요셉은 한낱 노예의 신분에 불과했기 때문에 법적으로 구제받을 길이 전혀 없었다. 무죄 주장을 한다 해도 소용이 없었을 것이다. 감옥에서나 자신의 억울한 신세를 하소연할 수 있었을 뿐이다(40 : 15). 그가 의지할 수 있고, 또 그에게 도움을 줄 수 있는 분은 하나님뿐이었다. 그래서 그는 부당한 감옥생활에 대해서 원망하거나 불평하는 대신에 최선을 다해 남들에게 유익을 주려고 노력했다. 실제로 요셉은 감옥에 있으면서도 하나님의 함께하심에 힘입어 형통함을 입을 수 있었다. 하나님은 그가 평안할 때 뿐만 아니라(2절), 역경의 때에도 그와 함께해 주셨던 것이다. 시간이 지나면서 간수장은 요셉의 삶에 있는 그러한 특징을 알게 되었다. 그는 요셉이 하는 일마다 형통함을 입는 것을 자기 눈으로 확인할 수 있었다. 이에 그는 요셉을 신임하여 감옥 안에서 일어나는 모든 일들을 그의 손에 맡기고서 아무 일도 간섭하지 않았다. 그의 불행한 감옥생활은 그가 나중에 보다 큰 일을 할 수 있게 하는 계기로 작용하였다.

Ⅱ. 애굽의 총리가 된 요셉(40 - 41장)

요셉 이야기(37 - 50장)는 그 대부분이 요셉이 애굽에 있으면서 겪었던 일들로 이루어져 있다. 간간히 가나안 땅에 있던 야곱의 가족에 대해서 언급하는 본문들(42 : 1 - 5, 42 : 26 - 43 : 14, 45 : 25 - 46 : 6, 50 : 10 - 14)이 있기는 하지만, 그것은 어디까지나 요셉 이야기를 설명하기 위한 이차적인 성격을 가질 뿐이다. 39장부터 시작되는 애굽에서의 요셉의 삶은 크게 보아 다섯 단계로 나누어진다. 그 첫 단계(39장)는 요셉이 보디발의 집에 있을 때와 감옥에 있을 때의 일을 다루고 있다. 이 첫번째 단계에서 요셉은 최하층민인 노예의 신분과 죄수의 신분을 다 경험한다. 이 단계는 그에게 있어서 가장 어두운 시기이지만, 그럼에도 불구하고 하나님의 도우심에 힘입어 그는 보디발의 집에서나 감옥에서 사람들에게 신임을 얻는다.

두 번째 단계(40–41장)는 꿈 이야기와 그에 대한 해석이 주류를 이루고 있으며, 중간에 감옥에서 바로의 왕궁으로 그 무대가 바뀐다. 무대가 바뀌면서 요셉의 신분도 바뀌는 바, 감옥에 갇혀 있던 그는 후에 애굽의 총리로 급격한 신분변화를 경험한다. 이러한 신분변화는 바로의 두 시종장의 꿈을 해석해 준 적이 있었던 그가 나중에 바로의 꿈까지 정확하게 해석해 줌으로써 가능하게 되었다. 애굽에서의 삶의 세 번째 단계(42–45장)에서 요셉은 기근 때문에 곡물을 사러 온 형들을 만나고, 그의 동생 베냐민까지도 만난다. 이 단계에서 형제들과의 감격적인 해후가 이루어진다.

네 번째 단계(46–47장)는 야곱의 일가족이 애굽으로 이주하는 내용을 담고 있다. 애굽에 정착한 야곱은 바로를 만나 그를 축복한다. 마지막 다섯째 단계(48–50장)는 야곱의 축복과 죽음 및 요셉의 죽음 등의 세 가지로 이루어져 있다. 임종을 앞둔 야곱은 먼저 요셉의 두 아들 므낫세와 에브라임을 축복하고, 이어서 그의 열두 아들들에게 유언한다. 야곱이 죽자 요셉은 가나안 땅으로 올라가서 장례를 치룬다. 뒤이어 요셉도 애굽에서 운명함으로써 파란만장한 그의 긴 생애가 끝을 맺는다.

여기서 취급하고자 하는 본문(40–41장)은 애굽에서 이루어지는 요셉의 삶의 두 번째 단계에 속한다. 이 두 번째 단계는 그 후에 전개되는 가족 상봉의 이야기와 함께 요셉 이야기의 핵심을 이루고 있다. 특히 요셉의 신분상승이 이루어지는 41장이 그러하다. 그리고 이 두 번째 단계의 이야기에서는 꿈과 기근의 주제가 요셉 이야기를 풀어 나가는 중심축이 되고 있다. 왜냐하면 이 두 주제로 인해 요셉의 신분상승이 이루어지고, 식구들과의 상봉이 이루어지기 때문이다. 물론 이 두 주제는 야곱 일가족–더 넓게는 이스라엘 민족의 조상들–을 구원하려는 하나님의 개입을 구체적으로 보여 주는 것이다. 더 나아가서 그것은 하나님의 역사주권이 이방 나라인 애굽에까지 미친다는 사실을 극명하게 보여 준다.

1. 두 시종장의 꿈을 해석함(40장)

1) 꿈을 꾼 두 시종장(1-8절)

40장은 처음부터 끝까지 꿈 이야기가 중심을 이루고 있다. 그리고 이 꿈 이야기는 41장에 나오는 바로의 꿈 이야기를 예비하는 성격을 갖는다. 그 이유는 요셉이 바로의 두 시종장의 꿈을 해석해 준 일을 계기로 하여 바로 앞에 나아가게 되기 때문이다. 그리고 40장이나 41장에 있는 꿈 이야기는 똑같이 세 가지 요소를 기본으로 가지고 있다. 그 하나는 누군가가 평소 때와는 전혀 다른 꿈을 꾸는 것이다. 두 번째 요소는 그 꿈을 이른바 하나님의 신에 감동된 요셉이 해석해 주는 것이다. 마지막 세 번째 요소는 그 꿈이 요셉이 해석한 그대로 이루어진다는 것이다. 꿈과 해석과 성취, 이 세 가지야말로 40장과 41장의 핵심 요소들이라 할 수 있다.

첫 번째 꿈 이야기(40장)는 요셉이 갇혀 있는 감옥을 그 배경으로 하고 있다. 요셉이 보디발의 아내의 모함으로 인하여 감옥에 갇힌 지 얼마 후에 두 명의 새로운 죄수들이 그 감옥에 들어오게 되었다. 그들은 애굽 왕 바로의 술을 담당하는 시종장과 떡을 담당하는 시종장이었다. 2절에 의하면 이들은 바로 왕에게 범죄했기 때문에 감옥에 갇히는 신세가 되었다. 그 범죄가 구체적으로 무엇인지는 분명하지 않지만, 그들이 왕의 먹을거리를 담당하는 고위직에 있는 것으로 보아 왕권에 도전하려는 일종의 역적모의에 가담-실제로 그러했는지는 알 수 없지만-했다는 죄목이 아닌가 싶다. 그들이 왕의 죄수들, 곧 국사범(國事犯)을 가두는 보디발의 가내(家內) 감옥에 투옥되었다는 사실이 그 점을 암시한다.

그러나 그들은 요즘 말하는 정당한 재판절차를 거치지 않은 채로 즉시 투옥되었다. 그 이유는 간단하다. 애굽 왕 바로는 당시에 신적인 권위에서 비롯된 절대권력을 가지고 있었다. 따라서 그의 판단에는 법적인 절차라는 것이 불필요했다. 왕의 말이 곧 법이었기 때문이다. 물론 그들이 얼마나 오랜 기간 동안 감옥에 갇혀 있어야 하는지는 아무도 알 수 없었다. 바로의 마음이 누그러질 때까지 기다리는 수밖에 없었을 것이다. 이 점은 요셉의 경우도 예외가 아니었다.

한편 왕의 경호대장이었던 보디발은 두 시종장이 자기 집에 있는 감옥에 갇히자, 그들보다 먼저 감옥에 갇혀 있던 요셉으로 하여금 그 두 사람을 시중들게 하였다. 보디발은 비록 요셉을 감옥에 가두기는 했지만 여전히 그를 신임하고 있었기 때문에 그에게 두 사람을 맡긴 것이다. 그런데 감옥에 들어온 지 얼마 안 되어서 이 두 시종장은 같은 날 밤에 서로 다른 이상한 꿈을 꾸었다. 그 꿈은 그들의 궁중생활과 관련된 내용을 가지고 있었으나 도무지 그 뜻을 알 길이 없었다. 다른 꿈 같았으면 늘 꾸는 꿈이려니 하고 무시할 수 있었으나, 그날 밤에 꾼 꿈은 그렇지 않았다. 무언가 감추어진 비밀이 있는 것 같았다.

당시의 애굽 사람들 - 다른 나라 사람들도 마찬가지임. - 에게는 꿈이 신들의 자기계시 수단으로 널리 알려져 있었다. 물론 계시의 통로로서의 꿈에도 종류가 있었다. 크게 두 가지 유형이 있었는데, 첫 번째 유형은 해석이 불필요한 꿈으로서 꿈 속에 직접적인 구두(口頭) 메시지가 주어지는 경우가 이에 속했다. 아비멜렉(창 20 : 6-7), 솔로몬(왕상 3 : 5-9), 마리아의 남편 요셉(마 1 : 20, 2 : 19) 등에게 주어진 꿈이 그러했다. 두 번째 꿈의 유형은 그러한 구두 메시지가 없이 그냥 눈으로 어떤 광경을 보기만 하는 것으로, 요셉(창 37 : 5-11), 바로의 두 시종장(40장), 바로(41장), 느부갓네살(단 2장) 등에게 보여진 꿈이 이에 속했다.

그런데 이 두 번째 유형에는 구두 메시지가 없는 까닭에 그 꿈을 해석해 주는 일이 필요했다. 이 일을 위해 선택된 전문가들이 이른바 술객들(magicians)이나 박사들(wise men)이었다(41 : 8 참조). 그들은 점술이나 주술 등의 방법을 통해 꿈을 해석하고, 또 마술을 행하기도 하는 사람들이었다(출 7 : 11). 그들은 일반 사람들에게 없는 특별한 지혜와 지식을 가지고 있다 하여 지혜자(智慧者) 또는 현자(賢者)로 불리기도 했다. 이들의 활동은 일상생활과는 다른 일종의 비의(秘儀)종교에 속한 것이었다. 어떤 의미에서 본다면 그들은 직접 신들의 세계에 접촉하는 사람들이었고, 따라서 신들로부터 어떤 놀라운 비밀이나 감추어진 사실을 전해 받는 사람들이었다. 우리 식으로 하면 그들은 이른바 영매(靈媒, spiritual medium) 내지는 무당(巫堂, shaman)으로 통하는 사람들이었던 것이다.

요셉과 같이 감옥에 있던 두 시종장도 자기들이 꾼 꿈을 그러한 신적인 메시지가 담겨진 것으로 이해하고 있었고, 그래서 그 꿈을 해석할 전문가가 있어야 한다고 생각했다. 그러나 애석하게도 그들에게는 그 꿈들을 해석할 방도가 전혀 없었다. 감옥에 갇힌 그들로서는 꿈을 해석할 전문가를 도무지 만날 수 없었기 때문이다. 그래서 그들은 다음 날 아침에 그들의 근심스런 모습을 보고 묻는 요셉에게 "우리가 꿈을 꾸었으나 해석할 자가 없도다."라고 답변했던 것이다(8절 상반절). 이 답변을 보면 그들의 괴상한 꿈을 해석할 자가 당장 가까이에 없다는 것이 그들의 근심거리였음을 알 수 있다.

그러나 요셉은 꿈의 해석이 하나님께 달려 있는 것임을 분명하게 밝혔다(8절 하반절). 여기서 알 수 있는 것은 꿈의 해석에 관한 요셉과 두 시종장의 입장에 현저한 차이가 있다는 점이다. 두 시종장에게 있어서 꿈을 해석할 자는 주술이나 마술을 행하는 사람들이거나, 아니면 세상 사람들이 갖지 않은 어떤 신비한 지식과 지혜를 가진 사람들이었다. 그러나 요셉이 보기에는 전혀 그렇지 않았다. 어떤 특별한 메시지를 담고 있는 꿈은 다른 누가 준 것이 아니라 하나님께서 주신 것이기에, 그 해석도 반드시 하나님께 의존해야 한다는 것이 요셉의 지론이었다. 요셉의 이러한 입장은 꿈을 통해서 예시되는 인간의 운명(또는 미래)이 전적으로 하나님의 손에 달려 있다는 신앙고백이기도 했다(단 2 : 28, 47, 4 : 18 참조).

2) 요셉이 꿈을 해석함(9-23절)

요셉에게서 꿈 이야기를 해 달라는 청을 받은 두 시종장은 미심쩍어 하면서도 밑져 봐야 본전이라는 생각으로 그에게 자기들의 꿈을 있는 그대로 이야기하였다. 왕의 술잔을 맡은 시종장이 먼저 자기의 꿈을 이야기하였다. 그의 꿈은 이러하였다. 그는 꿈속에서 가지 셋이 있는 포도나무를 보았는데, 그 세 가지에서 싹이 나서 꽃이 피고 포도송이가 익었다. 그는 익은 포도송이를 따서 그 즙을 바로의 술잔에 담아 그의 손에 올렸다. 요셉이 보기에 술 시종장의 이 꿈은 길몽(吉夢)이었다. 앞으로 사흘 후에 바로가 그의 직책을 회복시켜 주리라는 것이 요셉의 해석이었다. 요셉은 그가 예전처럼 왕의 술잔을 맡게 될 것임이 분명하다고 자신있게 말하면서, 앞으로 잘 되면 자신의 딱한 처지를 기억해 달라고 청하였다. 그는 자기가 감옥에 들어올 만큼 나쁜 짓을 저지른 적이 없으며, 도리어 히브리 땅에서 강제로 끌려왔음을 간절하게 호소하였다(14-15절).

술 시종장의 꿈에 대한 해석이 끝나자 바로의 떡을 맡은 시종장도 자신의 꿈을 요셉에게 이야기하였다. 그의 꿈 이야기에 의하면 그는 떡이 담긴 바구니 세 개를 머리에 이고 있었고, 가장 위의 바구니에는 바로에게 드릴 각종 구운 식물이 담겨 있었다. 그런데 갑자기 새들이 그 윗 바구니에 있는 식물들을 먹어 치웠다. 이 꿈은 불행하게도 흉몽(凶夢)이었다. 요셉은 앞으로 사흘 후에 바로가 그를 불러 그의 목을 베고 그의 주검을 나무에 매달 것이며, 그렇게 되면 새들이 그의 주검을 쪼아 먹을 것이라고 풀이하였다.

이로부터 사흘째 되던 날에 바로의 생일잔치가 있었다. 그 날은 국가적으로 지키는 축제일이었기 때문에 죄질이 가볍거나 개전의 정이 뚜렷한 죄수들에게 특별사면의 은총을 베푸는 것이 왕의 할 일이었다(마 27:15 참조). 이 특별사면의 결과 바로의 술을 맡은 시종장은 전직(前職)을 회복하게 되었다. 반면에 떡을 맡은 시종장은 사면을 받지 못한 채로 교수형에 처해지고 말았다. 요셉이 해석한 그대로 된 것이다.

그러나 복직된 술 시종장은 요셉에 관한 일을 까마득히 잊고 말았다(23절). 그가 이처럼 요셉을 기억하지 못한 데에는 나름대로의 이유가 있었을 것이다. 어떻게 보면 요셉의 누명을 풀어줌으로써 그를 감옥에서 나오게 하는 것이 그의 권한 밖의 일이었을런지도 모른다. 그러나 그가 요셉을 기억하지 못하고서 잊었다는 것은 보다 더 중요한 사실을 암시한다. 그것은 족장사(창 12-50장)에 줄기차게 나타나는 약속성취의 지연이라는 주제가 요셉에게서도 반복되고 있다는 사실이다. 요셉에게 주어진 희망의 미래(꿈)가 제대로 이루어지기 위해서는 아직 더 많은 세월이 필요하다는 것이 40장의 마지막 절에 암시되어 있다고 하겠다.

2. 애굽의 총리가 됨(41장)

1) 바로가 꿈을 꿈(1-8절)

요셉이 애굽에서 겪는 두 번째 꿈 이야기(41장)는 요셉 이야기 전체의 핵심 부분에 속한다. 왜냐하면 이 꿈 이야기를 통해서 요셉은 죄수의 신분에서 애굽의 총리 자리에 오르고, 이로써 그의 소년시절에 하나님께서 그에게 주셨던 두 개의 꿈이 성취되고 있기 때문이다(37 : 8 참조). 뿐만 아니라 이 시기에 이루어진 일들로 인하여 요셉은 오랜 세월 동안 헤어졌던 사랑하는 가족을 만날 수 있게 되기 때문이다. 이 점을 볼 때 41장은 요셉 개인의 운명이 전환점을 맞이하는 곳임과 동시에, 하나님의 구원행동이 갖는 세계사적인 차원을 강조하는 곳임이 분명해진다.

요셉의 운명이 이처럼 극적인 전환점을 맞던 때는 두 시종장의 꿈이 그대로 성취된 지 만 2년째 되던 해였다. 앞선 첫 번째 꿈 이야기가 감옥을 배경으로 하는 것이었다면, 이 두 번째 꿈 이야기는 바로 왕궁을 배경으로 하고 있다. 그리고 첫 번째 꿈 이야기가 두 시종장 개개인의 운명에 관한 것이라면, 이 두 번째 꿈 이야기는 바로가 다스리는 나라(애굽) 전체의 운명에 관한 것이다. 따라서 두 번째 꿈 이야기는 애굽을 대표하는 바로의 꿈을 중심으로 하고 있다. 이와 아울러 이 이야기는 바로의 꿈에 암시되어 있는 기근을 중심 주제로 갖고 있기도 하다. 이 기근은 나중에 요셉의 가족들을 애굽으로 불러들이는 역할을 수행한다.

바로가 꾼 꿈은 두 가지였다. 그 하나는 일곱 마리의 암소에 관한 것이었고, 다른 하나는 일곱 개의 이삭에 관한 것이었다. 이 두 가지의 공통점은 암소나 이삭이 애굽의 경제생활과 밀접한 관계를 가지고 있는 것들이라는 점이다. 즉, 유목(암소)과 농업(이삭)을 양대 기둥으로 하는 애굽의 경제가 이 꿈의 주요 관심사인 것이다. 이 두 꿈 사이에 있는 또 다른 공통점은 그 꿈들이 한결같이 일곱(7)이라는 완전 숫자를 사용하고 있다는 점이다. 이것은 그 꿈들 속에 내포된 복과 저주가 완전한 것이라는 사실을 뜻하는 동시에, 그러한 복과 저주가 반드시 이루어질 것임을 암시한다고 볼 수 있다.

바로는 첫 번째 꿈에서 튼튼하고 살찐 일곱 마리의 암소가 흉측하고 야윈 다른 암소 일곱 마리에게 잡아먹히는 기이한 광경을 보았다. 잠시 후에 다시 꾼 두 번째의 꿈에서는 토실토실하고 잘 여문 일곱 이삭이 동풍(東風)에 마른 야위고 마른 일곱 이삭에게 삼키우는 희한한 일이 벌어졌다. 여기서 말하는 동풍(sirocco, 히브리어로 '카딤')은 팔레스타인 동쪽의 사막 지대에서 불어오는 무덥고 건조한 바람으로, 흉년의 원인이 되는 경우가 많았다(호 13 : 15 참조).

아침에 잠에서 깬 바로는 이처럼 기이한 꿈의 내용으로 인하여 마음이 편치 못했다. 무언가 불길한 일이 있을 것만 같은 느낌을 강하게 받았다. 그러나 그것이 구체적으로 무엇인지는 알 수 없었다. 그래서 그는 당장에 애굽의 술사들과 박사들을 모두 왕궁으로 불러들였다. 그는 그들에게 자기가 꾼 두 개의 꿈을 이야기해 주었다. 그러나 아무도 그것을 올바로 해석해 주지는 못하였다. 아마 그들 나름대로의 주술적인 방법을 사용하여 그 꿈을 해석하려고 했겠지만, 그 해석들이 사람마다 달랐을 것이고, 그래서 바로가 납득할 만한 결론을 얻지는 못했을 것이다. 이러한 결과는 너무도 당연한 것이었다. 하나님께서 보여 주신 꿈을 주술적인 비의(秘儀)종교에 익숙한 사람들이 제대로 해석할 수는 없는 노릇이기 때문이다.

이처럼 이방 나라의 술객들이나 박사들이 하나님께서 보여 주신 비밀을 풀지 못하는 경우는 다니엘이 활동하던 벨사살 왕의 때에도 있었다(단 5 : 8, 15－28). 모세가 바로에게 베푼 하나님의 재앙을 애굽의 술객들이 따라하지 못했다는 것도 같은 맥락에 속한다(출 8 : 18－19, 9 : 11). 그러나 창세기 41장의 꿈 이야기와 가장 가까운 이야기는 다니엘이 느부갓네살이 꾼 꿈을 해석해 주는 다니엘서 2장에 나타난다. 양자 사이에 차이가 있다면 다니엘서 2장의 경우에는 바벨론의 느부갓네살이 자신이 꾼 꿈을 바벨론의 박수와 술객과 점장이와 술사들에게 일체 이야기하지 않은 채로, 도리어 그들에게 꿈에 대한 해석은 물론이고 자기가 꾼 꿈의 내용까지도 알아 맞출 것을 강요한다는 점이다. 그렇지만 바벨론의 박사들은 꿈에 대한 해석은커녕 느부갓네살이 꾼 꿈의 내용조차도 알지 못했다. 반면에 하나님의 신에 감동된 다니엘은 그 꿈을 거뜬히 알아 맞추었을 뿐만 아니라, 그 꿈에 대한 해석까지 완벽하게 해내었다. 이 일을 계기로 느부갓네살은 남왕국 유다가 멸망할 때 잡아온 전쟁포로인 다니엘을 바벨론의 모든 도(道)를 다스리는 자리에 임명하였다. 다니엘은 바벨론 왕의 꿈을 해석해 준 일을 계기로 요셉과 마찬가지로 바벨론 제국의 총리 자리에 오른 것이다.

2) 요셉이 바로의 꿈을 해석함(9－36절)

아무도 바로의 꿈을 해석하지 못하던 그 때에 술 시종장은 2년 전에 자신이 감옥에서 경험했던 일을 생각해 내었다. 그리하여 그는 한동안

잊고 있었던(40 : 23) 요셉을 기억에 되살렸다. 그는 요셉에게 은혜를 갚는 한편, 바로의 신임을 얻고자 요셉을 바로에게 추천하였다. 요셉이 꿈을 해석해 준 대로 자기는 복직이 되었고, 떡 시종장은 처형되었음을 그대로 말했던 것이다. 여기서 그는 요셉을 일컬어 '히브리 소년'('나아르 이브리')이라고 불렀다. 이 표현은 보디발의 아내가 요셉을 모함할 때 사용한 경멸조의 표현(39 : 17)과는 그 뉘앙스가 현저하게 다른 것이었다.

술 시종장의 이야기를 들은 바로는 당장에 요셉을 불러오게 하였다. 감옥에 있던 요셉은 수염을 깎고 옷을 갈아입고서 바로에게 나아갔다. 그가 수염을 깎은 것은 본래 애굽 사람들이 항상 수염을 깎은 채로 생활했기 때문이었다. 따라서 수염을 깎지 않은 채로 바로에게 나아간다는 것은 매우 불경한 행동으로 여겨질 수밖에 없었다. 바로는 자기에게 나아온 요셉에게 "내가 한 꿈을 꾸었으나 그것을 해석하는 자가 없더니 들은즉 너는 꿈을 들으면 능히 푼다 하더라."고 말하였다(15절). 이 말의 전반부는 감옥에 있던 바로의 두 시종장이 꿈을 꾸고 난 후에 요셉에게 한 말과 똑같았다. 그러나 바로의 경우 해석자가 없다는 말은 이미 애굽에 있는 해석자들을 다 동원해 보았지만 소용이 없었다는 것을 뜻했다. 이 점에서 본다면 "너는 꿈을 들으면 능히 푼다 하더라."는 바로의 말은 그가 요셉을 다른 해석자들, 즉 마술가들이나 박사들과 똑같은 차원에서 이해하고 있음을 잘 보여 준다. 아마도 그는 요셉에게 무슨 꿈이든 쉽게 풀 수 있는 어떤 특별한 재주가 있다고 생각했을 것이다.

그러나 요셉은 바로의 그러한 말에 동의할 수 없었다. 비록 그가 강대 제국의 왕이기는 했지만, 요셉은 꿈을 해석할 능력이 자기에게는 전혀 없음을 분명하게 밝혔다. 그러면서 그는 하나님께서 번민하는 바로의 마음에 평화('샬롬')를 가져다 줄 대답을 주실 것이라고 자신있게 말하였다(16절). 이것은 점술이나 주술 같은 인간적인 방법에 의해서는 하나님의 거룩한 뜻을 알 수 없다는 요셉의 신앙고백이나 다름이 없었다. 요셉이 술 시종장과 떡 시종장에게도 한 이 말(40 : 8)에 의한다면, 요셉 자신은 어디까지나 사람들에게 꿈을 주시고, 또 그에 대한 해석도 주시는 하나님의 도구에 지나지 않았던 것이다. 그러나 이보다 더 중요한 것은 하나님께서 태양신(Ra)의 아들로 불리우는 바로에게 어느 누구도 해석할 수 없는 꿈을 꾸게 하심으로써 바로의 신권(神權)을 부정하시고, 더 나아가서는 꿈 해석과 관련된 애굽의 종교를 철저하게 배격하셨다는 데에 있었다. 이것은 출애굽의 지도자인 모세가 애굽의 바로 앞에서 열 가지 재앙을 베풀면서 했던 일과 거의 같은 차원에 속한 것이다.

다시 바로의 꿈 이야기로 돌아가 보자. 요셉의 답변을 들은 바로는 반신반의하는 태도로 그에게 자기가 꾼 두 개의 꿈을 그대로 설명해 주었다(17-24절). 바로의 꿈 이야기를 들은 요셉은 즉시 그 두 꿈이 동일한 메시지를 가지고 있다고 바로에게 말하였다. 아울러 그는 하나님께서 왕이 앞으로 해야 할 일을 가르쳐 주기 위해서 그에게 그러한 꿈을 꾸게 하셨음을 분명하게 밝혔다. 그는 하나님께서 왕이 해야 할 일을 가르쳐 주셨다는 말을 두 번이나 반복함으로써 바로를 설득하고자 했다(25, 28절). 요셉의 설명에 의하면 바로가 본 일곱 마리의 살찐 암소와 일곱 개의 잘 여문 이삭은 칠 년 동안의 풍년을 뜻했다. 그리고 일곱 마리의 야윈 암소와 일곱 개의 마른 이삭은 칠 년 동안의 흉년을 뜻했다.

이와 아울러 그는 칠 년 동안의 풍년이 든 다음에 그 풍년을 도무지 기억하지 못하게 할 정도의 극심한 흉년이 들 것임을 강조하였다(30-31절). 요셉은 바로가 꿈을 두 번이나 반복해서 꾼 것은 하나님께서 그 일을 하시기로 결정하시되 속히 실행하실 것임을 뜻한다고 풀이하였다. 물론 요셉의 이러한 꿈 해석은 애굽에 큰 재앙이 닥칠 것임을 알리는 데에 그 목적이 있지 않았다. 오히려 그것은 하나님께서 재난을 통하여 보다 큰 번영을 가능하게 하실 것임을 뜻했다. 이 점은 바로의 꿈에 대한 해석을 마친 요셉이 칠 년 동안의 풍년이 지난 후에 닥칠 재난에 어떻게 대처해야 할 것인가에 대해서 바로에게 나름대로의 해결책을 제시했다는 사실을 통해 뒷받침된다.

요셉이 바로에게 제안한 해결방안은 크게 두 가지로 요약할 수 있다. 그 첫 번째는 속히 명철하고 슬기로운 사람을 책임자로 세워서 애굽 땅을 다스리게 해야 한다는 것이었다(33절). 두 번째로 그는 전국에 정직하고 의로운 관리들을 임명하여 풍년이 계속되는 칠 년 동안 애굽 땅에서 나오는 수확물의 오분의 일을 해마다 거두어들여 각 성읍에 그것을 잘 저장할 것을 제안하였다(34-35절). 그렇게 해야만 그 후에 있을 극심한 칠 년간의 흉년을 잘 예방할 수 있다는 것이 요셉의 설명이었다. 그의 이러한 제안은 인재등용에 관한 것과 곡물관리에 관한 것의 두 가지로 압축된다고 볼 수 있을 것이다. 그 중에서도 중요한 것은 물론 인재등용에 관한 것이었다. 부패하고 무능하거나 뇌물에 밝은 사람이 그처럼 중요한 일을 맡게 된다면, 풍년 관리는 도무지 성공할 수 없기 때문이다.

3) 애굽의 총리로서 다스림(37-57절)

요셉의 설명을 듣고 난 직후에 바로는 그의 꿈 해석이 나무랄 데 없이 정확하다는 판단을 내렸다. 아울러 그는 요셉이야말로 앞으로 닥칠 국가적인 재난을 효율적으로 관리할 수 있는 가장 적합한 인물이라고 판단하였다. 그가 그렇게 판단한 데에는 세 가지 이유가 있었다. 그 하나는 그가 애굽의 전문가들조차도 풀이하지 못한 어려운 꿈을 완벽하게 해석했다는 데에 있었고, 다른 하나는 그가 앞으로 닥쳐올 재난에 대해서 매우 타당한 해결방안을 가지고 있다는 데에 있었다. 그러나 이 둘보다 더욱 중요한 세 번째 이유는 왕 자신이 인정하였듯이, 요셉이 하나님의 신에 감동된 사람이라는 데에 있었다(38절). 바로는 하나님께서 그 모든 것들을 요셉에게 보이셨으니, 그만큼 명철하고 지혜로운 사람이 어디에 있겠느냐고 반문할 정도였다(39절). 바로의 이러한 판단에는 그의 신하들조차 이의를 제기하지 못했다.

그리하여 마침내 바로는 애굽 역사상 유례가 없는 파격적인 인사를 단행하였다. 요셉을 총리직에 임명함으로써 그에게 국가통치의 전권을 위임하였던 것이다(시 105 : 16 - 22 참조). 요셉의 총리 위임식은 크게 세 가지의 절차를 밟은 것으로 보인다. 그 첫 번째 절차는 "내가 너로 애굽 온 땅을 총리하게 하노라!"는 왕의 임직선언이었다(41절). 두 번째 절차는 총리의 권한을 상징하는 반지와 의복을 하사하는 것으로 이루어졌다(42절). 이를 위해 바로는 먼저 자기 손가락에 있던 옥새 반지를 요셉의 손가락에 끼워 주었다. 이 반지는 왕의 권력과 권세를 상징하는 것이었는데, 바로는 주저하지 않고서 그것을 요셉에게 넘겨준 것이다. 아울러 그는 요셉에게 값비싼 모시 옷(세마포 옷)을 입히고, 금목걸이를 그의 목에 걸어 주었다.

세 번째 단계는 요셉의 총리직을 대중 앞에서 선언하는 일이었다. 이를 위해 바로는 자기에게 있는 버금수레, 곧 애굽의 제 2인자가 탈 수 있는 전차(the chariot of his second-in-command)에 요셉을 태웠다. 그리고서는 요셉의 전차를 수행하는 호위병들로 하여금 "엎드리라!"(히브리어로 '아브렉', Bow the knee!)고 외치게 함으로써, 요셉이 지나가는 곳의 사람들로 하여금 요셉에게 최대한의 예우를 갖추게 하였다(42 - 43절). 이렇게 하여 요셉은 그의 허락이 없이는 어느 누구도 손발하나 까딱할 수 없는 절대적인 통치권을 갖기에 이르렀다(44절). 바로가 그보다 높은 것은 그가 단지 왕좌에 앉아 있다는 것 뿐이었다(40절). 이때 그의 나이 서른이었다(46절). 그가 애굽에 종으로 팔린 때가 17세였으니(37 : 2), 그 동안 13년의 세월이 흐른 셈이었다.

그런데 어떻게 보면 노예 또는 죄수의 신분에 지나지 않았던 요셉을, 그것도 이제 겨우 30세밖에 안 된 요셉을(46절) 순식간에 이처럼 높은 자리에 앉힌다는 것은 누가 보아도 납득하기 어려운 인사 조치였다. 그럼에도 불구하고 대부분의 애굽 사람들은 그러한 조치를 적극 수용하였다. 그것이 신(神)과도 같은 권위를 가진 바로의 통치권 행사이기 때문에 그렇기도 했겠지만, 다른 한편으로는 앞으로 닥칠 재난에 대한 위기의식이 그러한 인사 조치를 불가피한 것으로 받아들이게 한 것이었다.

그러나 관점을 달리 해서 본다면 이방 나라 백성들에게 매우 배타적인 애굽 왕 바로가 히브리 노예를 총리의 자리에 앉혔다는 데에는 무언가 석연치 않은 점이 있는 것으로 보인다. 그래서 많은 학자들은 당시에 애굽이 다른 나라의 지배를 받고 있었기 때문에 그런 일이 가능하지 않았을까 하고 추론한다. 이 추론에 의하면 요셉이 애굽의 총리가 된 것은 힉소스 족(Hyksos)이 애굽을 지배하던 시기(주전 1720-1550년)와 관련될 수밖에 없다. 왜냐하면 주전 2천년대 초기에 애굽을 다스린 민족은 힉소스 족밖에 없기 때문이다. 아마도 힉소스 족은 함 족인 애굽과는 달리 자기들과 같은 셈 족에게 매우 호의적이었을 것이다. 요셉도 셈 족에 속한다는 사실을 고려한다면, 그러한 추론은 상당한 신빙성을 갖고 있다고 하겠다.

어쨌든 바로는 이방 사람을, 그것도 노예와 죄수의 신분을 갖고 있던 사람을 총리로 임명했던 까닭에, 이방인을 배척하는 애굽 사람들의 정서를 고려하지 않으면 안 되었다. 그리하여 그는 요셉의 총리권에 합법성을 부여하려는 목적으로 두 가지의 추가 조치를 취하였다. 그 하나는 요셉이라는 히브리식 이름을 애굽식의 이름으로 바꾸어 주는 일이었다. 바로는 그에게 '사브낫 바네아'(Zaphenath-paneah)라는 애굽식 이름을 지어주었다. "신께서 말씀하시니 그가 살고 있도다."(God speaks and he lives)라는 뜻의 이 이름은 요셉이 하나님의 말씀을 받은 자라는 인식에 기초한 것이었다. 이러한 이름의 변화는 바벨론의 느부갓네살이 남왕국 유다에서 포로로 잡아온 다니엘과 그의 세 친구를 바벨론의 관리로 임명하면서 그들의 이름을 바꾼 것과 같은 맥락에 속한다(단 1:6-7).

바로가 요셉의 정통성 확보를 위해 취한 두 번째 조치는 그를 애굽

여인과 결혼시키는 일이었다. 이를 위하여 바로는 요셉에게 온(On) 지역의 제사장인 보디베라의 딸 아스낫을 아내로 주었다. 온 지역은 태양신 라(Ra)를 최고신으로 섬기는 곳으로, 카이로 동북쪽에 있는 지금의 헬리오폴리스(Heliopolis)를 뜻했다. 요셉의 이러한 결혼은 그의 애굽 통치권을 정당화시켜 줌과 동시에, 그가 이제는 본격적으로 애굽의 종교와 문화에 깊숙이 빨려들어가고 있음을 보여 주고 있다. 왜냐하면 그가 애굽 제사장의 딸과 결혼한 일이나, '라(Ra) 신이 준 사람' 이라는 뜻의 보디베라(Potiphera)와 '네잇(Neith) 여신에게 속한 자' 라는 뜻의 아스낫(Asenath)이 동일하게 애굽의 다신교적인 상황을 반영하고 있기 때문이다.

요셉은 이처럼 자신이 처한 상황에 의해 부득이하게 애굽 문화와 종교의 한복판에 뛰어들게 되었지만, 하나님께 대한 신앙 만큼은 예전이나 다름이 없었다. 이 점은 그가 흉년이 들기 전에 낳은 두 아들의 이름을 히브리식 이름인 므낫세와 에브라임으로 지었다는 사실을 통해서 뒷받침된다(50－52절). 므낫세라는 이름은 하나님이 자신의 온갖 고난과 아버지 집 생각을 다 잊어버리게 하셨음을 찬미하는 뜻을 가지고 있었다. 이 이름은 요셉 자신이 형들에 의해 애굽에 노예로 팔린 일로부터 시작해서 애굽 총리가 되기 직전까지 감옥생활을 했던 것을 반영하는 이름이었다. 그러나 그가 이처럼 자신의 과거를 잊고서 심지어는 아버지 집에 관한 생각까지도 잊어버리려고 결심한 지 얼마 안 되어서, 그의 아버지 야곱이 그의 아들들을 애굽으로 보내려는 계획을 세우게 되었다는 것은 참으로 아이러니칼한 일이 아닐 수 없다. 이는 역사를 주관하시는 하나님의 섭리가 인간의 생각을 훨씬 뛰어넘는 것임을 잘 보여 준다.

그리고 요셉의 두 번째 아들에게 주어진 에브라임이라는 이름은 하나님이 고생하는 애굽 땅에서 그의 자손을 번성하게 해 주셨음을 감사하는 뜻을 가지고 있었다. 이상의 두 이름은 하나님께서 고난으로 가득 찬 옛 시대를 마감하시고서(므낫세), 번영과 행복으로 가득 찬 새로운 시대를 열어 주셨다는 깨달음을 밑바닥에 깔고 있었다. 동시에 이 두 이름은 요셉이 쓰라린 과거로부터 해방되어 미래를 위한 삶을 살려고 애쓰고 있음을 잘 보여 준다. 바울 사도의 다음과 같은 고백도 같은 맥락에 속한다고 볼 수 있을 것이다 : "형제들아, 나는 아직 내가 잡은 줄로 여기지 아니하고 오직 한 일, 즉 뒤에 있는 것은 잊어버리고 앞에 있는 것을 잡으려고 푯대를 향하여 그리스도 예수 안에서 하나님이 위에서 부르신 부름의 상을 위하여 좇아가노라"(빌 3 : 13－14).

그렇다면 요셉은 총리가 된 다음에 애굽에 연쇄적으로 임한 풍년과 흉년을 어떻게 관리하였을까? 그가 맨 먼저 한 일은 총리가 된 직후에 왕 앞에서 물러 나와 애굽 전역을 순찰하는 일이었다. 전국 순찰을 통해 나라 안의 온갖 사정을 한눈에 파악하려는 목적에서였다. 다른 한편으로는 자신의 총리직을 전국 백성들에게 알리려는 목적도 가지고 있었을 것이다. 순찰을 마친 요셉은 칠 년 동안의 풍년이 계속될 때, 애굽 땅에서 생산된 모든 먹을거리들을 각 성읍에 저장하게 했다. 그가 저장한 곡식의 양은 마치 바다의 모래와도 같이 많았다. 미처 다 기록할 수 없을 정도로 엄청난 양의 수확량이었다(47－49절).

칠 년간의 풍년이 끝나자 요셉이 말한 대로 극심한 칠 년간의 흉년이 이어졌다. 기근이 들지 않은 나라가 없을 정도로 극심한 흉년이었으나, 애굽에는 먹을거리가 충분했다. 그러나 흉년이 거듭되면서 많은 애굽 사람들이 굶주림에 빠지게 되었다. 이로 인하여 그들이 바로에게 먹을 것을 달라고 부르짖자, 바로는 전권을 위임한 요셉에게 가서 해결하라고 명했다. 요셉은 각 성읍의 창고에 있는 곡식을 애굽 백성에게 돈을 받고서 팔았다. 기근이 온 땅을 뒤덮고 있었으므로 다른 나라 사람들도 요셉에게 곡식을 사려고 애굽으로 찾아왔다(57절).

여기서 "다른 나라 사람들도 곡식을 사려고 왔다."는 구절은 다음에 이어질 야곱 집안의 이야기를 이끌어내기 위한 실마리 역할을 수행하고 있다. 아울러 그것은 아브라함을 통하여 세상 모든 민족이 복을 받게 될 것이라는 하나님의 약속(창 12 : 3)이 이루어지고 있음을 간접적으로 암시하고 있다고 볼 수 있다. 요셉은 애굽의 바로를 제치고서 세계 역사의 중심 무대에 우뚝 섬으로써, 당시의 애굽 사람들에게 뿐만 아니라 주변 나라 사람들에게까지 복을 끼치는 인물로 드러나고 있기 때문이다.

Ⅲ. 가족과의 감격적인 만남(42－45장)

요셉이 애굽에서 겪는 삶은 맨 처음에 보디발의 집에서 감옥으로 그 무대가 옮겨가고(39장), 그 다음에는 감옥에서 애굽 궁정으로 옮겨간다(40－41장). 이처럼 삶의 무대가 바뀌면서 요셉의 신분도 바뀌는 바, 처음에는 노예의 신분에서 죄수의 신분으로 떨어졌다가 그 다음에는 죄수의 신분에서 애굽 총리의 신분으로 가파른 신분상승이 이루어진다. 요셉의 신분상승은 일개 노예에 지나지 않았던 요셉이 세계 역사의 중심 무대에 서는 것을 가능하게 한다. 이것은 하나님의 구원역사가 갖는 세계사적인 차원을 강조함과 아울러, 요셉이 하나님의 구원을 이루는 데 필요한 도구로 선택되었음을 보여 주는 것이나 다름없다.

애굽의 총리가 된 요셉의 신분은 그에 관한 이야기가 끝날 때까지(43－50장) 변함이 없다. 그러나 일단 요셉이 애굽 총리가 된 후로는 주요 등장인물들이 애굽 사람들로부터 요셉의 가족들로 바뀐다. 이와 아울러 이야기의 무대 역시 애굽에서 가나안으로, 그리고 가나안에서 애굽으로 자주 바뀐다. 이러한 무대의 바뀜은 41장에서 중심을 이루는 기근의 주제와 깊은 관련을 가지고 있다. 달리 말해서 당시에 애굽과 주변 나라에 크게 번졌던 흉년과 기근이 애굽과 가나안을 연결짓는 끈으로 작용하고 있다는 말이다. 이미 지적한 바와 같이 이 점은 41장의 마지막 절(57절)에 충분히 암시되어 있다. 이러한 기근의 주제는 야곱의 일가족이 애굽에 완전히 정착하는 47장에 이르기까지 계속해서 나타난다.

그러나 요셉 이야기 중에서 무대 바뀜과 기근의 주제가 가장 두드러지게 나타나는 곳은 42~45장에 있는 이야기 단락이다. 이 단락은 애굽에서 이루어지는 요셉의 삶의 세 번째 단계에 속한 것으로, 요셉이 그의 가족들 - 더 정확하게는 그의 형제들 - 과 감격적으로 해후하는 장면에서 절정을 이룬다. 물론 요셉 가족의 극적인 해후는 여러 복잡한 과정을 거치고서야 이루어진다. 그 과정에서 우리는 형들의 변화를 확인하고자 하는 요셉의 노력, 형들에게서 발견되는 고통과 참회의 마음, 희생과 섬김으로 발전하는 따뜻한 형제애 등이 중심을 이루는 흥미진진한 한 편의 드라마를 보게 된다. 그리고 한 가지 덧붙인다면 가족 상봉의 주제를 다루는 이 세 번째 단계의 이야기가, 하나님께서 처음에 요셉에게 주셨던 꿈이 어떻게 성취되었는가를 확인하는 성격의 것이기도 하다는 점이다.

42~45장의 이야기 단락은 맨 먼저 야곱의 아들들이 기근을 견디지 못하고서 곡물을 사러 애굽으로 가는 데서 시작된다. 형들을 처음 본 요셉은 그들을 정탐꾼으로 몰아 부치고, 시므온을 투옥시킨 다음 베냐민을 데려올 것을 명한다. 그럼에도 야곱은 르우벤의 보증을 무시한 채로 베냐민을 절대로 애굽으로 보낼 수 없다는 완강한 태도를 보인다(42장). 그러나 기근이 심해지면서 야곱은 하는 수 없이 베냐민을 다른 아들들과 함께 애굽으로 보내게 된다. 이때 요셉은 형제들을 자기 집으로 초청하여 만찬을 나눈다(43장). 마지막으로 형들을 시험하고자 한 요셉은 그들에게 도둑 누명을 씌움으로써 그들 사이의 우애가 어떠한가를 확인한다(44장). 형들의 변화를 피부로 느낀 요셉은 주저하지 않고 자신의 정체를 형제들에게 밝힌다. 감격적인 가족 상봉의 소식이 바로에게 전해지면서, 마침내는 야곱의 일가족을 애굽으로 데려올 일이 준비된다(45장).

1. 형제들의 첫 번째 애굽여행(42장)

1) 요셉의 형들이 애굽으로 감(1-25절)

전체적으로 보아 42장은 야곱의 아들들이 곡물을 사러 애굽으로 갔다가 우여곡절 끝에 다시 가나안으로 돌아오는 여정(旅程)에 대해서 기록하고 있다. 42장의 이러한 여행기록은 크게 세 부분으로 나누어진다. 가나안에서 애굽으로의 여행(1-5절), 애굽에서 당한 시험(6-25절), 애굽에서 가나안으로의 귀향(26-38절) 등이 그러하다. 그들이 이처럼 갑자기 애굽으로 여행하게 된 것은 물론 기근으로 인한 식량부족 때문이었다. 여행을 떠난 야곱의 아들들은 모두 열 명이었다. 야곱의 막내아들인 베냐민은 제외되었다(1-3절). 야곱이 베냐민을 제외한 이유는 그가 아직 어리기 때문이기도 했지만, 다른 한편으로는 그가 하나밖에 남지 않은 라헬의 아들이었기 때문이다. 라헬의 첫째 아들 요셉이 짐승에게 잡아먹힌 것으로 알고 있는 야곱으로서는 베냐민마저 잃을 수는 없는 노릇이었다(4절). 아마도 야곱은 베냐민이 그의 형들에 의해 요셉이 겪은 것과 똑같은 변을 당할지도 모른다고 생각했을 것이다.

애굽에 도착한 야곱의 아들들은 곡식 파는 일을 총괄하는 요셉에게 이르러 얼굴을 땅에 대고 그에게 절을 하였다(6절). 곡식이야 애굽 전역에서 살 수 있었겠지만, 아마도 이방인들은 수도권에 있는 중앙 공급처에서 그들의 신분을 확인하고서 곡식을 사야만 했을 것이다. 요셉은 이방인들 틈에 섞여 있던 형들이 자기 앞에 절을 하는 것을 보고서 그들의 얼굴을 금방 알아보았다(8절). 그들 역시 요셉을 알아볼 수는 있었겠지만 노예로 팔린 요셉이 애굽의 총리일 수는 없다고 믿었기 때문에, 자기들 앞에 서 있는 애굽 총리가 설마 요셉이리라고는 꿈에도 생각지 못했을 것이다. 그저 그가 요셉을 매우 닮은 사람이라고만 생각했을 것이다. 반면에 형들을 한눈에 알아본 요셉은 절을 하는 형들을 보면서 예전에 자기가 꾸었던 첫 번째 꿈을 생각했다(9절 상반절, 37 : 5 - 8).

그러면서도 그는 형들을 아는 체하지 않았다. 자신의 정체를 형들에게 밝히기에는 아직 때가 이르다고 판단했기 때문이었다. 형들로부터 큰 고통을 당한 적이 있는 그로서는 형들이 과연 지난 날의 모습 그대로인지 아니면 새로운 사람들로 변했는지를 확인해야만 했다. 형들을 시험할 필요를 느꼈던 것이다. 그 첫 번째 시도로 요셉은 그들이 어디서 무얼 하러 왔는지를 엄하게 물었다(7절). 가나안 지방에서 먹을거리를 사러 왔다는 형들의 답변을 듣고서 요셉은 그들을 간첩으로 몰아 부쳤다(9절 하반절). 애굽에 곡식이 많다는 것을 알고서 애굽의 허술한 곳을 알아내기 위해 염탐나온 간첩들이라는 것이었다.

사실 요셉의 이러한 추궁은 당시의 역사적인 정황에 비추어 볼 때 어느 정도 근거가 있는 것이었다. 왜냐하면 당시에 애굽 주변에는 감시가 소홀한 틈을 타서 국경선을 넘어 식량이 풍부한 애굽으로 침투해 들어오는 이방 민족들이 많았기 때문이다(출 1 : 10 참조). 앞서 있었던 아브라함의 애굽이주(12 : 10 - 20)나 나중에 있을 야곱 일가족의 애굽이주도 어쩌면 이러한 맥락에서 이해할 수 있을 것이다. 42장에서 본다면 5절의 "이스라엘의 아들들이 양식 사러간 자 중에 있으니 가나안 땅에 기근이 있음이라."는 표현이 그 점을 잘 보여 주고 있다. 따라서 비록 그들이 실제로 간첩 활동을 하기 위해 애굽에 간 것은 아니었지만, 그들이 애굽의 틈을 엿보러 왔다는 요셉의 말에는 누가 보아도 충분한 근거가 있었던 것이다.

이제 야곱의 아들들은 요셉이 덮어씌운 간첩 누명을 어떻게든 벗어야 했다. 그렇지 않으면 그들의 운명이 어떻게 될지 알 수 없는 노릇이었다. 그래서 그들은 매우 강한 어조로 그들의 결백함을 주장하였다(10 - 11절). 그러나 소용이 없었다. 요셉이 두 번째로 그들을 간첩으로 몰아 부치자(12절), 그들은 결백을 입증하기 위해 어쩔 수 없이 자기들의 집안 이야기를 하지 않을 수 없었다 : "……우리들은 12형제로서 가나안 땅 한 사람의 아들들이라"(13절). 그러면서 그들은 자기들이 팔아 넘긴 요셉에 대해서는 차마 사실대로 말하지를 못했다. 그저 단순히 "하나는 없어졌다."('에하드 에넨누')고 말할 뿐이었다. 그러나 그들의 변명에는 일리가 있었다. 열 명의 형제들로 구성된 희한한 간첩 집단이 과연 존재하겠는가 하는 점에 비추어 볼 때, 그들이 본래 '열두 형제'라는 진술은 그들이 간첩일 수 없음을 매우 분명하게 보여 주는 증거였을 것이다.

그러나 이 정도의 대화로써는 형들의 변화를 확인할 길이 없었다. 비록 형들을 거칠게 대하고, 또 그들을 부당하게 고소함으로써 아버지 야곱과 동생 베냐민에 대한 소식을 알게 되기는 했지만 그것만으로는 불충분했다. 그래서 요셉은 세 번째로 다시금 그들을 간첩으로 몰았다(14절). 아울러 그는 그들의 변명이 결백하다는 것을 증명하려면 집에 남겨둔 막내 아우를 데려와야 한다고 말했다(15절). 이때 그가 사용한 "바로의 생명으로 맹세하노니"라는 표현은 애굽 사람들이 맹세할 때 자주 쓰는 어구로서, 왕에게 있는 신적인 권위에 근거한 것이었다. 이스라엘에서도 왕의 생명을 걸어 맹세하는 경우가 더러 있었지만(삼하 15 : 21 참조), 야웨 하나님의 생명을 걸어 맹세하는 경우가 거의 대부분이었다(삿 8 : 19, 룻 3 : 13, 삼상 14 : 39, 삼하 4 : 9, 12 : 5, 왕하 2 : 2, 6, 렘 4 : 2, 5 : 2 등).

그런데 요셉이 그의 형들에게 바로의 생명을 두고 맹세하게 한 것은 그들이 친형제들이라는 것을 증명하라는 것이나 다름이 없었다. 이를 위해 그는 아홉 명의 형제들을 감옥에 가두어 두고, 나머지 한 사람으로 하여금 막내 아우를 데려오게 하겠다고 밝혔다(16절). 요셉은 일단 그들 모두를 사흘 동안이나 감옥에 가두어 두었다. 그가 이러한 조치를 취한 것은 그들로 하여금 감옥에 갇혀 있는 동안에 완전한 무기력함 속에서 지난 날의 잘못을 뉘우칠 수 있는 계기를 마련하게 하기 위함이었을 것이다.

사흘이 지난 후에 훨씬 부드러운 표정으로 바뀐 요셉은 무죄 증명의 조건을 한결 완화시켜 형제들 중에 한 사람만 남고, 나머지는 가나안으로 가서 막내 아우를 데려오라고 했다(19–20절). 그가 이처럼 생각을 바꾼 것은 한 명만을 감옥에 가두어 두어도 목적을 달성할 수 있는 터에, 굳이 아홉 명을 다 붙잡아 둘 필요는 없다는 판단에서였다. 다른 한편으로는 아홉을 다 감옥에 가두어 둘 경우에 야곱이 받을 타격도 염두에 두지 않을 수 없었을 것이다. 뿐만 아니라 형제들 중 한 사람만 가나안으로 보낼 경우에는, 결코 혼자서는 가나안에 있는 가족들의 생존을 가능하게 할 만큼 충분한 식량을 가지고 갈 수도 없었을 것이기 때문이었다.

이런저런 이유로 하여 요셉은 한 명만을 감옥에 가두어 두기로 작정하였다. 그는 이러한 제안을 하면서 자신이 하나님('엘로힘')을 경외하는('야레') 자임을 서두에 강조하였다(18절). 이 말을 통해서 그는 자신이 믿을 만한 사람임을 부각시키고자 했을 것이다. 그러나 다른 한편으로는 '엘로힘'을 가장 먼저 언급함으로써('에트-하엘로힘 아니 야레') 형들의 잠든 양심을 일깨우고자 했다. 아니나 다를까 형들은 요셉의 제안에 동의함과 아울러 요셉이 예견했음직한 변화를 보이기 시작했다. 21절에 그러한 변화가 잘 반영되어 있다 : "참으로('아발', 개역에는 번역이 안 되어 있음.) 우리가 아우의 일로 인하여 범죄하였도다. 그가 우리에게 애걸할 때에 그 마음의 괴로움('차라')을 보고도 듣지 아니하였으므로 이 괴로움('차라')이 우리에게 임하도다."

요셉의 형들은 겉으로 보기에는 지금 그들이 처해 있는 상황과는 아무런 상관이 없는 듯해 보이는 과거의 잘못된 행동–요셉을 팔아 넘긴 일–을 그들이 현재 당하는 고통과 관련시키고 있다. '아발'이라는 부사가 그 점을 잘 보여 준다. 이 부사를 "아! 그랬구나"(Alas!, NRSV)를 뜻하는 감탄사로 이해할 경우 더욱 그러하다. 새번역은 이 낱말을 "그렇다!"로 번역하고 있다. 결국 그들은 과거에 요셉을 팔아 넘긴 일이 하나님 앞에 범죄행위였음을 깨달았을 뿐만 아니라, 하나님께서 지금 그 죄에 대한 벌을 자기들에게 내리고 있다고 믿었던 것이다. 그래서 그들은 요셉이 당하던 '괴로움'('차라')과 자기들이 지금 당하고 있는 '괴로움'('차라')이 본질적으로 똑같은 것임을 인정하지 않을 수 없었다. 지금 당하는 괴로움은 요셉의 피값을 치르는 것이라고 말한 르우벤의 원망도 알고 보면 형제들의 그러한 깨달음에 기초한 것이었다(22절).

그런데 형들 사이의 이러한 대화내용은 요셉에게 그대로 노출되었다. 요셉이 일부러 그들 사이에 통역을 내세웠던 까닭에 그들은 그가 자기들의 말을 이해할 수 있으리라고는 꿈에도 생각지 못했다. 그러나 요셉은 형들 사이에 오간 대화를 엿듣고서 그들이 참으로 지난 날의 잘못을 후회하고 있다는 사실을 확인할 수 있었다. 흔들리는 감정을 억제하지 못한 요셉은 잠시 자리를 피하여 눈물로써 감정을 다스린 다음에, 다시 돌아와서 애초에 결정한 대로 형제들 중의 두 번째인 시므온을 결박하여 감옥에 가두었다. 그리고서는 나머지 형제들은 가나안으로 가게 해 주었다. 그가 맏형인 르우벤을 애굽에 남겨두지 않은 것은 르우벤이 과거에 그를 구하려고 애썼기도 했지만, 보다 근본적인 이유는 그가 큰 아들로서 나머지 가족들의 안위를 책임져야 했기 때문이었다. 요셉은 시므온을 제외한 나머지 아홉 명의 형들을 보낼 때, 그들이 가져온 곡식 자루에 곡식을 가득 넣게 하고, 또 그들이 가져온 돈도 그대로 넣게 했다. 뿐만 아니라 길에서 먹을 것은 따로 주게 하였다.

2) 형제들이 가나안으로 돌아감 (26-38절)

야곱의 아홉 형제들은 시므온을 애굽 감옥에 남겨둔 채로 애굽에서 사들인 곡식을 가지고서 가나안을 향해 길을 떠났다. 가나안으로 가는 도중에 하룻밤 묵을 곳에 머무르던 그들은 한 형제의 곡식 자루 아귀에 그가 곡식 사는 데 지불했던 돈이 그대로 들어 있는 것을 알게 되었다. 참으로 기가 막힐 일이었다. 얼이 빠진 그들은 다시금 이 일이 하나님께로 말미암은 것이라고 믿으면서 다음과 같이 탄식하였다 : "하나님이 어찌하여 우리에게 이런 일을 하셨는고!"(28절). 아마도 그들은 과거에 요셉을 팔아 넘긴 죄에 대한 징벌을 철저하게 받는다고 생각했을 것이다. 그러나 도리가 없었다. 왔던 길을 돌이켜 다시 애굽으로 돌아갈 수는 없는 노릇이었다.

두 번씩이나 큰 충격을 받은 그들은 고향으로 돌아가서 야곱에게 자초지종을 그대로 이야기했다(29-34절). 요셉을 팔아 넘기던 때처럼 거짓말을 할 수는 없었다. 이야기를 마치고서 곡식 자루를 비우던 그들은 모든 형제들의 자루 속에 각자가 치른 돈이 그대로 있음을 발견하였다. 깜짝 놀랄 일이었다. 마침내 야곱과 그의 아들들은 큰 두려움에 사로잡혔다(35절). 간첩 누명을 쓴 것만도 괴로운 일인데, 이제는 도둑 누명마저 쓰게 생겼으니 어이가 없었을 것이다. 나중에는 이것이 실수로 인해서 된 것이라고 생각하기는 했지만(43 : 12), 그때 당시에는 대단한 충격이었을 것이다. 이 충격을 견디지 못한 야곱은 그의 아들들을 향해서 다음과 같이 부르짖었다 : "요셉도 잃고, 시므온도 잃었는데, 이제 베냐민마저 빼앗아가는구나!"(36절).

그러나 그의 아들들로서는 하루 속히 베냐민을 애굽으로 데리고 가서 자기들의 간첩 누명을 벗기고, 또 억울하게 감옥생활을 하는 시므온을 데려와야만 했다. 이를 위해 맏아들인 르우벤이 형제들을 대표하여 아버지 야곱을 설득하고자 했다. 그는 만일 베냐민을 데리고 애굽으로 갔다가 그를 다시 가나안 땅으로 데려오지 못한다면 자기의 두 아들을 죽여도 좋다고 호소하였다. 그러나 소용이 없었다. 야곱이 그것을 허락하지 않았기 때문이다. 그는 베냐민마저 죽으면 자기는 백발이 성성한 채로 스올로 내려갈 것이라고 말하였다. 그는 베냐민마저 잃을지 모른다는 생각에 다른 아들들이 간첩 누명을 벗는 일이나 시므온을 데려오는 일을 대수롭지 않게 여겼던 것이다. 이는 역설적으로 그가 받은 고통이 얼마나 컸는가를 잘 보여 준다.

2. 형제들의 두 번째 애굽방문(43-44장)

1) 베냐민을 데리고 애굽으로 감(43 : 1-14)

야곱은 끝까지 버티고자 했다. 그가 어느 정도까지 버텼는지는 "우리가 지체하지 아니하였더면 벌서 두 번 갔다 왔으리이다."(43 : 10)는 유다의 말에 잘 반영되어 있다. 어쩌면 그는 가나안 땅에 기근이 끝난다고 해도 그의 아들들을 애굽으로 보내어 시므온을 되찾고자 하지 않았을 것이다. "요셉도 없어졌고, 시므온도 없어졌거늘"(42 : 36)이라는 그의 부르짖음이 이를 뒷받침한다. 그는 시므온도 요셉처럼 없어진 것으로 여기고자 했던 것이다. 이것은 베냐민을 위해서라도 시므온을 포기하겠다는 것이나 다름이 없었다. 그러나 야곱의 이러한 태도는 문제해결에 아무런 도움을 주지 못했다. 아니나 다를까 기근은 더욱 심해져갔고, 애굽에서 사온 곡물마저도 다 떨어져가고 있었다.

저장해 놓은 양식이 있었을 때에는 르우벤의 제안을 거절할 수 있었지만, 그것마저 다 바닥나 버린 절망적인 상황 아래에서는 다른 방도가 없었다. 베냐민을 아끼려다가 가족들 전체가 다 굶어 죽을 수는 없었기 때문이다. 하는 수 없이 야곱은 그의 아들들에게 다시 애굽에 가서 곡물을 사오라고 말했다. 그러면서도 그는 베냐민을 데리고 가라는 말은 하지 않았다. 그러나 다시금 애굽을 방문해야 하는 그의 아들들로서는 베냐민을 데려가지 않을 수 없었다. 그리하여 이번에는 야곱의 네 번째 아들인 유다가 형제들을 대표하여 아버지를 설득하고자 했다(3-5절). 베냐민을 데려가야 한다는 유다의 말에 야곱은 어찌하여 애굽 총리에게 아우가 있다고 말하여 이토록 자기를 괴롭히냐고 했지만, 그의 아들들은 그가 묻는 대로 대답했을 뿐이며 베냐민을 데려오게 하리라고는 상상도 못했다고 대답했다(6-7절).

아버지 야곱을 설득하기 위한 마지막 방편으로 유다는 두 가지 사실을 지적하였다. 그 하나는 만약에 베냐민을 데려가지 않으면 모두가 다

죽을 것이라는 점이었다(8절). 쉽게 말해서 베냐민을 데려가고 안 데려가는 문제는 베냐민 개인에 관한 문제가 아니라, '어린 것들' 을 포함한 가족 모두의 생사가 걸린 문제라는 것이었다. 유다가 지적한 두 번째 사실은 베냐민의 안전은 결코 염려할 바가 못된다는 것이었다. 그 까닭에 그는 자기가 베냐민의 안전을 책임지겠다고 자신있게 말할 수 있었다. 만약에 베냐민을 다시 데려오지 못한다면 그 죄를 평생 달게 받겠다고까지 장담하였다(9절). 이것은 유다가 '하나님을 경외한다' 는 애굽 총리의 말(42 : 18)을 신뢰하고 있었음을 잘 보여 준다.

애굽으로 두 번 갔다 올 수 있을 기간 동안이나 고집을 부리며 버텼던 야곱으로서도 이제는 도리가 없었다. 그러나 야곱은 결코 베냐민을 그냥 보낼 수는 없었다. 그는 베냐민을 애굽으로 데려가는 것을 허용하는 대신, 만약의 사태에 대비하기 위해 가나안 지방의 토산품을 애굽 총리에게 선물로 주라고 명했다. 비록 기근이 들기는 했지만, 가나안에는 아직 유향이나 꿀, 향품, 몰약, 비자(유향나무 열매), 파단행(감복숭아) 등의 값비싼 토산품들이 남아 있었기 때문이다. 그래서 야곱은 그것들을 애굽으로 가져가게 했다. 아울러 그는 애굽을 처음 방문하고 돌아왔을 때 자루에 담겨져 있던 돈을 포함해서 두 배의 돈을 가지고 가게 했다(11－13절).

야곱은 아들들을 보내기 전에 마지막으로 '엘 샤다이' , 곧 '전능하신 하나님' 께 간구를 드렸다. '엘 샤다이' 는 아브라함과 할례의 언약을 맺으신 분의 이름이었고(17장), 이삭이 야곱을 라반의 집으로 보낼 때 그를 위해 간구하면서 언급한 이름이었다(28 : 3). 또한 이 이름은 야곱이 밧단아람에서 가나안으로 돌아오는 길에 벧엘에 머물렀을 때 그에게 나타나셨던 하나님의 이름이기도 했다(35 : 11). 이 세 가지의 용례에서 드러나는 것은 조상들－아브라함과 이삭과 야곱－의 하나님인 '엘 샤다이' 가 그들에게 많은 자손을 약속(생육과 번성)함과 아울러 그들과 그들의 후손이 거할 땅까지도 약속하고 계시다는 점이다.

그러나 야곱이 그의 아들들을 애굽으로 보내면서 드리는 기도에서는 '엘 샤다이' 가 '긍휼' (개역은 '은혜' 로 번역함.)을 베푸시는 분으로 이해되고 있다. 여기서 '긍휼' 은 히브리어로 '라하밈' 인데, 창세기에서 처음 나오는 이 '라하밈' 은 본래 여자의 자궁이나 태(womb)를 뜻하는 '레헴' 의 복수형이다. 따라서 '라하밈' 은 자궁에서 비롯된 어머니의 사랑, 곧 모성애(母性愛)를 뜻하는 것이다. 야곱의 간구에서는 이 낱말이 생명을 보존하고 생명을 창조하는 기능과 관련되어 나타난다. 그러니까 야곱의 간구는 '엘 샤다이' 께서 그의 아들들의 생명을 보호해 주시를 바란다는 내용을 담고 있는 셈이었다. 실제로 그는 하나님께서 애굽 총리를 감동시키셔서 시므온과 베냐민까지 고향으로 돌려 보내게 해 달라고 간구하였다. 그러면서도 그는 만족스러운 결과를 기대하기 어려웠던지 체념하는 투로 "자식들을 잃게 되면 잃는 것이지, 난들 어떻게 하겠느냐?" 고 말하였다(14절 하반절). 이것은 '엘 샤다이' 에 대한 그의 믿음이 비극적인 현실에 대한 체념과 뒤섞여 있음을 잘 보여 준다. 그것은 곧 그의 믿음의 한계를 뜻했다.

2) 요셉과의 만찬(43 : 15-34)

베냐민을 포함한 열 명의 아들들은 아버지 야곱이 말한 대로 가나안의 토산품들과 두 배의 돈을 가지고서 애굽을 향해 떠났다. 그런데 베냐민이 형제들과 함께 왔음을 확인한 요셉은 뜻밖에도 자기 집 관리인에게 그들을 자기 집으로 인도할 것을 명하고, 그들과 함께 할 식사도 준비할 것을 명했다. 일반적으로 요셉과 같은 고위 관리가 자기 집에 사람을 초대할 경우에는 고귀한 신분의 손님들을 초대하는 것이 상례였다. 그런데 요셉은 그러한 관례를 깨뜨리고서 그의 형제들을 자기 집으로 초대한 것이다. 더욱이 그들은 당시에 요셉으로부터 간첩으로 오인받은 상황에 처해 있었다. 그것은 참으로 특별한 대우였다.

그러나 요셉의 형제들은 요셉의 선한 의도를 오해하였다. 애굽에 도착한 직후에 생각지도 않게 요셉의 집으로 안내된 그들은 덜컥 겁부터 먹었다. 곡식을 사러 온 다른 많은 이방인들 중에서 왜 하필이면 자기들이 선발되었는지가 불분명했다. 혹시 그들도 알지 못할 어떤 함정이 있는지도 모를 일이었다. 어쩌면 지난 번에 자루에 그대로 있던 돈 때문에 자기들을 체포하여 노예로 삼으려고 그러는 것일 수도 있었다(18절). 그래서 그들은 요셉의 집을 관리하는 자에게 돈 이야기를 하면서 자기들이 결코 그 돈을 훔치지 않았음을 강조했다(19–22절).

이에 대한 그 관리인의 반응은 전혀 엉뚱한 것이었다. 그는 불안에 떨고 있는 그들을 비난하기는커녕 염려할 것이 조금도 없다는 투로 그들을 위로하였던 것이다. "여러분에게 샬롬이 있기를 빕니다('샬롬 라켐', 개역은 '안심하라'로 번역하고 있음.). 두려워하지 마십시오."('알-티라우')라는 말이 그 점을 잘 보여 준다(23절 상반절). 아울러 그 관리인은 '너희의 하나님'('엘로헤켐'), 그리고 '너희 조상의 하나님'('엘로헤 아비켐')이 그 자루에 돈을 넣어 주신 것이라고 이야기했다(23절). 이방인의 입을 통해 나온 이 신앙고백적인 진술–그것이 설령 요셉에 의하여 주입되었다 할지라도–은 조상들의 하나님, 곧 '엘 샤다이'를 향한 야곱의 간구(14절)가 이루어지고 있음을 간접적으로 보여 주고 있다. 그것은 또한 요셉의 삶을 통해 이루어지고 있던 하나님의 신비로운 섭리가 어떠한 것인가를 암시하는 것이기도 했다.

뿐만 아니라 그 관리인은 양식값을 지난 번에 이미 받았다고 말하기까지 했다. 아마도 그는 요셉의 가장 신임하는 청지기로서 사건의 내막을 누구보다도 잘 알고 있었을 것이다. 자기 형들을 시험하려는 요셉의 계획에 깊이 관여하고 있었을 그로서는 이미 양식값을 받았다고 말하는 것이 지극히 당연한 일이었다. 반면에 요셉의 형들에게는 도무지 이해되지 않는 일이었다. 그러나 비록 영문을 알 수 없는 노릇이긴 했지만, 그들이 그토록 걱정하던 돈 문제는 이로써 다 해결된 셈이었다. 이처럼 요셉의 형들을 안심시킨 요셉 집의 관리인은 그 동안 감옥에 갇혀 있던 시므온을 그들에게 풀어 주었다. 그리고서는 시므온을 포함한 그들 일행 전부를 요셉의 집으로 인도하였다. 요셉의 집에서 그는 요셉의 형제들에게 물을 주어 발을 씻게 하고, 그들이 끌고 온 나귀에게도 먹이를 주었다.

정오 무렵에 요셉이 집으로 돌아오자 그들은 무엇보다도 먼저 요셉에게 자기들이 가져온 선물을 바치고서는 42 : 6에 이어 두 번째로 그에게 엎드려 절하였다. 요셉은 그들의 안부를 묻고 난 다음에 그들의 아버지가 잘 있는지를 물었다. 그들은 요셉의 물음에 몸을 굽혀 절하면서 그가 평안하게 잘 있다고 대답하였다. 요셉은 베냐민을 보고서 하나님이 그에게 은혜 베푸시기를 빈다고 말했다. 그러나 그는 베냐민을 향한 정을 억제하지 못하고서 급히 자기 방으로 가 한참 동안 울고 난 후에 그들에게 다시 왔다.

그 후에 그는 그들과 함께 식사를 하였다. 그러나 제의적인 정결과 관련된 애굽 사람들의 독특한 식사습관 때문에 요셉과 형제들, 그리고 애굽 사람들 모두가 따로 식사를 하였다. 그런데 당혹스럽게도 형제들의 식탁은 나이 순서대로 자리가 배치되어 있었다. 각 사람의 먹을 것은 요셉의 상에서 날라다 주었는데, 베냐민에게는 다른 사람보다 다섯 몫이나 더 주었다. 그들은 긴장을 풀고서 요셉과 함께 취하도록 마셨다.

3) 도둑 누명을 씌움(44 : 1-17)

점심식사를 형제들과 같이 한 요셉은 즉시 자기 집 관리인에게 그들이 가져온 곡식 자루에 곡식을 가득 채울 것과 그들이 가져온 돈도 그 안에 다시 넣을 것을 명하였다. 이와 아울러 그는 베냐민을 체포할 구실을 만들기 위해 그의 자루 속에 자신의 은잔을 몰래 넣게 하였다(1-2절). 그 잔은 애굽에서 흔히 점을 치는 데 사용하는 것이었다. 메소포타미아 지역에서도 마찬가지였다. 그들은 그 술잔에 어떤 물체를 넣었을 경우에 잔 속에 있는 물(또는 술)의 표면이 어떻게 변하는가를 통해서 점을 치곤 했던 것이다.

이스라엘 후기에는 이러한 점술법을 엄격하게 금지하였으나(레 19 : 26, 신 18 : 10, 사 19 : 3 등을 참조), 애굽 사람들에게 있어서 그것은 대단히 중요한 의미를 갖는 것이었다. 요셉이 그 잔을 베냐민의 곡식 자루에 넣은 것은 그의 형들이 진정으로 지난 날의 과오를 뉘우치고 새 사람들이 되었는지를 다시 한번 확인하기 위해서였다. 그는 그러한 변화를 아버지 야곱이 편애하는 자기의 친동생 베냐민을 통해서 확인하고자 했다. 그것은 형제들과의 효과적인 화해를 위한 준비작업이기도 했다.

다음날 아침에 일찍 형제들을 보낸 다음에 요셉은 관리인을 시켜 그들을 좇아가게 하였다(3-5절). 그는 요셉이 시킨 대로 요셉의 형제들에게 주인이 마실 때와 점을 칠 때 쓰는 은잔을 훔쳐갈 수가 있느냐고 호통쳤다. 선을 악으로 갚을 수 있느냐는 것이었다. 그러자 요셉의 형제들은 그 관리인의 비난을 강경하게 부인하면서, 만약에 요셉의 은잔을 훔친 사람이 있다면 그를 죽여도 좋으며, 자기들은 다 요셉의 종이 되겠다고 자신있게 말하였다(6-9절). 요셉 집의 관리인은 그들의 제안에 동의하면서도 그 조건을 더욱 완화시켜, 요셉의 은잔이 발견된 사람만 종이 되고, 나머지는 보내겠다는 타협안을 제시했다. 이들 사이의 이러한 대화에서 우리는 각 형제들의 자루 속에 있는 돈이 문제가 아니라 베냐민의 자루 속에 있던 은잔이 문제되고 있음을 알 수 있다. 그것은 결국 베냐민이 이 시험의 핵심에 속한 인물임을 뜻했다.

그런데 그 관리인이 맏아들 르우벤의 자루부터 차례대로 뒤져가는 중에 마지막 베냐민의 자루에서 그 은잔이 나왔다. 이것을 본 그들은 슬픔에 북받쳐서 옷을 찢고 울면서 저마다 나귀에 짐을 다시 싣고 성으로 되돌아갔다. 그들은 이제 세 번째로 요셉 앞에 엎드려 절을 해야만 했다(14절). 요셉은 자기가 점을 잘 치는 사람임을 내세우면서 짐짓 자신의 점치는 행동에 의해서 그들의 죄악을 적발해 냈음을 부각시켰다

(15절). 물론 요셉의 이 말은 형들을 유인하기 위한 술책에서 비롯된 것이었다.

그러나 그것을 알 턱이 없는 유다는 자기들의 잘못에 대해서 변명의 여지가 없음을 그대로 고백하였다. 그러면서 그는 하나님께서 자기들의 죄를 들추어냈으니 모두가 종이 되겠다고 말했다. 이른바 연대책임을 지겠다고 나선 것이다. 그가 이처럼 형제들을 대표하여 앞으로 나선 것은 가나안에 있을 때 아버지 야곱에게 자기가 베냐민의 신변을 보증하겠다고 약속했기 때문이었다. 그런데 한 가지 흥미로운 것은 요셉이 점술에 의해서 그들의 잘못(은잔을 훔친 죄)을 발견해 냈다고 한 반면에, 형제들을 대표한 유다는 하나님께서 자기들의 잘못(요셉을 팔아 넘긴 죄)을 드러내셨다고 말한 점이다. 이것은 유다를 비롯한 그의 형제들이 과거에 요셉에게 저지른 잘못에 대해서 철저하게 뉘우치고 있음을 보여준다. 그러나 요셉은 베냐민만을 붙들어 두기를 원했다. 그래서 그는 잔이 들킨 사람만 종이 되고, 나머지는 집으로 가도 좋다고 말했다.

요셉이 이처럼 베냐민만을 종으로 삼겠다고 했을 때, 사실 나머지 형제들은 자유의 몸이 될 수 있었다. 그들은 베냐민을 놓아두고 얼마든지 고향으로 돌아갈 수 있었던 것이다. 그러나 이제는 상황이 달랐다. 지난 날에는 요셉을 팔아 넘긴 후에 아버지 야곱을 속이고서도 양심의 가책을 느끼지 못했지만, 이제는 변화된 그들의 양심이 베냐민만을 두고는 떠나지 못하게 했다. 어떻게 보면 요셉의 무죄 방면이 유다의 솔직한 답변을 재촉했다고도 할 수 있을 것이다. 아니나 다를까 형제들을 대표한 유다는 베냐민을 두고서 자기들끼리만 고향으로 돌아간다는 것은 있을 수 없는 일이라고 말했다. 요셉의 석방 선언과는 달리 자기들 모두가 다 요셉의 종이 되겠다고 한 그의 말이 그 점을 뒷받침한다(16절 하반절). 그러나 요셉은 유다의 제안을 냉정하게 거절하였다. 베냐민만 남고 나머지는 평안히 고향으로 돌아가라는 것이었다(17절).

4) 베냐민을 위한 유다의 탄원(44 : 18－34)

상황이 이렇게 되자 유다는 베냐민을 놓아두고 갈 수 없는 이유를 요셉에게 밝히지 않을 수 없었는데, 18절에서 34절까지 이어지는 유다의 긴 탄원은 구약성경에서 가장 감동적인 호소문으로 알려져 있다. 이 호소문에서 그는 요셉에게 최대한의 예절을 지키면서 매우 공손한 어조로 자신의 간절한 심정을 이야기한다(18절). 그는 요셉이 자기들을 노여워하지 않게 하기 위해서, 자기네들이 부당하게 간첩 혐의를 받은 일이나 시므온이 억울하게 감옥살이를 한 일에 대해서는 일체 언급하지 않았다. 오히려 그는 자기들의 연로한 아버지 야곱과 그가 끔찍이도 사랑하고 아끼는 베냐민에 대해서만 이야기했다. 그 순간에는 요셉의 인간적인 감정에 호소하는 길만이 문제해결의 지름길이었다고 믿었기 때문이었다.

그래서 그는 베냐민이 아버지 야곱에게 얼마나 소중한 존재인가를 강조하였으며, 두 사람 사이의 끊을 수 없는 관계를 간절한 마음으로 전하였다. 아울러 그는 자기들이 지난 번에 곡식을 사가지고 고향으로 돌아갔을 때, 베냐민을 데려올 것이냐 말 것이냐 하는 문제로 아버지 야곱과 자기들 사이에 큰 갈등이 있었음을 솔직하게 털어놓았다. 그러면서 그는 고향으로 돌아갈 때 베냐민을 데리고 가지 않았을 경우에 아버지가 받을 충격을 자기들로서는 도무지 감당할 수가 없다고 말했다.

유다의 호소에 의하면 아버지 야곱의 생명과 베냐민의 생명은 하나나 다름이 없었다. 만약에 베냐민을 데리고 가지 않는다면 아버지가 삶의 의욕을 상실한 채로 자기 목숨을 끊을런지도 모른다는 말이었다. 그렇게 되면 결국은 자기들이 아버지를 돌아가시게 한 꼴이 되는데, 자식된 자들로서 어떻게 연로하신 아버지에게 그처럼 불효막심한 일을 할 수 있겠느냐는 것이 유다를 비롯한 형제들의 솔직한 심정이었다. 베냐민을 위한 탄원의 뒷부분에서 유다는 자기가 아버지 앞에 반드시 베냐민을 데려올 것이며, 그렇지 못할 경우에는 죄를 달게 받겠다고 맹세했음을 추가로 밝혔다.

마지막에 가서 그는 베냐민 대신에 자기가 종이 되어도 좋으니 베냐민 만큼은 집으로 가게 해 달라고 간청하였다. 베냐민이 받을 벌을 대신 받겠다는 것이었다. 그는 자기 아버지에게 닥칠 불행을 차마 볼 수 없다고 말했다. 자신을 희생하고자 하는 유다의 이러한 태도는 그의 탄원의 정점을 이루는 것으로, 불화를 치유하는 대속적인 고난의 첫 사례에 속한다고 볼 수 있다. 공동체 균열의 치유는 어느 경우이든 간에 그 치유를 위한 고통을 짊어질 사람이 있을 때에라야 가능한 것이다. 이 점에서 볼 때 유다의 탄원은 예수 그리스도의 십자가에 나타난 대속의 고난을 예비하는 성격의 것이라 할 수 있다(사 53 : 4-9 참조).

3. 감격적인 만남(45장)

1) 요셉이 자기 정체를 밝힘(1-15절)

형제들을 대표한 유다의 탄원은 그 동안 그들의 마음속에 생겨난 변화가 어떠한 것이었는지를 분명하게 보여 주었다. 형들의 변화를 확인한 요셉의 마음속에는 형언할 길 없는 감사가 넘쳐났다. 뿐만 아니라 베냐민을 위하여 기꺼이 자신을 희생하고자 한 유다의 태도는 요셉으로 하여금 형들에 대한 정을 억제하지 못하게 만들었다. 이제야 자신의 정체를 밝히고서 형들과 화해할 때가 되었다고 판단한 요셉은 주위에 둘러선 애굽 사람들을 다 밖으로 내보냈다. 애굽 사람들을 물리친 다음에 요셉은 자기 정체를 형제들에게 밝히고서는 한참 동안 울었다. 그 울음소리가 어찌나 컸던지 밖으로 물러난 애굽 사람들과 바로의 궁에까지 들릴 정도였다.

자신을 드러낸 요셉은 맨 먼저 사랑하는 아버지의 안부에 대하여 형들에게 물었다. 그러나 그의 형들은 놀란 나머지 어리둥절하여 아무런 대답도 하지 못했다. 그들이 그처럼 놀란 것도 무리가 아니었다. 자기들이 종으로 팔아 넘긴 요셉이 애굽의 총리가 되어 있다는 사실이 믿겨지지 않아서이기도 했지만, 다른 한편으로는 요셉이 이제 자기들의 괘씸한 행동에 대하여 크게 보복할지 모른다는 두려움 때문이기도 했다. 이 점을 간파한 요셉은 보복에 대한 두려움에 사로잡혀 있는 형들을 안심시켜야만 했다. 자신에게 보복할 의사가 전혀 없음을 분명하게 밝혀야만 했던 것이다.

그래서 그는 자기 형제들을 가까이 불렀다. 그리고서는 그들에게 자신을 애굽에 팔아 넘긴 것에 대하여 걱정하거나 자책할 필요가 전혀 없다고 말하였다. 그 이유는 간단했다. 비록 형들이 자기를 애굽에 팔아 넘겼지만, 하나님께서 형들보다 앞서서 자기를 거기에 보내셨다는 것이 그 이유였다(5절). 자기 가족들의 목숨을 건져주기 위해서 하나님께서 자기를 미리 애굽에 보내셨다는 것이었다.

요셉의 이러한 설명은 그가 하나님과 함께 하는 삶 속에서 얻어낸 위대한 신앙고백이었으며, 애굽에서 시련과 고통을 겪는 가운데 터득한 그의 삶의 철학이기도 했다. 그는 형들과 이야기를 나누면서 하나님이 자기를 보내셨다는 고백을 두 번이나 더 되풀이했다 : "하나님이 …… 나를 당신들 앞서 보내셨나니 …… 그런즉 나를 이리로 보낸 자는 당신들이 아니요 하나님이시라"(7-8절). 아울러 그는 하나님이 자기를 보내셔서 바로에게 아버지와 같은 사람이 되게 하시고, 또한 애굽 온 땅의 통치자가 되게 하셨다고 말했다. 그러니까 자기를 애굽의 주로 삼으신 분은 애굽의 최고 신이요, 태양신인 아몬-레(Amon-Re)도, 애굽의 최고 통수권자인 바로도 아니라는 말이었다.

계속 이어진 그의 고백에 의하면, 하나님께서 요셉을 미리 애굽에 보내시고, 그를 애굽 총리가 되게 하신 목적은 다른 데에 있지 않았다. 그것은 야곱 일가족의 생명을 구원하고, 그들의 후손을 세상에 남겨 두시기 위한 목적을 가지고 있었다(5, 7-8절). 이것은 결국 아브라함의 후손을 하늘의 별과 같이, 그리고 바다의 모래와 같이 많게 하시겠다는 하나님의 약속과 같은 맥락에 속한 것이다. 하나님은 요셉을 통해서 아브라함에게 주셨던 최초의 언약을 이루고자 하신 것이다. 더 나아가서 그것은 요셉이 애굽 총리로 다스리던 때의 모든 세상 사람들을 구원하려는 목적까지도 포함하고 있었다. 달리 말해서 요셉을 통한 하나님의 섭리는 애굽이라는 대제국을 무대로 한 세계사적인 차원을 가지고 있는 셈이었다.

우리는 요셉의 이러한 고백에서 그의 위대성을 발견한다. 그는 이제까지 자신이 겪어온 일들 속에서 하나님의 손길을 발견할 수 있었고, 그래서 세 차례에 걸쳐 "하나님이 나를 미리 보내셨다."고 말할 수 있었다. 돌이켜 보건대 그의 삶은 참으로 고통과 시련으로 가득 찬 것이었다. 그럼에도 불구하고 요셉은 형들의 시기심에 의해 죽을 뻔한 일, 애굽에 종으로 팔린 일, 유혹을 피하려다 억울하게 감옥에 갇힌 일, 두 시종장의 꿈을 해석해 준 일, 애굽 왕 바로의 꿈을 해석한 후에 애굽 총리가 된 일, 칠 년간의 풍년과 칠 년간의 흉년, 기근으로 인한 형들의 애굽방문 등의 파란만장한 삶을 통해서 하나님의 주권적인 섭리를 발견한 것이다.

이것은 결국 요셉이 세상 역사를 주관하시는 하나님의 손길이야말로 복잡한 세속 사건들을 지배하는 기본원리임을 발견했음을 잘 보여 준다. 따라서 그가 형들의 간계에 의하여 애굽에 팔린 일이나 보디발의 아내의 모함에 의하여 부당하게 감옥에 갇힌 일도 결국에는 하나님의 섭리를 위한 한 방법으로 이해될 수 있었다. 요셉의 이러한 신앙고백은 "하나님을 사랑하는 자, 곧 그 뜻대로 부르심을 입은 자들에게는 모든 것이 합력하여 선을 이루느니라."라는 바울 사도의 고백(롬 8 : 28)과 맥을 같이 한다. 범사에 감사하라는 바울 사도의 권면(살전 5 : 18)이나 환란이 닥칠 때에도 온전히 기뻐하라고 권면하는 야고보서 기자의 설교(약 1 : 2－4)도 마찬가지이다.

다시 요셉 이야기로 돌아가 보자. 형제들에게 자신을 밝히고서 그들을 안심시킨 요셉은 이제 아버지 야곱을 모셔 올 일에 대해서 그들과 의논하였다. 그가 보기에 흉년이 아직도 다섯 해나 남아 있었기 때문에, 5년 동안의 기근을 위한 장기적인 대비책이 필요했다. 가장 좋은 방법은 야곱 일가족을 애굽으로 옮겨 오는 일이었다. 그래서 그는 형제들에게 가나안에 있는 모든 가족과 재산을 가지고 와서 고센 지방에 살게 할 것을 제안하였다(10-11절). 그들에게는 아직 아무도 거하지 않은 미개척지가 필요했는데, 라암세스(Rameses)라고 알려진 고센(Goshen)이 그러한 조건에 가장 적합한 곳이었다(47 : 11).

고센은 지금의 와디 투밀랏(Wadi Tumilat)에 해당하는 나일 삼각주 하류(동북부)의 비옥한 땅이었다. 그 곳은 요셉이 머물러 있던 수도 아바리스(Avaris=Zoan, 시 78 : 12, 43, 사 19 : 11, 13, 30 : 4, 겔 30 : 14)에서 그리 멀지 않은 곳에 위치해 있어서, 요셉이 언제든지 찾아가 볼 수 있다는 이점(利點)을 가지고 있었다. 그러나 무엇보다도 중요했던 것은 고센이 애굽 땅의 중심부로부터 멀리 떨어진 곳에 있었다는 점이다. 고센이 애굽 변방에 있다는 사실은 장차 있을 요셉 가문의 애굽 탈출을 용이하게 하는 중요한 요소로 작용했다. 지혜로운 통치자였던 요셉은 고센이 가진 이러한 전략적인 가치를 충분히 염두에 두었던 듯하다.

마지막으로 요셉은 형들에게 그들이 본 요셉의 모든 영광과 그들이 애굽에서 본 모든 것들을 있는 그대로 아버지에게 전해 달라고 부탁하였다(12-13절). 말을 마친 요셉은 친동생인 베냐민의 목을 끌어안고 울었으며 베냐민도 마찬가지로 울었다. 요셉은 형들과도 하나하나 입을 맞추고 부둥켜안고서 울었다. 이후에는 형들과의 자연스러운 대화가 오갔다. 완전한 화해가 이루어진 것이다.

2) 야곱을 데려오기 위한 준비(16-28절)

요셉의 형제들이 왔다는 소문이 바로에게 전해지자 바로와 그의 신하들은 매우 기뻐하였다. 바로는 요셉에게 그의 부친의 가족을 모두 데려와서 애굽에서 가장 좋은 땅에 거하게 하겠다고 말하였다. 그러면서 그는 노약자와 부녀자들 및 어린이들을 위해 여러 대의 수레를 가져갈 것을 명하였다. 요셉은 바로가 명한 대로 형들에게 수레를 여러 대 주고 여행길에 먹을 것도 마련하여 주었다. 또 그들에게 새 옷 한 벌씩을 주었으며, 베냐민에게는 특히 은돈 삼백 세겔과 옷 다섯 벌을 주었다. 요셉은 아버지에게 드릴 또다른 예물을 준비하였다. 그것은 애굽에서 나는 귀한 물건들로서 수나귀 열 마리에 실을 정도로 많았다. 아버지가 애굽으로 내려오는 길에 필요한, 곡식과 빵과 다른 먹을거리도 암나귀 열 마리에 나누어 실었다. 바로의 이러한 배려와 관심은 기근으로부터 자기 나라를 구한 요셉의 탁월한 통치능력에 대한 포상의 의미를 가지고 있었다.

요셉의 형제들은 애굽 왕 바로의 이러한 호의(好意)에 힘입어 예전보다 훨씬 편하게 가나안으로 되돌아갈 수 있었다. 그러나 요셉은 그들이 집으로 가는 길에 아버지 야곱에게 보고할 내용을 가지고서 서로 싸울런지도 모른다고 생각하고서, 그들에게 "가시는 길에 서로 다투지 마십시오."라고 당부하였다(24절). 고향에 도착한 그들은 자기들이 본 것을 그대로 야곱에게 말하였다. 그들이 야곱에게 전한 메시지 가운데 가장 중요했던 것은 요셉이 아직까지 살아 있으며 애굽의 총리가 되었다는 사실이었다.

그런데 요셉의 현재 상황에 대한 그들의 보고는 지난 날에 그들이 아버지 야곱을 속이고서 요셉이 짐승들에게 잡아 먹혔다고 보고한 것이 거짓이었음을 드러낸 셈이었다. 이처럼 뜻밖의 소식을 접한 야곱은 처음에는 정신이 나간 듯 어리벙벙하여 그 말을 곧이 듣지 않았다. 그러나 요셉이 전하게 한 말을 자세히 듣고서, 또 요셉이 보낸 수레들을 보고서는 비로소 제정신이 들었다. 이제는 죽어도 한이 없겠다고 기뻐한 그는 삶에 대한 새로운 의욕을 느꼈다. 그리하여 그는 죽기 전에 꼭 그를 보아야겠다는 자신의 결심을 밝혔다.

Ⅳ. 야곱 가족의 애굽정착(46－47장)

야곱 가족의 애굽정착에 대해서 기록하고 있는 46장 이하의 내용은 흔히 족장사의 마지막 시기에 속한 것으로 이해된다. 이것은 곧 46장 이하의 내용이 족장사에 이어지는 출애굽 이야기의 가장 직접적인 배경을 이루고 있음을 뜻한다. 바꾸어 말하자면 족장사의 결론 부분에 해당하는 46~50장은 족장사와 출애굽을 연결하는 이야기라 할 수 있다. 그리고 전체적으로 보아 46~50장은 요셉보다는 야곱에게 이야기의 초점을 맞추고 있으며, 야곱의 이름을 자주 '이스라엘'로 호칭한다. 이것은 야곱의 말년(末年)에 관한 이야기가 사실은 애굽에서 억압과 속박의 삶을 살게 될 '이스라엘' 민족에 관한 이야기의 서론에 해당함을 암시한다.

그리고 한 가지 추가할 것은 비록 이 마지막 장들에 묘사되어 있는 야곱 이야기가 야곱이 130세에 애굽에 도착하여 147세에 운명하기까지의 17년을 취급하고 있기는 하지만, 실제로는 그 17년의 처음과 마지막 부분만 중점적으로 언급할 뿐이라는 점이다. 창세기의 마지막 부분이 이처럼 애굽에서 이루어진 야곱의 17년 생애의 중간 부분에 대하여 침묵을 지키고 있다는 것은, 애굽 체류시절에 관한 야곱의 이야기가 46~50장의 주요 관심사가 아님을 보여 준다. 이 점은 이스라엘 자손의 오랜 애굽 체류생활을 간결하게 처리하는 출애굽기 1장에서도 마찬가지이다. 중요한 것은 하나님의 약속이 어떻게 성취되느냐에 있지, 그들이 이방 나라에서 어떻게 살았느냐는 것이 아니기 때문이다.

내용상으로 본다면 46~50장은 그 시기에 따라 크게 둘로 나누인다. 전반부인 46~47장은 주로 애굽 체류의 초기를 다루는 것으로, 야곱 일행의 애굽이주 및 요셉의 기근관리 방법에 대해서 기록하고 있다. 그리고 후반부인 48~50장은 애굽 체류의 후기를 다루는 것으로, 임종을 앞둔 야곱의 축복과 유언에 대해서 기록하고 있다.

여기서 다루게 될 46~47장은 위에서 이미 말한 바와 같이 야곱을 이야기의 중심 인물로 등장시키고 있다. 야곱 일가족의 애굽이주에 관한 짧은 설명(46 : 1-7)이나 애굽으로 이주한 야곱 일가족의 명단(46 : 8-27), 야곱과 요셉의 만남(46 : 28-34), 야곱의 바로 알현(47 : 1-12), 야곱의 마지막 부탁(47 : 27-31) 등이 그 점을 잘 보여 준다. 이러한 사실은 특히 이 두 장(章)의 서두에 야곱이 하나님의 현현(顯現, theophany)을 경험한 것에 관한 이야기가 나오고, 또 마지막에 가서는 그가 자신의 장례에 대하여 예비하고 있음을 볼 때 더욱 그러하다.

물론 47장 중간에 요셉에게 초점을 맞춘 이야기가 나타나고 있기는 하다. 그러나 요셉의 기근관리에 관한 이야기(47 : 13-26)는 단지 부록적인 성격의 본문일 뿐이지, 46~47장에서 핵심적인 위치를 차지하고 있는 본문은 결코 아니다. 그것은 어떻게 보면 하나님의 택한 백성인 이스라엘 자손이 그의 복과 은혜에 힘입어 기근 속에서도 크게 생육하고 번성하고 있음(47 : 27)을 강조하려는 성격의 본문이라고 할 수 있을 것이다. 동시에 그것은 하나님의 약속이 약속의 땅으로부터 멀리 떨어진 이방 나라에서, 그리고 궁핍과 곤경의 한복판에서도 이루어질 수 있는 것임을 간접적으로 암시하는 본문이라 할 수 있다.

1. 야곱 가족의 애굽이주(46장)

1) 야곱을 만나신 하나님(1-7절)

요셉의 초청을 받은 야곱 일가(一家)는 애굽으로 이주할 준비를 했다. 그들이 애굽으로 이주하고자 한 표면적인 이유는 앞으로도 계속될 5년 동안의 혹심한 기근(45 : 11)을 피하고자 함에 있었지만, 보다 근본적인 이유는 애굽의 총리로 있던 요셉이 그들을 초청한 데에 있었다. 야곱으로서는 사랑하는 아들 요셉을 하루 속히 만나고 싶었다. 그래서 그는 가나안에 있던 그의 모든 재산을 다 챙긴 후에, 거기서 같이 살던 모든 식구들을 거느리고 애굽을 향해 길을 떠났다. 그의 할아버지인 아브라함도 한때 기근을 피하여 가나안을 떠나 애굽으로 옮겨간 적이 있었지만(12 : 10-20), 그때에는 애굽에서 누군가가 아브라함을 초청한 것이 아니었다. 아브라함 혼자서 갔을 뿐이었다. 그리고 그는 거기서 바로를 속인 죄로 쫓겨나다시피 했었다. 그러나 이제는 상황이 달랐다. 기근도 기근이었지만, 사랑하는 아들 요셉이 애굽에 총리로 있으면서 그를 초청한 것이다.

헤브론(37 : 14 참조)을 떠나 브엘세바에 잠시 머물던 야곱은 거기에서 아버지 이삭의 하나님께 희생제사를 드렸다. 그가 '이삭의 하나님'께 희생제사를 드린 것은 브엘세바가 그의 아버지 이삭이 거주하던 곳인 데다가, 거기에 이삭과 관련된 성소가 있었기 때문이다(26 : 23-25). 그 곳은 또한 야곱이 형 에서의 보복을 피하기 위해 떠난 곳이기도 했다(28 : 10). 그가 여행 도중에 하나님께 희생제사를 드린 목적은 애굽으로 내려가기 전에 어떻게든 하나님의 승인을 받기 위해서였을 것으로 보인다. 아니나 다를까 하나님께서는 야곱의 희망대로 밤중에 환상을 통해서 그를 만나셨다. 야곱의 이름을 두 번에 걸쳐서 부르신 하나님은 자신이 그의 아버지 이삭의 하나님임을 밝히신 후에, 애굽으로 내려가는 것을 두려워하지 말라고 하심으로써 그를 위로하셨다.

그러면서 하나님은 그에게 네 가지의 약속을 주셨다. 첫 번째 약속은 그를 애굽에서 큰 민족이 되게 하겠다는 것이었으며(12 : 2, 18 : 18), 두 번째 약속은 하나님께서 친히 그와 함께 애굽으로 내려가시겠다는 것이었다. 그리고 세 번째 약속은 하나님께서 반드시 그를 애굽에서 이끌어 내어 가나안 땅으로 돌아오게 하겠다는 것이었다. 가깝게 보아 이 약속은 야곱의 장례에 관한 것이었지만, 멀게 본다면 이스라엘 자손의 출애굽을 암시하는 것이었다. 마지막으로 네 번째 약속은 요셉으로 하여금 그의 장례를 주관하게 하시겠다는 것이었다(3-4절). 이상의 네 가지 약속은 족장사의 핵심 주제인 약속-성취의 큰 흐름에 속한 것으로 하나님의 구원역사가 어떻게 이루어질 것인가를 구체적으로 보여 준 것이었다.

하나님의 이러한 위로와 약속은 여러 차례에 걸쳐 아브라함과 이삭과 야곱 자신에게 주어진 것과 거의 동일한 것이었다. 그럼에도 불구하고 이 브엘세바 환상은 특별한 의미를 가지고 있었다. 그것은 약속의 땅을 떠나야 한다는 것이 그에게 상당한 부담감을 주었다는 사실과 관련된다. 그는 이방 사람들의 땅인 애굽에서 살아야 한다는 것에 대해 큰 두려움을 느꼈다. 만일 애굽으로 갈 경우에 하나님의 약속은 어떻게 되는 것인지도 불투명했다. 과연 하나님이 애굽생활을 허용할 것인가에 대한 생각이 그를 불안하게 만들었다. 그의 아버지 이삭도 한때는 기근을 피하여 애굽으로 가려고 했다가 하나님께로부터 저지당한 적이 있었기 때문이다(26 : 2). "애굽으로 내려가기를 두려워 말라."(3절)는 하나님의 말씀이 야곱의 그러한 심경을 잘 반영해 주고 있다.

브엘세바 환상은 이처럼 두려움에 사로잡혀 있던 야곱에게 큰 위로와 용기를 주었다. 또한 그것은 이방 땅인 애굽에서도 하나님의 약속이 반드시 이루어진다는 확신을 그에게 심어 주었다. 요셉이 선택의 여지가 없이 애굽으로 팔린 것이나, 그가 애굽 전체를 관할하는 총리가 된 것도, 알고 보면 자신의 약속을 이루시려는 하나님의 특별한 섭리에서 비롯된 것이었기 때문이다. 더 이상 망설일 필요가 없었다. 그래서 그는 브엘세바를 떠나 자신있게 애굽으로 향했다. 그의 아들들은 바로가 보낸 수레에 야곱과 아이들과 아내들을 태웠으며, 각종 집짐승들과 그들이 가나안에서 모은 재산을 전부 챙겼다.

2) 애굽에 이주한 야곱 가족의 명단(8-27절)

야곱 일가족의 애굽이주에 대해서 기록하는 46장은 두 번째 부분인 8절 이하에서 이주자들의 명단을 소개한다. 이 명단에 의하면 애굽으로 내려간 야곱과 그의 자손들은 전부 70명이었는데, 히브리어 본문은 그들을 '브네 이스라엘' 이라 칭하고 있다. 이 표현은 '이스라엘(야곱)의 자손들' 이라는 뜻으로 이해될 수도 있지만(개역의 번역이 이를 따름, '이스라엘의 가족'), 구약 전체의 용례에 의한다면 문자 그대로 '이스라엘 자손' 으로 번역하는 것이 더 적절하다. 대부분의 영어성경도 그렇게 번역하고 있다(the Israelites). 그러니까 애굽으로 이주한 야곱 일가족은 사실상 이스라엘 공동체의 원형(原形)에 해당하는 셈이다.

8절 이하의 명단에서 우리의 주목을 끄는 것은 유다의 경우, 그가 며느리 다말을 통해서 낳은 아들 베레스와 세라가 그의 아들로 입적되어 있다는 사실이다. 물론 유다의 본래 아들인 엘과 오난은 가나안 땅에 있을 때에 이미 죽었으므로, 애굽 이주자들의 공식 집계에는 포함되어 있지 않다. 요셉이 낳은 므낫세와 에브라임 역시 야곱의 아들들로 여겨지고 있다. 이것은 나중에 야곱이 요셉의 두 아들 므낫세와 에브라임을 자신의 양자(養子)로 받아들였기 때문에 그런 것이다(48 : 8-14).

딸은 레아의 경우 디나가, 그리고 실바의 경우 아셀에게서 난 세라만 소개되고 있다. 다른 딸들이나 손녀들도 많이 있었겠지만, 그들은 다 제외되었다. 게다가 야곱의 아내들은 한결같이 애굽 이주자들의 통계에 포함되지 않고 있다. 이처럼 야곱의 아내들이나 딸들과 손녀들 및 며느리들이 통계 숫자에서 제외되고 있는 것은, 이스라엘의 통계조사가 가부장제도의 영향을 받아 건장한 남성들만을 주로 포함시키는 관례를 가지고 있기 때문이었다.

이제 그 명단을 순서대로 정리하면 다음과 같다. 이들은 나이순으로 배열되어 있지 않고, 그들의 어머니를 따라 소개되고 있다. 즉, 레아, 레아의 몸종 실바, 라헬, 라헬의 몸종 빌하 등의 순서를 따르고 있다.

① 레아의 자손 : 33명
② 실바의 자손 : 16명
③ 라헬의 자손 : 14명

④ 빌하의 자손 : 7명

총 계 : 70명

먼저 레아의 자손을 보도록 하자. 레아의 자손은 본래 34명이라야 맞다. 르우벤(4명, 42 : 37에는 2명으로 나옴), 시므온(6명), 레위(3명), 유다(7명), 잇사갈(4명), 스불론(3명) 등이 낳은 자손들의 수(27명)에 레아의 여섯 아들 및 딸(디나)의 수(8명)를 합하면 34가 되기 때문이다. 그런데 이 중에서 유다의 죽은 두 아들 엘과 오난을 제외해야 하므로 34명에서 2명이 줄어든 32명이 된다. 따라서 엄밀하게 본다면 레아의 자손으로 애굽으로 이주한 자들은 모두 32명이다. 그러나 8절 이하의 명단은 야곱을 레아의 자손 숫자에 포함시킴으로써, 레아의 자손을 한 명 더 많은 33명으로 계산하고 있다(8절의 '야곱과' 라는 표현 참조).

실바의 자손은 갓의 자손 7명과 아셀의 자손 7명 및 갓과 아셀 2명을 합한 16명으로 되어 있다. 그런가 하면 라헬의 자손들은 모두 14명이었는데, 이는 베냐민이 낳은 아들 10명과 요셉, 베냐민, 므낫세, 에브라임 등의 4명을 합했기 때문이다. 여기서 한 가지 문제가 되는 것은 베냐민이 아직 어린 나이에 어떻게 10명이나 되는 아들을 두었을까 하는 것이다. 민수기 26 : 38~40과 역대 상 8 : 1 : 28은 베냐민이 다섯 명의 아들들을 낳은 것으로 되어 있다. 이 두 본문에 의한다면 베냐민이 낳은 것으로 알려진 10명의 아들들 명단에는, 그가 낳은 아들들과 손자들이 포함되어 있다고 볼 수밖에 없을 것이다. 마지막으로 빌하의 자손은 7명인 바, 이는 단이 낳은 1명의 아들과 납달리가 낳은 4명의 아들 및 단과 납달리 2명을 합하여 이루어진 숫자이다.

이상의 통계에서 분명하게 드러나는 것은 야곱과 함께 가나안을 떠나 애굽으로 이주한 사람들의 수가 야곱의 아내들과 며느리를 뺀 직계 자손들만 해서 정확하게 66명으로 나타난다는 사실이다. 물론 이 수(66)는 70에서 애굽에 있는 요셉과 그의 두 아들 및 야곱 등의 4명을 뺀 것이다. 또 한 가지 흥미로운 것은 레아의 자손(33명)이 실바의 자손(16명)의 거의 두 배이고, 라헬의 자손(14명)이 정확하게 빌하의 자손(7명)의 두 배라는 사실이다.

이러한 사실들은 우리에게 무엇을 말해 주는가? 그것은 이 명단이 상당히 인위적인 것이라는 점을 말해 준다. 여자들을 통계에서 일률적으로 다 제외하되 유일하게 두 명의 여자(디나와 세라)만을 포함시킨 것이라든가, 매우 많이 있었을 손자들 중에서 유독 유다의 아들 베레스와 아셀의 아들 브리아의 아들들만을 소개한 사실이 그 점을 뒷받침한다. 베냐민의 아들들 명단에 애굽이주 이후에 태어났을 손자들을 일부 포함시킴으로써, 그가 나이에 걸맞지 않게 많은 아들들을 낳은 것으로 소개하는 것도 마찬가지이다. 본부인의 자손과 첩의 자손 사이에 두 배의 차이가 난다는 점도 같은 맥락에 속할 것이다.

어떤 이들은 이 명단에 들지 않은 많은 다른 자손들이 가나안에 그냥 머물러 있었기 때문에 숫자가 70명으로 고정된 것이라고 말한다. 그러나 그렇게 본다고 해도 이 명단의 인위성은 사라지지 않는다. 왜냐하면 이 명단은 애굽으로 실제로 이주한 많은 다른 사람들을 의도적으로 숫자에서 제외시킴으로써 70이라는 숫자를 만들어내고 있기 때문이다. 이 점은 이 명단에 관한 70인역 전승에 의해서도 뒷받침된다. 70인역 전승은 애굽으로 이주한 야곱 일가족의 수를 75명으로 보고 있기 때문이다. 참고로 알아둘 것은 70인역을 거의 그대로 인용한 스데반의 설교(행 7 : 14) 역시 애굽 이주자들의 수를 75명으로 보고 있다는 점이다.

창세기 저자는 왜 애굽 이주자들의 숫자를 이처럼 70이라는 수에 맞추고자 했을까? 출애굽기 1장과 신명기 10 : 22에 의한다면 이 수는 출애굽 당시에 셀 수도 없이 많아진 이스라엘 자손의 수에 비추어 매우 적은 숫자임을 강조하려는 목적을 가지고 있음이 분명해진다. 신명기 10 : 22은 다음과 같이 말한다 : “애굽에 내려간 네 열조가 겨우 칠십 인이었으나 이제는 네 하나님 여호와께서 너를 하늘의 별같이 많게 하셨느니라." 출애굽기 1 : 7도 마찬가지이다 : "이스라엘 자손은 생육이 중다하고 번식하고 창성하고 심히 강대하여 온 땅에 가득하게 되었더라."

그러니까 이스라엘 자손이 처음에 애굽으로 갔을 때에는 그 수가 매우 적었는데, 애굽에 머무는 동안에 하나님의 도우심에 힘입어 크게 생육하고 번성하게 되었다는 것이다. 이러한 판단에 의한다면 70이라는 숫자는 하나님께서 조상들에게 주신 자손 약속을 넘치도록 이루어 주셨음을 강조하기 위한 목적의 완전수인 셈이다.

3) 야곱과 요셉의 감격적인 만남(28-34절)

야곱은 애굽에 도착하기 직전에 자기 가족의 대표자격인 유다를 자기보다 먼저 요셉에게로 보내어 자기들이 고센으로 간다는 사실을 알리게 했다. 야곱 일가족이 고센 지역에 도착했다는 소식을 유다로부터 전해 들은 요셉은 병거를 갖추어서 고센으로 갔다. 요셉은 고센에서 아버지 야곱을 만나고서는 감격을 이기지 못하여 목을 껴안고 한참 동안을 울었다. 그가 가나안 땅을 떠난 지 실로 22년 만이었다. 17세에 애굽에 종으로 팔렸고, 30세에 애굽 총리가 되어 7년의 풍년과 2년의 흉년을 지내고 난 다음이었으니(45 : 11 참조) 정확하게 22년 만에 사랑하는 아버지를 만난 것이다. 이 점은 야곱도 예외가 아니었다. 그는 "이제 죽어도 여한이 없다."고 말할 정도로 요셉과의 만남에서 큰 위로를 받았다.

아버지와의 감격적인 해후가 이루어진 후에 요셉은 즉시 아버지의 집안 식구들을 고센에 정착시키기 위한 자신의 계획을 알렸다. 그는 먼저 자기가 바로의 궁으로 돌아가면 바로에게 아버지의 집안 식구들이 양과 소와 모든 재산을 다 챙겨 가지고 애굽으로 왔음을 밝히고, 또 그들이 조상 대대로 집짐승을 기르는 목자들임을 일러두겠다고 말했다. 이렇게 미리 말해 두면 나중에 그들이 바로 앞에 섰을 때 그가 그들에게 그러한 사실들을 확인하려고 할 것이니, 그 때에 자기가 말한 대로 바로에게 대답하라고 요셉은 형들에게 부탁하였다.

요셉이 이러한 계획을 세운 것은 애굽 사람들이 본래 유목민들을 꺼리기 때문이었다. 그들이 꺼린 유목민들은 아마도 북쪽에서 끊임없이 애굽으로 침투해 들어오는 아시아 지역의 유목민들을 뜻했을 것이다. 어쨌든 지혜로운 요셉은 유목민들을 꺼리는 애굽 사람들의 생활습관을 이용하여 아버지의 집안 식구들이 독립된 지역에서 살 수 있게 하고자 했다. 어떻게 보면 그것은 새로운 이주자 집단에 속하는 자기 집안 식구들이 애굽에게 아무런 위협이 되지 않을 것임을 천명한 것이라고도 볼 수 있다. 달리 말해서 요셉은 자기 집안 식구들이 정치적인 위험 부담이 전혀 없는 집단임을 강조함으로써, 그들의 애굽정착을 더욱 용이하게 하고자 했을 것이라는 말이다. "가나안 땅에 기근이 심하여 종들의 떼를 칠 곳이 없기로 종들이 이 곳에 우거하러(잠시 머무르려) 왔사오니……."(47 : 4)라는 그들의 말도 같은 맥락에서 이해할 수 있다.

자신의 계획을 이루기 위해 요셉은 현명하게도 집안 식구들이 유목하는 데 필요한 땅을 오래 전에 이미 물색했을 것이다. 그리고서는 그 중에서 고센을 가장 적합한 곳으로 지목하였을 것으로 보인다(45 : 10). 고센은 누가 보아도 유목하기에 좋은 땅이었다(46 : 34, 47 : 1-4). 당장 머물러 있기에 고센 만큼 좋은 곳도 없었을 것이다. 요셉이 있는 왕궁과 가깝기도 하려니와(45 : 10), 애굽 사람들로부터 떨어져서 그들 나름대로의 독립적인 유목생활을 계속할 수 있었기 때문이다.

또한 고센은 앞에서도 밝힌 바와 같이 애굽 변방에 있었던 까닭에, 장차 이스라엘 자손이 애굽을 떠날 때에 어느 지역보다도 유리한 곳이었다. 아마도 요셉은 언젠가는 있게 될 출애굽을 예비하여 탈출이 유리한 고센 지역을 택했을 것이다. 고센은 야곱 일가족이 당분간 머물기에 알맞은 비옥한 땅이면서, 동시에 떠날 때에도 가장 빠른 시간내에 탈출할 수 있는 곳이었기 때문이다. 이 점에서 본다면 요셉은 애굽 총리로 있으면서도 자기 집안 식구들이 언젠가는 약속의 땅 가나안으로 가야 한다는 것을 늘 염두에 두고 있었음이 분명하다. 그는 하나님의 약속을 철저하게 신뢰하던 믿음의 사람이었던 것이다.

2. 야곱의 바로 알현과 마지막 부탁(47장)

1) 야곱이 바로를 축복함(1-12절)

가족을 만난 후에 다시 바로에게 간 요셉은 자기 아버지의 일가족이 모든 소떼와 양떼와 모든 재산을 다 챙겨서 지금 고센 땅에 와 있다는 사실을 그에게 보고하였다. 그리고 나서 그는 형들 가운데서 5명을 뽑아 바로에게 소개하였다. 바로가 그들의 생업을 묻자 그들은 요셉이 말한 대로 자기들이 조상 대대로 유목을 하는 자들임을 분명하게 밝혔다. 그러면서 그들은 가나안 땅에 기근이 심하여 잠시 머무르려고 왔으니 고센 땅에 머물 수 있게 해 달라고 청하였다.

바로는 그들의 이러한 청을 거절할 이유가 없었다. 요셉의 도움에 절대적으로 의지하고 있고, 또 그로 인하여 나라를 성공적으로 다스려 가고 있는 바로로서는, 요셉의 가족을 위해 무엇이든 해 주고 싶었을 것이다. 그것은 요셉의 수고에 대한 보답일 수도 있었다. 그래서 그는 요셉에게 그의 가족으로 하여금 애굽에서 가장 좋은 땅에서 살도록 거주지를 마련하되, 고센 땅에서 살 수 있도록 주선하라고 명하였다. 또한 형제들 가운데 특별한 능력이 있는 자에게 자기 개인 소유의 짐승을 돌보게 하라고 명하였다.

이 일이 있은 후에 요셉은 자기 아버지 야곱을 바로에게 모시고 와서 바로에게 그를 소개하였는데, 야곱은 나이를 묻는 바로의 물음에 자신의 나그네 길의 세월이 130년이라고 말하였다. 야곱이 자기 나이를 '나그네 길의 세월'이라고 표현한 것은 인간의 삶이라는 것이 본질적으로 나그네, 곧 순례자의 삶(pilgrimage)임을 자신이 통찰하고 있음을 잘 보여 준다. 그러나 동시에 그것은 야곱이나 그의 조상들이 아직 약속의 땅을 완전하게 소유하지 못한 채로 나그네처럼 이리저리로 옮겨 다니면서 살고 있음을 뜻하는 것이기도 했다(landless existence).

또한 그는 바로 앞에서 자기 나이가 조상들의 나그네 길의 세월에 미치지 못한다고 말하였다. 실제로 그의 할아버지 아브라함은 175세를 향수하였고(25 : 7), 그의 아버지 이삭은 180세를 향수하였으니(35 : 28), 그의 나그네 세월이 그의 조상들의 그것에 미치지 못했음은 지극히 당연한 일이었다. 그러나 그는 조상들의 세월보다 세대가 짧아지기는 했어도 자기가 조상들보다 더 험악한 세월을 보냈음을 강조했다. 누가 보아도 가나안에서 하란으로, 하란에서 다시 가나안으로, 가나안에서 애굽으로 옮겨오기까지의 그의 삶은 참으로 험악한 세월이었다.

형을 속인 잘못으로 인하여 소년시절에 외삼촌의 집으로 도망쳤었고, 20년의 세월을 외삼촌 라반에게 속아 지내었으며, 사랑하는 아내 라헬과 그녀가 낳은 아들 요셉을 잃는가 하면(실제로는 애굽으로 팔렸지만), 시므온과 레위의 폭력행동으로 골치를 앓기도 했으니 오죽 했겠는가! 한시도 편할 날이 없었던 것이다. 그러나 다른 한편으로 자신의 세월이 조상들의 세월보다 더 험악했다는 야곱의 말은 앞으로 그의 자손들이 애굽에서 겪을 고통을 예견하는 성격의 말이라고도 할 수 있다. 그 자신의 이름이 이스라엘이라는 사실도 이 점과 무관하지 않을 것이다.

야곱은 바로와의 대화를 마친 후에 그 자리를 물러 나왔다. 그는 처음에 바로에게 나갔을 때와 똑같이(7절) 물러나올 때에도 바로를 축복하였다(10절). 야곱이 두 차례에 걸쳐서 대제국 애굽의 왕을 축복했다는 것은 무엇을 뜻하는가? 그것은 하나님의 구원역사가 세계 역사의 한복판에서 이루어지고 있음을 보여 줌과 아울러, 복 자체('브라카')가 되라고 하신 하나님의 말씀(12 : 2)이 어떻게 이루어지고 있는가를 보여주는 대표적인 예가 아닐 수 없다. 크게 보아 그것은 애굽의 총리가 된 요셉이 기근을 잘 관리함으로써 애굽 사람들과 주변 나라 백성들에게 베풀어 준 복과 상통하는 것이라 할 수 있다.

바로의 재가(裁可)를 받은 요셉은 자기 아버지와 형제들을 애굽 땅에서 살게 하고, 바로가 지시한 대로 그 땅에서 가장 좋은 곳인 라암세스 지역을 그들의 소유지로 주었다. 라암세스(Rameses)는 이스라엘 자손이 나중에 국고성을 짓던 곳으로서, 애굽 제 12왕조의 라암세스 2세(주전 1290-1223년)가 자신의 이름을 따 새롭게 건설한 도시의 이름이었다(출 1 : 11, 민 33 : 3, 5). 또한 라암세스는 이스라엘 자손의 애굽탈출이 맨 처음 이루어진 곳이기도 했다(출 12 : 37). 이처럼 라암세스라는 지명은 출애굽시대에 가서야 알려진 이름인데도, 후대의 창세기 저자는 독자들의 이해를 돕기 위해 이 라암세스를 고센과 동일시한 것으로 보인다.

한편 요셉은 자신이 앞서 약속한 대로(45 : 11), 라암세스에 정착한 자기 아버지와 형제들과 아버지의 온 집안의 식구 수에 따라서 먹을거리를 대어 주었다. 따라서 요셉 집안 식구들은 먹을 것에 전혀 부족함을 느끼지 않았다. 그러나 애굽 사람들은 그렇지 못했다. 기근의 영향을 직접적으로 받았다. 13절 이하의 본문은 애굽 사람들이 당하는 그러한 곤경과 그에 상응하는 요셉의 지혜로운 기근관리에 대해서 설명하고 있다.

2) 요셉의 기근관리(13-26절)

기근이 더욱 심해지자 양식이 점차 고갈되어가기 시작했다. 그 기근은 나일강의 물을 효율적으로 사용함으로써 자연적인 곡물 조달을 용이하게 했던 애굽 사람들조차도 어찌할 수 없을 정도로 극심한 것이었다. 그러나 요셉이 총리로 있는 동안에는 염려가 없었다. 그가 7년의 풍년이 계속되는 동안에 미리 많은 곡물을 저장해 두었기 때문이다. 기근이 계속되면서 애굽 사람들이 가지고 있던 곡물이 다 떨어지자, 요셉은 곡물을 무상으로 분배해 주지 않고 원칙을 정하여 반드시 일정한 값을 받고서 팔았다.

요셉의 곡물판매정책은 기근이 심해지는 정도에 따라 네 가지 단계로 이루어졌다. 첫 번째 단계로 요셉은 애굽 사람들과 가나안 사람들로 하여금 돈을 가지고 와서 곡식을 사게 했다. 요셉은 그 돈을 바로의 궁에 보관하였다. 돈이 떨어지자 애굽과 가나안의 사람들이 요셉에게로 와서 하소연하였다. 그래서 두 번째 단계로 요셉은 말, 양, 소, 나귀 등의 집짐승을 받고서 곡식을 팔았다. 이렇게 해서 1년 동안 내내 요셉은 애굽과 가나안의 모든 집짐승들을 바로의 소유로 만들었다.

이듬해가 되자 말이나 집짐승들마저도 다 담보로 잡혀 더 이상 팔 것이 남아 있지 않게 되었다. 이제 남아 있는 것은 그들의 밭과 몸뿐이었다. 그들은 하는 수 없이 그들의 밭과 몸을 팔고서 곡식을 사들여야만 했다. 이것은 요셉의 곡물판매정책의 세 번째 단계였다. 이로써 애굽 사람들은 모두 바로의 종이 되어야만 했으며, 애굽 전역의 밭들 역시 바로의 소유가 되고 말았다. 그러나 제사장들의 밭만큼은 예외였다. 제사장들은 바로에게서 정기적으로 녹을 받고 있었고, 바로가 그들에게 주는 녹 가운데는 먹을거리가 충분하였으므로, 그들은 땅을 팔 필요가 없었던 것이다.

그러나 애굽 사람들의 밭이나 몸을 사들이는 것만으로는 기근관리를 제대로 했다고 보기 어려웠다. 그래서 야곱은 네 번째 단계로 애굽 사람들에게 밭과 몸을 돌려 줌과 아울러 그들에게 씨앗을 주고서는, 그 씨앗으로 경작을 하여 얻은 수확물의 5분의 1(20%)을 세금, 곧 소작료로 내게 하였다. 물론 나머지 5분의 4는 그들의 몫으로 돌아갔다. 이로써 그 유명한 애굽의 토지제도가 확립되었는데, 제사장의 땅 만큼은 이 토지법의 적용을 받지 않았다. 고센 지방에 거주하던 이스라엘 자손 역시 이 토지법의 적용을 받지 않았다.

그런데 한 가지 주목할 것은 요셉이 그들에게 종자를 주어 경작하게 했다는 사실이다. 이것은 애굽 땅에 기근이 어느 정도 완화되었을지도 모른다는 추측을 불러일으키지만, 다른 한편으로는 애굽에서 파종과 수확이 완전히 중단된 것이 아님을 잘 보여 준다. 아마도 그것은 나일 강의 발달된 관개기술 덕택에 가능했을 것이다. 기근이 계속되는 동안에도 관개기술에 의존한 농사는 계속되었겠지만, 거듭되는 기근 때문에 수확량이 점차 감소하는 바람에 부족한 곡식을 사기 위해 모든 소유를 다 팔아 넘겨야만 했을 것이다.

3) 야곱의 마지막 부탁(27－31절)

하나님은 애굽 땅에 정착한 이스라엘 자손에게 큰 복을 주셨다. 그 복은 먼저 애굽에 와 있던 요셉을 통해 예비된 것이었다. 그것은 또한 하나님께서 아브라함과 이삭과 야곱에게 주신 약속을 성취하시는 데 활용하신 중요한 수단이기도 했다. "이스라엘 족속이 애굽 고센 땅에 거하며 거기서 산업을 얻고 생육하며 번성하였더라."(27절)는 표현이 그러한 복을 잘 보여 주고 있다. 이 복은 13～26절에 있는 애굽 사람들의 곤경과 큰 대조를 이룬다. 번성하여 큰 민족을 이루어 가던 이스라엘 자손과는 달리, 애굽 사람들은 곡식을 얻기 위해서 돈과 짐승과 땅을 다 바로에게 넘겨 주고, 또 그들의 몸까지도 팔아 넘겨야만 했기 때문이다. 그러나 이스라엘 자손은 식량 문제를 걱정할 필요가 없었다. 요셉이 처음에 약속한 대로 직접 그들의 식량을 조달하고 있었기 때문이다(12절). 그들의 생육과 번성은 요셉의 이러한 배려에 힘입은 바가 컸다.

한편 애굽 땅에서 17년을 더 산 야곱은 147세가 되자 자신이 죽을 날이 얼마 남지 않았음을 피부로 느끼고 있었다. 그래서 그는 아들 요셉을 불러 놓고서 자신의 장례에 관하여 그가 지켜야 할 사항을 일러주었다. 그는 자기가 죽으면 그 시신을 애굽에 묻지 말고 조상들이 누우신 곳(막벨라 굴)에 묻을 것을 부탁하였다(23장, 49：29－30, 50：12－13 참조). 그는 요셉이 인애와 성심으로 그 약속을 지킬 것을 희망하였던 까닭에, 요셉으로 하여금 그의 손을 자신의 환도뼈 아래(사타구니 아래)에

넣고서 맹세하게 하였다(24 : 2, 9 참조). 요셉은 아버지 야곱의 마지막 부탁을 반드시 지키겠다고 맹세하였다. 요셉의 맹세가 끝나자 야곱은 침상 맡에 엎드려서 하나님께 경배하였다(히 11 : 21 참조).

야곱이 이처럼 요셉에게 장례를 부탁한 것은 어떠한 의미를 갖는 것일까? 그는 자신이 당장에 약속의 땅 가나안으로 갈 수 없다는 사실을 잘 알고 있었다. 그는 또한 자신이 죽을 날이 얼마 남지 않았다는 것도 잘 알고 있었다. 이러한 상황 속에서 그가 요셉에게 자신의 시신을 가나안 땅에 묻어 줄 것을 부탁했다는 것은, 그가 약속의 땅에 대한 희망을 잃지 않고 있음을 잘 보여 준다. 그는 요셉과 나머지 가족들에게 애굽이 결코 그들의 항구적인 거주지가 될 수 없음을 강조하고자 하였던 것이다. 막벨라 굴 장사는 그러한 약속을 가장 확실하게 상기시켜 주는 것이었다. 따라서 요셉의 맹세는 그에게 있어서 침상 맡에서 하나님께 경배할 정도로 중요한 의미를 갖는 것이었다.

더 나아가서 야곱의 장례 부탁은 그가 요셉을 약속의 상속자로 지목하였음을 뜻하기도 했다. 후에 나오는 야곱의 요셉 축복문(49 : 22－26)이나 장자권에 관한 역대 상 5 : 1～2의 설명은 장자(長子)의 명분이 큰 아들 르우벤에게 있지 않고, 요셉에게 있음을 강조하고 있다. 요셉의 장자권 상속은 그의 두 아들이 임종 직전의 야곱에게서 특별한 축복을 받는다는 사실(48 : 8－20)을 통해서도 뒷받침된다.

Ⅴ. 야곱의 축복과 죽음(48－50장)

아브라함으로부터 시작된 족장들의 이야기는 이제 야곱과 요셉의 죽음에 이르러 마무리 단계에 도달한다. 그러나 족장사의 끝마무리(48－50장)는 결코 족장사의 종결을 뜻하지는 않는다. 도리어 그것은 족장들의 이야기가 이스라엘 자손들에 관한 이야기로 확대, 발전하는 것을 뜻한다. 야곱이 죽기 전에 자기 아들들에게 언젠가는 반드시 하나님께서 그들을 약속의 땅으로 인도하시리라고 말하는 것이나(49 : 21), 요셉이 자기 친족들에게 동일한 메시지를 남기는 것(50 : 24)이 이 점을 뒷받침한다. 야곱과 요셉의 이 말들은 출애굽 사건을 예고하는 성격의 유언으로서, 족장사와 출애굽 사건을 이어주는 교량 역할을 수행하고 있다.

족장사와 출애굽 이야기의 이러한 연결은 하나님의 약속이 갖는 개방성에 그 근거를 가지고 있다. 여기서 말하는 개방성은 그 약속이 아직 이루어지지 않은 것으로서, 성취를 향해 나아간다는 것을 뜻한다. 이 점에서 본다면 족장사에서 자주 반복되는 하나님의 약속은 성취를 향한 개방성을 가지고 있는 셈이다. 물론 그 약속은 자손의 약속과 땅의 약속을 근간으로 하는 것으로, 하나님에 의하여 주어지고 그에 의하여 구체화되며, 또 그에 의하여 성취되는 것이다. 이 점에서 본다면 족장사는 약속 수여 및 약속의 구체화에 관한 이야기라 할 수 있다. 그것의 성취는 출애굽 이후의 이스라엘 역사에 가서야 비로소 구체적인 현실로 드러난다.

여기서 다루려는 창세기의 마지막 세 장(章)은 크게 네 가지의 중심 내용을 가지고 있다. 그 첫 번째는 주로 산문체로 된 것으로 야곱이 요셉을 위하여 그의 두 아들을 축복하는 것에 관한 이야기이다(48장). 이 산문체의 중간에는 시문체로 된 야곱의 축복문(15-16절)이 포함되어 있다. 야곱의 요셉 축복문은 큰 아들의 권리(장자권)가 요셉과 에브라임에게 순차적으로 물려지는 것을 뜻한다. 그것은 또한 아브라함에게서 비롯된 하나님의 약속이 야곱에게서 요셉에게로, 그리고 요셉에게서 그의 둘째 아들인 에브라임에게로 계승되고 있음을 보여 준다.

두 번째의 중심 내용은 야곱이 자신의 열두 아들을 축복하는 것으로, 시문체의 유언형식을 취하고 있다(49 : 1-28). 이 유언은 이스라엘 열두 지파의 기원과 관련된 것으로서, 축복과 비난(또는 저주)의 두 가지 요소를 가지고 있다. 열두 아들들 중에서 유다와 요셉에 관한 것이 단연 길게 나타난다. 이것은 야곱의 축복문이 유다지파와 요셉지파가 중요한 역할을 수행했던 후대의 상황을 반영하고 있음을 보여 준다. 나중에 유다지파는 남왕국 유다의 중심을 이루게 되고, 요셉의 둘째 아들 에브라임의 지파는 북왕국 이스라엘의 중심을 이루게 되기 때문이다.

족장사 말미의 세 번째 부분은 야곱의 죽음과 그의 장례에 대해서 기록하고 있다(49 : 29-50 : 14). 애굽의 관례에 따른 야곱의 성대한 장례는 이스라엘이 항구적으로 머물러야 할 곳이 애굽이 아니라 가나안임을 일깨우는 역할을 수행한다. 마지막 네 번째 부분(50 : 15-26)은 요셉과 그의 형제들 사이에 이루어지는 최종적인 화해에 대해서, 그리고 족장사의 마지막 인물인 요셉의 죽음에 대해서 기록한다. 그의 죽음을 통해서 하나님의 구원역사는 이제 새로운 차원을 향해 나아가게 된다.

1. 요셉의 두 아들을 축복함(48장)

1) 므낫세와 에브라임을 양자삼음(1-7절)

야곱이 요셉에게 자신의 장례에 대하여 부탁한 지 얼마 되지 않아서 요셉은 아버지 야곱의 병환 소식을 듣게 되었다. 야곱의 임종이 가까움을 안 그는 두 아들 므낫세와 에브라임을 데리고 고센 지방에 머물고 있던 야곱을 찾아갔다. 자기 아들 요셉이 왔다는 말을 들은 야곱은 기력을 다하여 침상에서 일어나 앉았다. 야곱의 두 아들을 축복하기 위함이었다. 그것은 동시에 요셉에게 큰 아들의 복을 주려는 목적도 가지고 있었다. 이른바 장자권 상속을 위해서 야곱은 요셉의 두 아들을 축복하고자 한 것이다.

아들 요셉을 마주한 야곱은 그의 두 아들을 축복하기에 앞서 그에게 두 가지 사실을 일러 주었다. 그 하나는 야곱 자신이 루스(벧엘)에서 경험한 사닥다리 환상에 관한 것이었다(3-4절, 28 : 10-22 참조). 그는 자신의 벧엘 체험을 회상하면서 당시에 하나님께서 자기에게 주신 두 가지의 약속, 곧 자손의 약속과 땅의 약속에 대해서 말하였다 : "내가 너로 생육하게 하며 번성하게 하여 네게서 많은 백성이 나게 하고, 내가 이 땅을 네 후손에게 주어 영원한 기업이 되게 하리라"(4절). 이 두 약속은 하나님께서 여러 차례 아브라함과 이삭에게 주셨던 것으로, 족장사의 핵심을 이루는 주제이면서 동시에 족장사와 출애굽 이후의 이스라엘 역사를 이어주는 매우 중요한 것이었다.

여기서 우리는 한 가지 의문을 갖는다. 왜 야곱은 자신의 많은 경험들 중에 하필이면 벧엘 체험을 요셉에게 이야기했을까 하는 것이 그것이다. 이에는 여러 가지 이유가 있겠지만, 그 중에서 가장 중요하다고 할 수 있는 것은 벧엘 체험이야말로 세속적이고 인간적이었던 그가 보다 높은 차원의 신앙세계로 눈을 떠가는 첫 경험이었기 때문이다. 그가 조상들의 하나님을 인격적으로 만난 첫 경험이었던 것이다. 게다가 이 체험에는 족장사의 핵심을 이루는 하나님의 두 가지 약속이 포함되어 있었다.

야곱은 아마도 벧엘 이야기를 통해서 하나님을 향한 자신의 확고한 신앙과, 벧엘 체험에서 구체화된 하나님의 약속을 요셉에게 분명하게 밝히고 싶었을 것이다. 그래서 그는 벧엘에서 나타나셨던 '아브라함과 이삭의 하나님'(28 : 13)을 '전능하신 하나님'('엘 샤다이')으로 칭하면서, 그가 자기에게 나타나 복을 주셨다고 고백한 것이다(48 : 3). 이는 조상들의 하나님이 곧 전능하신 하나님과 동일하신 분이요, 생육과 번성을 책임지는 분이심을 고백한 것이나 다름이 없었다(43 : 14의 강해 참조). 야곱이 이처럼 '엘 샤다이'와 관련된 벧엘 체험을 요셉에게 이야기한 것은, 결국 장자권 또는 하나님의 약속이 요셉에게 계속 이어지기를 바라는 자신의 희망을 피력한 것이나 다름없었다. 달리 말해서 그것은 아브라함에서 이삭을 거쳐 야곱에 이르는 약속의 흐름을 요셉이 이어받을 것임을 뜻했던 것이다.

이러한 사실은 야곱이 요셉에게 이야기한 두 번째의 사실을 통해서 뒷받침된다. 야곱은 자신의 벧엘 체험과 거기에서 새롭게 주어진 하나님의 약속에 대해서 이야기하면서, 요셉의 두 아들 에브라임과 므낫세를 자기 아들로 입양시키겠다고 밝혔다 : "……애굽에서 네게 낳은 두 아들 에브라임과 므낫세는 내 것이라. 르우벤과 시므온처럼 내 것이 될 것이요"(5절). 야곱은 왜 자기 손자들을 친아들로 입양코자 했을까? 이 두 아들은 야곱 자신이 밝힌 바와 같이 요셉이 애굽 제사장의 딸과 결혼하여 애굽에서 낳은 아들들이었던 까닭에, 하나님의 약속을 이어가는 사람들로서 충분한 자격을 갖추었다고 보기 어려웠다. 이 점을 감안한 야곱은 아마도 그들의 정통성을 확보하기 위하여 그들을 자기 아들로 입양코자 했을 것이다.

이상의 이야기에서 분명해지는 것은 야곱이 요셉의 두 아들을 축복하기에 앞서 요셉에게 이야기한 벧엘 체험이야말로, 요셉의 장자권 상속(대상 5 : 1－2 참조)과 그의 두 아들의 입양을 합법화시키는 신학적인 근거로 작용했다는 점이다. 달리 말해서 야곱은 자신의 축복 행동이 벧엘 하나님의 계시에 근거한 것이며, 많은 자손과 땅의 소유를 약속하신 하나님의 뜻에 순종하는 것이라고 믿은 것이다.

이와 아울러 야곱은 그는 사랑하는 아내 라헬의 죽음을 기억에서 되살렸다(7절). 그녀는 요셉의 어머니이기도 했다. 그가 임종을 앞두고 갑자기 죽은 아내 라헬을 생각해 내고, 또 그녀의 이른 죽음을 다시금 슬퍼한 것은 어떠한 의미를 갖는 것일까? 어쩌면 그것은 하나님의 약속이 라헬의 자손에게 이어질 것임을 암시하는 것일 수도 있고, 아니면 사랑하는 이의 죽음에 대한 극도의 슬픔이 하나님의 약속에서 비롯되는 희망의 한 근거가 된다는 사실을 암시하는 것일 수도 있을 것이다.

어쨌든 요셉은 아버지 야곱의 입양 결정에 그대로 순종했다. 그가 보기에 그것은 하나님의 구원역사의 섭리에 속한 것으로 여겨졌을 것이다. 그리하여 그는 자기가 낳은 두 아들에 대한 친권(親權)을 포기하고, 야곱이 말한 대로 그 다음에 낳은 아들들을 자신의 아들로 입적시켰다. 그 결과 요셉이 애굽에서 추가로 낳은 아들들과 그들의 후손들은 이스라엘 백성의 명단에 전혀 들어가지 못했다. 따라서 이들에 관한 기록은 성경에 도무지 나타나지 않는다. 반면에 똑같이 애굽에서 낳았던 므낫세와 에브라임 만큼은 이스라엘의 혈통을 이어받게 되었다(민 1 : 32-35, 수 16-17장 참조). 뿐만 아니라 그들은 야곱이 말한 바와 같이 자기 아버지인 요셉의 형들과 함께 유산을 상속받을 수 있게 되었다(6절). 이로써 요셉은 다른 형제들에 비해 두 배의 몫을 가지게 되었는 바, 이것은 그가 큰 아들의 몫을 받았음을 뜻했다(신 21 : 17).

2) 야곱의 축복(8-22절)

요셉의 두 아들을 대한 야곱의 태도는 마치 그들을 처음 만난 것과도 같은 모습을 보인다. 야곱이 애굽에서 17년을 더 살았고, 요셉은 "흉년이 들기 전에"(41 : 50) 그 두 아들을 낳았으니, 그들의 나이는 대략 20세 정도 되었을 것이다. 뿐만 아니라 야곱은 애굽에 사는 17년 동안 그들을 자주 만났을 것으로 보인다. 이러한 사실들을 고려한다면 야곱이 요셉의 두 아들을 보고서 "이들은 누구냐?"(8절, 히브리어로 '미-엘레') 라고 물었다는 것은 약간 부자연스럽다. 이 물음에 대한 요셉의 답변도 마찬가지이다 : "이는 하나님이 여기서 내게 주신 아들들이니이다"(9절). 이 답변은 요셉이 야곱에게 그의 두 아들을 처음 소개하고 있는 듯한 인상을 주고 있다. 이 때문에 많은 학자들이 7절까지의 자료가 8절 이하의 상이한 자료와 결합한 결과 그러한 부자연스러움이 생겨난 것이 아닌가 추측한다.

그러나 다른 한편으로 본다면 야곱이 17년 세월 동안 그들을 도무지 만나보지 못했을 가능성도 배제할 수 없다. 또한 야곱은 눈이 어두웠던 까닭에(10절) 그들을 제대로 알아보지 못했을 것이다. "이들은 누구냐?"는 물음도 어떻게 보면 축복받을 자들을 확인하는 절차에 해당한다고 볼 수 있다. 이삭이 야곱과 에서를 축복할 때도 그러했기 때문이다(27 : 18, 32 참조). 어쨌든 야곱은 자기 앞에 있는 두 사람이 요셉의 두 아들임을 확인하고서, 그들을 축복할 테니 그들을 자기 앞으로 이끌어 오라고 요셉에게 명령했다. 자기 앞으로 나아온 므낫세와 에브라임에게 입을 맞추고, 또 그들을 끌어안은 야곱은 죽은 줄로만 알았던 요셉과 그의 두 아들까지도 보게 하신 하나님의 은혜를 찬미했다(11절).

요셉은 아버지 야곱이 그의 두 아들을 축복하기 위한 예비절차를 마치자 그들을 야곱의 무릎 사이에서 물러나게 하고(30 : 3 참조), 땅에 얼굴을 댄 채로 엎드려서 그에게 절을 하였다. 그런 다음에 요셉은 두 아이를 데려다가 야곱의 오른쪽에 므낫세가 서게 하고, 야곱의 왼쪽에 에브라임이 서게 하였다(12 – 13절). 그런데 뜻밖에도 야곱은 그의 오른손을 작은 아들인 에브라임의 머리 위에 얹고, 맏아들인 므낫세의 머리 위에는 그의 왼손을 얹었다. 야곱이 요셉의 의도와는 정반대로 그의 팔을 엇갈리게 내민 것이다. 이렇게 손을 엇갈린 채로 야곱은 그들을 축복하였다. 이 축복은 요셉의 두 아들을 대상으로 하는 것이었지만, 동시에 그것은 장자권을 상속받게 된 요셉을 대상으로 하는 것이기도 했다. 그래서 15절 본문은 야곱이 요셉을 위하여 축복했다고 설명하고 있다.

이 축복문(15 – 16절)에서 야곱은 하나님을 세 가지 호칭으로 불렀다. 그 첫 번째는 "나의 조상('아보타이') 아브라함과 이삭이 그 앞에서 걸은 하나님"(The God before whom my ancestors Abraham and Isaac walked)이었다. 여기서 '걸었다'는 것은 히브리어로 '히트알르쿠'로서 개역성경에서 흔히 '동행(同行)했다'로 번역되는 낱말이다. 창세기는 에녹(5 : 24)이나 노아(6 : 9)가 그러한 삶을 살았음을 강조하고 있다. 따라서 야곱이 사용한 이 첫 번째 호칭은 아브라함과 이삭이 지성(至誠)으로 섬기던 하나님을 지칭한다고 볼 수 있다.

야곱이 사용한 두 번째 호칭은 "내가 태어난 날로부터 오늘에 이르기까지 나를 기르신 하나님"이었다. 첫 번째 호칭이 그의 할아버지 아브라함과 그의 아버지 이삭과 관련된 것이라고 한다면, 이 두 번째 호칭은 야곱 자신의 경험에서 비롯된 것이었다. 이 호칭에서 사용된 '기르신' 이라는 낱말은 히브리어로 '로에' 로서, '목자' (牧者, shepherd)의 의미를 겸하여 가지고 있었다. 이것은 험악한 세월을 보낸 야곱을 하나님께서 성실하게 인도해 주셨음을 뜻했다. 창세기에서 처음 나오는 이 낱말 '로에' 는 벧엘에서 하나님께서 그에게 주신 세 번째 약속과 맥을 같이 하고 있다. 그 약속은 야곱이 어디로 가든지 그를 지켜 주며 그가 반드시 고향으로 데리고 오겠다는 내용으로 이루어져 있었기 때문이다(28 : 15).

야곱이 요셉 축복문에서 사용한 하나님의 세 번째 이름은 "나를 모든 환난에서 건지신 사자"였다. '사자' (使者, 히브리어로 '말르아크')는 흔히 천사를 지칭하는 낱말인데, 야곱은 이것을 하나님께 적용하였다. 이는 그가 벧엘에서(28 : 13), 밧단아람에서(31 : 11, 13), 그리고 브니엘(32 : 14－30)에서 세 번에 걸쳐 하나님의 사자들을 만났기 때문이었다. 아울러 그는 '고엘' 이라는 낱말('건지신')을 씀으로써, 하나님이 자신을 포함한 자기 집안 식구 모두를 구원하신 분임을 고백하고 있다. 여기서는 '고엘' 개념이 거의 전적으로 한 개인에게 주어진 하나님의 구원을 지칭하고 있지만, 나중에는 이스라엘 민족 전체와 전 세계의 모든 인류를 구원하는 하나님의 구속행동을 지칭하는 개념으로 확대되었다(38 : 1－11의 강해 참조)

하나님을 이처럼 세 가지 칭호로 부른 야곱은 요셉의 두 아들들을 위한 기도를 드렸는데, 이것도 역시 세 가지로 이루어져 있다. 그 하나는 하나님께서 그 아이들에게 복을 내려 주시기를 바란다는 것이었다. 그 두 번째는 자기 이름과 할아버지 아브라함의 이름 및 아버지 이삭의 이름이 그 아이들에게 계속 이어지게 해 달라고 간구하였다. 이 간구는 므낫세와 에브라임이 이스라엘 열두 지파의 정식 구성원이 되게 해 달라는 것을 뜻했다. 그리고 세 번째 간구는 그들이 세상에서 번식되게 해 달라는 것이었다. 여기서 그는 '마치 물고기처럼 우글거리게' 해 달라는 흥미로운 표현을 사용하였다. 개역에서 '번식하다' 로 번역된 히브리어 '이드구'는 물고기를 뜻하는 '다가'에서 파생한 동사로서, '물고기처럼 우글거리다'는 뜻을 가지고 있는데, 야곱이 이러한 표현을 쓴 것이다. 이 세 번째 축복은 이제껏 하나님께서 아브라함과 이삭에게 주셨던 복, 곧 "네 자손이 하늘의 별과 같이, 바다의 모래 같이 많아지게 하리라."는 약속과 맥을 같이 하고 있다.

야곱의 이러한 축복이 끝을 맺자, 못마땅한 표정을 짓고 있던 요셉은 팔을 엇갈린 채로 축복한 야곱의 잘못을 시정하고자 했다(17절). 그러나 야곱은 자기도 그것을 안다고 하면서 므낫세도 한 겨레를 이루고서 크게 되겠지만, 아우가 형보다 더 크게 되고 아우의 자손에게서 여러 겨레가 갈라져 나올 것임을 분명하게 밝혔다(19절). 야곱은 이어서 두 아이들에게 축복하였다. 이 축복은 이스라엘 백성의 전형적인 축복문으로 "하나님이 너를 에브라임과 같고, 므낫세와 같게 하시기를 빈다."는 문구(文句)로 이루어져 있었다. 야곱이 이처럼 에브라임을 므낫세보다 앞세운 것은 그가 처음에 요셉에게 그의 두 아들을 입양하겠다고 말했을 때에 이미 예고되어 있었다. 당시에 그는 큰 아들인 므낫세의 이름보다 작은 아들인 에브라임의 이름을 먼저 불렀던 것이다(5절).

이상의 축복 이야기에서 우리는 두 가지의 중요한 사실을 발견한다. 그 하나는 에브라임을 앞세우는 야곱의 축복문이, 에브라임지파가 므낫세지파보다 더 우월한 지위를 누리게 된 이유를 설명하려는 원인론적(原因論的, aetiological)인 동기의 이야기일 것이라는 점이다. 후대의 역사가 이 점을 분명하게 보여 준다. 나중에 솔로몬이 죽은 후에 이스라엘 왕국이 남북으로 나누어졌을 때, 북왕국 이스라엘을 주도한 지파는 에브라임지파였다. 예언자들이 북왕국 전체를 일컬어 매우 자주 '에브라임'이라고 칭했다는 사실이 그 점을 뒷받침한다(호 4 : 17, 5 : 3, 사 7 : 2, 17, 렘 7 : 15, 31 : 9, 겔 37 : 16, 19 등). 이에 비해서 므낫세지파가 북왕국 이스라엘에서 차지하던 위치는 매우 보잘것없었다. 야곱의 축복이 역사적인 사실로 입증된 것이다.

다른 하나는 첫 번째 사실보다 훨씬 중요한 것으로서, 장자권이 큰 아들이 아닌 동생에게 돌아간다는 점이다. 동생의 장자권 상속은 족장사에 줄기차게 나타나는 주제이다. 이삭이 자기보다 먼저 출생한 이스마엘을 제치고 장자권을 갖는 것이나, 야곱이 형 에서를 제치고 장자권을 갖는 것이 그러하다. 이 점은 야곱의 아들들에게서도 예외가 아니었다. 야곱에게는 열두 아들이 있었는데, 밑에서 두 번째인 요셉이 큰 아들인 르우벤을 제치고서 장남의 복을 받은 것이다. 요셉도 애굽에서 므낫세와 에브라임을 두었지만, 야곱은 동생인 에브라임에게 맏아들의 복을 주었다.

이렇듯이 장자권이 동생에게 돌아간다는 족장사의 일관된 주제는 무엇을 뜻하는가? 그것은 앞서 밝혔듯이 하나님의 은혜와 복(또는 약속)이 결코 어떤 인간적인 조건에 매이지 않는다는 사실을 보여 준다. 아울러 그것은 하나님의 복이 어떤 권리나 자격을 가진 자(맏아들)에게 돌아가기보다는 자격과 권리를 전혀 갖지 못한 사람(동생)에게 주어진다는 사실을 가르쳐 준다. 어떻게 보면 아브라함을 비롯한 이스라엘의 조상들은 선천적으로 어떤 자격과 권리를 가지고 있어서 하나님의 복과 약속을 받은 것이 결코 아니었다. 오히려 그 반대가 사실에 더 가까울 것이다(고전 1 : 26－31, 눅 18 : 9－14 참조).

축복을 마친 야곱은 마지막으로 요셉에게 땅의 약속이 반드시 성취될 것임을 분명하게 밝혔다. 이것을 그는 다음과 같이 우회적으로 표현하였다 : "……하나님이 너희와 함께 계시사 너희를 인도하여 너희 조상의 땅으로 돌아가게 하시려니와"(21절). 야곱의 이 말은 출애굽 사건이 조상들에게 이미 예고된 사건임을 잘 말해 준다. 사실 이스라엘 백성의 출애굽에 관한 예고는 아브라함(15 : 13－16)에게 가장 먼저 주어졌으며, 야곱이 애굽을 향해 가는 길에 브엘세바에 머물렀을 때에도 주어진 바가 있었다(46 : 4).

이상의 출애굽 예고는 50 : 20에 있는 요셉의 출애굽 예고와 맥을 같이 하는 것으로, 가나안 땅을 아브라함의 후손에게 주기로 한 하나님의 약속이 언젠가는 성취될 것임을 암시하는 것이나 다름없다. 야곱은 이러한 약속성취를 앞당겨 보이려는 듯이 자신이 칼과 활로 아모리 족속의 손에서 빼앗은 '한 구획의 땅'(산등성이)-히브리어로 '세겜 아하드'인데 '세겜'은 가나안 땅 '세겜'(Shechem)을 뜻하기도 하지만, '산등성이, 또는 산마루'를 뜻하기도 한다-을 요셉에게 여분의 몫으로 더 준다고 말했다. 이것은 세겜이 요셉지파에게 선물로 주어졌음(수 24 : 32 하반절)을 보여 주는 일종의 말놀이(word-play)라 할 수 있다. 그러나 야곱이 칼과 활로 세겜을 점령했다는 설명은 그가 평화협정을 통해 세겜 땅의 일부를 사들이고(33 : 18-19), 또 시므온과 레위의 폭력행위를 나무란 뒤에 그 곳을 떠났다는 것(34장)과 다른 전승에 속한 것으로 보인다.

2. 열두 아들을 축복함(49장)

1) 야곱의 축복(1-28절)

요셉의 두 아들을 먼저 축복한 야곱은 이제 자신의 열두 아들을 불러 놓고서 그들을 축복하였다. 히브리서 기자가 믿음으로 행한 야곱의 행위들 중에 유일하게 기록한 이 축복(히 11 : 21)은 완전히 시문체로 된 유언으로서(마지막 해설인 28절은 제외), 열두 아들들이 뒷날에 겪을 일들을 중심으로 예언한 것이었다. 동시에 그것은 이스라엘 열두 지파가 겪게 된 역사적인 현실을 그대로 반영하고 있는 것이기도 했다. 특히 똑같이 다섯 절에 걸쳐서 소개되고 있는 유다지파(8-12절)와 요셉지파(22-26절)의 경우가 그러하다. 왜냐하면 이 두 지파는 제각기 나중에 남왕국 유다와 북왕국 이스라엘의 핵심 지파가 되고 있기 때문이다. 이러한 이유로 하여 이 축복문을 각 지파와 관련된 독립적인 자료들이 왕정시대 초기에 지금과 같은 형태로 결합한 것이라고 보는 사람들이 많이 있다.

그럼에도 불구하고 한 가지 분명한 것은 지금의 본문이 후대의 역사적인 정황을 그대로 반영하는 야곱의 유언을 장차 일어날 일들에 관한 예언으로 이해하고 있다는 점이다. 이 점에서 본다면 야곱의 열두 아들 축복문은 예언적인 유언의 양식에 속한다고 볼 수 있다. 그러나 야곱의 이 예언적인 유언은 엄밀한 의미에서 보아 축복문이라고 보기 어려운 점을 가지고 있다. 내용을 두고 볼 때 르우벤, 시므온, 레위, 잇사갈, 스불론(?) 등이 비난과 저주를 받고 있음이 분명하기 때문이다. 그렇지만 대체적으로 보아 유다, 단, 갓, 아셀, 납달리, 요셉, 베냐민 등 축복을 받은 지파가 더 많은 까닭에 축복문이라 해도 크게 지장은 없을 것이다.

먼저 르우벤과 시므온과 레위를 보도록 하자. 이들에 대한 유언은 그들이 제각기 잘못한 행동에 대해 하나님의 심판을 선고하는 형식을 취하고 있다. 야곱의 장자(長子)요, 그의 능력이요, 그의 기력의 시작이었던 큰 아들 르우벤은 아버지의 첩 빌하와 동침하여 아버지의 침상을 더럽힌 것으로 인하여(35 : 22) 으뜸이 되지 못할 것이라는 선고를 받았다(3-4절). 르우벤지파가 소멸될 위기에서 건짐받기를 바라는 모세의 축복(신 33 : 6)도 같은 맥락에 속한다. 여자 사사 드보라는 르우벤지파가 가나안 사람들을 멸하는 전쟁에 참여하지 않은 것을 비난하였다(삿 5 : 15-16). 이것은 르우벤지파가 위기에 직면한 동족을 구원하는 일에 얼마나 무관심했는가를 잘 보여 준다.

시므온과 레위는 세겜 사람들을 무자비하게 살육한 잘못으로 인하여(34장) 큰 복을 받지 못했다. 야곱은 그들이 휘두르는 칼이 난폭한 무기임을 상기시키면서, 자신이 그들의 비밀스런 모임에 참여하지 않을 것이며, 또 그들의 회의에도 끼어들지 않을 것임을 밝혔다. 두 지파에게 임할 하나님의 저주는 그들이 이스라엘 지파들 가운데에 흩어질 것이라는 벌(罰)로 구체화되었다(7절). 실제로 시므온지파는 나중에 유다지파에 흡수됨으로써, 독립적인 지파로서의 위치를 상실하고 말았다(수

19 : 1-9). 신명기 33장에 있는 모세의 축복에 시므온지파가 누락되어 있다는 사실이 그 점을 뒷받침한다. 레위지파는 비록 제사장 지파로 명성을 날리기는 했지만(출 32 : 25-29, 신 10 : 8-9, 33 : 8-11), 자기들만의 독자적인 땅을 소유하지 못한 채로 여러 다른 지파들 속에 흩어져 살아야만 했다(수 21 : 1-42).

유다는 장자권을 받지는 않았지만, 메시야의 조상이 될 것이라는 큰 축복을 받았다(대상 5 : 2 참조). 유다가 형제들의 찬송이 된다는 것이나 원수의 멱살을 잡을 그의 앞에 그의 형제들이 절할 것이라는 것(8절), 그리고 홀(笏, scepter), 곧 임금의 지휘봉이 유다를 떠나지 않고 통치자의 지팡이가 그의 발 사이에서 떠나지 않을 것(10절)이라는 설명들이 그 점을 잘 보여 준다. 그런데 10절 하반절의 "실로가 오시기까지"에 대해서는 학자들 사이에 논란이 많다. 이 구절에 있는 실로(Shilo)는 본래 가나안에 정착한 이스라엘 지파들의 두 번째 종교 중심지(수 18 : 1)였지만, 사람 이름으로는 어느 곳에서도 사용되고 있지 않다. 이 때문에 많은 사람들이 이 구절을 "그가 실로에 오시기까지"로 또는 "그 홀의 주인인 그가 오시기까지"로 번역한다. 그러나 어떻게 번역하든 간에 분명한 것은 이 구절이 낙원의 풍요를 포함하는 새로운 메시야적 지도자를 지칭하고 있다는 사실이다.

유다 축복문은 유다지파의 이러한 탁월성(민 2 : 3, 10 : 14 참조)과 메시야 관련성을 동물 중에 가장 용맹스럽고 힘이 센 사자에 비유하고 있다(9절, 민 23 : 24, 24 : 9, 사 5 : 29, 계 5 : 5 등을 참조). 그것은 또한 축복에 따르는 풍요로움(11절)과 축복받을 자의 아름다운 외모(12절)를 풍요의 상징인 포도나무와 포도주를 빌어 설명한다(사 65 : 21-25, 슥 3 : 10). 그런가 하면 11절에 있는 나귀와 나귀새끼는 메시야가 탈 새끼나귀를 연상시킨다(슥 9 : 9). 유다지파와 관련된 이상의 다양한 표현들은 다윗과 솔로몬시대를 가리키고 있음이 분명하다.

스불론지파에 관한 유다의 유언은 그들의 정착 지역에 관한 것만으로 이루어져 있다(13절). 여호수아의 땅 분배에 의하면 스불론지파는 본래 베들레헴 주변 일대에 땅을 분배받았었다(수 19 : 10-16). 이 두 본문을 종합해 보면 본래 베들레헴 주변의 산악지대에 정착했던 스불론지파는 나중에 시돈 가까이에 있는 북쪽의 바닷가로 옮겨가서 정착한 것으로 보인다. 왜 옮겨갔는지에 대해서는 알 길이 없으나, 아마도 해상무역을 통해 많은 이익을 얻으려는 의도가 작용했을 것이다. 야곱의 이 유언이 축복인지 비난인지는 불분명하지만, 스불론지파가 상업적인 동기에서 애초에 분배받은 땅을 떠났다는 사실을 본다면 비난에 가까운 유언이라고 보아야 옳을 것이다. 이와는 대조적으로 여자 사사 드보라의 시기에 스불론지파는 죽음을 무릅쓰고 전쟁에 참여한 것으로 알려져 있다(삿 5 : 14, 17).

갈릴리 남부에 정착하게 된(수 19 : 17-23) 잇사갈지파는 양의 우리에 꿇어앉은 나귀처럼 쉴 곳을 좋아하는 자로 묘사된다. 이것은 잇사갈지파가 쉴새 없이 일만 하는 나귀의 신세가 될 것임을 예고한다. 즉, 잇사갈지파는 나귀처럼 무거운 짐을 질 것이며, 압제를 받아 남을 섬기는 자들이 될 것이라는 말이다(14-15절). 이 구절에 의한다면 잇사갈지파는 가나안 땅에 정착한 이후에 자기들이 거주하던 곳에 있는 가나안 사람들을 지배하고자 했으나, 도리어 그들에게 지배를 받아 노예처럼 부림을 받은 것으로 보인다. 그렇지만 드보라 사사의 시대에는 드보라와 바락을 좇아 전쟁에 참여한 것으로 인하여 칭찬을 받고 있다(삿 5 : 15).

단지파는 본래 팔레스타인 남쪽의 해안지방에 땅을 분배받았으나(수 19 : 40-48), 블레셋 족속이 그곳에 정착한 후에는 그들에게 떠밀려 가나안 북부지방으로 자리를 옮긴 것으로 보인다(삿 1 : 34, 18장, 신 33 : 22). 야곱의 축복문은 단지파가 가나안 북부지방에 정착한 것을 전제하고 있다. 축복문의 문맥에 의하면 단 지파는 비록 규모는 작지만 백성을 정의로 판단함으로써 이스라엘 한 지파로서의 구실을 톡톡히 할 것이며, 뱀(독사)처럼 숨어서 적을 공격하는 기술에 능할 것이다(17절). 단지파가 아직 팔레스타인 해안지방에 있을 때의 상황을 묘사하는 드보라의 노래는 그들이 지파 동맹체의 전쟁에 참여하지 않았음을 공개적으로 비난하고 있다(삿 5 : 17).

얍복강 남쪽의 요단 동편 지역에 땅을 분배받은(수 13 : 8) 갓지파는 약탈을 일삼는 자들과 강도의 무리들로부터 공격을 받으나, 용감하게 자기를 방어할 뿐만 아니라 도리어 그들의 뒤를 추격하게 될 것이라는 복을 받았다(19절, 신 33 : 20 참조). 반면에 팔레스타인 북쪽의 해안지방에 거주하게 된 아셀지파는 임금의 수랏상을 맡을 정도로 먹을거리가 넉넉할 것이라는 복을 받는다(20절, 신 33 : 24 참조). 이것은 아셀지파가 가나안 궁정에 물품을 공급할 정도로 번성할 것임을 예고하는 것으로, 그들과 페니키아(두로나 시돈) 사이에 모종의 무역관계가 있을 것임을 암시하고 있다.

한편 갓지파나 아셀지파는 나중에 드보라의 전쟁에 참여하지 않음으로써 공개적인 비난을 받는다(삿 5 : 17). 반면에 드보라의 전쟁에 적극적으로 참여한 납달리지파는 게네사렛 호수 서쪽의 고원지대에 자리를 잡았는데(삿 5 : 18), 야곱의 축복문은 납달리지파가 풀어놓은 암사슴처럼 산악지대를 누비고 다니는 모습을 보여 준다(21절).

야곱의 유다 축복문과 마찬가지로 다섯 절로 된 요셉 축복문은 이스라엘 역사에 나타난 북왕국(에브라임지파)의 탁월한 지배력을 전제로 하고 있다. 다른 많은 지파들이 주로 동물에 비유되고 있으나 요셉지파는 특이하게 식물에 비유된다. 요셉지파가 샘 곁에 있는 무성한 나무가지라는 것(22절)은 그들의 거주지가 비옥할 것임을 암시한다. 그들이 풍요를 누릴 것임을 뜻하기도 한다. 이 축복문은 또한 요셉지파의 군사적인 용맹성을 칭찬하고 있는 바, 그 용맹성은 이스라엘의 반석이요, 목자이신 '아비르 야아콥'(야곱의 전능자, 시 132 : 2, 5, 사 1 : 24 참조)의 함께하심에 근거한 것이다(23-24절).

야곱의 축복문에 의하면 요셉지파는 그들의 조상의 하나님의 도움을 받을 것이며, '엘 샤다이'(전능하신 하나님)의 복을 받을 것이다. 그 복은 크게 세 가지로 되어 있다. 그 하나는 위로 하늘의 복과 아래로 깊은 샘에서 솟아나는 복으로서, 충분한 물의 공급으로 비옥해진 땅을 말하며, 그 두 번째는 젖가슴에서 흐르는 복과 태에서 비롯되는 복으로서, 사람과 짐승의 풍요로운 출산을 뜻한다. 마지막 세 번째는 그의 아버지가 빌어 주는 다양한 복들이 태고적 산맥(eternal mountains)이 주는 복들이나 영원한 언덕(everlasting hills)이 주는 풍성함보다 더 클 것이라고 말한다(26절 상반절, 개역의 번역은 히브리어 원문을 잘 반영하지 못하고 있음.). 이는 하나님께서 주시는 복이 산이나 언덕의 신(神)들-가나안 사람들이 믿는-이 주는 복들보다 훨씬 크다는 것을 뜻한다.

마지막으로 야곱은 이 모든 복들이 형제들 중의 으뜸(장자권 상속)이 될 요셉에게로 돌아갈 것임을 강조하는 바(26절 하반절), 모세의 요셉 축복문도 이와 비슷한 내용을 담고 있다(신 33 : 13-16). 그러나 이런 모든 복들도 나중에는 아무런 소용이 없게 된다. 왜냐하면 에브라임지파가 대표하던 북왕국 이스라엘은 아모스서와 호세아서에서 보듯이 하나님을 버리고 방종한 삶에 빠지는가 하면 우상숭배에 몰두함으로써, 하나님의 심판을 받아 앗수르 제국에 망하고 말았기 때문이다. 우리는 여기서 하나님께 복을 받는 것도 중요하지만, 그것을 잘 관리하는 것도 복을 받는 것 못지 않게 중요하다는 사실을 알 수 있다.

베냐민지파를 위한 축복은 다른 지파들의 경우와 마찬가지로 동물 비유를 사용하고 있다. 노략질 잘하고 게걸스럽게 먹는 이리 떼가 바로 그것이다(27절). 베냐민지파가 아침에는 빼앗은 것을 삼키고 저녁에는 움킨 것을 나누는 이리와 같다는 것은, 그들의 맹렬한 호전성(好戰性)과 약탈물에 대한 탐욕을 지적하는 것이나 다름없다. 동시에 그것은 베냐민지파가 원수들에게서 빼앗은 약탈물로 살아가는 끈질긴 모습을 보일 것임을 암시하기도 한다. 그러나 이 축복에는 베냐민지파가 이스라엘의 초대왕(사울)을 배출한 사실에 대해서 어떠한 암시도 주지 않고 있다. 사사기 5장은 베냐민지파가 드보라와 바락을 도와 전쟁에 참여하였음을 찬미한다(삿 5 : 14).

이상으로 야곱의 열두 아들들에 대한 축복이 끝을 맺고 있는데, 단지파에 대한 축복문의 말미에 있는 "여호와여, 나는 주의 구원을 기다리나이다."(18절)는 기원문은 하나님의 구원에 대한 야곱의 확신을 표현하는 것으로 이해된다. 그리고 마지막에 있는 28절은 야곱의 열두 아들이 이스라엘 열두 지파의 모체임을 분명하게 밝히고 있다. 이것은 사사시대 이후에 본격화되는 열두 지파의 역사가 창세기의 족장사와 깊은 관련을 가지고 있음을 암시한다. 그것은 결국 족장사에 나타난 하나님의 구원역사가 열두 지파를 중심으로 하는 이스라엘 역사로 발전하고 있음을 밝히는 것이라고 할 수 있다.

2) 야곱의 죽음(29-33절)

야곱은 축복을 마친 후에 아들들에게 자신의 장례를 부탁하였다. 그는 요셉에게 미리 말한 바와 같이(47 : 29-30), 자신의 시신을 헷 사람 에브론의 밭에 있는 묘실에 묻을 것을 아들들에게 명하였다. 그 묘실은 가나안 땅 마므레 앞 막벨라 굴에 있는 것으로, 과거에 아브라함이 묘실로 쓰려고 헷 사람 에브론에게서 밭과 함께 사둔 것이었다. 거기에는 아브라함과 사라, 이삭과 리브가, 레아 등이 묻혀 있었는데, 레아와 리브가가 막벨라 굴에 묻혔다는 설명은 이곳에 처음 나온다. 그러니까 막벨라 굴은 삼대(三代)에 걸쳐 족장들과 그들의 아내들이 묻힌 일종의 가족묘였던 것이다. 그러나 야곱이 자신의 매장지를 막벨라 굴로 정한 것은 그가 단순히 가족묘에 묻히고 싶어서만은 아니었다. 본질적으로 그는 하나님께서 조상들에게 주신 약속의 땅에 묻히고자 했다. 그것은 그의 자손들이 언젠가는 약속의 땅으로 돌아가야 한다는 것을 뜻하는 부탁이기도 했다.

자신의 장지(葬地)에 대하여, 그리고 그 장지가 갖는 의미에 대하여 설명을 마친 야곱은 침상에 똑바로 누워 숨을 거두고 조상들에게로 돌아갔다. 여기서 주목할 것은 야곱이 자신의 죽음을 조상들에게로 돌아가는 것으로 이해하고 있고(29절), 창세기 저자 역시 그의 죽음을 조상들에게로 돌아간 것으로 표현하고 있다는 점이다(33절). 이것은 야곱을 포함한 모든 히브리인들이 죽음이라는 현실을 담담하게 받아들이고 있음을 나타냄과 아울러, 죽음에 복종하는 그들의 태도를 잘 보여 준다. 동시에 그것은 이스라엘의 장례풍습이 가족묘제도의 성격을 갖기 때문에 생겨나는 표현이라고 할 수도 있을 것이다.

그러나 적어도 족장사의 문맥에서 볼 때 거기에는 보다 본질적인 의미가 있다. 야곱이 자신의 죽음을 조상들에게 돌아가는 것으로 묘사한 것은 그가 하나님의 약속을 그의 조상들과 함께 공유하고 있음을 뜻했다. 뿐만 아니라 그는 하나님의 약속이 반드시 이루어질 것임을 확신하고 있었다. 이러한 그에게 죽음이 두려울 리가 없었다. 그것은 그냥 자연스럽게 조상들 곁에 묻히는 것을 뜻했다. 그는 조상들에게 돌아감으로써 이제까지 그에게 주어졌던 하나님의 모든 약속을 보다 확실하게 자기 것으로 만들고자 했을 것이며, 이와 아울러 그 약속을 끊임없이 그의 후손들에게 상기시키고자 했을 것이다.

3. 야곱의 장례와 요셉의 입관(50장)

1) 야곱의 장례(1-14절)

야곱의 장례는 애굽에서는 지극히 관례적인 것이었겠지만 매우 장대하고 화려한 것이었다. 먼저 요셉은 의사들을 시켜 아버지의 시신을 미이라로 만들게 했다. 장례 기간이 긴 애굽에서는 일반적으로 죽은 사람의 몸을 미이라로 처리했는데, 구약에서 그 시신을 미이라로 처리한 사람은 야곱과 요셉 뿐이었다(50 : 26). 이 두 사람의 경우 그 시신을 반드시 약속의 땅 가나안으로 가지고 가야 했기 때문에 미이라 처리가 더욱 필요했다. 야곱의 시신은 바로 가나안으로 갈 수 있었지만, 요셉의 시신은 이스라엘 자손이 출애굽할 때에야 비로소 가나안으로 옮겨졌다(출 13 : 19). 애굽에서 죽은 사람의 몸에 향 재료(방부제)를 넣어 미이라로 만드는 데에는 대략 40일 정도가 소요되었는데, 야곱의 경우도 예외가 아니었다.

한편 애굽 사람들은 야곱의 죽음을 애도하는 뜻에서 70일을 곡하는 기간으로 정하여 지켰다(3절 하반절). 애굽 왕을 위한 애곡기간이 72일로 알려져 있으니까, 야곱을 위한 애곡기간은 바로를 위한 애곡기간에서 이틀이 모자라는 셈이었다. 이것은 야곱의 장례가 애굽의 왕에 준하는 대우를 받았음을 잘 보여 준다. 모세와 아론을 위하여 애곡한 기간이 30일(민 20 : 29, 신 34 : 8)이었고, 사울 왕을 위하여 애곡한 기간이 7일(삼상 31 : 13)이었다는 사실을 보더라도, 야곱을 위한 애곡기간이 얼마나 길었는가를 잘 알 수 있다.

요셉은 야곱의 죽음에 이처럼 왕의 죽음에 준하는 예절을 갖춘 후(1－3절), 애곡하는 기간이 끝나는 즉시 바로의 궁에 자신을 대리한 다른 고위 관리를 보내 아버지의 장례를 위한 휴가를 청원하였다(4－5절). 그가 다른 고위 관리를 보낸 것은, 일반적으로 상중(喪中)에 있는 자는 왕궁출입을 삼가야 했기 때문이었다. 그는 장례에 관한 아버지 야곱의 유언(47 : 29－31)을 바로에게 전하면서 아버지의 시신을 가나안 땅으로 올라가서 매장할 수 있게 해 달라고 청했고, 바로는 기꺼이 그것을 허락하였다(6절).

야곱을 장사지내러 가나안으로 올라가던 요셉의 장례행렬은 대단히 장대했다. 바로가 애굽 총리인 요셉의 지위에 걸맞게 배려했기 때문이었다. 그 장례행렬에는 바로의 모든 신하와 그 궁에 있는 장로(원로)들과 애굽 온 땅에 있는 장로(원로)들 및 요셉의 온 집안과 형제들과 아버지 집안의 모든 사람들이 포함되어 있었다. 고센에 남아 있는 것이라곤 그들에게 딸린 어린아이들과 양떼와 소떼뿐이었다(7－8절). 애굽의 병거와 기병이 그 장례행렬을 호위하기까지 하였다. 참으로 그것은 가나안 사람들조차 놀랄 만큼 대단한 행렬이었다(9절).

요셉의 장례행렬은 요단강 동쪽 아닷 타작마당에 이르러서 다시금 야곱의 죽음을 크게 애통하며 호곡하였다. 그런데 이들의 여행경로에는 의아스러운 데가 있었다. 애굽에서 헤브론에 있는 막벨라 굴까지 가려면 나일 삼각주에서부터 지중해 연안의 동쪽이나 북쪽으로 가는 것이 주요 여행로였는데, 그들은 시내 반도를 가로질러 가데스바네아를 거친 후 사해 동편으로 북진하는 길을 택했기 때문이다. 그것은 훨씬 돌아서 가는 길이었다. 그래서 많은 학자들은 이 본문이 야곱의 장례에 관한 또다른 전승에서 비롯된 것이 아닌가 하는 추측을 한다. 아니면 애굽에서 가나안으로 직행하는 길이 출애굽 때와 마찬가지로(출 13 : 17) 위험에 가득 찬 길이어서 우회로를 택한 것인지도 모른다. 현재로서는 이 두 가지 가능성 외의 다른 설명이 거의 불가능한 것으로 보인다.

아닷의 타작마당에 도착한 요셉은 아버지를 생각하며 거기에서 7일을 애곡하였다. 아버지 야곱을 위한 마지막 애곡이었다. 그들이 그처럼 애곡하는 것을 본 가나안 사람들은 그곳 이름을 '아벨 미스라임' 이라고 불렀다. '애굽 사람들의 애곡' 이라는 뜻이었다. 요셉과 그의 형제들은 야곱의 유언을 따라 그의 시신을 헤브론에 있는 막벨라 굴에 장사하였다. 장례를 마친 요셉은 모든 집안 식구들과 호상군(護喪軍)을 거느리고서 다시 애굽으로 돌아왔다.

2) 형들을 안심시키는 요셉 (15-21절)

비록 요셉과 그의 형제들이 한마음이 되어 아버지 야곱의 장례를 치루기는 했지만, 그들 사이의 갈등은 아직 완전히 극복된 것이 아니었다. 그것은 요셉의 형들의 마음속에 있는 보복에 대한 두려움에 잘 반영되어 있다. 그들은 첫 번째의 감동적인 화해(45 : 5-8)에도 불구하고 인간의 본능 속에 감추어진 보복에 대한 두려움을 어찌하지는 못했다

(15절). 마침내 그들은 그 두려움을 완전히 떨쳐 내려는 목적으로 대리인을 요셉에게 보내어 간절하게 그의 용서를 구하였다. 그것은 아버지의 유언의 권위를 이용한 화해 요청이었다(16-17절).

설령 형들이 요셉에게 전한 야곱의 유언이 진짜가 아니었을지라도, 그들이 만들어 낸 아버지의 유언은 형들이 지난 날의 잘못을 철저하게 뉘우치고 있음을 잘 보여 준다. 그들이 아버지의 유언 속에 포함시킨 '허물'('페샤')이나 '죄'('하타아트')라는 낱말이 그러하다(17절). 이 낱말들은 인간이 하나님께 대하여 저지르는 죄의 전형적인 표현들이기 때문이다. 그러니까 요셉의 형들은 요셉을 팔아 넘긴 지난 날의 잘못을 하나님께 대하여 저지른 죄악으로 인정하고 있는 셈이었다. 아버지의 유언을 인용한 후에 그들 자신이 한 말 역시 마찬가지였다 : "당신 아버지의 하나님의 종들의 허물('페샤', 개역은 '죄'로 번역함.)을 이제 용서하소서"(17절 하반절).

형들의 이러한 죄악 인정은 그들이 맨 처음에 요셉으로부터 간첩 누명을 뒤집어쓸 때(42 : 21)나, 베냐민의 자루에서 요셉의 은잔이 나왔을 때(44 : 16)에 이미 이루어진 일이었다. 요셉도 그 점을 잘 알고 있었다. 그래서 그는 일찍 그들의 허물을 용서했던 것이다(45 : 5-8). 그러나 형들의 마음은 편치 않았다. 그들이 보기에 요셉의 용서 선언은 너무도 우회적이었다. 그래서 그들은 아직 그 문제가 깔끔하게 마무리되었다고 생각하지 못했던 것이다.

그러나 요셉은 그렇지 않았다. 그는 이미 완전한 용서와 화해가 이루어졌다고 생각하고 있었다. 그 까닭에 그는 형들이 전한 말을 듣고서 눈물을 흘리며 울었던 것이다. 그런데도 요셉의 형들은 사람을 보내어 용서를 청하는 것만으로 만족하지 못하고서, 자기들이 직접 요셉을 찾아가서 그에게 엎드려 "우리는 당신의 종이니이다."라고 말하였다(18절). 몹쓸 죄를 지었으니 종으로 삼아 달라는 요청이었다. 형들이 이처럼 요셉에게 엎드려 절하는 모습은 요셉이 소년시절에 꾸었던 꿈의 내용이 마지막으로 이루어지는 장면이었다.

형들의 용서 요청에 대한 요셉의 반응은 예전과 마찬가지로 전혀 뜻밖의 것이었다. 그는 형들에게 세 가지의 중요한 사실을 말하였다. 그 첫 번째는 자기가 어찌 하나님을 대신할 수 있느냐는 것이었다(19절). 요셉의 이 말에는 피조물인 인간이 어찌 역사를 주관하시는 하나님의 섭리에 간섭할 수 있겠느냐는 신앙고백이 내포되어 있었다. 또한 그 말은 허물과 죄에 대한 처벌권이 하나님께 속한 것임을 인정하는 것이기도 했다. 원수 갚는 일이 하나님께 속해 있다는 메시지도 같은 맥락에서 이해할 수 있을 것이다(신 32 : 35, 롬 12 : 19, 히 10 : 30 참조).

요셉이 형들에게 밝힌 두 번째의 사실은 첫 번째 용서 선언(45 : 5-8)과 거의 같은 내용으로 이루어져 있다 : "당신들은 나를 해하려 하였으나 하나님은 그것을 선으로 바꾸사 오늘과 같이 만민의 생명을 구원하게 하시려 하셨나니"(20절). 요셉의 이 말은 사람들의 악한 계획이나 행동조차도 하나님의 섭리 속에서는 선한 열매를 거두는 일에 사용될 수 있다는 것을 뜻했다(롬 8 : 28 참조). 요셉은 하나님의 섭리와 역사 주권에 대한 이러한 탁월한 통찰에 근거하여 형들을 용서할 수 있었다. 이것은 결코 악행을 묵인하거나 적당히 지나치는 것을 뜻하지 않았다. 도리어 그것은 하나님의 심판권에 모든 것을 맡김과 아울러, 악행까지도 자신의 구원 경륜 속에 포함시키시는 하나님의 신비로운 역사주권에 자신을 철저하게 내맡기는 것을 뜻했다.

마지막 세 번째로 요셉은 형들의 용서 청원이 전혀 문제가 될 수 없는 것임을 입증이라도 하려는 듯이, 있지도 않을 보복을 전혀 두려워할 필요가 없다는 것과 애초에 약속한 대로 자기가 그들에게 딸린 모든 식구들의 생계를 책임질 것임을 분명하게 밝혔다. 그러면서 그는 형들을 간곡한 말로 위로하였다. 요셉의 이러한 용서는 그리스도 안에서 세상을 자기와 화목하게 하기 위하여 세상의 죄를 저희에게 돌리지 아니한 하나님의 용서를 예표하는 것이라 할 수 있다(고후 5 : 19).

3) 요셉의 죽음(22-26절)

요셉은 애굽에서 110세까지 살았다. 그러니까 그는 애굽에서만 93년여의 세월을 보낸 셈이었다. 에브라임의 자손 3대를 보았고, 므낫세의 아들 마길에게서 태어난 아이들까지도 자기의 아들들로 길렀다(22-23절). 그가 증손자뻘인 마길의 아들들을 자신의 친아들로 기른 것은, 야곱이 애굽에서 태어난 요셉의 두 아들을 자기 아들로 입양시킨 것과 동일한 의도에서였다(48 : 5-6). 이로써 마길의 후손은 비록 애굽에서 태어나기는 했지만, 요셉의 입양절차에 힘입어 합법적으로 이스라엘 열두 지파들 중의 하나인 므낫세지파에 속하게 되었다(민 32 : 39-40, 신 3 : 15, 삿 5 : 14).

임종이 가까와진 요셉은 자기 친족들을 불러 그들에게 유언하였다. 그는 먼저 자기 형제들에게 두 가지의 사실을 말하였다(24절). 그 하나는 하나님께서 애굽에 있는 그들을 '반드시 방문하실 것'이라는 사실이었다. 히브리어 본문은 이 구절을 '파코드 이프코드'로 쓰고 있다. 여기서 요셉은 '방문하다'는 뜻의 '파카드' 동사를 부정사 절대형('파코드')으로 본동사('이프코드', 미완료) 앞에 사용함으로써 하나님의 방문행위가 반드시 이루어질 것임을 강조하였다. 이 말씀은 하나님이 그들을 계속해서 돌보실 것임을 뜻하기도 했지만, 보다 근본적으로는 하나님께서 그들을 애굽에서 인도하여 내실 때에 반드시 그들에게로 오실 것임을 뜻했다. 모세의 소명이나 애굽에 내린 열 가지 재앙 등이 그 점을 잘 보여 준다. 개역은 이 구절을 '권고(勸告)하다'는 낱말로 번역하고 있으나 적절하지 못하다.

요셉이 유언을 통해서 밝힌 두 번째 사실은 하나님께서 언젠가는 반드시 그들을 애굽에서 인도해 내어 약속의 땅으로 가게 하실 것이라는 사실이었다. 약속의 땅은 물론 하나님께서 아브라함과 이삭과 야곱에게 주기로 맹세하신 땅이었다. 땅의 약속이 반드시 성취될 것임을 강조한 요셉의 이 말은 족장사 전체를 하나로 묶어줌과 동시에, 앞서 밝힌 바와 같이 족장사와 출애굽을 연결하는 중요한 고리로 작용하고 있다.

형제들에게 이상의 두 가지 사실을 밝힌 요셉은 애굽에 있는 모든 집안 식구들, 곧 '이스라엘 자손'('브네 이스라엘')에게 맹세를 시켰다. 하나님께서 반드시 그들을 방문하실('파코드 이프코드') 날이 올 것이니 그때에 자기 시신을 가나안으로 가지고 올라가라는 부탁이었다. 요셉이 모든 집안 식구들에게 이러한 부탁을 한 것에는 매우 중요한 의미가 감추어져 있었다. 그가 죽을 당시에 그의 집안에는 가나안 땅에서 비롯된 조상들의 이야기를 전혀 알지 못하는 후손들이 대다수였다. 요셉은 그들에게 하나님의 약속을 상기시킴으로써 이스라엘 자손의 정체성을 확보하고자 했다. 그가 야곱의 경우처럼 값비싼 장례를 요구하지 않고, 도리어 자기 시신을 출애굽할 때까지 그냥 두게 한 것도 같은 의도에서였다. 이러한 사실들을 잘 알고 있었을 히브리서 기자는 요셉이 믿음으로 행한 일들 가운데 유일하게 이 부탁만을 요셉과 관련된 내용으로 기록하고 있다(히 11 : 22).

요셉은 110세에 세상을 떠났다. 그의 시신은 야곱의 경우와 마찬가지로 미이라로 만들어졌다. 사람들이 그의 시신에 방부제 향 재료를 넣은 다음에 애굽에서 그를 입관하였다는 사실이 그 점을 보여 준다(26절). 나중에 이스라엘 백성을 이끌고 애굽을 탈출하던 모세는 요셉이 맹세시킨 대로 그의 시신을 거두어 가나안 땅으로 가지고 올라갔다(출 13 : 19). 가나안 정착에 성공한 여호수아는 땅의 분배를 마친 후에 요셉의 유골을 세겜에 있는 막벨라 굴에 장사지냈다(수 24 : 32).

이상에서 살핀 요셉의 죽음과 유언은 요셉 이야기를 끝으로 족장들에 관한 이야기가 출애굽 해방을 통해 이루어지는 하나님의 새로운 구원역사로 나아감을 잘 보여 준다. 물론 족장사와 출애굽 사건을 이어주는 것은 족장사의 중심을 이루는 약속–성취의 주제이다. 오경 전체의 핵심 주제이기도 한 약속–성취의 기본 틀은 세상 만민에게 복을 주려는 하나님의 구원계획이 어떻게 전개되어 가는가를 족장사에서 가나안 정착에 이르기까지의 초기 역사를 통해 추적해 간다. 그러나 그것은 오경에서 끝나지 않고 사사시대를 거쳐 이스라엘 왕정사를 지나며, 마침내는 예수 그리스도에 이르러 그 완전한 모습을 드러낸다.

현대인을 위한

창세기 강해

초판발행 1998년 5월 10일
4쇄발행 2014년 10월 5일

지 은 이 강성렬
펴 낸 이 채형욱
펴 낸 곳 한국장로교출판사
주 소 110-470 / 서울시 종로구 대학로3길 29(한국교회100주년기념관 별관)
전 화 (02) 741-4381 / (02) 팩스 741-7886
영 업 국 (031) 944-4340 / (02) 팩스 944-2623
등 록 No. 1-84(1951. 8. 3.)

ISBN 978-89-398-0164-6 / Printed in Korea
값 15,000원

편 집 장 정현선
업무차장 박호애 **영업차장** 박창원